Le protectorat français au Maroc

Un nouveau regard

Histoire et Perspectives méditerranéennes

Collection dirigée par Jean-Paul Chagnollaud

Dans le cadre de cette collection, créée en 1985, les Éditions L'Harmattan se proposent de publier un ensemble de travaux concernant le monde méditerranéen des origines à nos jours.

Déjà parus

Guillaume DENGLOS, *La revue* Maghreb *(1932 - 1936). Une publication franco-marocaine engagée,* 2015.
Michel CORNATON, Nelly FORGET et François MARQUIS, *Guerre d'Algérie, ethnologues de l'ombre et de la lumière,* 2015.
Saïd MOURABIT, *L'économie politique de la production législative au Maroc*, 2015.
Raymond NART, *Histoire intérieure de la rébellion dans les Aurès, Adjoul-Adjoul*, 2015.
Fawzi ROUZEIK, Le *Groupe d'Oujda revisité par Chérif Belkacem*, 2015.
Geneviève GOUSSAUD-FALGAS, *Le Consulat de France à Tunis aux XVII*[e] *et XVIII*[e] *siècles*, 2014.
Frédéric HARYMBAT, *Les Européens d'Afrique du Nord dans les armées de la libération française* (1942-1945), 2014.
Maurizio VALENZI, *J'avoue que je me suis amusé, Itinéraires de Tunis à Naples*, 2014.
Mustapha BESBES, Jamel CHAHED, Abdelkader HAMDANE (dir.), *Sécurité hydrique de la Tunisie. Gérer l'eau en conditions de pénurie*, 2014.
Abdelmajid BEDOUI, *Grandeurs et misères de la Révolution tunisienne*, 2014.
Kamal CHAOUACHI, *La culture orale commune à Malte et à la Tunisie,* 2014
Abdelaziz RIZIKI MOHAMED, *Sociologie de la diplomatie marocaine,* 2014.
Ahmed BENNOUNA, *Le crédit-bail au Maroc. Un mode de financement original,* 2014.
Francesco CORREALE, *Le front colonial de la guerre 1914-1918, Trafic d'armes et propagandes dans l'Occident maghrébin*, 2014.
Mustapha HOGGA, *Théocratie populiste ou séparation des pouvoirs au Maroc ? Histoire et alternative démocratique*, 2014.
André-Paul WEBER, *Régence d'Alger et Royaume de France (1500-1800). Trois siècles de luttes et d'intérêts partagés,* 2014.

Mohammed GERMOUNI

LE PROTECTORAT FRANÇAIS AU MAROC

Un nouveau regard

Préface de Michel Rousset

L'Harmattan

5-7, rue de l'École-Polytechnique ; 75005 Paris
http://www.harmattan.fr
diffusion.harmattan@wanadoo.fr
harmattan1@wanadoo.fr
ISBN : 978-2-343-07223-4
EAN : 9782343072234

A la mémoire de mes parents

Préface

Un autre regard sur le Protectorat de la France au Maroc

C'est toujours un plaisir de préfacer un ouvrage arrivé jusqu'au terme de la publication. Ce plaisir du préfacier tient au fait que l'auteur de l'ouvrage n'est pas n'importe qui. Économiste fort distingué, ayant plusieurs contributions à son actif, il a eu un parcours professionnel particulièrement riche. Ancien diplômé de l'Université de Grenoble, après avoir pris part à la direction générale d'un important établissement bancaire de développement économique au Maroc, il deviendra professeur des universités. Il sera appelé ensuite à prendre en charge la fonction de conseiller économique d'une grande administration marocaine pendant une décennie. Depuis, il partage son temps entre une activité de recherche et d'enseignement en Amérique du Nord.

Mais ce plaisir est également accru du fait que son auteur a mis à profit sa formation et sa riche expérience quand il s'est attaqué avec un courage intellectuel incontestable à démonter la vulgate historique qui consiste à exposer que le Protectorat n'était que le trompe-l'œil d'une occupation militaire dont le but était le pillage du pays. Son projet est de présenter un nouveau regard sur le Protectorat français au Maroc éloigné de toute considération politique ou idéologique.

Il ne viendrait naturellement à l'idée de personne et surtout pas à l'auteur de l'ouvrage ou à son préfacier, de défendre l'indéfendable : à savoir la soumission par la force d'un pays, d'un peuple, à la domination d'une puissance étrangère. Mais la question qui importe à l'auteur et à laquelle il veut répondre est la suivante : quelle était la situation du Maroc à la veille du Protectorat et qu'est-ce que celui-ci lui a apporté : un handicap pour sa future croissance ou au contraire une base de départ pour une nouvelle étape de son développement ?

Pour répondre à cette question, notre auteur part d'un constat : l'état d'arriération du Maroc à la fin du XIXe siècle et au début du XXe siècle, situation qui explique, compte tenu de l'état des relations internationales de l'époque, « l'appétit des puissances » à l'égard du Maroc ; et parmi celles-ci évidemment la France, qui est son voisin en Algérie et ne peut manquer d'avoir sur celui-ci des visées particulièrement insistantes. L'acceptation forcée du Traité de Protectorat en 1912 ouvre une période relativement brève, une quarantaine d'années, mais au cours de laquelle le Maroc va connaître une transformation considérable sur tous les plans même si celle-ci ne concerne directement que les choses et ne modifie pas fondamentalement la condition de la population marocaine. Toutefois, comme l'ont montré les travaux des historiens, ces quarante années sont à l'origine d'un profond changement social qui, de diverses façons et plus ou moins profondément, a touché l'ensemble de la société qu'elle soit rurale ou urbaine, mais dont les conséquences se sont manifestées avec force lors des dernières années du Protectorat et surtout, naturellement, après l'indépendance.

La démonstration développée par l'auteur consiste à analyser les réformes du Protectorat dans différents domaines, en soulignant d'ailleurs le rôle déterminant de Lyautey dans ce processus, même si ses successeurs ont trop souvent oublié ce qu'était sa véritable ambition pour le Maroc.

Réformes administratives, foncières judiciaires fiscales, commerciales, urbanistiques entre médinas et villes nouvelles, beaux arts et monuments historiques sans oublier celle du Makhzen ; celle-ci traduisait sans doute son inféodation aux autorités du Protectorat, mais elle a contribué à rétablir le prestige d'une monarchie affaiblie par les conflits entre prétendants au titre et qui, en 1912, avait été accusée d'avoir « vendu le Maroc aux Français ».

Le Maroc s'est couvert de nombreux chantiers qui l'ont doté des grands équipements d'un État moderne : Route, rail, ports, énergie électrique, hydraulique tandis que se développaient des activités nouvelles dans l'exploitation des mines, les manufactures, le commerce extérieur, le sauvetage d'un artisanat qui déclinait, la mise en culture par le biais de la colonisation de grandes étendues de terres de toutes provenances (domaine privé de l'État, terres Melk accaparées de façon plus ou moins licite, terres, etc.). Et tout au long de ces années, l'on assiste à une croissance démographique liée notamment au fait que la santé publique fait l'objet elle aussi d'une modernisation des méthodes et des techniques de soin en milieu, mais aussi en milieu rural. En revanche dans le domaine de l'éducation, le Protectorat a pêché par une carence volontaire qui avait pour motivation la volonté de ne pas former des concurrents et cela contrairement à la vocation affirmée de la notion même du Protectorat. C'est seulement en 1948 que sera créée par exemple l'École marocaine d'administration destinée, à l'époque, à former des commis d'administration.

Enfin, il faut aussi insister sur le fait que le système administratif mis en place, était un modèle centralisé n'admettant que de façon limitée la déconcentration au profit de ses représentants régionaux ou locaux sans d'ailleurs faire de place autre que limitée et consultative, aux représentants de la population marocaine, alors que la population française bénéficiait du droit d'élire des représentants investis dans une certaine mesure du pouvoir de décider. Pour être complet, il faut rappeler même de façon schématique, que pendant plus de trente ans le Protectorat a du lutter pour vaincre la résistance des tribus du Moyen Atlas, du Rif, du Haut Atlas jusqu'au dernier combat du Boughafer dans le djebel Saghro en 1934, et que pendant la presque totalité de cette période le Maroc a vécu sous le régime de l'état de siège. C'est alors que le nationalisme des villes prendra le relais de la résistance tribale et conduira la lutte nationaliste jusqu'à l'indépendance.

Le professeur Germouni constate que les premières décennies de l'indépendance sont marquées dans le domaine des politiques publiques par une continuité par rapport à celles précédemment suivies par le Protectorat, politiques qui ont aussi amplifié l'amorce de dirigisme économique que celui-ci avait mis en œuvre dans divers domaines comme l'exploitation minière, les phosphates, le contrôle des transports, la réglementation des professions libérales ou commerciales par la création de nombreux organismes publics souvent sous le nom d'Office.

Mais évidemment, le temps a peu à peu fait son œuvre et le passé du Protectorat s'est fait moins prégnant, même si des traces en sont encore visibles aujourd'hui comme l'auteur le relève en examinant le mode de gouvernance qui a prévalu pratiquement jusqu'à la fin du règne du roi Hassan II, ou la problématique économique et sociale qu'il scrute à travers ses différents aspects : transition démographique, urbanisation, chômage des diplômés, émigration contribuant au développement de la diaspora marocaine, éducation, santé publique, pauvreté, développement humain et enfin la corruption.

Au terme de ce survol d'un siècle d'évolution de son pays, Mohammed Germouni estime que le Protectorat s'est soldé en quelque sorte par plusieurs paradoxes :

- Conçu comme un instrument de domination et accusé de conduire une politique « obscurantiste » par les tenants de l'indépendance, le Protectorat a permis l'unification du pays et l'édification du système politique et administratif d'un État marocain moderne sous l'égide d'une monarchie rénovée et renouvelée par les épreuves de l'histoire.

- Diffusant les principes républicains de liberté et d'égalité, il a favorisé, sans le vouloir, l'émergence du nationalisme qui parviendra à l'abattre, mais en conservant l'apport de celui-ci, la modernisation du pays sur le modèle de ce qui se faisait en France et plus largement en Europe, y compris l'idéal démocratique qu'il n'avait cependant pas développé au cours de ces quarante années.

- Enfin les deux guerres mondiales et les guerres de décolonisation auxquelles ont participé de nombreux soldats marocains, puis l'émigration, ont puissamment contribué au changement des mentalités qui, de proche en proche, a gagné l'ensemble de la collectivité nationale désormais ouverte sur l'Europe et la mondialisation avec toutefois la volonté de conserver son identité nationale.

Je ne saurais terminer cette brève présentation d'un ouvrage à caractère à la fois historique, politique et économique, sans souligner l'originalité de la recherche effectuée par l'auteur, surtout un souci d'objectivité lui dictant de prendre en considération une série de travaux de qualité sur la période étudiée, dont une intéressante littérature anglo-saxonne peu inventoriée jusqu'ici.

Michel Rousset
Professeur et président honoraire de l'Université des Sciences sociales de Grenoble.
Ancien professeur à la Faculté des sciences juridiques et économiques et sociales de l'Université Mohammed V de Rabat

Avant-propos

Le présent essai a été inspiré par la lecture d'un excellent et minutieux travail ayant porté sur cinq décennies d'indépendance et qui avait mobilisé en son temps une pléiade de chercheurs[1]. Cette contribution se veut, mais en plus modeste, une réflexion sur quelques évolutions et tendances enregistrées par l'économie et la société marocaines au cours du XXe siècle, en partant de la période du Protectorat.

Il s'agit d'une entreprise nécessairement partielle qui s'est surtout proposée de sérier les origines de certaines similitudes et contrastes à même d'être relevées sur deux phases historiques d'une relative longue période.

En s'établissant, le Protectorat français a permis par une sorte de délégation à l'Espagne d'occuper à son tour la partie Nord du territoire selon des termes préalablement négociés. Le résultat au total, surtout dans la partie française objet essentiel de notre réflexion, sera que le pays sera enfin pacifié comme il ne l'a jamais été avant, mais au prix d'une résistance acharnée des différentes composantes d'un peuple en voie d'unification. Produit d'un contexte historique trouble et d'un rapport de forces international défavorable, la mise sous tutelle française notamment s'exercera sur une région alors bien en retard, au regard des avancées techniques économiques et politiques accomplies ayant favorisé l'émergence de quelques futures grandes puissances au Nord de la méditerranée et au nord de l'Atlantique à partir du XVIe siècle.

Des propositions évaluant « l'œuvre » du Protectorat ont été dressées dans des périodes de crises et d'extrémisme politique des parties au conflit, respectivement par les autorités françaises en place et l'équipe de nationalistes autour du secrétaire général du parti de

---

[1] « Rapport du Cinquantenaire », supervisé par le regretté Conseiller Meziane Belfqih. Voir publications du Journal L'Economiste, Casablanca, 2005.

l'Istiqlal, Ahmed Balafrej[1]. Le poids dudit « Lobby » nord-africain sur la politique de l'Assemblée Nationale en France, patrie « des droits de l'homme » et « la chasse » menée à toutes les franges du mouvement national, était loin d'être alors une simple vue de l'esprit.

L'avènement de l'indépendance aura été, il faut le rappeler ici, également dû en particulier à l'appui inlassable d'une minorité de français d'intellectuels, de « libéraux » et de chrétiens souvent de Gauche soutenant la cause nationale en France et au Maroc.

Au terme de cette recherche, je voudrais dire ma gratitude notamment aux responsables des services de documentation des bibliothèques de Paris, de Boston, de Mac Gill de Montréal et celle du Congrès américain à Washington qui m'ont permis d'accéder parfois à quelques œuvres rares écrites sur le Maroc, ainsi qu'à ceux qui m'ont fait part de leurs pertinentes remarques.

Enfin, je tiens à témoigner toute ma reconnaissance en particulier à madame Fawzia Benkirane qui m'a assisté pour améliorer la présentation du présent travail.

---

[1] « L'œuvre de la France au Maroc de 1912 à 1947 », Editions Africaines Perceval, Rabat, publiée par le Protectorat en1948.
- « Morocco », également publié par les mêmes autorités françaises aux Editions Africaines Perceval, Rabat, en 1950.
- Parti de l'Istiqlal, « Morocco under the Protectorate, an analysis of facts and figures », New York, fev.1953.

Introduction générale

La période du Protectorat français au Maroc a représenté une véritable coupure dans l'évolution historique du pays et a de ce fait inspiré de nombreux travaux de qualité, ceux à caractère économique et politique étant dominants dans l'ensemble, dû pour un certain nombre d'entre eux à des militaires français de haut rang et à d'anciens hauts fonctionnaires responsables à un moment ou à un autre de cette phase. Des contributions intéressantes qui dans l'ensemble ont apporté d'importants éclairages sur des faits ou des situations vécus par leurs auteurs, sans parler des diverses archives civiles et militaires notamment françaises. Quelques historiens et chercheurs, tant français qu'anglo-saxons, ont à leur tour mis leur savoir et leur talent pour éclairer et interpréter cette étape, selon leurs angles de vues respectifs, qui pour en préciser les raisons ou en justifier les aspects politiques, qui pour faire ressortir l'importance de certains personnages-clés ou de certains événements fondateurs en particulier (A.Ayache, 1956 ; M.Harbi, 2001).

L'objet de la présente contribution, qui doit beaucoup à ces divers travaux notamment, est d'essayer d'appréhender et de comprendre l'apport effectif d'une annexion française ayant pris la forme d'un Protectorat au Maroc qui ne s'annonçait pas au départ sous d'encourageants auspices, n'eussent été vraisemblablement la personnalité, le rôle et l'action bien que controversés du général Lyautey surtout, tout au long de son mandat de résident général. Il s'agit davantage d'une contribution nécessairement partielle rappelant certains des acquis évidents dus à celle-ci. L'empire français n'était pas à sa première colonie, mais peut être à son premier Protectorat un peu mieux réussi que ceux du Tonkin, de Madagascar ou de Tunisie. Le bilan relativement positif que nous avons tenté de dresser d'une « occupation », combattue par un nationalisme qu'elle avait d'ailleurs secrété et qui s'était développé par opposition, ressort avec plus d'objectivité en particulier dans certains des domaines que nous avons retenus de façon sélective pour les besoins d'illustration, quelques décennies après son achèvement sans une guerre éprouvante de libération comparable par exemple à celles de l'Algérie ou du Vietnam.

Le Maroc aura ainsi renoué avec la domination étrangère relativement totale qu'il avait déjà connue sous les Romains jusqu'aux premières conquêtes arabes de la fin du VIIe siècle. Présentée comme une « nouvelle frontière », une sorte de « Californie », par les tenants de la colonisation française, il s'avère que le niveau des réalisations socio-économiques, tant quantitatives que qualitatives, ainsi atteint, a rendu pour l'essentiel possibles et concevables celles qui seront à leur tour accomplies depuis l'avènement de l'indépendance.

Le Protectorat, qui a pu constituer un début de rupture réelle avec un passé d'isolement, d'arriération et d'instabilité pour les populations, fut même une révolution politique et économique avec l'avènement d'un ordre nouveau, à tel point que les actions menées au cours des premières décennies du Maroc indépendant semblent témoigner quant à elles qu'elles ont été davantage une simple continuation souvent de chantiers, de projets et d'approches entamés au cours de la période précédente.

Les situations conflictuelles internes, propres au pays à la veille de l'entrée des troupes françaises, avaient fortement préparé le terrain aux bouleversements multiformes ultérieurs, tant alimentés et aiguisés par les effets du jeu incessant et fort calculé des diverses puissances impliquées au Maroc, notamment depuis la conférence de 1880, tenue à Madrid. Conscients de cette vague impérialiste, les Sultans de la deuxième moitié du XIXe siècle commençaient à solliciter officiellement en vain une protection non européenne, d'abord celle des États Unis, de la Grande-Bretagne ensuite, en vue de contrecarrer notamment une France impériale devenue encore plus arrogante depuis sa victoire à la bataille de l'oued d'Isly et se préparant à s'installer en Tunisie après l'Algérie. En l'espace d'une matinée, un détachement français avait défait l'armée que le Maroc lui opposait, de quatre fois supérieures en nombre, mais sans technicité ni équipement appropriés.

À défaut d'un puissant protecteur étranger et d'un sentiment national encore peu développé, la réponse du makhzen à cette première et grave défaite sera un spasmodique et peu convaincant processus de replâtrage d'une organisation militaire défaillante ou du commerce des esclaves, suivant en cela les propositions et conseils de réformes prodigués par l'omnipotent représentant diplomatique de la Grande- Bretagne à Tanger. Cette première phase d'ouverture timide sur le monde allait s'achever avec l'établissement du Protectorat et sera relayée par la résistance armée des tribus berbères à l'occupation française qui devait prendre fin en 1934, avec la capitulation des principaux chefs. L'apparition d'un mouvement réformiste sur des bases politico-religieuses qui allait favoriser l'avènement d'un mouvement nationaliste s'inspirant de l'Orient et de l'Occident à l'origine de l'indépendance, s'apparentant plutôt à un « nationalisme colonial », constituera une autre phase de cette évolution (J.P. Halstead, 1967).

Les « innovations » techniques introduites, longtemps prohibées par le passé, par les « oulémas » (lexique)[1], des théologiens officiels, comme les diverses transformations sociales et économiques intervenues, ont pu progressivement apporter quelques éléments de réponse à la situation alors critique d'un pays vivant en marge d'un monde dominé par des puissances ayant pour la plupart déjà accompli l'essentiel de leur révolution industrielle à l'exception de l'Espagne qui était encore fort en retard sur le processus.
S'il fut évident, il a été insuffisamment souligné, un tel apport aura été effectivement pour le moins paradoxal. En effet, les nouveaux gouvernants comme les groupements économiques français, alors impliqués dans et par l'occupation coloniale, n'avaient pas cependant programmé les progrès qu'ils allaient susciter, favoriser et faire enregistrer à un pays encore arriéré, replié sur lui-même, faiblement organisé, aux frontières passoires et sans armée véritable pour les protéger.

Certes, il est parfaitement compréhensible que les générations du mouvement national, ayant combattu l'occupation et connu pour plusieurs d'entre-deux des privations, l'exil, le bannissement et autres sévices de la part du régime du protectorat, n'aient pas souhaité en faire un quelconque bilan tout au moins immédiat, ni l'aient jugé pertinent au lendemain de l'indépendance. En effet, si cette occupation s'est faite et imposée en usant de moyens militaires violents, les actions économiques et sociales menées en parallèle devaient servir d'habillage et de couverture pacifiques, selon une vieille méthode

[1] Les innovations, comme tout changement pouvant intervenir, devaient être approuvées par ce corps de religieux longtemps fermé à tout apport surtout celui venant de l'Occident chrétien. Il en fut ainsi de l'introduction du train ou du télégramme par exemple qui fut refusée.

éprouvée par Lyautey et entérinée peu ou prou par les Résidents généraux qui lui ont succédé. Le couvre-feu imposé dans les villes du pays a été plus ou moins la règle, et la loi martiale en application presque constante durant les diverses périodes de guerre, de crises et de tensions sociales qui ont été fréquentes.

Au terme des diverses étapes de confrontation et de résistance à l'occupation, l'apport premier et proéminent aura été de susciter en l'espace de moins de deux décennies l'apparition du futur noyau nationaliste du Maroc nouveau, se référant à un « État-nation » avec une forme monarchique, celle-ci préservée au terme d'un long débat parmi les décideurs politiques métropolitains. En somme, un autre paradoxe résolu pour l'essentiel par la personnalité conservatrice et le penchant pro royaliste d'un Lyautey, un général de la République française[1]. Monarchiste de conviction, plutôt respectueux des traditions ancestrales par appartenance à une famille de l'ancienne « aristocratie » de la Lorraine, le premier Résident général a incontestablement aidé à « régénérer » une monarchie alors en forte difficulté pour le moins.

À l'école française, toute une première génération allait non seulement faire l'apprentissage d'une nouvelle langue, mais appréhender surtout les principes et les méthodes de fonctionnement du monde moderne. En second lieu, des valeurs à caractère universel, trouvant leur origine dans les enseignements de la philosophie européenne des Lumières, allaient progressivement imprégner une partie non négligeable de la nouvelle organisation sociale marocaine, à travers notamment un certain nombre de textes de lois et de décrets relatifs aux droits et libertés des personnes.

Les notions de liberté de penser, de s'instruire, d'être informé, le droit à une véritable justice, de travailler, de s'organiser, de se déplacer, et même de disposer d'un État souverain et indépendant, nonobstant leur application encore limitée et réservée aux seuls français résidents du Maroc, seront assimilées petit à petit par le nationalisme marocain, à l'issue de ses longues années de luttes et campagnes de revendications. D'ailleurs, les autorités du Protectorat

---

[1] Plusieurs sénateurs, députés et ministres étaient pour l'abolition pure et simple du caractère monarchique de l'Etat marocain et du Makhzen.

était soucieuses, depuis le début de ne pas élargir les rangs des catégories pouvant bénéficier de l'enseignement notamment, afin de ne pas favoriser l'apparition d'« intellectuels opposants » et de « trublions » pouvant remettre en question la présence française au Maroc. Au vu de l'apparition de l'idée nationale après le départ du premier Résident qui n'excluait pas d'ailleurs que le Protectorat ne sera qu'une phase transitoire.

Les réalisations d'un tel régime devaient profiter alors dans l'immédiat surtout aux colons et nouveaux résidents, mais les routes, ponts, ports, barrages, hôpitaux devaient appartenir plus tard aux anciens protégés, et si cette œuvre a été le résultat de souffrances et d'exploitation des générations antérieures, elle allait bénéficier aux diverses populations depuis l'indépendance (S.Bernard,1963, pp.152-154). Car, la situation des populations du pays sous protectorat présentait dans une large mesure quelques analogies avec la révolution industrielle que les prolétaires des régions européennes avaient permise entre le XVIIIe et le XIXe siècle. Dans les deux cas, l'exploitation endurée devait faire retour à l'ensemble de la collectivité, et dans certains cas, l'hygiène, les débuts de la santé publique, une relative sécurité de circuler, des bribes d'instruction publique et d'enseignement eurent des effets subjectifs même immédiats sur ceux qui étaient en cours de se sacrifier. Sans embellir ni enlaidir outre mesure, il est vraisemblable que les situations subjectives des populations musulmanes furent une combinaison complexe d'inconvénients subis et d'avantages enregistrés dans la vie courante. En paraphrasant l'éloge que Karl Marx avait fait du capitalisme du XIXe siècle, dont les diverses formes de colonisation qu'il a utilisées furent en dernière instance, et le Protectorat n'en fut qu'un aspect, à la fois « la meilleure et la pire des choses », car il serait irréaliste de ne pas y voir une étape essentielle du développement de la société marocaine (K.Marx et F. Engels, 1977).

Les aspects relatifs à la forte natalité, à la désagrégation de l'environnement traditionnel, au processus de prolétarisation des populations rurales qui ont été produits par le Protectorat par exemple, n'auraient pas manqué de faire leur apparition même dans un processus de développement dit normal. Si le Protectorat avait bénéficié d'une certaine légitimité, selon ses méthodes, dans la mesure où il a pu acquérir un certain consentement de la part des populations dans sa phase réformiste, la même légitimité du protectorat aurait cessé dès que ce consentement lui sera retiré au cours de la Deuxième Guerre, car un régime, quel qu'il soit, n'est légitime que tant qu'il est accepté par les populations concernées (S.Bernard, p.154). Sans l'avance technique et sociologique prise par la France en particulier sur les autres sociétés, le Protectorat aurait été inconcevable et, à défaut des transformations apportées au sein des régions occupées, le régime colonial en général aurait été « éternel ». En outre, dans le cas d'espèce, la France est passée en l'espace d'une génération ou presque de statut de grande puissance mondiale crainte en 1918 à celui de puissance européenne de rang contesté, ce qui ne pouvait pas ne pas avoir d'impact sur la débâcle de son empire colonial.

Il est par ailleurs symptomatique d'observer que les politiques et actions, tant publiques que privées, qui auront cours depuis l'accès du Maroc à l'indépendance, ne semblent en rien renier des acquis juridiques et certaines avancées économiques et démographiques de la période antérieure, sans augurer d'une quelconque rupture que d'aucuns souhaitaient. De tels acquis furent non seulement acceptés, mais entérinés, utilisés et même enseignés le plus souvent. Ainsi, l'organisation du pouvoir politique, économique, la confection des lois, le contenu de l'enseignement, les techniques de soin dispensés aux personnes, l'administration des hommes et la gestion des biens par exemple demeureront longtemps dans le sillage de la langue, de l'approche et de la méthode introduites par cette occupation jadis combattue.

Le développement d'une économie mixte de type occidental, tel qu'initié par le Protectorat, sera poursuivi, en dépit de sa contestation par la mouvance socialiste et « tiers-mondiste » de la nouvelle génération politique du lendemain de l'indépendance. Ceci en référence à l'appartenance du Maroc au monde « sous-développé » et requalifié de « Tiers Monde » dans une approche relativement provoquante et devenue courante développée par un prestigieux directeur de l'Institut National des Etudes Démographiques (INED) (A.Sauvy, 1952). La plupart des nouveaux projets agricoles, hydrauliques ou industriels qui seront ainsi initiés depuis par le secteur public et privé représenteront souvent des intentions déjà formulées ou des programmes préparés précédemment et rangés dans les « tiroirs » des services administratifs. À titre de simple illustration, la « politique des barrages » par exemple, menée par le Roi Hassan II après l'indépendance, dont le fondement et l'utilité ont été mis en cause à défaut d'une véritable réforme agraire, a été cependant développée globalement dans le droit prolongement du vaste programme conçu et étudié souvent quelques années auparavant par les services techniques de la grande direction des travaux publics du Protectorat. Les exemples du genre abondent, tant la continuité a concerné pratiquement divers domaines vitaux, depuis les infrastructures, le secteur agricole ou industriel, en passant par l'éducation ou la santé des populations, les décideurs postérieurs au Protectorat, privés et publics, y puiseront et même abondamment selon les conjonctures économiques et sociales.

L'importance prise dans les faits par le maintien de la langue française, comme outil économique et véhicule de culture, davantage par choix et sans aucune contrainte, vient à son tour appuyer l'idée de l'étroitesse des liens qui se sont ainsi établis au sein d'une grande partie de la population depuis la période de l'occupation. Le bilinguisme, considéré comme un acquis positif par les uns, une anomalie selon ses adversaires, voire un avatar du néo-colonialisme, va offrir à certains une ligne de front, d'allure souvent démagogique, en vue d'une libération de cette « insidieuse nouvelle occupation », car ceux qui inspiraient cette « campagne » de « nationalisme et d'authenticité » étaient souvent au nombre des bénéficiaires, et souvent même privilégiés, de l'apport du Protectorat[1].

Dans un sens large, la culture française est devenue un important élément de l'héritage laissé, assurant une continuité multiforme. En dépit de la création de plusieurs établissements universitaires du Maroc indépendant, la première Université recherchée et fréquentée par les étudiants est demeurée dans celle des villes de l'ancienne métropole qui a formé et continué de préparer régulièrement des centaines de lauréats dans la plupart des disciplines. D'ailleurs, il est utile de rappeler que l'assistance technique et scientifique étrangère et française en particulier, objet de surenchère entre les forces politiques

[1] En référence à la politique « populiste » d'arabisation de l'enseignement inaugurée et menée par un ancien de la direction du parti de l'Istiqlal, comme ministre de l'éducation puis comme 1er ministre du Roi Hassan II, pour ne pas s'aliéner les premières vagues de l'islamisme du début des années 1980. Ce fut une des premières remises en cause d'un des apports modernes du Protectorat.

nationales en présence, au cours des premières années de la libération du pays, continuera concrètement néanmoins et pendant longtemps d'encadrer plusieurs départements ministériels et secteurs économiques et sociaux (F.Oualalou, 1969).

Les échanges extérieurs et déséquilibrés sont demeurés dominés à leur tour par le partenariat avec la France, à l'importation comme à l'exportation, tant par commodité linguistique que par tradition commerciale, en raison de liens devenus traditionnels et étroits développés entre les entreprises françaises et les unités marocaines.

Le Protectorat avait encouragé une immigration de main d'œuvre en renfort, en vue de satisfaire les besoins de la construction puis de reconstruction de la métropole, sans omettre la participation de milliers de soldats marocains par deux fois à la défense ou à la libération de l'occupation de la France au cours de deux guerres mondiales meurtrières, en l'espace de trois décennies. L'apparition et le développement d'une catégorie de naturalisés et de binationaux franco-marocains vont tisser des liens à la fois multiples et encore plus complexes entre les deux pays, au fur et à mesure que l'immigration deviendra une question sensible de la politique intérieure française.

Créés souvent à l'image des organisations politiques et syndicales de l'ancienne métropole, auxquels ils ont emprunté leurs méthodes de travail et de recrutement, les partis politiques ainsi que les syndicats marocains deviendront des appareils modernes certes, non sans une dose de paternalisme autoritaire, les rapprochant souvent de certaines anciennes « zaouïas » par certains de leurs traits prenant ainsi une sorte de relève du passé, notamment par leurs structures constituées autour du pouvoir du chef, le « Zaim »[1].

Un autre puissant lien avec la France avant, pendant comme après le protectorat, concerne le judaïsme marocain, dont l'essentiel de la communauté va pouvoir bénéficier de possibilités de naturalisation et d'émigration en France notamment à partir de la fin de la Deuxième Guerre mondiale. Le souhait d'amélioration légitime de leur condition

---

[1] Les équipes de collaborateurs de Lyautey se considéraient non sans humour comme formant une « zaouia » autour du chef et qui diffusaient les instructions de ce dernier.

de Marocains de religion israélite, de « dhimi », favorisera très tôt la coopération étroite sur le terrain avec l'occupant français de plusieurs juifs marocains, en constituant notamment un relais linguistique local efficace avec la société locale, aidés en cela par un niveau d'éducation moyen relativement élevé dont une bonne partie d'entre eux avait bénéficié bien avant le Protectorat, ainsi que la position d'intermédiaires de commerce fort actifs jusqu'au au sein même du Makhzen central et local et depuis de longs siècles dans le cas de certaines familles (D.Bensoussan, 2010)[1].

Dans les faits, le statut de quelques centaines de juifs marocains avait déjà enregistré une évolution positive, depuis la fin du XIXe siècle, par le biais des protections consulaires qui leur furent accordées ainsi qu'à un certain nombre de riches marocains musulmans originaires de Fès notamment, leur assurant d'être exonérés de tout impôt et de ne plus subir les exactions du makhzen, leur permettant la constitution des premières grandes fortunes du pays. Dès cette période, par exemple, plusieurs marchands marocains devinrent clients des banques de Gibraltar et de Tanger, disposant de leurs représentants souvent des juifs marocains qui accomplissaient les principales opérations bancaires pour le compte de leurs clients musulmans (R.Letourneau, 1965, p.120). C'est simplement signaler la fonction, la place et la confiance essentielles dont plusieurs membres de cette communauté, depuis devenus français pour un grand nombre, et des liens économiques et financiers dont certains d'entre-eux ont toujours disposés sur le terrain.

Au total, la tutelle exercée par la France aura été relativement de courte durée, mais avec d'importants effets, en comparaison avec l'occupation d'autres pays d'Afrique, d'Asie, ou de l'exemple d'un pays voisin, l'Algérie, qui, elle, fut occupée cent trente-deux ans. Elle aura duré quarante-quatre années, couvrant une période allant de la veille de la Première Guerre mondiale jusqu'à celle du canal de Suez, soit l'équivalent de quelque deux générations.
L'explication du retard économique puis de l'échec du développement de certaines sociétés en raison de leur passé colonial ou de dépendance politique parait ainsi de portée plutôt générale dans le cas du Maroc par exemple. Une telle assertion apparaitrait même quelque

[1] Les sujets juifs marocains étaient officiellement sous la protection du Sulltan.

peu systématique, au vu de la transformation profonde souvent positive enregistrée par l'économie et la société du pays au cours de ce bref laps de temps de tutelle étrangère.

La première génération de leaders nationalistes, pour la plupart futurs signataires du « Manifeste de l'indépendance » en janvier1944, et dont bon nombre éduqué également à l'école française, avait été la première à relever l'évolution positive du pays, bien avant le présent essai. Elle entérinait déjà l'essentiel des premières mutations encore balbutiantes ou en cours de s'opérer alors, comme cela transparaissait à travers leur cahier de revendications consignées dans le « Plan de Réformes », premier document politique nationaliste présenté une décennie avant le « Manifeste » aux autorités françaises (J.P. Halstaed, pp.5-8 et 93)[1]. Ce nationalisme, lui-même produit de l'occupation, sera d'abord réformiste avant de devenir nettement séparatiste. En dépit d'un développement économique différencié selon les ethnies et les régions concernées, un Maroc nouveau, au sens propre et figuré, commençait à émerger et à apparaître sous forme d'« immeubles », de « fermes coopératives », de « crédits agricoles », de « coût de la vie » ou d'« organisation » de la production, autant de concepts nouveaux, juste après quelque deux décennies à peine de mises en place du protectorat.

Dans la pratique, avec le même recul, la période du Maroc dépendant aura correspondu à une sorte de première et vaste « mise à niveau » globale de l'ensemble d'une société arriérée, de ses structures économiques archaïques et de ses institutions sociopolitiques, remontant parfois au règne des Saâdiens du XVIIe siècle. Cependant, par delà l'euphémisme, il s'est agi plutôt de la construction méthodique d'un pays neuf et de l'érection d'un État moderne par une puissance étrangère qui en assurait et assumait le contrôle (J.Waterbury, 1975, p.90)[2].

---

[1] L'auteur a pu constater que le « Plan des Réformes » faisait la démonstration que ces nationalistes avaient bien assimilé les transformations positives apportées par la France.

[2] En anthropologue, l'auteur a privilégié la thèse de la « segmentarité », en vue d'analyser la nature de la compétition politique qui a eu lieu durant la période du Protectorat puis lors des premières années de l'indépendance.

Ainsi, pour des auteurs représentatifs du courant de pensée ayant privilégié la dépendance comme élément explicatif de l'arriération et du sous-développement, celui-ci aurait été historiquement le résultat de la colonisation et des échanges commerciaux inégaux ayant entraîné son non-développement ultérieur. Dès lors selon cette interprétation relativement radicale qui a eu une sorte force de loi, il ne saurait y avoir de développement pour des régions du genre qu'en mettant fin à leur dépendance multiforme, car la colonisation aurait favorisé son sous-développement au bénéfice du seul du pays colonisateur (A.G.Franck, 1969 ; J.Freyssinet, 1966). Autant la colonisation d'un pays s'insérait dans un scénario du type de l'impérialisme classique condamnable, autant l'objet de cette réflexion est davantage de vérifier dans quelle mesure le Maroc a pu constituer une possible exception relativement positive à la règle générale de la simple exploitation d'un pays et de ses habitants au bénéfice d'une métropole. Une transformation globale et réelle, qui a changé la vie de générations de Marocains, a caractérisé la période du protectorat français incitant ainsi à nuancer certaines conclusions d'allure souvent politique et à caractère davantage idéologique.

Il ne s'agit guère de légitimer une ancienne occupation de type colonial, effectuée en bonne et due forme, qui aurait pu aisément se muer en une annexion pure et simple à l'instar de l'exemple algérien voisin dont la conquête militaire avait préparé et facilité celle du Maroc. Il est permis d'envisager les perspectives possibles d'évolution qui s'offraient au pays à la fin du XIXe siècle qui n'avait plus d'autre choix qu'entre une lutte du type menée par des résistants de la trempe de Moha ou Hammou Zayani au Moyen Atlas qui a duré jusqu'en 1934, ou celle perdue au milieu de la précédente décennie par un Abdelkrim Khattabi dans les montagnes du Nord face au déploiement de deux armées européennes ayant entraîné le départ précipité de Lyautey sans le désaveu de ses méthodes[1].

Le présent ouvrage s'attachera d'abord à caractériser le niveau de retard et d'instabilité dont souffrait le pays et qui aurait facilité

---

[1] Le maréchal Pétain sera désigné par le gouvernement français pour diriger l'armée française levée contre Abdelkrim Khattabi en 1925, en coordination avec l'armée espagnole de Primo Di Rivera. Un nouveau Résident général, Théodore Steeg, remplacera Lyautey.

l'établissement du protectorat. Il présentera ensuite comment les institutions nouvelles, les grands chantiers, la croissance démographique et économique initiés et intervenus durant cette période de l'histoire du Maroc en modifièrent durablement les fondations et l'évolution. Il essaiera enfin d'apprécier en quoi l'évolution du Maroc indépendant s'inscrirait davantage dans la continuité que dans la rupture avec celle qui l'a précédée.

Chapitre I

Le Maroc avant le Protectorat français

Les caractéristiques de la société et de l'économie marocaines du siècle précédant le Protectorat français, sur la base des travaux historiques existants, demeuraient proches de celles des sociétés préindustrielles et précapitalistes. Une société qui n'avait pas encore été en contact ni avec l'activité industrielle ni avec les prémisses du capitalisme européen et anglo-saxon qui s'étaient développées au cours du XVIII et du XIX siècles (Sir Drummond Hay, 1896)[1]. La société demeura essentiellement rurale, les statistiques et recensements faisant encore défaut, avec quelques cités historiques (Fès, Meknès, Marrakech, Tanger et Rabat) connaissant une activité marchande de type traditionnel et n'ayant qu'un rapport lointain avec les transformations politiques et économiques alors en cours dans les régions du monde qui s'industrialisaient alors, à l'instar de la Grande-Bretagne, de la France ou de l'Allemagne en se limitant au continent européen.

En fait, l'ouverture réelle du Maroc sur le monde et sur la modernité datera paradoxalement de traités léonins, tels celui d'Algésiras en 1906, puis surtout celui instaurant le Protectorat français en 1912 qui devait correspondre à la mise sous tutelle politique et économique du pays.

---

[1] Il écrit (traduction) : «...en trois heures de traversée en provenance de Gibraltar, vous êtes ramenés comme par enchantement mille ou deux mille ans, vous retrouvant parmi des populations vivant comme aux temps bibliques ». Longtemps consul général avec rang d'ambassadeur de Grande Bretagne à Tanger, diplomate très proche des Sultans marocains successifs entre 1845 et 1885, son témoignage relativement sobre et sans complaisance nous rapproche de l'état d'isolement et d'arriération qu'offrait le Maroc au XIXe siècle.

Section 1 : Quelques généralités historiques

En effet, jusqu'à cette période, aucune activité, ni aucun équipement industriel notoire n'avaient pu être encore introduits, si ce n'est des petites fabriques de cartouches, une à Fès et une autre à Marrakech, ainsi qu'une modeste filature de coton, un moulin à vapeur à Tanger, et du petit matériel d'imprimerie lithographique arabe introduit par des Syro-Libanais de la même ville, durant le règne du sultan Hassan 1er (D.Rivet, 1999, p.158).

L'alimentation des populations était fortement perturbée par l'instabilité de la production d'une agriculture essentiellement vivrière et très dépendante du climat. L'échange avec l'extérieur était pratiquement limité, tant pour des raisons financières que par absence tout simplement de moyens de transport, d'infrastructure, de logistique et de sécurité. Les famines étaient alors cycliques. L'hygiène était rudimentaire sinon inexistante, source d'épidémies dévastatrices et successives. Les infrastructures de transport étaient rares et les principales voies de circulation empruntées demeuraient celles tracées par les Romains, quelque vingt siècles auparavant et nullement entretenues depuis.

Toute généralisation est nécessairement schématique quant au fait que la vie sédentaire était pratiquement la règle, le Maroc ancien ayant été une terre de paysans dans les montagnes du Nord et du Sud comme dans celui des plaines atlantiques, les nomades et transhumants étant plutôt confinés dans la zone saharienne, dans une partie de l'Oriental (H.Terrasse, 1949-50, p.437). L'élevage, la culture des céréales et l'arboriculture constituaient les fondements de la vie paysanne et villageoise, sans oublier l'importance de la vigne et de l'olivier. Cet équilibre devait être compromis notamment à la suite des destructions résultant des luttes qui marquèrent la fin des différentes dynasties qui se sont succédé ainsi que celles causées par l'arrivée de vagues de bédouins nomades arabes en provenance du Moyen- Orient augurant déjà des conflits ultérieurs entrainant la disparition de plusieurs villages et concentrations de ruraux. L'activité économique et sociale se trouva progressivement faussée et ruinée dans diverses régions du pays depuis, et aucune action réparatrice du makhzen ni les derniers effets positifs des échanges avec l'Andalousie musulmane, ainsi qu'un afflux massif de réfugiés suite à la reconquête de celle-ci, ne parvinrent à ramener l'équilibre initial. À partir des XVe et XVIe siècles, avec la disparition successive et rapide de principales dynasties ayant régné, le Maroc était devenu une économie rudimentaire dominée par l'élevage extensif et une culture se limitant aux céréales, avec des souks hebdomadaires remplaçant les anciennes agglomérations rurales d'habitants sédentaires. Les villes demeurèrent les principaux les grands centres de commerce et d'activité artisanale derrière des murailles bien gardées.

Par rapport à l'Orient arabe et musulman, alors sous domination ottomane, par exemple, le Maroc n'avait pas enregistré d'initiatives comparables à celles d'un Mehmet Ali, vice-roi d'Égypte, qui avait entamé une réorganisation de l'administration et de l'armée, en parallèle avec un début d'industrie de biens de consommation, voire de production de munitions (F.R. De Chateaubriand, 1999, p.106)[1]. En dehors des pèlerins partant pour la Mecque, les rares déplacements hors du Maroc à cette époque, concernaient un petit nombre de commerçants juifs et de quelques musulmans fortunés, originaires de Fès le plus souvent, et s'effectuaient surtout vers des centres économiques actifs de l'époque qu'étaient notamment Gibraltar, Marseille, Londres, Manchester, en Orient et en Afrique occidentale. Ils étaient encore limités, en nombre et en transactions, pour devenir un phénomène induisant des transformations économiques significatives au retour des voyageurs. En vue de s'ouvrir quelque peu sur l'extérieur, quelques délégations en forme de missions d'étude et d'observation ont été envoyées par le roi Hassan 1er, à la fin du XIXe siècle notamment en France, en Allemagne et en Angleterre (D. Bensoussan, p. 171)[2]. En dehors du renforcement de quelques rares ambassades déjà en place, le taux de retour de cette catégorie d'envoyés fut faible, et en tout cas sans retombées significatives sur l'évolution ultérieure du pays.

---

[1] L'auteur écrit : « les français semèrent en Égypte, ces germes de civilisation que Mehmet a cultivés ». Mehmet ou Mohamed Ali, officier ottoman envoyé en Égypte par Constantinople, qui en deviendra roi en 1830 en rejetant la tutelle ottomane. Il avait utilisé plusieurs anciens membres de l'expédition égyptienne de Bonaparte, tout en recourant à des mercenaires français pour son armée dans le renforcement de son autonomie par rapport à Constantinople.

[2] Selon cet auteur, Hassan 1er n'était pas convaincu de l'intérêt d'ouvrir le Maroc, réalisant la faiblesse du pays depuis les défaites d'Isly et de Tétouan.

D'ailleurs, ce n'est qu'à partir du dix-septième siècle que les traités de commerce étaient devenus nombreux, les gouvernements étrangers cherchant surtout des assurances contre l'insécurité qui régnait sur les mers du fait de la piraterie marocaine en particulier, et sur terre en raison d'une justice locale fondée sur la religion musulmane qui offrait peu de garanties suffisantes dans l'ensemble pour les personnes et pour les biens de non-musulmans résidents ou de passage (Y. Famchon, 1957, p.11)[1]. Au cours des siècles suivants, divers traités de paix et d'amitié puis de commerce avec la Grande-Bretagne, la France, l'Espagne, l'Autriche, ainsi qu'avec le nouvel État d'Amérique du Nord, les États unis, allaient suivre. La sensible question d'égalité de traitement de chacun de ces pays sur le plan économique, fiscal et juridictionnel, sous peine de déplaire, va dépasser le simple cadre diplomatique pour devenir désormais une donnée politique complexe, avec la clause systématique de la nation la plus favorisée, à gérer par l'administration du makhzen alors en place.
Celle-ci avait commencé depuis à pratiquer ce que certains observateurs ont qualifié ironiquement de politique de « la bascule » entre les puissances, pour retarder une pénétration européenne devenue inéluctable. Les convoitises commerciales se combinant aux intérêts politiques des pays concernés, chacun cherchant une certaine prépondérance sur les autres, vont progressivement « internationaliser » le cas du Maroc exigeant la tenue de conférences élargies réunissant la plupart des puissances de cette période.

Ainsi, une première réunion se tint à Madrid en 1880, pour généraliser les privilèges juridictionnels, fiscaux et avantages économiques aux quatorze futurs signataires, unifiant ainsi les différences de traitement qui étaient apparues en particulier en matière de protection. Les protégés marocains jouiront de l'immunité fiscale et relèveront de la juridiction du consul protecteur, si la France avait étendu ce privilège à certains agriculteurs indigènes, l'Allemagne protégea même un cadi (Y.Famchon, p.14). Elle a préparé le terrain à une autre conférence plus ouverte sur le commerce et les affaires, celle d'Algésiras, un quart de siècle plus tard, où allaient préfigurer les premiers traits de ceux qui feront l'économie du Maroc moderne.

[1] Les treize puissances étaient l'Allemagne, l'Angleterre, l'Autriche-Hongrie, la Belgique, le Danemark, la France, l'Italie, la Norvège, les Pays bas, le Portugal, la Russie, la Suèd et les USA.

Mais cette politique n'allait pas empêcher le pays, dès les années 1900, d'entrer de plain-pied et brusquement dans l'actualité diplomatique internationale, en fournissant le prétexte à une série d'arrangements coloniaux que la France allait négocier séparément avec l'Italie, l'Angleterre et l'Espagne. D'une manière accidentelle, le Maroc occupa le premier plan également de la scène internationale, à la faveur des événements qui, à partir de 1904, n'ont pas manqué d'accélérer la marche vers la Première Guerre mondiale. Il convient de rappeler en particulier l'attitude de l'Allemagne dans le dossier marocain, la visite impromptue de l'empereur Guillaume II à Tanger en 1905, la demande de la tenue de la conférence d'Algésiras, et le bombardement par une canonnière de la ville d'Agadir en 1911 au prétexte de violation de ses engagements par la France. Il y avait aussi les nombreux différends l'opposant à l'Angleterre et à la France, depuis la Chine jusqu'en Iraq, en passant par la Russie en cette période d'avant-guerre (Y.Famchon, p.21).

Les défaites militaires successives qu'il a subies au cours du XIXe siècle ont en fait auguré des tutelles française et espagnole qui s'exerceront ultérieurement. D'abord celle subie contre la France sur l'Oued d'Isly, en 1844, avait mis à nu les limites organisationnelles et techniques du pouvoir marocain alors en place en essayant de venir en aide à l'Émir Abdelkader dans sa lutte contre l'occupation de l'Algérie. Ensuite celle contre l'Espagne, la décennie suivante, va contraindre le Maroc, économiquement faible et financièrement démuni, en plus à payer un lourd tribut que l'Espagne lui a imposé.

Les premiers traits d'une économie marocaine de type moderne, apparue sous la contrainte, ont commencé à faire leur apparition au lendemain de la signature du traité d'Algésiras par les puissances occidentales, les mêmes que celles de la Conférence de Madrid, préparant ainsi le terrain à la phase du Protectorat pur et simple. Les premières structures organisées ont émergé pratiquement ex nihilo notamment dans le secteur de la banque, dans l'activité de production agricole et industrielle, dans la promotion immobilière, dans le commerce extérieur, comme sur le plan douanier et fiscal, reconfigurant progressivement l'environnement économique du pays dans le cadre d'un réseau de relations avec l'extérieur.

Tenue en 1906, à proximité de Gibraltar et en face de Tanger, la Conférence d'Algésiras, avait consacré la liberté économique d'agir de toutes les puissances signataires à travers un nouveau concept forgé par la diplomatie et le commerce dit celui de la « Porte ouverte ». La rencontre a été suscitée par une Allemagne qui se serait sentie écartée des tractations économiques et politiques alors en cours entre les puissances présentes. Pour assurer la sécurité de leur commerce avec le Maroc, la France et l'Espagne ont été chargées par la Conférence d'organiser les premiers éléments d'une police dans les principales villes portuaires. Des principes d'une réglementation douanière y ont été également édictés, un embryon de banque d'émission sera décidé, de même que de nouveaux impôts seront institués pour faire fonctionner une première structure d'administration moderne. Instaurant ainsi un régime de grande liberté d'agir à tous les signataires, système déjà bien rodé en Chine presque par les mêmes puissances, l'Acte signé a consolidé les privilèges antérieurement accordés, en organisant une pénétration économique du pays sous le signe de la pleine liberté de commerce. La prépondérance a été progressivement acquise par la France en recourant au besoin à de nombreuses tractations débouchant sur des accords dédommageant économiquement et politiquement les puissances concurrentes, Espagne, Angleterre, Allemagne notamment, en vue de parachever la pénétration politique et faire de ce pays son Protectorat.

Au tournant du vingtième siècle, le Maroc soutenait difficilement la comparaison sur le plan agricole ou industriel par exemple même avec des pays d'une aire culturelle et religieuse similaire comme la Turquie encore un empire à l'époque, ou l'Égypte qui devait tomber sous le contrôle anglais, ou encore de l'Algérie voisine sous domination française. Il rappelait en plus réduit un lieu de mise en place des techniques de pénétration étrangère déjà en cours en Chine à la même époque, un État à l'agonie (J.Couleau, 1968, p.21 ; M.C. Bergère, 1986, pp.37-42)[1].

---

[1] Couleau signale que la civilisation du chameau aurait conquis également le Maroc dès le VIe siècle après le Christ.

- M.C. Bergère développe comment la Chine essaya de résister en vain à la pénétration étrangère à partir de la deuxième moitié du XIXe siècle, avant de devenir un Etat faible avec un capitalisme se développant dans les concessions géographiques.

Il conviendrait de parler plutôt du Maroc avant l'instauration de deux protectorats, un Français et un autre Espagnol. La faiblesse du développement général du Maroc, de son organisation économique et administrative rudimentaire, ainsi que l'insuffisance de ses infrastructures tendaient à rendre les deux défaites militaires successives face aux armées française puis espagnole, intervenues au milieu du XIXe siècle, plutôt du domaine du prévisible.

Déjà au XVIe siècle, les deux puissances ibériques, Espagne et Portugal se partagèrent les côtes du Maghreb, au terme du traité de Cintra de 1509, inspirées par le Vatican, et les Portugais entendaient faire du Maroc une sorte de « chasse gardée » (J.Wolf, 1994, p.40 ; Y.Nekrouf, 1984). Subissant la double pression des Ibériques sous la direction de Charles Quint et celle de l'Empire ottoman, les Saâdiens commencèrent déjà à user de la carte de « l'équilibre entre les deux », politique qui se poursuivra et durera jusqu'à la veille du Protectorat, seules les puissances concernées variaient par moments (J.Waterbury, 1975, pp.33-45)[1].

De tels rapports déjà inégaux entre les deux rives de la Méditerranée ont accusé un climat d'instabilité et un environnement peu propices à la croissance de la production et des échanges du pays avec l'extérieur. L'insécurité chronique des échanges à l'intérieur même du Maroc avait rendu difficiles et surtout onéreux les mouvements de personnes et de marchandises, aggravés par l'absence de routes praticables et de voies de communication sécurisées par le Makhzen. Le mode de transport animal et humain, qui était la règle, a fortement limité à son tour les flux des échanges. Les rébellions incessantes des tribus contre le pouvoir central et les guerres intertribales, alimentées parfois par celui-ci ou par des puissances étrangères, étaient quasi permanentes.

Un processus de pacification et de stabilisation du pays et des populations, comme l'ont tenté divers Sultans se succédant à diverses époques, devenait ainsi la seule forme de gouvernance appropriée à ces longues périodes d'affaiblissement du makhzen, tant le

---

- Voir aussi « La Chine, du 19e siècle à nos jours », sous la direction de Jean Luc Domenech, Editions Autrement, collection Junior, série histoire.

[1] Waterbury procède à une intéressante analyse anthropologique du Makhzen.

phénomène était récurrent. L'impossible sécurité a de fait empêché toute réelle avancée économique ou expansion de création de richesses, comme en témoignent le niveau fort réduit même des échanges internes entre Fès et les autres villes du pays, ainsi que les bas niveaux des exportations et des importations officiellement déclarées. Les pouvoirs de police et de justice étaient encore du seul ressort des représentants du sultan, comme les caïds, les pachas, les cadis, et de leurs aides, l'exerçant dans l'ensemble de façon autoritaire, un type de « despotisme oriental » se préoccupant rarement du droit des personnes (C.F. Stewart, 1964, p.12).

D'ailleurs, preuve de l'isolement décidé ou contraint du Maroc, la plupart des ports étaient demeurés fermés, parfois pour une longue période pour certains d'entre eux, le pouvoir central craignant en permanence une annexion par des forces extérieures, suite aux longues occupations de sites marocains successivement par le Portugal puis par l'Espagne. Cette insécurité a été encore aggravée par l'absence de tout réseau local de routes ou de voies de communication digne de ce nom, en raison notamment d'une organisation administrative et technique pratiquement inexistante. Jusqu'au Protectorat, le Maroc ne disposait d'aucune route nationale ni d'aucune voie ferrée, et ne possédait aucun navire de transport ou bâtiment de guerre opérationnel (M.Germouni, 2012).

Section 2 : Les habitants du Maroc

Depuis l'introduction de l'Islam au VIIIe siècle, le Maroc était une société fondamentalement tribale, à l'exception des villes, avec tous les antagonismes liés à pareille structure et aux changements entre dynasties arabes et berbères aux commandes. La tribu, ses fractions et sous fractions, comme groupes et organisations humaines, étaient le point d'ancrage pour la grande majorité des populations rurales marocaines presque jusqu'à la fin du Protectorat selon une structure patriarcale, en forme de douars de l'ordre de vingt familles en moyenne. Certes, le Maroc était reconnu sur le plan du droit international comme en témoignent les traités bilatéraux signés dans son histoire, et les sultans des diverses dynasties régnantes avaient même parfois des représentants dans certaines capitales étrangères, choisis quelques fois aussi dans la communauté juive, et recevaient à leur tour des envoyés diplomatiques et des consuls plus ou moins permanents en provenance de quelques pays étrangers.

Les Sultans disposaient d'un pouvoir à la fois religieux et temporel dont la réalité et le prestige demeuraient liés à l'organisation administrative ainsi qu'aux ressources humaines et financières du Makhzen en place au niveau central et régional. Plus accessibles au contrôle militaire de ce dernier, les plaines occidentales devinrent les zones traditionnelles de soutien de ce dernier. Plus celui-ci était relativement puissant, mieux il pouvait étendre une certaine autorité aux populations sédentaires et transhumantes des montagnes qu'à celles des nomades du désert (H.Terrasse, p.430).

Les populations des tribus ainsi soumises, arabes ou berbères, acceptaient le caïd nommé par le Sultan comme son représentant officiel et étaient astreintes à payer des taxes au Trésor du souverain régnant ainsi que de fournir les provisions nécessaires en cas de nécessité. La capacité et l'efficacité de ces caïds expliquaient la plus ou moins grande étendue de l'autorité du Makhzen, car ils étaient intéressés aux collectes d'impôts levés sur les populations. Si la paix et la sécurité du pays étaient la raison de leur désignation, leur corruption était en général avérée comme dans le reste du système Makhzen se faisant payer sur le dos de la population. Les hauteurs de l'Atlas et les lieux de passages stratégiques donnant accès au commerce avec l'Afrique étaient supervisés pour le compte du Sultan par des familles de génération en génération, comme celles des Glaoui, des Goundafi ou des Mtouggi à la fin du XIXe siècle et protégeant par la même occasion les plaines contre les éventuels pillards (E.Aubin, 1908, p.47). La sécurité des personnes et des biens n'était pas assurée pour autant, car tout devait être payé et ceux qui barraient les voies de communication étaient dans toutes les tribus et régions, autant d'aspects qu'un Lyautey observera à son tour et utilisera pour asseoir le Protectorat.

Les querelles tribales avec le Makhzen et entre les tribus mêmes étaient permanentes, occasions surtout de longues négociations et de déplacements militaires menés régulièrement par un Sultan, mais sans grave menace pour la survie du pouvoir en place (J.Waterbury, pp.33-51). Néanmoins, les rapports étaient violents, les rebellions matées et les sanctions souvent lourdes pour les populations, expliquant l'état d'arriération du pays et des difficultés de circulation. Les populations des plaines à dominante arabophone étaient souvent coopératives avec le Makhzen central et entretenant des relations suivies avec les bourgeoisies des vieilles cités de leurs régions, comme Fès, Meknès, Marrakech ou Tétouan. Longtemps imprégnées par la culture et le mode vie des réfugiés andalous du XVIe siècle qui y étaient éparpillés, les villes demeurèrent en général acquises à l'ordre et à la loi du Makhzen constitué par le gouverneur, le pacha, le cadi et le « mohtassibe » prévôt, souvent recruté à tour de rôle parmi les nombreuses familles bourgeoises qui dominaient le commerce et l'artisanat.

Surtout rural, le Maroc comptait avant l'occupation française quelques villes relativement anciennes qui menaient un mode de vie réglé à l'intérieur de leurs remparts depuis des siècles, rappelant aux observateurs et diplomates étrangers qui eurent l'occasion d'en visiter de les comparer à celles du moyen âge arabo-musulman. Les premières cités du pays, comme Fès, Marrakech ou Meknès furent fondées entre le IXe siècle pour la première et le XVIIe siècle pour la dernière avant tout comme des sièges politiques pour capitales de dynasties nouvelles, avant de devenir des centres commerciaux. Les souverains régnants avaient pris l'habitude d'y séjourner une part de l'année à tour de rôle pour maintenir l'unité de leur « empire ».

Progressivement, ces villes devaient bénéficier commercialement de ces « exodes saisonniers » de la Cour du Sultan, du Makhzen et des troupes l'accompagnant et constituant des îlots de prospérité, au sein d'un pays peu ouvert sur l'extérieur. D'autant plus que les ports de l'Atlantique connaissaient peu d'activité, car nullement équipés et généralement dangereux d'y pénétrer, les navires de commerce restaient souvent en rade, quand ces abris n'étaient pas tout simplement fermés le plus souvent. Tel était le sort de Tanger, de Larache, de Mehdia, de Rabat-Salé, de Casablanca, de Mazagan, de Safi et d'Essaouira qui demeurèrent fréquemment des sites maritimes plus symboliques qu'opérationnels. L'urbanisation, qui était certes limitée, est indéniablement un phénomène récent et initié durant le Protectorat.

Disposant de ressources en eau relativement abondantes, Fès connut une réelle prééminence au cours des derniers siècles en raison de conditions tant locales que nationales et notamment d'être devenue une importante étape commerciale, culturelle et religieuse sur la route des caravanes provenant notamment des pays africains au sud du Sahara. Certains de ses marchands purent, avec l'assistance intéressée de leurs concitoyens juifs en dépit de l'isolement politique du pays, nouer des relations avec des maisons de commerce de Marseille, de Gênes, de Manchester en particulier, tout en exportant leurs articles vers les villes d'Oran et d'Alger. Quelques-uns commencèrent à s'y établir, ainsi qu'en Égypte ou au Sénégal, donnant lieu à la naissance à l'étranger d'une véritable petite diaspora commerçante fassie et fortunée au XIXe siècle. Les possibilités de bénéficier de la protection ou de la citoyenneté britannique, italienne ou française par exemple permirent à certaines familles fassies de prospérer encore davantage avant le traité du Protectorat. L'origine andalouse d'une partie de ces commerçants et artisans de Fès expliquait certains traits d'habileté et de perspicacité qui feront constamment la notoriété et la finesse de la bourgeoisie de cette ville par rapport à celles des autres cités.

La population active fassie était constituée de marchands-grossistes, « tojjar », de boutiquiers, de maitres- artisans sachant lire et écrire et de journaliers, se regroupant en corporations fermées et dirigées par des « Amines » à vie rendant compte au « Mohtasseb » (S.C. Carleton, pp.247-248). Correspondant au prévôt des anciennes cités européennes, ce dernier était nommé par le Sultan et avait en charge toutes les diverses questions commerciales de la ville, disposant d'un important pouvoir dans la fixation des prix des denrées et la recherche de solutions aux conflits des corporations. Un personnage aussi important que le Gouverneur ou le Cadi de la ville (E.Aubin, pp.204-205).

Les corporations comme celles des tanneurs, des fabricants de babouches et des tisserands des villes dites impériales avaient une forte influence, et les membres de certaines autres comme celles des meuniers, des gardiens ou des porteurs d'eau entre autres par exemple se recrutaient selon des critères surtout tribaux (P.Ricard, 1929, pp.1-2).

Habitant le « mellah », une zone spéciale et contigüe des grandes villes concernées, les membres de la communauté juive citadine, quant à eux, prenaient en charge notamment celles des activités lucratives prohibées ou non tolérées par la religion musulmane, comme le travail de l'or, le métier de la banque ou la bijouterie. Plusieurs parmi eux qui s'étaient convertis à l'Islam au cours des siècles, purent déménager dans les « Medina », comme celle de Fès, et intégraient souvent à part entière la catégorie des bourgeois de la ville, aidés en cela par des réussites financières parfois remarquables (R.Le Tourneau ; D.Bensoussan ; J.Tharaud)[1]. Aussi présentes et actives dans les différentes régions du pays, depuis fort longtemps pour certaines dans le sud, les communautés juives des principales villes étaient des descendants de réfugiés ayant fui l'inquisition chrétienne de l'Espagne de la reconquista. Ils étaient considérés et traités comme des membres de minorités vivant dans des endroits protégés par des murs, « Mellahs », qui leur y étaient assignés, en gérant leurs vies et leurs affaires sous la conduite de leurs rabbins et sous la protection des Sultans à qui ils payaient un impôt coranique comme dans l'ancien empire des Ottomans.

Souvent bien introduits dans les circuits commerciaux internes et externes en raison de leurs liens avec la diaspora, parfois proches du Makhzen ainsi que des ambassades et corps consulaires, les juifs marocains étaient devenus irremplaçables. Ils seront les premiers marocains à recevoir une éducation moderne, à la française, dès les années 1860, en bénéficiant de l'assistance de l'Alliance israélite universelle soutenue par les organisations juives d'Europe. On a pu également enregistrer des émigrations passagères et même des naturalisations réussies de certains d'entre eux vivant à Tétouan, à Tanger ou à Larache partant pour l'Amérique du Sud hispanophone, y faire fortune puis revenir quelques années plus tard et contribuer au bien-être de la communauté (A.Chouraqui, 1952, p.218). Les écoles de l'Alliance israélite transformèrent la jeunesse juive des villes et ports, comme Tanger, Mogador ou Safi notamment, encourageant une européanisation accélérée et visible à travers le mode de vie et l'habit.

---

[1] S'habillant de façon distincte, les Juifs marocains exerçaient surtout des métiers et des activités relativement lucratives que la religion musulmane prohibait à ses fidèles comme le prêt avec intérêt, le travail de l'or, des bijoux ou la confection de boissons alcolisées notamment.

Les naturalisations devinrent relativement aisées à travers Gibraltar et Oran (J.L. Miège, 1961-1963, t.2 p.574).

La population étrangère était fort réduite dans l'ensemble, européenne pour la plupart, concentrée dans des agglomérations côtières de l'Atlantique, souvent constituée de représentants consulaires et de compagnies de négoce. On notait aussi la présence de conseillers européens ou de chrétiens convertis à la Cour du Sultan, de quelques instructeurs militaires et de missionnaires religieux. Cette catégorie de la population a été estimée par exemple durant le XIXe siècle, entre deux cents personnes en 1832 et mille cinq cent quatre décennies plus tard (J.L. Miège, p.474). Les résidents britanniques dominaient largement, venaient les Espagnols puis les Français. Les autres étrangers européens étaient les pêcheurs portugais autorisés à fréquenter la côte marocaine. Le corps diplomatique permanent allait prendre l'habitude à la suite des Anglais de résider à Tanger à partir du XIXe siècle, arrangeant un Makhzen soucieux de les concentrer dans une ville éloignée de ses trois « capitales », pensant ainsi éviter les pressions insistantes d'ouverture et de réformes devenues de plus en plus régulières demandées par les puissances surtout européennes depuis l'annexion de l'Algérie. Outre Tanger, les représentants des maisons européennes de commerce se trouvaient disséminés dans les ports de Larache, de Casablanca, de Safi et de Mogador qui utilisaient des voyageurs de commerce souvent de Marocains juifs, appelés « semsar » (Lexique), sillonnant les régions du pays à dos d'animaux pour acheter et vendre toutes les marchandises possibles. Ils bénéficieront presque le plus souvent de la protection de l'une ou l'autre des puissances s'intéressant au Maroc et à l'origine même de divers conflits et contentieux avec ces dernières pour de vrai et faux prétexte. Enfin, les étrangers n'avaient acquis officiellement le droit de devenir propriétaires fonciers ou immobiliers qu'à partir de l'Acte de la Conférence d'Algésiras, mais officieusement l'étaient souvent par le biais de leurs « semsars », prête-noms et autres protégés.

Section 3 : Des voies de communication difficilement praticables

Jusqu'à la veille du Protectorat, la plupart des observateurs et diplomates rapportaient une absence presque totale d'infrastructures élémentaires de communication, comme les routes, les chemins de fer, les ponts ou les engins ordinaires de transport, reflétant ainsi un état d'arriération général du pays par rapport à des voisins proches, comme l'Espagne ou une Algérie nouvellement occupée par la France (P. Loti, 1996)[1].

Cette faiblesse des voies et moyens de communication au Maroc, déjà relevée au VIIe siècle à la fin de l'époque Romaine, aurait accusé un isolement volontaire du pays, freinant de ce fait la pénétration de certaines évolutions techniques enregistrées depuis la renaissance européenne en particulier, mais déclarées impies par un personnel religieux attaché à préserver le pays de la mainmise étrangère.

L'absence d'un embryon de réseau même élémentaire de voies carrossables tiendrait également à une disparition encore mal expliquée de véhicules et engins à roues (A.Laroui, 1977, p.41)[2]. Les Phéniciens, puis les Carthaginois, premiers peuples étrangers connus pour être venus dans la région en marins, et la plupart des ports actuels leur doivent l'histoire de leur premier emplacement tels Tanger, Larache, Mehdia (l'antique Thymateria), Salé ou Casablanca (Anfa). Les objectifs de ces premiers visiteurs auraient été surtout commerciaux, car ils ne cherchèrent pas à étendre leur domination à l'intérieur, se bornant à l'établissement de petits comptoirs et à occuper les régions les avoisinant immédiatement. Aussi, leur influence, en matière de voies de communication intérieures, a dû demeurer fort limitée (J.Mazel, 1971).

---

[1] Membre d'une mission diplomatique française auprès du Sultan Hassan1^er, Loti fait le récit de son voyage, décrivant en particulier l'absence de voies de communication par terre ou pour traverser les rivières sur le chemin entre Tanger et Fès, ainsi que de l'insécurité des déplacements en ces années-là.

[2] Laroui se pose à son tour la question de l'absence de la roue dans son ouvrage-thèse d'histoire.

Plus conquérants, les Romains soumirent la partie Nord-Ouest du Maroc, qui constituait pour eux la « Mauritanie Tingitane » avec pour capitale Tanger. Des chaussées romaines classiques, qui furent sans doute les premières routes du Maroc, relièrent cette ville aux principaux postes fortifiés de Larache, d'El Ksar, de Salé et de Volubilis. Les deux voies terrestres essentielles desservaient Tanger vers Salé et une seconde allant d'El Ksar vers Volubilis, en parcourant la région du Gharb. La domination romaine ne s'était pas étendue d'une façon permanente à plus de quelques kilomètres du sud du Bou Regreg, privilégiant surtout le transport à dos de chevaux, de mulets et de chameaux le long de sentiers et chemins sinueux. Les Romains avaient été obligés de se protéger du côté sud par une ligne de défense, le « limes », au-delà duquel ils n'avaient pas jugé utile, ou possible de pousser leur occupation. En deçà de cette ligne frontière, le pays était organisé avec des routes carrossables et ne connaissait pas encore le chameau, animal type du transport par portage. Les premiers chameaux de l'Afrique du Nord non Saharienne auraient été observés lors de la bataille opposant des tribus du désert contre l'invasion des Vandales pendant le Ve siècle ap. JC. Depuis, la « civilisation du chameau » allait conquérir toute l'Afrique du Nord dont le Maroc compris, et effaça toute l'organisation routière antérieure, rendant aucun développement possible sans une infrastructure routière (J.Couleau, p.21).

Par ailleurs, il semble que la liaison avec Rome se soit faite plutôt par Tanger et Ceuta, par voie de mer, que par le Maroc Oriental. Mais, de ces chaussées romaines, il n'est pratiquement rien resté ou presque à la veille du Protectorat. La conquête arabe, à partir du VIIIe siècle, n'a ni conçu ni ouvert de voies carrossables dont les traces auraient demeuré. Aux XVe et XVIe siècles, les Portugais eurent une influence relativement étendue sur le Maroc, dans la mesure où les principales villes de la côte jusqu'à Agadir, considéré alors point extrême de l'Afrique sur la route des Indes, passèrent entre leurs mains. Ils entretinrent des relations commerciales suivies avec tout l'intérieur, le Rif, Fès, le Tafilalet, ou le Sous. Ils construisirent ou fortifièrent les villes de Mazagan, de Safi et d'Agadir, ainsi que quelques routes, d'autant plus qu'une vingtaine de ponts portugais dateraient de cette période, certains d'ailleurs assez importants comme sur le Sebou, près de Fès, sur l'Oum Er Rebia, à Kasba-Tadla ou sur le Tensift, près de Marrakech, par exemple. Mais ils peuvent l'avoir été aussi par des dynasties marocaines, ayant eu recours à des techniciens portugais ou autres convertis.

Quoi qu'il en soit, si un certain nombre de ces ponts ont subsisté, il ne restait au XIXe siècle aucune trace de chaussées préexistantes, surtout que les Marocains hors les populations des principales villes ne constituaient pas un peuple très sédentaire avant le Protectorat. Ils ont été, au contraire, depuis la fin des grandes dynasties berbères, de grands nomades et les causes en étaient et restaient diverses. Sous forme de migrations collectives et périodiques dues à la situation respective des terres de culture et des pâturages, à la différence des précipitations atmosphériques dans les autres régions, principalement dans le nord et dans le sud, à la précocité des récoltes dans certaines qui libérait ainsi des travailleurs pour des régions plus tardives. Enfin, il y a la capacité d'expansion de certaines tribus. En outre, les déplacements individuels étaient également fréquents pour rejoindre des marchés hebdomadaires, pour des visites familiales et pour divers types de pèlerinages intéressant des lieux saints locaux ou régionaux. À la veille du Protectorat, selon divers observateurs, les voies de communication demeuraient encore précaires (P.Loti, 1996)[1].

Aussi, à quelques rares exceptions, de nombreuses pistes locales ont de tout temps sillonné le pays, mais toutes suivaient les accidents de terrain et leur existence était simplement le résultat de nombreux passages successifs, sans aucun travail de terrassement, d'empierrement, ou de construction de passerelles ou de ponts. Les populations ainsi que leurs animaux de bât ou de selle, ânes, mulets, chameaux ne pouvaient circuler que lentement. Aucun véhicule, de quelque nature qu'il pût être, n'était encore connu jusqu'à la fin du XIXe siècle. Dans la montagne, la piste devenait souvent un simple sentier de chèvres zigzaguant dans les rochers. Tout oued rencontré se traversait à gué et s'il était en crue et que le passage devenait impossible pour piétons et animaux, on installait la tente sur la rive et on attendait patiemment que la crue baisse.

[1] L'auteur y décrit avec précision les chemins et itinéraires traversés par des diplomates français se rendant à la Cour de Fès pour rencontrer le Sultan à la fin du XIXe siècle.

Quelquefois, sur les oueds importants, un service de passeurs, « zattate », était organisé, les bagages et les voyageurs étaient transportés au moyen de radeaux primitifs, constitués par des peaux de chèvres gonflées d'air et réunies par des cordes ou des cadres de bois. Les animaux de bât, préalablement déchargés, passaient par leurs propres moyens. Tout cela supposait un courant assez faible, mais en présence de toute crue importante, on n'avait plus que la ressource d'attendre. Dans les passages d'oueds très fréquentés, tels que ceux du Bou Regreg, entre Rabat et Salé, la traversée se faisait par barques sur lesquelles on transbordait voyageurs et animaux, ces derniers non sans difficulté d'ailleurs. Les rivières franchies, le voyage reprenait tranquillement, dans un nuage de poussière par temps sec, et, quand il pleuvait, dans la boue, qui, dans certains sols argileux, très fréquents au Maroc, rendait la marche fort difficile.

Section 4 : Des ports non équipés et quelques navires immobilisés

En raison des conflits européens avant la tenue du Congrès de Vienne de 1815, les échanges commerciaux marocains ne pouvaient pas ne pas en pâtir, car le Makhzen craignait les représailles de l'un des blocs d'avoir trop livré de vivres à l'autre, par le jeu de la clause de la nation la plus favorisée dont jouissaient les principaux belligérants dans les traités signés avec le Maroc. La marine espagnole sous surveillance napoléonienne traquait les navires anglais entre Tanger et Gibraltar. Les bonnes relations avec le Maroc, pour l'approvisionnement en eau et en vivres de l'escadre anglaise abritée dans ce dernier port, étaient jugées capitales pour l'Amiral Nelson et ses successeurs. Quelques armateurs marocains, parvenaient difficilement à réaliser de maigres opérations, avec leurs derniers navires transportant cuirs et gomme par exemple entre Tétouan et Marseille, quand ceux-ci ne sont pas saisis tout simplement, entrainant une forte conviction chez le Makhzen que le commerce avec l'Europe non seulement ne causait plus de prospérité, mais était surtout devenu une source de tracas (J.L. Miège, pp.20-21)[1]. Depuis, la politique

[1] Quatre navires, Messouâda, Ghariba, Zaïda et Saïd faisaient encore jusqu'en 1812 le trajet Tétouan-Marseille, avant d'être immobilisés par les autorités de ce port, comme l'auteur le rapporte.

relativement d'ouverture de la fin du XVIIIe siècle qui avait permis aux Espagnols d'importer du blé de la Chaouia et aux Portugais du maïs des Abda, se transforma une série de mesures restrictives allait réduire le commerce avec l'extérieur. L'exportation de plusieurs denrées marocaines, céréales, huiles, laines et bétail, fut interdite et une quasi-prohibition affecta les produits d'importation également.

Au point de vue maritime, le Maroc reste surtout perçu dans l'histoire à travers les méfaits de ses corsaires et par la lutte qu'entreprirent les puissances européennes principalement contre eux, aux XVIe et XVIIe siècles. Mais il serait cependant quelque peu excessif de considérer que l'ardeur avec laquelle les Marocains ont pratiqué la course laissait supposer l'existence de traditions maritimes bien ancrées dans le pays. En réalité, c'est en vain que, en dehors des faits de piraterie, on chercherait dans les annales marocaines les traces d'un réel passé commercial maritime, car malgré les exploits dont certains documents nous ont laissé le récit, la plupart des corsaires marocains, ceux de Salé notamment, n'étaient pas tous des marins, au sens plein du terme s'entend. Le noyau marin des équipages des navires qui prenaient part à la course était constitué à peu près exclusivement par des renégats d'origine européenne, d'Espagne notamment, auxquels on adjoignait parfois des marins provenant le plus souvent de rapts sur mer ou lors des escales. Les Marocains qui se trouvaient à bord composaient surtout l'élément combattant, celui qui était destiné, à la faveur d'abordages rapidement menés, à s'emparer de force des navires rencontrés (St-Estelle, 1698)[1].

La piraterie, qui fut un fléau permanent du moyen âge méditerranéen, était d'ailleurs à cette époque pratiquée aussi bien par les chrétiens que par les musulmans, prit au XVIe siècle un si rapide développement sur les côtes marocaines pour deux raisons. D'une part parce que, chassés de la péninsule ibérique et nouvellement installés à Rabat-Salé, les morisques voulurent à tout prix se venger de leurs

[1] Dans son mémoire, l'agent consulaire français exerçant à Salé écrit :« Quand ils vont faire leurs courses, ils (les Saletins) ont ordinairement les trois premiers (vaisseaux corsaires) cent hommes d'équipage et les autres quatre-vingts, dont il y en aura dix ou douze de bon et le reste tout de méchante « taïffa » (bande, troupe) qu'on fait embarquer par force, à cause qu'il sont mal nourris et encore plus mal payés… s'ils n'étaient obligés par force d'y aller, à peine en trouverait-on pour armer un seul vaisseau… ».

anciens persécuteurs espagnols, et d'autre part, parce que, sous le prétexte de guerre sainte, certains indigènes musulmans avaient trouvé, dans la chasse qu'ils donnaient aux navires de commerce qu'ils qualifiaient d'ennemis, le moyen de donner libre cours à leur esprit de gain facile en même temps qu'un exutoire au fanatisme religieux ambiant de cette époque.

Aussi, après avoir connu une période d'intense activité, les armements de course, à la suite des mesures de représailles, de bombardement et de blocus des ports de Larache, Acila et Tanger qui furent prises par les puissances européennes, enregistrèrent un déclin rapide, les Marocains se détournant complètement de la mer. Ils ne donnèrent plus le moindre signe d'activité et tout ce qui pouvait ressembler à des traditions d'ordre maritime aurait disparu depuis. En témoignent, à cet égard, les vains efforts que certains Sultans déployèrent par la suite pour relayer la course par une activité maritime légale, avec les éléments à peu près exclusivement locaux dont ils disposaient, échouèrent dans l'ensemble (M.Brunot, 1921)[1].

D'ailleurs, le Maroc n'a jamais pu faire preuve d'une grande activité commerciale sur mer, surtout si l'on considère que ce pays a longtemps vécu replié sur lui-même, se confinant dans une sorte d'isolement hostile à la pénétration européenne venant des mers à partir du début du XIXe siècle, sous le règne de Moulay Slimane, sans oublier les graves effets d'épidémies de peste, de disettes suivant les invasions de sauterelles qui ont marqué cette période. L'état d'arriération de l'économie et de la société marocaines maintenait des besoins limités facilement satisfaits par les quelques bateaux européens qui de temps à autre accostaient à l'un des rares ports encore ouverts au commerce.

En 1817, le sultan Moulay Abderrahmane essaya à son tour de se constituer un semblant de flotte, en armant trois ou quatre bateaux qui se trouvaient abandonnés dans des rades et en achetant deux autres à l'étranger, mais cette tentative, de courte durée, aboutit à un échec et il

---

[1] L'approche développée par cet ancien directeur de l'Institut des Hautes Études Marocaines relevait qu'au Maroc « la course a été un accident passager provoqué par des étrangers », corroborant une absence de traditions maritimes.

en fut de même de celle, de même nature, que fit en 1882 le sultan Hassan Ier quand il arma le cargo « Amélie » (J.L. Miège, 1956).

Malgré ces tentatives sans lendemain, tout porte à penser que le Maroc n'a jamais eu de véritable flotte marchande. L'ère de la course passée, au cours des premières décennies du XIXe siècle, les Marocains cessèrent d'ailleurs, non seulement de s'adonner à la navigation maritime, mais ils ne songèrent pas à tirer parti non plus des richesses naturelles qui abondaient sur le littoral. Si l'on fait abstraction de la région du Souss, où les premiers voyageurs européens furent tout étonnés de trouver quelques barques de pêche montées par des autochtones, on n'avait jamais constaté l'existence, tout au long des côtes, d'une quelconque industrie maritime organisée. Les eaux marocaines, aussi bien sur l'Atlantique que du côté de la Méditerranée, ont bien été de tout temps exploitées par des bateaux de commerce ou de pêche montés par des étrangers, des Espagnols et des Portugais surtout, qui, une fois leurs cales remplies de poisson, s'en retournaient dans leur pays d'origine.

Jusqu'à la pénétration française, le personnel marin marocain se limitait aux seuls employés à bord des premiers remorqueurs dans les ports et aux barcassiers toujours utilisés lors de l'embarquement et du débarquement des marchandises (A.Cheddadi, 2006)[1]. L'absence d'abris dignes de ce nom sur une côte réputée inhospitalière expliquerait peut-être dans une certaine mesure l'absence d'une population fortement liée à la mer au Maroc, cette situation tenait aussi au fait que les Marocains éprouvaient une sorte de crainte devenue superstitieuse à son égard, un lieu de tous les risques et origines de tous les dangers[2].

Au moment où le monde allait connaitre par la suite notamment un développement maritime avec des navires à charpente métallique et fonctionnant à la vapeur, la plupart des ports marocains connus étaient restés démunis et non équipés pour en recevoir, quand ils n'étaient pas fermés purement et simplement. La force des vents du nord et de l'ouest soufflant sur la côte atlantique, l'ensablement qui caractérisait

[1] L'auteur confirme que jusqu'au XIVe siècle les marins étaient surtout andalous.
[2] Une certaine « Vox populi » marocaine rangeait naguère la mer comme le premier des trois dangers à éviter, les deux autres étant le feu et le Makhzen.

plusieurs d'entre eux, ajoutés à une crainte générale de l'envahisseur étranger, n'ont guère contribué à une quelconque consolidation de structures portuaires et opérationnelles surtout. Celles-ci étaient limitées au strict minimum en vue de satisfaire quelques besoins conjoncturels impérieux de transport de biens ou de personnes.

Ainsi, l'acceptation de l'emplacement du port actuel de Casablanca remonterait au Sultan Mohammed III, durant la deuxième moitié du XVIIIe siècle, avant d'être fermé par ses successeurs. En 1830, le Makhzen en avait autorisé l'ouverture, et ce n'est qu'en 1907 qu'une jetée fut mise enfin en chantier et en fera le premier vrai port du pays depuis. Simple crique alors entre des rochers, le lieu pouvait abriter les opérations d'aconage et que certaines houles du large la rendaient inutilisable. Ses atouts réels résidaient dans la position géographique au débouché des vastes plaines céréalières de la Chaouia. L'ancienne Casablanca aura aussi constitué une sorte d'hostellerie où s'arrêtaient les caravanes et les agents des services de courrier entre le nord et le sud (J.L. Miège, pp.177-180). Elle resta une simple annexe du port de Rabat-Salé après sa réouverture au commerce.

Ce dernier, se trouvant sur l'estuaire de l'oued Bou Regreg qui offrait les moins mauvaises conditions de navigation de la cote atlantique jusqu'au milieu du XIXe siècle, pouvait recevoir des navires d'un tonnage modéré. Les deux villes ont été souvent désignées par le « port de Bou Regreg», troisième centre bourgeois après Fès et Marrakech, doté d'un mellah assez actif et en rapport avec les autres régions du pays. Avec Tétouan et Mogador, ce port était l'un des plus fréquentés (J.L. Miège, pp.175-177).

Desservant la ville de Fès et d'accès aisé par la dépression de l'oued Sebou, le port de Mehdia avait été fermé en raison de la crainte constante éprouvée de quelque invasion européenne du centre du pays. Jusqu'à l'établissement du Protectorat, alors que l'embouchure du Sebou était ensablée et obstruée, les ports de Larache et de Tanger s'y substituèrent, mais avec des coûts plus élevés pour les articles tels la soie importée ou des produits plus pondéreux comme le sucre, le thé, le coton ou le fer qui entraient surtout par le second (J.L. Miège, pp.23-28). Ainsi la colonie européenne, composée notamment d'agents consulaires, de personnel de maisons de commerce, de pêcheurs portugais et de missionnaires, répartie entre les ports de Tanger,

Larache et Mogador, était de l'ordre de moins de deux cents personnes au total.

L'un des principaux ports, sinon le premier depuis le quinzième siècle, celui de Salé avait enregistré une stagnation aggravée par un ensablement qui a duré jusqu'au Protectorat. Un tel port était en relation commerciale constante avec l'Espagne, l'Angleterre, la France ainsi qu'avec quelques cités États comme Pise, Gênes ou Venise. À une certaine période, à l'image des villes avec lesquelles il était en contact, le port devint presque indépendant refusant de payer au sultan la dîme qui lui revenait sur le produit de la piraterie. Ce port sera progressivement marginalisé en raison du détournement du trafic et des voies maritimes commerciaux au lendemain de la découverte de l'Amérique, et de la réputation de « repaire de pirates » à éviter, en plus de disposer de navires de moins en moins techniquement performants pour rester dans la course. Depuis le tremblement de terre de Lisbonne et la baisse du trafic maritime survenu en 1755, point de départ et d'arrivée de cargaisons commerciales, le port de Salé allait progressivement « sombrer dans un certain oubli » (Voltaire, 1962, p.234)[1].

Présentant une intéressante porte d'entrée au sud de Casablanca, l'actuel port d'El Jadida a été développé à l'origine par les Portugais au début du XVIe siècle, appelé alors « Mazagan », comme une de leurs importantes escales sur la route des Indes puis de l'Amérique du Sud. Ils y édifièrent des fortifications et des remparts à l'intérieur desquels une cité garnison constituée de marins et de militaires va s'y établir. Après son évacuation quelque deux siècles plus tard, il sera fermé par le Makhzen jusqu'en 1821, pour être rouvert et recevoir une colonie juive des environs. Des bateaux étrangers seront progressivement autorisés d'y accoster pour desservir les régions de Marrakech et de la plaine du Haouz.

---

[1] « A cinq degrés de notre Tropique est un promontoire qui s'avance dans l'Atlantique et qui avait été jusque-là le terme des navigations connues. On l'appelait le « Cap Non ». Ce monosyllabe marquait qu'on ne pouvait passer ». En exposant les explorations effectuées par les Portugais qui cherchaient une voie maritime vers l'Asie, mais n'avaient pas encore dépassé ce Cap correspondant en fait à l'estuaire de l'Oued du nom berbère de « Noune », au sud de la bourgade d'Agadir, Voltaire ne s'était guère intéressé à l'éthymologie réelle de ce nom.

À son tour, le port de Safi a été fermé, en 1718 et ne sera ouvert qu'un siècle plus tard, mais son utilité était relativement moindre, en comparaison avec les autres ports plus faciles d'accès. D'ailleurs, durant les mois d'hiver, les navires étaient obligés de rester à attendre plusieurs jours en rade un éventuel changement des conditions maritimes, sans pouvoir être chargés ni déchargés. La rade servît davantage d'un endroit derrière lequel s'est érigée ainsi une autre fortification militaire portugaise au sud de Mazagan, et pratiquement à la même période.

Un autre port, Essaouira, fut reconstruit sur les ruines du précédent site portugais de Mogador à partir de l'année 1760, en vue du remplacement d'Agadir dont la fermeture venait d'être décidée par le sultan Mohammed III en représailles contre les tribus dissidentes de la région du Souss. Il devint le point d'accès des biens et des esclaves provenant surtout des régions d'Afrique noire, des oasis du Sahara. La baie d'Agadir avait été trouvée et choisie au XVe siècle également par les Portugais pour constituer un point d'entrée et un abri naturel pour leurs navires commerciaux et militaires. Une certaine activité de pêche maritime s'y développa aussi dès cette période. La place, qui sera reprise en 1541 par le sultan Saâdien de cette époque, sera fermée purement et simplement au commerce avec l'Europe, deux siècles plus tard.

Si le coût de transport par voie terrestre devenait de plus en plus élevé au milieu du XIXe siècle, celui par voie de mer et des océans était prohibitif quant à lui, en raison d'une faible demande locale et d'un niveau limité des transactions commerciales, qui seront accentués par la fermeture de plusieurs ports (M.Bousser, 1934, p.205 ; M.Aflalo, 1904, p.67)[1]. L'immobilisme de la société et de l'économie marocaines s'expliquait en dernier ressort par cette difficulté de communication et de transport tant par voie terrestre que

---

[1] M.Bousser a procédé à une estimation en se basant sur la pratique de l'armée française au Maroc : « en huit mois, les seules économies réalisées du passage du transport à dos de chameau au transport ferroviaire des marchandises utilisées par l'armée, auraient représenté l'équivalent du coût construction de la voie férrée Rabat-Casablanca commencée dès 1915. Par ailleurs, la durée du trajet est passée de 2 jours à 2 heures, soit une réduction de l'ordre de 95%. »
- Aflalo confirmait à son tour que les coûts de transport à dos d'animaux étaient prohibitifs.

maritime et permettait de comprendre à son tour l'insignifiance du commerce extérieur à la veille du Protectorat.

Les renseignements disponibles étant assez épars, et les traités ne mentionnaient que près d'une quarantaine de produits concernés par d'éventuelles opérations d'échanges extérieurs. Celles-ci ne devaient porter que sur des montants peu élevés, chiffres relativement faibles et très variables suivant l'importance des récoltes des années agricoles. De l'Acte d'Algésiras, point de départ d'une ère nouvelle politique et économique, à l'institution du Protectorat, la situation commerciale marocaine n'a sensiblement pas évolué et l'influence française ne s'était pas encore fait sentir d'une façon nette, les moyens de production et d'évacuation n'avaient pas subi de modification significative. La part de la France dans les échanges extérieurs tout en étant alors prépondérante restait ce qu'elle était auparavant. Ce n'est qu'en 1912, que réellement l'influence française a commencé à se manifester d'une façon nette, car à partir de cette époque son administration sera installée et un contrôle plus rigoureux sur les échanges s'exercera et les premières statistiques officielles des mouvements commerciaux feront leur apparition.

En effet, au tout début du XXe siècle, à titre de simple comparaison, le commerce extérieur total de la Grande-Bretagne, alors reconnue comme la principale puissance maritime, s'élevait à près de 855 millions de livres sterling dont la moitié passait à l'époque par le détroit de Gibraltar et expliquant l'importance stratégique de ce port et ville-garnison ravitaillés depuis le Maroc en raison du conflit permanent de cette puissance avec l'Espagne (M.Aflalo, p.64)[1]. Sur quelques milliers de navires recensés comme ayant transité par ce port-forteresse, près de la moitié provenait d'Angleterre. Le commerce extérieur total marocain représentait moins d'un demi-pour cent de celui de la Grande-Bretagne de cette époque en comparaison, et était estimé à quelque quatre millions de livres, en 1902, dont la moitié s'effectuait avec cette dernière et un quart avec la France.

[1] L'auteur et ambassadeur itinérant de Grande Bretagne y signalait que l'absence de routes, de voies ferrées, de ponts rendant le coût de transport-animal élevé et les chemins de l'intérieur étaient peu sûrs.

À cet égard, il semblerait que la « fausse monnaie » était abondamment utilisée par les étrangers dans leurs transactions avec les commerçants et intermédiaires marocains, l'autorité monétaire qualifiée pour suivre les échanges ou contrôler les monnaies en circulation demeurait pour ainsi dire encore inexistante sinon fort symbolique (Y.Famchon, pp.81-150)[1]. Les maisons de change et embryons bancaires localisés à Tanger appartenaient à des structures ou à des personnes étrangères, le plus souvent dirigées par des marocains de confession juive et bénéficiant du statut de protégé.

Lorsque le Protectorat fut établi, et voulant rendre le pays ouvert, un peu plus sûr et accessible, il élimina progressivement le régime des capitulations et développa une certaine activité maritime, et aura été dans la pratique une phase d'une évolution d'un rapport international de forces de plus en plus favorable à la France qui s'est étalée sur une longue période et suite à de nombreux traités, accords et conventions qui ont préparé un environnement international débouchant sur un consensus. Ainsi, dès le début du XXe siècle, à l'occasion de la Conférence internationale d'Algésiras, la problématique de la sécurité intérieure sera jugée prioritaire et évidemment utilisée par les puissances concernées en vue de la mise en place prioritaire d'un embryon d'organisation policière dans huit ports marocains et leurs alentours, et qui sera confiée à leur demande, à la France et à l'Espagne, avec l'accord de la Grande-Bretagne et le support des États-Unis ainsi que celui de l'Italie[2].

Section 5 : Des traités bilatéraux léonins

Les premiers traités internationaux impliquant le Maroc et relativement connus furent ceux signés par les Sultans Mérinides avec le roi de France en 1282, les rois d'Aragon d'Espagne encore musulmane aux XIIIe et XIVe siècles, soit bien avant la prise de Grenade par les armées chrétiennes d'Espagne. Il y eut aussi à la même époque une tentative d'entente entre les mêmes princes marocains, dominant alors le Maghreb, permettant en 1358 à la

[1] Également avocat auprès de la Cour Internationale de Justice, l'auteur a consacré à la question un long développement, en raison du conflit qui avait opposé les USA au Protectorat français.

[2] Les alentours du ressort de la nouvelle police concernaient 6 miles de chaque port ouvert, selon les stipulations du Traité.

République de Pise de faire bénéficier ses ressortissants et leurs marchandises de la clause d'exterritorialité, et pour la première fois dans l'histoire du pays reconnaissant au consul un pouvoir de juridiction sur ses compatriotes. Il sera également exercé par les consuls français au Maroc depuis le traité entre Louis XIII avec le sultan Mohammed Cheikh Sghir de la dynastie saâdienne déjà fort affaiblie et même déliquescente (Y.Famchon, p.12).

La France avait cherché également depuis à nouer des relations commerciales, à travers un traité de paix et d'alliance stipulant notamment l'établissement dans les ports de consuls français. Les dispositions de ce traité furent confirmées par un accord passé en 1667, entre Louis XIV et le sultan Moulay Ismaïl portant un intitulé plus théâtral que réaliste de « paix et d'amitié »[1]. En 1682, un autre traité, de la même veine, sera signé à Saint-Germain, au nom des mêmes souverains, pour mettre fin au blocus des ports du Maroc exercé alors par la flotte française à la suite des actes de piraterie imputés à des corsaires de Salé, en échange de la libération de captifs français par le Makhzen.

Ils deviendront plus nombreux à partir du XVIIIe siècle, les gouvernements étrangers cherchant surtout des assurances à l'insécurité régnant en mer du fait des actes de piraterie en provenance du Maroc aussi, et sur terre du fait que la justice locale ne protégeait ni les personnes ni les biens avec des garanties jugées suffisantes selon ces pays (Y.Famchon, p.11). Deux traités furent mis au point, le premier dit de « paix et d'amitié » avec la France et un second de commerce avec l'Espagne, signés à Marrakech, en 1767. Les premiers traités qui ont défini la protection confiée aux consuls, intéressant leur personnel et les marchands de passage. Celle-ci sera étendue à la discrétion du consul, et souvent monnayée, permettant aux bénéficiaires de se soustraire aux impôts et juridictions des gouvernants marocains. D'autres accords similaires allaient suivre avec l'Autriche, la Sardaigne et les deux Siciles.

---

[1] Dans son article 2, le traité indiquait que « les sujets respectifs des deux pays pourront voyager, trafiquer, naviguer en toute assurance et partout où bon leur semblera, par terre et par mer, dans la domination des deux « Empires », sans crainte d'être molestés, ni empêchés sous quelque prétexte que ce soit ».

Enfin, deux décennies plus tard, un traité sera signé avec les É-U., qui avaient déclaré leur indépendance à peine quelques années plus tôt, et renouvelé en 1795 par le Sultan Moulay Slimane, avec remise par le consul d'une dotation spéciale du Congrès, pour prévenir surtout les attaques de corsaires contre leurs navires au large des côtes marocaines. Tous ces accords ou presque portaient sur le droit d'établissement et la liberté du commerce, la clause de la nation la plus favorisée y était incluse de façon presque systématique. Ils prévoyaient pour bon nombre d'entre eux de plus en plus de façon léonine, soit sans aucune réciprocité, l'établissement de consulats qui se chargeraient surtout de la protection des personnes et les intérêts de leurs ressortissants respectifs, leur attribuant des pouvoirs d'exercer leur justice en terre marocaine. Les consuls étaient devenus ainsi juges compétents chaque fois que l'un de leurs ressortissants était civilement ou pénalement concerné, en se prévalant du jeu de la clause diplomatique de la nation la plus favorisée.

D'un point de vue historique et juridique, le régime capitulaire se présentait comme une restriction à la compétence judiciaire et fiscale d'un État souverain sur son propre territoire et a concerné auparavant l'Empire chinois, l'Empire ottoman dont l'Égypte faisait partie, ainsi que le Maroc jusqu'à la Première Guerre mondiale. Il visait surtout la condition juridique des étrangers dans les pays non chrétiens, permettant ainsi aux ressortissants des puissances étrangères d'échapper aux lois du pays concerné. L'instabilité politique du Maroc, due à diverses sortes de raisons, aura fortement réduit l'activité économique, et le pays paraissait continuer de vivre sur les retours humains en provenance d'Espagne datant du seizième siècle, l'élément juif assurant l'intermédiation avec l'étranger (D.Bensoussan, p.79).

Il y a lieu de faire remarquer que si les traités capitulaires datant d'avant le XIXe siècle, la compétence juridictionnelle des consuls se limitant aux ressortissants et protégés, ceux conclus depuis prévoyaient en plus des privilèges fiscaux, douaniers concernant même des commerçants musulmans marocains, pouvant ainsi bénéficier de la protection d'une puissance avec toutes les formes d'abus que cela occasionnera. Ainsi, depuis l'important traité qui sera conclu avec la Grande-Bretagne dont les sujets et protégés relèveront au civil comme au pénal du tribunal du consul de cette puissance, aucune autorité marocaine ne pouvait par conséquent intervenir. Par ailleurs, en vertu de cette clause de la nation la plus favorisée, toutes les puissances bénéficieront ou presque successivement du même traitement.

Auparavant, juste après le départ des derniers Portugais, le commerce devait être relativement florissant puisque par exemple les gouverneurs de la Chaouia, installés à Casablanca, songeaient à s'attribuer les revenus du port et il dut y avoir quelques conflits, car le sultan prit ce prétexte pour y envoyer un corps de cavalerie en vue d'occuper la bourgade et en fermer le port. Cette situation ne semble pas avoir découragé les Européens à venir installer quelques comptoirs, et l'un des premiers documents signalés relatifs à la présence de commerçants européens à Casablanca est une convention signée en 1762 entre le sultan Mohamed III et la Compagnie espagnole (Compania Riso et Patron). Cette convention donnait à celle-ci le monopole du commerce du « port » de cette petite cité, une sorte de première gestion déléguée du Maroc.

Un autre traité hispano-marocain a établi, quatre années plus tard, la liberté du commerce entre l'Espagne et le Maroc, avec la mention de la nation la plus favorisée, permettant ultérieurement que les avantages accordés à la Compagnia Riso le soient aussi à la Compania de los Cinco Gremios Mayores de Madrid, qui avait en outre, le port de Fedala. L'Espagne obtenait ainsi l'autorisation d'exportation de vingt-trois articles, allant des grains, au bétail, aux pois chiches, au sel en passant par du bois en planches. Cette facilité se traduisait par l'exportation, bon an mal an, de près de deux cent mille quintaux de blé environ selon certaines estimations. Enfin, l'Espagne devait à son tour bénéficier du privilège juridictionnel dans un traité de 1799, similaire à celui signé avec les autres pays européens. Des droits de douane avaient été également négociés avec la plupart des pays concernés, avec une taxe de 10% à l'import et 5% sur les produits exportés que la Grande-Bretagne allait contester dans la pratique, à l'occasion de l'accord de 1783 devant faciliter l'approvisionnement de la forteresse de Gibraltar à partir de la ville de Tétouan.

Réalisant la grande difficulté d'aménager les traités existants, la Grande-Bretagne s'est employée patiemment à préparer l'ouverture du Maroc, jusqu'à parvenir à ce traité de commerce et de navigation qui sera signé en 1856, en dépit des dérobades et lenteurs du Makhzen, reflet du développement du libéralisme anglais en différentes régions du monde (J.L. Miège, pp.261-347)[1]. Il reconnaissait la liberté de commerce et abolissait la plupart des monopoles et privilèges de vente et d'achat, tout en confirmant le principe d'exterritorialité en matière juridique. Les deux interventions militaires de la France puis de l'Espagne avaient démontré la faiblesse de l'empire marocain et allaient élargir à la France et à l'Espagne les conditions et avantages accordés à la Grande-Bretagne précédemment.

Le lent déclin tant du Makhzen ainsi que de son prestige pouvait être relevé à travers ses difficultés diplomatiques à partir du XVIIIe siècle. Les traités inégaux signés par le Maroc, reconnaissant des droits commerciaux et des privilèges d'exterritorialité juridique, imposés par un rapport de forces défavorable à un Makhzen devenant de plus en plus inapte à contrecarrer les fortes pressions s'exerçant sur lui tant de l'extérieur que de l'intérieur du pays (C.F. Stewart, pp.39-53)[2]. Mais le cas du Maroc n'était pas unique dans l'histoire politique et économique internationale, au vu des expériences similaires par exemple déjà vécues surtout par la Chine ou par l'Empire Ottoman, tous deux également en plein immobilisme, dont les destinées allaient être déterminées et définies pratiquement par les mêmes puissances occidentales[3].

La France et la Grande-Bretagne auront été les principaux architectes de ce qui deviendra « la question marocaine » un siècle plus tard, puis une Espagne qui était déjà implantée au nord du pays, sans omettre le cas particulier de l'émergente Allemagne, comme nouvelle puissance tard venue au Maroc et qui se cherchait une place

[1] Œuvre de Sir Drummond Hay, représentant la Grande Bretagne tout au long de la deuxième moitié du XIXe siècle et homme de confiance de divers Sultans qui se sont succédé durant cette période.

[2] L'auteur signale un intéressant contre-mémoire préparé par les USA dans leur litige avec la France au sujet du Maroc en 1951 à la Cour Internationale de Justice de La Haye dont le compte rendu est relaté par le conseiller A. Fisher. Voir Adrian Fisher, counselor of the Department of States of USA. Lire I.C.J. Pleadings, Morocco case (Francs v. USA), Counter-Memorial of USA (1951), pp.258-388.

[3] Cependant, il y a une exception à ces traités capitulaires, car si à l'origine de tels droits extraterritoriaux furent concédés aux puissances chrétiennes en pays non chrétiens, la puissante Ligue Hanséatique en a aussi bénéficié en Grande Bretagne dès les XIIIe et XIVe siècles témoignant de sa puissance.

parmi les grands empires. Cet éclairage diplomatique permet quelque peu d'introduire les changements ultérieurs devant intervenir sous les auspices de la France. En effet, jusqu'à l'annexion de l'Algérie, les relations du Maroc avec l'extérieur et notamment avec l'Europe étaient encore peu définies dans l'ensemble, le pays vivant dans une certaine fausse indépendance, correspondant plus à une quasi-fermeture à toute influence étrangère, chrétienne et européenne en particulier, et rappelant encore par divers traits la complexe situation vécue, par des pays comme la Chine ou le Japon quelques décennies auparavant en Extrême Orient, et correspondant à l'accélération des effets déstabilisants de la révolution industrielle occidentale sur les pays encore arriérés.

En effet, jusque là, les traités conclus par le Maroc avaient été principalement des engagements de maintien de la paix, voire des alliances politiques conjoncturelles, mais les premières phases de ladite révolution industrielle européenne vont modifier le cours de l'histoire internationale suscitant le début de la vague impérialiste à travers le monde et la série de traités de commerce et de libre-échange. La situation interne instable à son tour, due à une administration Makhzen de plus en plus affaiblie par des rébellions tribales incontrôlables, ainsi que par deux guerres perdues contre deux puissances européennes, deux à trois décennies après l'occupation de l'Algérie. Des réparations imposées par les vainqueurs et s'étalant jusqu'à la fin du siècle obligeront le Maroc à recourir à l'endettement auprès des banques internationales pour la première fois, aidé en cela par la Grande-Bretagne, en vue d'y faire face (J.L. Miège, p.381)[1]. Au moment, où les défaites militaires subies rendaient urgentes les transformations, les réparations financières exigées notamment après la prise de Tétouan par les Espagnols les interdisaient. Celles-ci devaient représenter près de trois années de droits de douane sur le commerce extérieur, estimées de l'ordre de huit millions de francs par an, obligeant de ce fait un Makhzen humilié à négocier un difficile et laborieux emprunt anglais sur une durée de vingt ans. Ceci devait entrainer une crise financière en raison de la sortie du numéraire collecté et une forte dépréciation du douro marocain (A.Marti, 1951,

[1] Hay Drummond, ambassadeur de la Grande Bretagne avait aidé à la préparation du traité de paix et à l'organisation d'un emprunt anglais.

p.25)[1]. La liberté des échanges commerciaux avec l'étranger devenait une nécessité imposée également par l'Espagne bénéficiaire de l'indemnité qui sera réglée par le produit de la Douane en remboursement de l'emprunt accordé par la Grande-Bretagne. En effet, cette période qui s'ouvrait au niveau international était marquée par la forte incitation au libre échange par cette grande puissance (J.L. Miège, p.413).

Les moyens de pénétration de l'Europe étaient en évolution et n'étaient plus limités aux seules modifications apportées par des traités imposés, car un véritable équipement commercial accompagnait la poussée étrangère, en forme notamment de lignes régulières de navigation et de services postaux. Par ailleurs, des colonies d'étrangers tendent à se constituer avec leurs consuls, prêtres, pasteurs et médecins.

Section 6 : La conquête de l'Algérie

L'occupation de l'Algérie, intervenue au cours de la première moitié du XIXe siècle, annoncera et préparera dans son sillage d'abord celle de la Tunisie à l'Est cinquante plus tard, puis du Maroc à l'Ouest au début du siècle suivant.

Un coup de « chasse-mouches » porté au consul de France par le Dey d'Alger aurait constitué le crime de lèse-majesté et d'offense porté à l'honneur d'une grande puissance, et ayant été à l'origine de l'annexion de tout un pays encore sous la tutelle de l'Empire Ottoman, selon la version officielle. En fait, un tel incident ne fut qu'un prétexte, car une dette contractée par la France lors des guerres napoléoniennes contre l'Italie notamment suite à des livraisons de denrées par l'Algérie n'avait jamais été honorée jusque là créant un vieux contentieux entre les deux pays (P.Vallaud, 2006, pp.13-16). Le « chasse-mouches » servant de prétexte, le gouvernement de Charles X et de Martignac temporisa en ayant recours dans un premier temps à un blocus du port d'Alger, en raison des positions réservées de la Grande-Bretagne et de la Russie contre une éventuelle action contre Alger.

---

[1] L'indemnité de guerre était de 15 millions de piastres, soit quelque 80 millions de francs français de 1860, et l'emprunt de l'ordre de 6 millions associant commerçants et intermédiaires marocains et anglais de Gibraltar.

Mais aussitôt un de ses navires bombardé par accident ou erreur, la France décidera d'envoyer une expédition de quatre cent cinquante embarcations et près de quarante mille soldats vont débarquer à Sidi Ferruch en mai 1830, sans trouver beaucoup de résistance, en raison de la défaillance de la partie turque et de la faiblesse des forces locales disponibles. Alger capitulera immédiatement, et les termes de l'accord intervenu ne seront pas respectés par l'armée d'invasion, entrainant des scènes de pillages de biens et même du Trésor de la Régence. Il a été établi que Napoléon Bonaparte avait déjà évoqué en 1802 l'idée de donner une leçon à cette « cité barbaresque et rebelle » qui irritait ses ambitions expansionnistes, et il aurait fait repérer ses systèmes de défense puis même élaboré déjà un projet de débarquement au même lieu Sidi Ferruch, mais des préoccupations européennes devaient l'en détourner.

Une fois la capitale ainsi occupée, on se rendra compte qu'il n'y avait aucune doctrine politique établie relative à cette expédition punitive, en raison d'une ignorance des réalités sociales, religieuses et culturelles du pays envahi. Celui-ci sera alors soumis par la force pure et simple, en usant de terreur, de répression et de délation, comme du temps de René Savary, ancien ministre de la police de Napoléon, qui a remplacé Clauzel suite à l'intronisation du roi Louis Philippe. Une organisation administrative française se substitua à celle des Ottomans, avec l'armée au centre du dispositif qui poursuivait sa conquête des lieux.

Pour décider de l'avenir de ce territoire, le gouvernement créera une commission d'enquête de parlementaires et d'officiers qui préconisa en 1833 le maintien de la présence française, en dépit des nombreuses critiques. Une seconde sera désignée, l'année suivante, en vue de décider du statut administratif, et conseillera de se limiter à coloniser les régions côtières et d'y désigner un gouverneur général, avec la nomination d'un général et sans se prononcer clairement sur la place de l'Algérie dans un nouvel empire éventuel à constituer après celui perdu par Bonaparte.

En raison d'une politique de colonisation peu cohérente dès le départ, la France va se trouver confrontée à des situations difficiles sur le terrain, hésitant entre manière forte et conciliation, alliances locales de circonstance peu crédibles, décisions souvent violentes et arbitraires, spoliations et surtout sous-estimation du phénomène religieux. L'administration des populations et des territoires demeurera toujours aussi incertaine. Ainsi, après avoir négocié avec un des chefs locaux les plus connus, Abdelkader devenu Emir, fils d'un dignitaire religieux, le considérant comme un allié dans la circonscription d'Oran, celui-ci continuera plutôt d'agrandir son territoire en s'opposant aux troupes françaises, et les traités successifs n'arrêteront pas ses légitimes ambitions. Après avoir été considéré comme un simple instrument, et par moment comme un véritable allié, il deviendra le chef à abattre ou à maîtriser, vu sa propension à élargir sa sphère d'influence. La riposte militaire française dirigée d'abord par Bugeaud, un autre ancien soldat de Napoléon durant la campagne d'Espagne, puis du Duc d'Aumale, sera longue et violente, pourchassant l'Emir qui se réfugiera en 1844 au Maroc, dont la frontière sera franchie par l'armée française bousculant sans difficulté celle du Sultan du Maroc à Isly (J.Ganiage, 1994).

En même temps, en vue d'exercer une forte pression sur le Maroc défait, une escadre française bombardera les ports de Mogador et de Tanger, suivie de la signature d'un traité de paix en cette dernière ville excluant désormais toute possibilité de refuge pour Abdelkader, ce dernier devenant un partenaire encombrant pour le Maroc qui reprendra le combat jusqu'à sa reddition en 1847, avant d'être déporté en France l'année suivante.

Depuis cette période, le Maroc à l'ouest et la Tunisie à l'est allaient accaparer l'intérêt d une France de plus en plus à l'affût de conquêtes extérieures mêmes jusqu'en Asie, et se mesurant aux autres puissances impériales. La guerre menée en Algérie et les négociations avec l'émir Abdelkader durèrent près de vingt ans recevant le support du sultan Abderrahmane, soutien qui lui sera reproché par la France et qui va l'en dissuader en attaquant le Maroc et le défaire à armes inégales. En fait, c'est depuis ce conflit que va se révéler l'extrême arriération du pays face à l'avancée industrielle et technique européenne, et une leçon qui ne sera pas oubliée, surtout après les bombardements des villes de Tanger et de Mogador par la flotte française, sur ordre du Prince de Joinville, fils du roi Louis Philippe.

La frontière orientale du Maroc, qui ne sera tracée que schématiquement d'ailleurs, n'aura plus de secrets pour les troupes françaises, connaissant aisément la fragilité et l'archaïsme des armées du sultan et du Makhzen. Quelques décennies plus tard, le futur général Lyautey, nommé à la tête de la région d'Oran, sera responsable d'une sorte de mission de maintien de la paix sur cette longue frontière allant jusqu'aux oasis du Sahara (A.Le Réverend, 1983, p.63).

Section 7 : Le jeu des grandes puissances au Maroc

Au cours du XIXe siècle, les rapports inégaux de négociation deviendront la règle dans les futurs rapports du Maroc avec les puissances étrangères qui vont déboucher sur la conférence de Madrid augurant de la vague coloniale alors en cours. Le Makhzen donnera l'impression d'être un simple observateur effacé alors que l'avenir du pays était en jeu (C.F. Stewart, 1964, p.43).

Le nouveau traité signé en 1836 avec les États-Unis leur accordait de nouvelles facilités commerciales ainsi que des privilèges juridictionnels permettant aux consuls de juger les litiges entre citoyens et protégés américains, avec le traitement de la nation la plus favorisée également.

Après le Congrès de Vienne de 1815, la France n'avait plus l'empire européen que Bonaparte avait militairement essayé de former, si ce ne sont quelques comptoirs tropicaux jugés alors de peu d'intérêt. Elle avait été défaite et déboutée de l'est du Canada par la Royal Navy au siècle dernier et la Louisiane sera vendue aux É-U. plus de quarante ans plus tard. La reprise de son action impériale interviendra quand le roi Charles X lancera une « expédition punitive » contre l'Algérie qui se transformera en une longue et laborieuse annexion de tout un pays, puis de l'Afrique de l'Ouest et celle du Nord. Parallèlement, l'imposition de conditions relativement encore peu sévères à l'endroit d'un Maroc défait déjà Isly et obligé de se désolidariser officiellement avec l'Emir algérien Abdelkader et sa cause et d'accepter le flou du tracé de sa frontière notamment au sud avec l'Algérie, encouragé par les conseils intéressés d'une diplomatie britannique préoccupée surtout par le seul maintien du statu quo et de la libre circulation dans le détroit de Gibraltar sur la route des Indes[1].

Aussi, jusqu'au début du XXe siècle, avec un représentant bénéficiant d'un accès permanent aux Palais du Sultan, la Grande-Bretagne maintiendra avec le Maroc des rapports relativement étroits, l'assistant en cas de besoin et lui dispensant le conseil général surtout de ne pas « provoquer » les puissances en présence (D.Hay, 1896)[2]. Ainsi, au lendemain de la guerre déclenchée par l'Espagne en 1860 et la défaite attendue du Maroc, le « Foreign Office » arrangea un prêt qui sera accordé par des banquiers de la City de Londres, en vue de payer l'indemnisation fixée par les vainqueurs espagnols. On peut aisément interpréter dès lors qu'une requête de protection ait été faite par exemple à cette puissance quelques années plus tard par Hassan Ier, à la lumière de sa perception réaliste des rapports de forces militaires inégaux.

Entre temps, l'intérêt de la France pour l'Afrique du Nord allait augmenter, et la Tunisie sera envahie en 1881 pour devenir un protectorat deux ans plus tard, sous prétexte de protéger les créanciers français, que l'homme politique français Clémenceau qualifiera alors ironiquement de « coup de Bourse » (W.Langer, 1925, pp.55-78). Il ne restait plus que le flanc ouest, le Maroc, pour parachever un empire nord-africain français, œuvre qui s'avérera plus difficile et exigera quelque trente ans et après avoir dédommagé plusieurs puissances intéressées. Il fallait leur trouver des lots de substitution. Cela était bien singulier dans le cas d'une France qui venait de perdre deux de ses provinces l'Alsace et la Lorraine, suite à sa guerre perdue contre l'Allemagne, et encore dans les mémoires des contemporains. Depuis le Congrès de Vienne qui avait décidé du sort de la France suite à la défaite de Napoléon Bonaparte, les grandes puissances européennes

---

[1] Il s'agit des traités de Tanger en 1844 et celui de Lalla Maghnia en en 1845, relatifs à la paix puis au tracé des frontières.

[2] Les Archives de la Légation de Grande Bretagne (GB) à Tanger, selon Foreign Office Despatch of June 15, 1844, cette puissance conseillait le sultan de demeurer neutre dans le conflit opposant la France à l'Emir Abdelkader. Encore en 1859, selon Despatch of March 12,1859, de la même légation, c'est grâce à l'intervention anglaise si les villes deTanger et Tétouan furent épargnées par l'Espagne. Les divers diplomates résidents au Maroc firent de Tanger depuis une sorte de capitale diplomatique, les consulats devenant légations négociant avec le Makhzen à travers le Pacha de cette ville, où ils furent relégués dès la fin du siècle précédent.

avec les États-Unis ont pris l'habitude de tenir un système de rencontres internationales réunissant leurs diplomates pour discuter d'un litige ou pour prévenir un éventuel conflit entre elles, soucieuses de trouver entre elles un terrain d'entente.

Ainsi, le Maroc aura droit à deux conférences internationales qui discuteront exclusivement de son sort, se tenant toutes deux en Espagne, la première à Madrid et la seconde à Algésiras.

Paragraphe 1 : La Conférence de Madrid

Ce sont principalement les traités avec la Grande-Bretagne en 1856 et avec l'Espagne en 1861 qui vont marquer cette période postérieure à l'annexion de l'Algérie en étant les premiers à faire prévaloir les principes de liberté commerciale et d'égalité économique, tout en instituant une exemption fiscale ainsi que des pouvoirs juridictionnels plus étendus aux consuls. C'était l'époque du libéralisme anglais ambiant et d'une Grande-Bretagne conquérante et au faîte d'une suprématie mondiale sur le plan commercial, naval et militaire. Le nombre des produits marocains offerts sera porté au double de l'existant. Depuis les défaites d'Isly et de Tétouan, le besoin de réforme se faisait sentir au niveau tant militaire qu'économique qu'à celui de la formation en général, et la nécessité d'un état moderne pour entreprendre lesdites réformes. Abderrahman, Mohamed IV puis Hassan Ier y seront confrontés sans y parvenir.

La Conférence de Madrid sera un évènement diplomatique majeur de la deuxième moitié du XIXe siècle, les représentants des puissances représentées à Tanger n'ayant pu s'entendre jusque-là sur le statut et le nombre des protégés, en raison du grand nombre d'abus relevés par le Maroc. L'Allemagne entrera à son tour dans la course aux empires hors d'Europe, en adhérant à son tour à la tenue de la conférence internationale de Madrid convoquée par la Grande-Bretagne. Le problème des privilèges juridictionnels accordés par le Maroc aux consuls sera au centre des discussions entre les puissances présentes (Y.Famchon, p.11).

En fait, en généralisant les privilèges ainsi que les avantages économiques et fiscaux à tous les signataires de la Convention de Madrid, en raison de la clause de la « nation la plus favorisée », tel que prévu dans les derniers traités signés avec la Grande-Bretagne et l'Espagne, entrainera une internationalisation accentuée encore du cas marocain et une réelle déstabilisation de l'autorité du Makhzen. Aucune solution ne sera trouvée par exemple à l'extension de la protection accordée par la France à de riches agriculteurs marocains qui seront ainsi notamment exemptés de toute taxe, sans parler du cas des protégés politiques s'opposant au sultan, comme celui du « chérif d'Ouazzane » servant les intérêts français. Le « compromis » obtenu s'expliquait par une coalition d'intérêts entre la France, l'Italie et l'Allemagne qui se préoccupait peu de l'affaiblissement causé au pouvoir marocain. Cette Convention autorisera également les étrangers à devenir propriétaires fonciers au Maroc, prélude au régime de la « Porte ouverte » qui sera détaillé par la Conférence d'Algésiras vingt-cinq ans plus tard, en dépit de certains efforts de modernisation même limités et surtout tardifs menés entre temps par le Makhzen soucieux de préserver l'indépendance du pays.

La compétition entre les puissances allait se poursuivre et se refléter notamment dans certains traités. L'Allemagne parvint à négocier après la Convention des avantages additionnels à ceux obtenus précédemment par la Grande-Bretagne et l'Espagne, soit une liste supplémentaire de produits, l'ensemble bénéficiant d'une réduction de moitié des droits de douane. La France devait obtenir à son tour les mêmes avantages quelque temps après, en y ajoutant des articles à l'importation, comme l'or et les parfums. La conquête de l'Algérie par la France avait déjà mis fin à la longue période d'isolement politique du Maroc le mettant au centre d'une intense rivalité des puissances européennes qui devait durer jusqu'à la fin du siècle, chacune voulant s'accaparer une place prépondérante.

La situation politique instable du pays, qui de fait régnait de façon spasmodique depuis la fin du XVIIIe siècle, était due, entre autres, à la nature et à la complexité de liens fondées sur l'usage de la de force entre le Makhzen central avec les diverses tribus et régions du pays. Cette instabilité se trouvait aggravée au cours de périodes d'interrègne, souvent violentes, mouvementées et parfois longues en raison du nombre des candidats à la succession au trône, comme au lendemain de la disparition des sultans Ismail ou Hassan 1er. Les pouvoirs du Sultan seront toujours lies à l'autorité exercée par ceux des caïds et pachas qui étaient censés le représenter auprès des populations. Ils étaient faibles, voire fort réduits quand le caïd était rejeté par une tribu ou si son influence y était négligeable. Par ailleurs, ces pouvoirs ne s'en trouvaient pas pour autant plus consolidés quand l'autorité régionale de ces caïds était bien ancrée, mais tendant à l'utiliser fréquemment à leur propre avantage.

Dès lors, la levée et la collecte constamment aléatoire des impôts étaient autant de tests périodiques pour vérifier la consistance et l'étendue du pouvoir effectif du Makhzen central sur les régions du pays avant le Protectorat. D'ailleurs, l'essentiel de la mission de ce pouvoir a ainsi consisté de façon permanente à faire la démonstration de son existence face à des tribus récalcitrantes refusant les prélèvements jugés lourds sinon injustifiés. Petit à petit s'érigeront de véritables oppositions organisées, comme celles du début du XXe siècle, que des puissances étrangères encourageront ainsi que des caïds-potentats qui se mettront à leur service[1].

Il y eut des tentatives de demandes officielles et pressantes de la part du Makhzen d'alliances fortes avec des puissances étrangères, s'apparentant davantage à une forme de protectorat, par exemple la requête faite par Mohamed IV aux É-U. en 1871 ou celle faite à la Grande-Bretagne par Hassan Ier quelque dix ans plus tard, toutes deux ayant reçu des réponses diplomatiques et laconiques (G.Stuart, 1955, p.12 ; M.Aflalo, pp.2-20). En effet, au lendemain de la bataille de Trafalgar, qu'il avait gagnée contre la flotte française de Bonaparte, l'amiral anglais Nelson aurait insisté pour « que Tanger ne tombât jamais entre les mains de quelque grande puissance hostile et demeure entre les mains d'un pouvoir faible, autrement la Grande-Bretagne devrait la conquérir pour protéger Gibraltar et la circulation dans le détroit », voie maritime vitale pour un empire britannique s'étendant jusqu'en Inde à l'Est et jusqu'en Amérique du Nord à l'Ouest[2].

[1] Et même internationalement célèbres durant la période du Protectorat, comme par exemple, le grand vizir Madani El Glaoui, son frère le pacha Thami El Glaoui de Marrakech et les caïds Mtougui ou Goundafi qui se sont alliés à la France en l'aidant à occuper militairement le pays.

[2] Propos rapportés par Aflalo. La bataille de Trafalgar s'était déroulée non loin de Cadix et des côtes marocaines.

La longue amitié cultivée par les représentants diplomatiques britanniques avec les membres du Makhzen s'inscrivait dans ce choix stratégique de l'Empire, et ses consuls et ambassadeurs furent des « sentinelles en constant éveil » dans le détroit durant quelque six décennies[1]. D'anciens officiers ayant fréquenté l'école militaire anglaise de Chatham, envoyés par Hassan Ier, vont constituer un petit groupe qualifié de « pro- anglais » au sein du Makhzen à leur retour d'Angleterre. Au cours du règne du Sultan Moulay Abdelaziz, ce petit « clan », Menebehi et Guebbasse, le premier devenu ambassadeur à Londres puis vizir des affaires extérieures, vizir et même grand vizir pour le second, était plutôt favorable à une prééminence britannique au Maroc[2].

Par ailleurs, l'idée même d'un éventuel condominium anglo-français avait été officiellement évoquée un moment, avant que la Grande-Bretagne n'acceptât en 1904 de s'entendre avec la France pour exercer sa tutelle sur l'Égypte Ottomane laissant en contrepartie les « mains libres » à celle-ci au Maroc. Ceci marquant le début d'une vaste opération diplomatique et militaire de conquête graduelle du pays qui ne s'achèvera réellement que trente ans plus tard. Lorsque le jeune sultan Abelaaziz avait été intronisé, la « question marocaine » avait d'ores et déjà été réglée entre la France et la Grande-Bretagne, aucune « assistance anglaise » au Maroc ne pouvait être attendue à l'avenir.

Le chaos interne va s'aggraver en raison d'une diversité de prétendants officieux et officiels, de révoltes dans diverses régions du pays jusqu'au coup d'État réussi et l'intronisation en 1908 d'un nouveau sultan, Moulay Hafid, frère de celui détrôné, jusqu'alors soutenu par l'armée française qui devait entamer la « pacification » du pays en son nom. Quelques années auparavant, le ministre français des Affaires étrangères avait déclaré que le Maroc ne constituait en

[1] Fort averti et bien informé sur la politique étrangère de son pays, ce diplomate itinérant était pour une annexion pure et simple du Maroc, en raison de l'importance du détroit pour la Grande Bretagne et du « potentiel commercial et minier » dont recélerait le pays selon lui.

[2] Menebhi, ancien caïd qui deviendra successivement un officier de l'armée marocaine, puis ambassadeur en Grande Bretagne entre 1901 et 1903, avant de terminer vizir du sultan, était fort lié à l'écossais Mac Lean, commandant la garde du souverain.

définitive qu'une « simple extension géologique et économique de la région d'Oran », les produits provenant de l'Algérie bénéficiant déjà des mêmes réductions de droits de douane que celles concédées à la France. Celle-ci accorda aussi à son armée, disposée le long de la frontière avec le Maroc et alors dirigée par le général Lyautey, le droit de suite des « maraudeurs » en terre marocaine allant jusqu' à occuper les oasis du Touat puis celles de Colomb Bechar (A.Scham, 1971, p.12)[1].

La diplomatie des arrangements coloniaux prendra le relais et un accord secret signé, au début du XXe siècle entre la France et l'Italie, reconnaissant à cette dernière la primauté en Tripolitaine et admettant en échange à son tour que la première ait tous les droits au Maroc comme en Tunisie.

Parallèlement, une première partition du pays entre la France et l'Espagne était intervenue, prévoyant déjà un effondrement du pouvoir du sultan en place, avec Tanger et Fès dans l'orbite ibérique, ainsi que des positions sur l'atlantique pour protéger ses possessions aux iles Canaries. D'autre part, la grande rivalité anglo-française dans diverses régions du monde obligea les deux puissances à cette occasion à entreprendre une large « négociation secrète » en 1904 intéressant leurs futurs rapports débouchant sur « une entente dite cordiale » depuis, à l'issue de laquelle les deux puissances s'entendirent notamment pour que la France puisse disposer de la pleine liberté au Maroc en maintenant la région de Tanger neutre et la côte méditerranéenne sans fortifications, et la Grande-Bretagne disposant librement de l'Égypte. Dans son sillage, les termes du partage géographique précédemment passé avec l'Espagne seront revus, l'autorité de celle-ci sera désormais limitée au territoire du Rif, allant de l'Oued de la Moulouya à la ville-port de Larache. Cette déclaration anglo-française ne sera rendue publique, avec une délimitation des futures « zones d'influences » française et espagnole au Maroc, que sept ans plus tard après avoir favorisé toutes les rumeurs.

---

[1] Propos officiels de Delcassé. Archives du Ministère des Affaires étrangères.
L'auteur cite Lyautey réclamant dès 1907, dans un de ses rapports au gouvernement français, « une intervention au Maroc, devenu un réel danger sur les flancs de l'Algérie par les désordres et les répercussions sur l'autorité et les intérêts de la France en Algérie ».

Afin de rembourser la dette marocaine déjà contractée, la France fera pression pour faire imposer au Sultan un prêt accordé par la Banque de Paris et des Pays Bas, garanti par les recettes douanières, en exigeant que les deux tiers de taxes collectées y soient consacrés et sous la supervision d'un « Service du Contrôle de la Dette » constitué d'agents français qui venait d'être créé spécialement à cet effet.

Paragraphe 2 : La Conférence d'Algésiras

L'Allemagne avait aussi une certaine présence commerciale au Maroc à la fin du XIXe siècle, à travers des lignes maritimes accostant le long du rivage atlantique pour débarquer des produits de sociétés allemandes et embarquer quelques marchandises marocaines, comme les laines ou le cuir (M.Aflalo, p.197). Il y avait également depuis l'année 1890 des missions médicales à Mogador et à Casablanca et même des petites stations météorologiques installées avec l'assistance du gouvernement allemand, sans omettre les quatre « frères Mannesmann », sillonnant le Maroc à la fois tantôt comme chercheurs de minerais, tantôt comme hommes d'affaires et spéculateurs fort soutenus par leur gouvernement. Ces derniers se prévalaient d'avoir même assisté financièrement l'accession au trône du dernier sultan Hafid et donnant lieu à un long et curieux contentieux entre la France et l'Allemagne[1].

N'ayant pas été consultée par la France, qui l'avait exclue dans ce qui devenait l'affaire marocaine, l'Allemagne a essayé de trouver prétexte de cette question pour s'opposer à la triple entente anglo-franco-espagnole. Si elle ne poursuivait pas de politique coloniale officielle vis-à-vis du Maroc, elle cherchait néanmoins à trouver toute faiblesse à exploitable diplomatiquement sur quelque autre champ de bataille déjà travers le monde, comme la guerre en Mandchourie où la France était alliée à la Russie opposée à l'alliance anglo-japonaise. Avec la défaite de la Russie face au Japon, l'Allemagne crut important de se faire remarquer par une arrivée impromptue du Kaiser à Tanger en 1905, se posant en « protecteur de l'indépendance du Maroc » et exigeant la tenue d'une conférence internationale discutant du problème.

---

[1] Archives du Ministère des Affaires Etrangères.

Ecartée des ententes secrètes, elle a essayé de prendre la place d'assistante et de conseil laissée vacante par la Grande-Bretagne, et réussit ainsi à provoquer la convocation de la Conférence internationale qui se tînt en janvier 1906 à Algésiras, au sud de l'Espagne avec les mêmes signataires que ceux de Madrid un quart de siècle auparavant. Le principe même de cette rencontre internationale avait constitué un succès certain pour le prestige allemand, bien que la France allait pouvoir bénéficier au cours des débats de l'appui de la plupart des autres puissances présentes. Les résultats seront décevants pour l'Allemagne car l'influence française y sera reconnue et « l'entente cordiale » consolidée (Y.Famchon, p.20).

L'Acte d'Algésiras soulignait que le souci et l'action des puissances réunies était d'assurer « l'ordre, la paix et la sécurité au Maroc » encourageant les réformes nécessaires, « dans le respect de la souveraineté et de l'indépendance du Sultan, de l'intégrité de ses États et la liberté économique sans aucune inégalité ». Les puissances présentes ont reconnu notamment à la France un intérêt spécial au Maroc et l'ont chargée avec l'Espagne d'y « représenter la civilisation européenne pour exécuter le programme des réformes ». Une police locale devra être ainsi organisée, une surveillance du commerce des armes assurée, ainsi qu'une Banque d'État devra être créée pour assainir la situation monétaire, sans oublier l'adoption par la Conférence de nouvelles taxes en même temps qu'un régime douanier. S'il y a eu une affirmation formelle de l'indépendance du Maroc, on a renforcé surtout les privilèges capitulaires, apaisant quelque peu la tension internationale de la période. La prépondérance de la France a été ainsi reconnue, mais non celle de l'Allemagne au Maroc, notamment dans le domaine de la police et de la Banque d'État, augurant de divers incidents porteurs de conflits à venir, comme l'occupation militaire française de Casablanca, d'Oujda, de la région orientale et de la Chaouia en 1907, ou l'arrivée de la canonnière allemande dans la baie d'Agadir, quatre ans plus tard, pour peser sur des tractations en cours[1]. Une convention franco-allemande sera signée, avec l'accord des autres puissances parties prenantes à l'Acte d'Algésiras, à l'exception des É-U. ne souhaitant pas de remise en

---

[1] Des négociations franco-allemandes concernaient alors le partage du Congo, la France étant parvenue depuis les années 1880 à coloniser une grande partie de l'Afrique Occidentale.

cause de leurs droits « commerciaux et de justice » au Maroc. D'ailleurs, ces derniers ne reconnaitront le Protectorat français que tardivement, en 1917, soit juste avant la fin de la Première Guerre.

Le régime économique instauré par l'Acte d'Algésiras a pu être assimilé, certes à une moindre mesure, à celui dit de la « Porte ouverte » déjà appliquée à une Chine fort convoitée par pratiquement les mêmes puissances occidentales impériales fort actives depuis la deuxième moitié du XIXe siècle (Y.Famchon, pp.309-366). Ce pays offrait aux puissances occidentales un immense champ d'action pour leurs visées expansionnistes, et en raison de l'état d'anarchie qui y régnait encouragé d'ailleurs par celles-ci, le gouvernement a étendu les privilèges accordés jusque là à la seule Angleterre à d'autres comme les États-Unis et la France en particulier pour tirer parti de leurs rivalités, n'étant guère en mesure de s'y opposer militairement. Le traité de Pékin de 1860 légifère non seulement sur la question du statut des « ports ouverts », mais également sur l'ensemble des problèmes politiques ayant trait aux rapports entre chinois et étrangers. Déjà à Nankin, en 1842, le traité signé comportait les deux corollaires de « Porte Ouverte », à savoir la limitation du tarif douanier et la clause de la nation la plus favorisée, avec des taux de droit de douane ne dépassant pas 5% de la valeur des marchandises. Si ces mêmes puissances devaient bénéficier au Maroc d'une « liberté économique sans inégalité », la prépondérance française sur le terrain semblait apporter plus qu'une simple nuance à cette déclaration générale d'intention, d'abord au niveau de la future Banque d'État projetée, puis au niveau des monopoles et des services de travaux publics. Ce régime concernait surtout la liberté commerciale, l'égalité économique, et l'emplacement géographique du Maroc a aiguisé la compétition ainsi que les convoitises entre les puissances concernées.

Section 8 : Présence des groupes industriels et « holdings » internationaux

Le Protectorat au Maroc est en grande partie une œuvre des sociétés financières, des banques d'affaires, des équipementiers et des « holdings » qui se sont constitués pour une extension de leurs affaires dans ce nouvel « Eldorado » que certains travaux de prospection avaient présenté comme tel (A.Ayache, 1956, pp.203-206). L'ensemble de ces intérêts s'était regroupé au début du XXe siècle dans ce qui a été désigné par « Comité du Maroc » consistant en trois regroupements qui en avaient pris l'initiative.

D'abord, il y eut la Société Marocaine des Travaux Publics, la Société Internationale des Tabacs et l'omnipotente Union des Mines. Ensuite, plus de soixante à soixante-dix grandes sociétés bancaires, minières, de construction, d'équipements électriques ou de transport allaient s'y joindre à leur tour. Ainsi, la Compagnie des forges et aciéries de Chatillon-Commentry, la Compagnie des forges et aciéries de la Marine, Schneider et Cie, Creusot, Krupp, the Gewerkschaft Deutscher Kaiser, the Gelsenkirchener Bergwerk, the Nederlandsche Handel-Maatschappij, Mendelsohn und Ko, les Banques d'Espagne et du Portugal, sans omettre la Banque de Paris et des Pays Bas. Cette dernière était présente dans la plupart des conseils d'administration et avait déjà le contrôle de la circulation monétaire dans l'ensemble de ce qui était désigné par « l'Empire Chérifien », par l'entremise de la Banque d'État créée, ainsi que du crédit accordé par cette dernière et par la Banque Commerciale du Maroc[1].

Les « finances publiques» du pays, qui étaient en « détresse » depuis la fin du XIXe siècle, ont facilité ainsi l'introduction auprès du Makhzen d'un puissant consortium bancaire dont Paribas sera la cheville ouvrière tout au long du Protectorat (P.Guillen, 1963, pp.397-423 ; D.Rivet, t.1, p.49).

Comparée à une sorte de « cheval de Troie » de la colonisation rampante, et de simple délégation de porteurs de titres de l'emprunt marocain de 1904, initialement coordonnée par Regnault, ministre représentant la France à Tanger, elle se mue progressivement en une « Administration de Contrôle des Douanes » trois ans plus tard. Les trois cinquièmes des recettes annuelles étaient affectés aux remboursements, et le contrôle précédent se transforma en une « Administration de la Dette Publique » marocaine à la veille du Protectorat, soit une structure combinant les intérêts du ministère français des Affaires étrangères et ceux du monde de la finance impliqué par l'emprunt.

---

[1] Manchester Guardian, May 8, 1911, p.7, « Morocco, the financial, the interests Involved, the Squeezing of the Sultan ».

Excepté le Crédit Foncier d'Algérie et de Tunisie, toutes les grandes banques spécialisées dans l'exportation des capitaux français à l'étranger et aux colonies y étaient représentées[1]. Le capital industriel fut représenté par le groupe Schneider comme prototype en créant la « Compagnie Marocaine », une sorte d'organisation qui devait être appelée à diriger toute la vie économique du Maroc, en concentrant ses efforts notamment sur les grands chantiers d'infrastructures prévisibles. Constituée dans l'esprit internationaliste de l'Acte d'Algésiras, l'apparition d'une entreprise franco-allemande, la Société Marocaine de Travaux Publics, permettra aux intérêts privés qui l'ont créée de pouvoir postuler à d'éventuelles concessions portuaires et ferroviaires (D.Rivet, t.2, p.50).

Par ailleurs, en 1912, un « Consortium marocain », réunissant plusieurs entreprises françaises de travaux publics de second plan, telles la compagnie « Fougerolles Frères » ou celle des « Grands Travaux de Marseille », était aussi présent sur les rangs.
Les Mannesmann, en concurrence avec Schneider, avançaient avoir découvert d'importants gisements de fer dans le Rif, le haut Atlas et le Souss, et arguaient disposer de droits consignés dans un dahir du Sultan Moulay Hafid, donnant lieu à un contentieux avec la France en devenant une affaire nationale en Allemagne. Des tentatives d'arrangement auront lieu avant l'établissement du Protectorat, suite à l'intervention du gouvernement allemand qui soutenait ses ressortissants.

[1] Comme le Crédit Lyonnais, la Société Générale, le Comptoir National d'Escompte de Paris, la Banque Française pour le Commerce et l'Industrie, ainsi que les banques d'affaires telles la Banque de l'Union Parisienne, le Crédit Algérien, la Banque de l'Indochine, la Banque Imperiale Ottomane auxquelles s'ajoutaient des banques de province comme Allard et la Société Marseillaise.

Chapitre II

L'établissement du Protectorat français

Bien qu'il ait enregistré au cours des siècles des invasions diverses, le Maroc avait pu se relever et les surmonter successivement selon les époques. Le jeu des puissances, l'annexion de l'Algérie, le Protectorat de Tunisie et surtout les défaites militaires avérées subies successivement par le pays au XIXe siècle, encourageront deux sultans successifs à explorer les possibilités d'une protection anglo-saxonne pour contrecarrer une occupation française devenant de plus en plus prévisible.

Section 1 : La protection souhaitée par le Makhzen

Le pouvoir marocain a recherché une éventuelle protection idéale auprès des pays anglo-saxons notamment et adversaires de ses ennemis français et espagnol depuis les « guerres » d'Isly et de Tétouan. L'assistance agissante de la Grande-Bretagne et des États-Unis a été sollicitée à un moment ou un autre, et parfois réitérée par le souverain suivant[1].

Les États-Unis ont été approchés par le Makhzen, pour se voir sollicités d'assurer une éventuelle protection sur le Maroc, en vue de défendre ses intérêts contre les convoitises, notamment de celles de certaines puissances européennes. Cette requête fut présentée à l'occasion de la visite du consul général américain à la Cour de Fès qui fut reçu par Mohammed IV, alors Sultan du Maroc (W.Nugent, 2008, pp.207-248). Ce dernier fit savoir au diplomate américain que si le pays n'avait pas été démembré jusque-là, cela tenait en fait tout simplement aux nombreux intérêts divergents qui séparaient alors lesdites puissances tout au long du XIXe siècle en particulier

---

[1] « Le Maroc a eu une double chance historique, en un demi siècle, Mohamed V et le Maréchal Lyautey, selon Moulay Hassan, encore prince héritier », rapporté par Jean Mazel, « Enigmes du Maroc », Laffont, 1971.

(G.Stuart, 1955)[1]. Avec le diplomate américain, le Sultan ne semblait pas exclure l'apparition d'un risque d'entente entre les puissances européennes pour se partager le pays. Aussi, il évoqua la possibilité de confier un rôle d'arbitre éventuel aux É-U., pouvant prendre la forme d'un Protectorat, mais ces derniers n'y donnèrent aucune suite positive, le nouvel État fédéral était alors confronté aux mesures et décisions, au lendemain de la guerre civile, quant aux meilleurs formes et moyens pour poursuivre ses conquêtes en Amérique du Nord et au-delà. Le Département d'État répondit que les USA n'étaient pas disposés « d'impulser une expansion impériale en cette période », qu'ils « useront de leurs bons offices pour dissuader tout démembrement » du Maroc, déclinant l'offre d'en faire un Protectorat parmi ses dominions[2]. Cette puissance alors encore en devenir, sortant d'une guerre civile, avait cependant envisagé quelques décennies auparavant de construire un abri pour ses navires de passage à proximité ainsi qu'un éventuel fortin dans la zone de Ksar Sghir non loin de Tanger, mais sans y donner une suite concrète (L.Hall, 1971, p.161)[3]. Les intérêts franco-anglais se seraient coalisés pour s'y opposer déjà et obligeant le Président américain à rappeler que les É-U. respecteront la doctrine de ne pas s'immiscer dans les affaires européennes, et le Maroc en constituait une en cette période, selon la déclaration faite au Congrès en 1823[4].

Des demandes similaires furent également faites au consul avec rang d'ambassadeur de la Grande-Bretagne à Tanger par les Sultans Moulay Abderrahmane et Hassan Ier, jusqu'à souhaiter lui confier la charge de ministre des Affaires extérieures du pays, offres successivement déclinées par Londres. L'empire britannique exerçait déjà une sorte de suzeraineté de fait sur le Maroc, à travers le rôle de « conseiller », longtemps apprécié de trois Sultans successifs, rempli par le constamment présent diplomate anglais, Lord Drummond Hay.

---

[1] Il s'agit de Félix A. Matthews, un militaire au rang de général des USA, en poste à Tanger qui rencontra Mohammed IV, le 29 juin 1871. Archives of the American Legation at Tangier, Despatch Book, 1869-1874, voir Despach#30, June 29, 1871.

[2] Archives of the American Legation at Tangier, 1861-1880, #18, August 22, 1871.

[3] L'auteur rapporte l'envoi confidentiel de Drummond Hay consul de Grande Bretagne à Tanger au Secrétaire de la Défense, le 17 fév. 1836, lui signalant « les intentions impériales au nord du Maroc des conquérants de la Floride », allusion aux USA (traduction).

[4] Connue depuis comme la « doctrine Monroe », du nom du cinquième président des USA, (1758-1831).

Autant dire, le pouvoir se sentait déjà acculé à se trouver des protecteurs et il voulait en prendre l'initiative, tant l'idée d'une protection n'était plus un concept étranger pour les décideurs du Makhzen au cours de la deuxième moitie du XIXe siècle, pour éviter de devenir une autre colonie française en Afrique du Nord, à l'instar de l'Algérie et de la Tunisie dans le voisinage. Le jeu des puissances en usera autrement et la forte présence militaire de la France déjà sur le terrain fera la différence.

Section 2 : Le Traité du Protectorat

Le traité qui a été signé à Fès, en mars 1912, instaurant le régime du Protectorat était presque identique à celui signé par la France avec la Tunisie trois décennies auparavant qui aura ainsi constitué une sorte de laboratoire pour la formule qui sera mise en œuvre au Maroc (L.Félix, 1928, p.40)[1]. Deux courants d'opinion s'étaient affrontés, et continuaient de le faire, sur le statut politique à accorder à un Maroc sous protection. D'une part, un premier qui préconisait tout simplement de faire table rase de l'administration du Makhzen et des formes existantes d'un pouvoir jugé « corrompu », et d'autre part un second clan plutôt acquis à un Protectorat en forme de modèle combinant « deux administrations complémentaires ». C'est ce dernier qui va avoir gain de cause dans la première phase de l'occupation française, une conception qui préconisait la mise en place du Protectorat en utilisant l'autorité religieuse du Sultan sous le contrôle de l'État protecteur, permettant ainsi au nouveau régime de disposer d'une administration autochtone assistée ou plutôt surveillée par des agents français dont les ordres seront ainsi mieux suivis sur le terrain.

Auparavant, le projet de traité conçu par les diplomates français aurait fait l'objet d'une « longue, âpre et confuse négociation » avec le Sultan Moulay Hafid qui souhaitait se préserver quelques attributs du pouvoir tout en sollicitant un traitement qui lui sied, se transformant souvent en un « marchandage » en vue de son abdication, lui permettant dans la pratique d'effectuer des transactions avec des

---

[1] Dans le cas de la Tunisie, là-aussi des besoins financiers et des problèmes de tribus ont été exploités par Jules Ferry, en accord avec la Grande Bretagne et l'Italie, pour annexer le pays.

sociétés étrangères concernant même des biens relevant de la propriété du Makhzen[1]. Préparé par le « bureau du Maroc » du ministère des affaires étrangères de la France, il reprenait pratiquement les principales dispositions du « traité dit du Bardo » (Tunisie) de 1881 et de la convention de la Marsa 1883 ayant servi à installer le Protectorat dans ce pays, ainsi que les décrets ayant défini les responsabilités et le mandat du résident général à cette occasion. Par ailleurs, l'occupation militaire du territoire sera du seul ressort des autorités françaises sans aucune consultation préalable du sultan, mais qui en sera seulement informé[2].

Dans la pratique, au fur et à mesure du déroulement du Protectorat, les deux écoles d'approches, ceux en faveur d'une administration directe et ceux souhaitant associer le Makhzen dans la conduite, demeureront présentes, la personnalité des Résidents généraux successifs donnant le ton véritable et renseignant sur le clan dominant les instances de décision selon les étapes traversées. Il va de soi que le modèle de Protectorat autoritaire des généraux Juin ou Guillaume, militaires et administrateurs par ailleurs expérimentés, mais confrontés à des clans d'« ultra » n'a aucun lien avec la forme de gouvernement menée par un Général Lyautey deux ou trois décennies auparavant, ce dernier évitant dans ses actes et propos officiels un quelconque processus d'« algérisation ». Le Protectorat devait permettre en théorie, sans briser les cadres essentiels d'une vieille société, de lui insuffler des éléments de « civilisation et de progrès », en soumettant les tribus et en sécurisant les transactions commerciales des Européens. Auprès du sultan, le résident général représentera le Gouvernement français au Maroc, en initiant, en approuvant et promulguant les décrets signés par le premier[3].

« Les agents diplomatiques et consulaires de la France seront chargés de la représentation et de la protection des sujets et des intérêts marocains à l'étranger », et tout engagement international sera subordonné à l'accord préalable du protecteur dont l'action engagera

[1] Lettres échangées avec le Ministère des Affaires étrangères, en octobre 1911, dont celle de Mokri du 18 octobre et la Note de Ben Ghabrit, secrétaire-interprète à la Légation française de Tanger, du 26 novembre 1911. Voir Archives des Affaires Etrangères/Maroc pour cette période.
[2] Archives des Affaires Etrangères, Maroc.
[3] Articles 4 et 5 du Traité du Protectorat.

automatiquement le protégé. Le gouvernement français s'engageait à tenir compte des traités passés et des intérêts des Puissances contractantes avec le Maroc. Sur le plan local, le sultan continuera d'exercer son autorité formelle, mais sous le contrôle et la direction du gouvernement de la résidence et ses vizirs seront « assistés » par de hauts fonctionnaires français.

Au moment même de la signature dudit traité entre le sultan Moulay Hafid et le ministre plénipotentiaire français Regnault, qui se déroulait à Fès, des tribus comme une partie de la population manifestaient violemment leur désaccord avec le nouveau statut imposé au Maroc (G.Catroux, 1952, p.131)[1]. Aussi, les premières initiatives prises par les nouvelles autorités, dirigées par le général Lyautey sitôt en poste, auront été d'importants déploiements militaires suivis de la finalisation de la conception d'une série de grands programmes de travaux d'infrastructures jamais encore réalisés jusque là dans le pays.

Ceux-ci devaient permettre un meilleur contrôle du pays en ramenant une sécurité jugée impérative à la circulation des hommes et des biens, afin de susciter le décollage d'une économie moderne ainsi que l'implantation progressive d'une population de colons français. Ces chantiers concerneront notamment les voies de communication (routes, voies ferrées, ports), l'électrification, l'irrigation et s'étaleront sur plus de trois décennies. Devant contrecarrer la rébellion de plusieurs tribus refusant une présence française, Lyautey concentrera en fait l'ensemble des pouvoirs civils et militaires, inspirant les principaux aspects de l'édification du nouveau Maroc jusqu'à la guerre du Rif où il sera défait et contraint de démissionner.

---

[1] Ancien collaborateur de Lyautey, Catroux rapporte pp.131-132 que « le traité de Fès a été rejeté par toute la population marocaine et plusieurs soldats français furent massacrés rien qu'à Fès seulement ».

Section 3 : La Zone Espagnole ou l'autre Protectorat

En devenant Protectorat espagnol, le nord du Maroc, correspondant au territoire montagneux du Rif et de la côte méditerranéenne, sera désigné comme étant la « Zone espagnole », aux termes des diverses ententes intervenues et convenues précédemment entre les puissances impliquées, en l'occurrence la France, la Grande-Bretagne et l'Espagne.

Selon les termes mêmes du traité signé avec la France, celle-ci était tenue de concilier ses « droits » au Maroc avec ceux reconnus depuis 1904 à l'Espagne, en définissant les zones d'influence respectives et les modalités de collaboration adoptée à Algésiras qui seront consignées dans une convention bilatérale huit ans plus tard entre la France et l'Espagne[1]. Avec l'établissement du Protectorat français, la partition internationale du naguère « vieil empire » marocain, tel qu'il était désigné avec condescendance, en deux zones intervînt, sans omettre qu'une troisième relative à Tanger était alors en cours de négociations avant puis après la Première Guerre, donnant au Sultan « deux gardiens et protecteurs » au lieu d'un seul. Cela avait été convenu lors de l'entente réalisée précédemment entre la France et la Grande Bretagne, celle-ci surtout soucieuse de disposer autour de Gibraltar de « faibles » et coopératifs partenaires sur le versant méditerranéen.

Une superficie de quelque vingt mille kilomètres carrés aura été ainsi concédée aux Espagnols, soit vingt-deux fois plus petite que celle sous autorité française, et cela ne pouvait que difficilement compenser par exemple la perte de Cuba dans les Caraïbes ou des Iles Philippines reprises par les États-Unis une décennie auparavant. L'Espagne comptait alors parmi les pays européens encore peu industrialisés, avec un standard de vie des plus faibles du continent (J.Wolf, p.148). L'empire espagnol était révolu et n'était plus qu'un lointain souvenir.

Selon une version propagée par les milieux diplomatiques français et au vu des rapports de force prévalant alors, il s'agissait d'une sorte de simple sous-protectorat sous influence espagnole, concédée par la France, et l'Espagne devait installer dans le nord du Maroc un régime

[1] Voir la convention du 27 novembre 1912.

aux traits politiques quasi identiques et présentant une réelle analogie avec celui établi au sud, à commencer notamment par un représentant du Sultan à Tétouan, avec statut de « Khalifa » et placé sous le contrôle d'un haut commissaire désigné par le gouvernement de Madrid (Y.Famchon, p.32 ; W.W. Hoisington Jr,1984,p.136). À cet égard, seule la France était habilitée à représenter le Maroc sur le plan international, d'autant que celui-ci n'a signé aucun traité de protectorat directement avec l'Espagne.

Celle-ci disposait depuis le XVe siècle de certains présides sur la côte méditerranéenne marocaine comme Melillia, Ceuta, les iles Jaâfarites, servant comme ports de transit et administrés respectivement par Malaga, Cadix et Villa Sanjurjo. L'enclave d'Ifni sur l'Atlantique au sud d'Agadir relevait aussi d'un contrôle espagnol qui sera confirmé par le traité de paix signé en 1860 entre le Maroc et l'Espagne. L'Église et l'armée notamment plaidaient constamment de concert la thèse que l'occupation du Maroc était impérative pour la sécurité de l'Espagne. Après l'établissement du Protectorat français sur la grande partie du Maroc, l'occupation de la zone nord dévolue à l'autre puissance se fera avec lenteur et difficulté, suivie de près par un Lyautey outré par la mauvaise tenue des premières troupes débarquées à Larache puis entrant à Ksar Elkbir et qu'il a critiquée en demandant les changements appropriés (R.Landau, 1956, p.164 ;W.Harris, 1921, p.98)[1]. La région connaîtra une présence remarquée d'agents allemands lors du la Première Guerre dont l'action visait la déstabilisation du front de la zone française.

L'évolution politique ultérieure de l'ensemble de l'Espagne sera paradoxalement déterminée par la Zone Nord et le corps d'armée espagnol chargé d'en assurer la sécurité, sans oublier qu'elle sera le champ d'une des premières guerres régionales sanglantes du XXe siècle menée contre le mouvement Rifain de libération, cristallisant d'autant l'apparition et le développement d'un nationalisme marocain encore plus combatif. Le maintien de cette zone dans le giron espagnol exigera l'engagement militaire de la France aux côtés d'une

[1] L'auteur est un homme de réseaux et surtout bien informé, ayant réussi à bénéficier de la confiance du Roi et des nationalistes marocains notamment.
-Walter B.Harris fut le correspondant permanent du « Times » de Londres depuis la fin du XIXe siècle, bien introduit auprès des gens de la Cour du Sultan Moulay Abdelaâziz.

armée espagnole déstabilisée par une précédente défaite désastreuse devant les paysans-soldats de l'armée de Ben Abdelkrim en 1921 à Anoual. Une décennie plus tard, c'est parmi et avec ces mêmes paysans rifains pauvres que le général Franco, dans son opposition à la République espagnole proclamée en 1931, préparera la sanglante guerre civile espagnole, en puisant ses nouvelles recrues pour en faire une garde prétorienne, « la garde more », au service de ses ambitions dictatoriales. Plus de soixante-deux mille Marocains auraient pris ainsi part à la rébellion contre la république espagnole, enrôlés dans l'armée franquiste, expliquant ainsi la place particulière de ce Protectorat espagnol au nord du Maroc et la fonction qu'il a remplie dans les changements institutionnels intervenus dans la métropole espagnole à la veille de la Deuxième Guerre (B.Benassar, 2004, p.96)[1]. Par ailleurs, des troupes allemandes assureront discrètement une partie de la sécurité de cette zone, en vertu des rapports de coopération établis entre Hitler et Franco, par une surveillance des régions minières et du transport des métaux extraits destinés au Reich. Constamment reporté pour des raisons politiques ou techniques, le projet allemand d'annexion militaire de l'Espagne puis de la région nord de l'Afrique en vue de fermer la Méditerranée à toute intrusion des Alliés, aurait indiscutablement pu compliquer le cours ultérieur du conflit mondial.

À cet égard, il convient de préciser que depuis les débuts de la présence de l'Allemagne comme grande puissance européenne sur la scène internationale, le Maroc a exercé une fascination constante sur celle-ci. Elle a notamment cherché à disposer de colonies à l'instar des autres qui s'étaient partagées diverses régions du monde entre elles, au cours de la deuxième moitié du XIXe siècle. Sur le plan industriel comme sur celui intéressant le domaine militaire, elle tendait même à surpasser la France, jusqu'à en occuper deux de ses provinces, l'Alsace et la Lorraine. Ceci faisant suite à la défaite subie par l'Empire français en 1871, à Sedan, des provinces qui ne seront récupérées que près d'un demi-siècle plus tard à l'issue de la Première Guerre. Le Kaiser Guillaume s'était même déplacé en personne à Tanger, en 1905, pour manifester son soutien à « un Maroc libre, indépendant » et pour préserver les intérêts allemands, lors d'une brève visite. À son tour, Hitler souhaita également en disposer, en

[1] Les recherches du colonel José Maria Garante Cordoba avancent le chiffre de 62271 marocains engagés dans l'armée nationaliste en 1937.

utilisant son aide et son assistance aux troupes nationalistes espagnoles engagées dans la guerre civile, et en particulier en consolidant le nord du Maroc comme base arrière pour la conquête du pouvoir entreprise par le général Franco.

Si l'annexion espagnole de Tanger durant la Deuxième Guerre a pu être aisée, la puissance allemande y était pour beaucoup, et pour preuve que le nouveau maître était l'Allemagne, son consulat dans cette ville occupera le siège vacant du représentant du Sultan, le Mendoub, montrant ainsi qui détenait le réel pouvoir (W.Root, 1945, T.1, pp.599-603). Dans un contexte de guerre en Europe, et en particulier d'une France occupée, l'Espagne a été encouragée à se préparer à conquérir la partie française du Maroc, avec le soutien technique et le contrôle des hommes du IIIe Reich. Ces derniers devaient faciliter notamment le travail de propagande à destination des populations marocaines des diverses régions en commençant par celles du nord. Cela s'intégrait dans les plans d'un contrôle allemand global de la méditerranée d'Ouest en Est.

Sur le plan économique et financier et dans les faits, la zone espagnole a bénéficié d'une complète autonomie, même si selon les responsables français l'Espagne ne possédait qu'une sorte de droit de « sous location » de la part du « locataire principal » français, pour respecter un engagement pris vis-à-vis de la Grande-Bretagne. Des centres hispano-marocains seront ouverts dans quelques villes espagnoles, en vue de trouver des entrepreneurs ou des commerçants désireux de développer des activités ou exploiter des mines dans la zone espagnole du Maroc. Craignant le développement de la contestation ouvrière et des organisations de gauche, comme en Catalogne ou en Pays Basque, l'activité industrielle sera limitée dans cette région sous Protectorat pour des raisons politiques, aggravant encore son retard sur celle du sud.

La guerre civile avait rendu encore plus difficiles la situation et le mode de vie déjà précaires de nombreux Espagnols, plusieurs régions connaissant même la famine, et la malnutrition augmentant le taux de mortalité en raison d`épidémies de typhus, de lèpre et de peste dans le sud et le nord-est du pays encore pendant des années. En cette période, la guérilla fut presque permanente dans les Asturies et la Sierra Guaderrama. Le parti fasciste, Phalange, pro allemand, n'a pu recueillir de soutien ni de la part des conservateurs ni de celui des libéraux qui lui étaient opposés, et le clergé n'était plus aussi acquis à Franco comme lors de la guerre menée contre les républicains et les communistes.

Désireux de gagner le soutien du monde arabe et musulman, le dictateur espagnol fera construire, en 1939, une mosquée à Ceuta et une Maison du Maghreb au Caire en Égypte, « Beit al Maghrib », destinée à abriter les étudiants marocains, en guise de reconnaissance au support reçu des Rifains lors de sa conquête du pouvoir en Espagne (R.Landau, p.169). La Grande-Bretagne comme les États-Unis chercheront l'apaisement des relations avec l'Espagne en raison de la position internationale ambigüe du dictateur nouvellement installé. L'objectif des Alliés aura été d'essayer de neutraliser autant que possible un ralliement effectif du « Caudillo » aux forces armées nazies durant la Deuxième Guerre, soucieux de préserver en particulier la zone Nord du Maroc et les Iles Canaries d'une occupation allemande potentielle, surtout à l'approche du débarquement anglo-américain imminent prévu dans les principaux ports de la zone Sud et de l'Algérie. À cette fin, les deux grandes puissances anglo-saxonnes développèrent le commerce avec l'Espagne et lui accordèrent une aide financière, à l'instar de ce qui était fait avec la France occupée gardant ainsi des liens même si leur duplicité avec les projets d'Hitler était déjà avérée.

La ville de Tanger fera à son tour l'objet d'une zone internationale distincte en 1923, selon les vœux pressants de la Grande-Bretagne, surtout préoccupée par la sécurité du trafic et de ses navires dans le détroit de Gibraltar. Après avoir été le principal port du Maroc par le passé, devenu lieu de résidence officiel des consuls représentant les puissances étrangères auprès du Sultan, cette cité constitua de façon constante le point privilégié des relations entre le Maroc et le reste du monde. Avant l'établissement des deux Protectorats, le futur statut international sera évoqué dans la convention franco-espagnole de 1902 et reconfirmé par l'accord franco-anglais de 1911, que le déclenchement de la Première Guerre remettra à plus tard sa négociation. Déjà, durant la deuxième moitié du XIXe, les services sanitaires, postaux ou du phare de Spartel de la ville seront assurés par des commissions consulaires. Un tel statut, une fois mis en place, sera brièvement remis en question par l'Espagne franquiste au cours de la Deuxième Guerre en annexant la ville et ses environs avec le concours allemand (R.Landau, p.178). Jusqu'à la fin des Protectorats, « Tanger internationale » enregistrera une remarquable expansion bancaire, ainsi qu'une forte spéculation sur les monnaies et sur l'or, en raison d'une fiscalité quasi nulle. Son développement portuaire demeura limité aux activités touristiques, en raison de l'important programme portuaire mis en œuvre au Sud par le Protectorat français.

Section 4 : La « pacification » du pays et « l'effet Lyautey »

Le traité du Protectorat a institué un poste de Résident général, représentant du gouvernement français, et devant assumer l'essentiel des responsabilités au Maroc. Près d'une dizaine de résidents se sont ainsi succédé, des civils pour l'essentiel. Une sorte d'innovation par rapport aux colonies généralement dirigées par des gouverneurs relevant d'un département ministériel du même nom en charge de ces territoires de l'empire.
Il est vraisemblable que le Protectorat aurait été tout autre, voire un échec, n'eurent été dès le début la présence et l'apport de la forte personnalité d'un Lyautey comme premier Résident général qui avait déjà derrière lui une expérience certaine des colonies et protectorats en Asie, puis en Afrique, et qui était adepte de méthodes usant du moins de violence possible. Ne s'était-il pas fait à cet égard déjà une certaine réputation relativement appréciée de praticien de la « pacification » (A.Le Révérend, p.219).

Paragraphe 1 : Le Résident Général

Bien avant le protectorat, non loin de la frontière avec l'Algérie où les troupes françaises assuraient une sorte de travail de police des frontières pendant des années, le général Lyautey préparait le terrain en vue d'une annexion relativement programmée du Maroc sous couvert de « pacification déguisée » (D.Rivet, 1999). Ceci avait pris la forme de ce qui a été appelé depuis la « pénétration rampante », et qui avait commencé au début du XXe siècle pour connaitre une accélération lorsque des ententes avec la Grande-Bretagne, l'Espagne et l'Allemagne furent conclues, en accordant enfin une carte blanche à la France sur le terrain. Les accords ainsi signés convenaient d'un partage de zones et de territoires d'influence que ces puissances se reconnaissaient mutuellement et les autorisant en conséquence à y intervenir sans risque de conflit entre elles.

« Homme d'énergie » et « doté d'une puissance de travail », de l'avis de la plupart de ses collaborateurs et observateurs, Lyautey s'était déjà exercé auparavant aux techniques de pacification dans diverses contrées de l'empire français, successivement au Tonkin (ancienne appellation du Vietnam), à Madagascar et en Algérie. Ainsi, l'objectif qu'il s'était fixé par exemple, dès 1895, consistait à pacifier la totalité de la région du haut Tonkin, une dépendance française correspondant alors au nord du Vietnam, en en supprimant la piraterie de façon définitive (A.Le Révérend, p.224). Il avait construit un dispositif d'attaque, en avait chiffré les besoins en effectifs et matériel et organisé l'unité de commandement. Sa méthode sera rodée petit à petit, consistant à aménager des routes, à construire des postes, à rouvrir des villages et des marchés, à faire reprendre les cultures. Il veut, mais sans le formuler, faire la démonstration que la paix vaut mieux que la guerre et que la diplomatie doit s'appuyer sur une présence militaire sans utiliser la force, et « la partie doit se gagner sans guerre, ou presque »(H.Lyautey, 1920).

Divers observateurs tendaient à souligner que ces actions individuelles le passionnaient et fortifiaient sa conviction en l'initiative privée comme moteur de la colonisation, laquelle ne se justifierait de son point de vue que si elle profitait aussi aux colonisés (A.Le Révérend, p.233). Homme de lettres et d'une hauteur d'esprit certaine, il s'intéressa à l'enracinement naturel des civilisations, aux adaptations à respecter pour s'y mouvoir, à défaut et « si le colonisateur n'y apporte pas les soins appropriés au milieu qu'il pénètre, ce ne sera que verni superficiel ».

L'homme était plus pour des protectorats que des annexions de territoires, une infiltration commerciale et non pour des colonies de peuplement, porté sur une utilisation habile des élites locales et de leurs compétences ainsi qu'un respect des traditions autochtones (A.Le Révérend, p.327)[1]. Certaines de ses considérations sur la colonisation et l'impérialisme pouvaient assimiler de telles conceptions

---

[1] En associant astucieusement, en cas de besoin, des éléments du Makhzen à ses opérations, prenant ainsi le pouls des faiblesses de ce dernier, entre 1903 et 1906.

à un « colonialisme humaniste », voire idéaliste, comme but lointain. Il alliait avec subtilité « générosité et ruse », comme une marque particulière pour expliquer l'efficacité de la politique qu'il menait dans les régions qu'il dirigea successivement. Déjà, dans ce qu'il a appelé « la fournaise d'Ain-Sefra, en Algérie », encore à peine nommé général, Lyautey a été désigné pour assurer une sorte de préparation du terrain en faisant un travail de police et de gendarmerie du « no man's land » frontalier, vu que le traité franco-marocain n'avait pas souhaité délimiter les frontières et les zones de parcours de tribus nomades des deux pays géographiquement voisins, soit près des deux tiers de la frontière orientale marocaine. Il y appliquera ses « méthodes » d'expansion militaire qu'il appellera en termes imagés dans ses écrits, « la tâche d'huile » et « le vilebrequin », menées selon les circonstances « avec peu de ressources et de façon rapide », et qui seront utilisées dans le sillage de la « pacification » du Maroc (A.Le Révérend, p.329).

Le Protectorat aurait pu se terminer aussitôt en ce jour du 29 juillet 1914, s'il avait donné suite au télégramme envoyé par le Gouvernement français qui jugeant désormais la Guerre inévitable concluait qu'il était « impossible de se maintenir au Maroc ». Il ordonna d'envoyer en France la moitié des troupes, de ramener le reste sur la côte, de ne conserver que les ports et si possible la communication avec l'Algérie, tout en gardant les postes établis dans l'Atlas. Par ses connaissances des hommes, du terrain, et sa stratégie, il allait « donner le Maroc à la France une seconde fois ».

Aspirant à des commandements élevés pour rénover la France, Lyautey était certes un talentueux manœuvrier, un homme de convictions, et aussi de réseaux militaires et politiques fort controversé, qui croyait en un destin national. S'il fut attiré par le Maroc, où il sera nommé finalement au lieu d'un Paul Regnault diplomate de carrière, il ne le considérait pas moins comme un « bourbier », tant ses difficultés étaient de tous ordres. Il s'attachera à y mener de front les opérations militaires contre les tribus refusant le Protectorat, tout en entamant la transformation en profondeur du pays en en modernisant les régions conquises, selon un plan mûri depuis ses années aux frontières orientales. Il aura ainsi au moins évité aux populations marocaines de ne pas avoir été astreintes à une assimilation imposée comme en Algérie ou en Amérique du Nord moins d'un siècle plus tôt.

Les grandes comme les petites décisions intéressant le fonctionnement du Protectorat émanaient souvent du Résident et relevaient de lui depuis le mandat de Lyautey, et la relative autonomie dont il a pu bénéficier par rapport aux autorités de la métropole fut une démonstration de ses liens et parfois de réseaux qui lui étaient acquis durant son mandat.

Les principales structures qu'il a conçues ont été mises en place en vue d'implanter l'administration du nouveau régime, et ont relativement marqué le devenir du Maroc pour être d'ailleurs pour l'essentiel sauvegardées même après l'indépendance, avec quelques menus réaménagements. Sous l'autorité du Résident général différentes entités administratives ont été ainsi érigées, et tous les services à caractère politique ou les organes administratifs de contrôle devaient relever du secrétaire général du Protectorat, l'ensemble mené par des hommes de son choix personnel comme un véritable chef d'État. Des « services politiques » modernes allaient faire ainsi leur première apparition dans les mœurs du pays, avec la création de la direction des « Affaires chérifiennes », du secrétariat politique et de la direction des services de sécurité. Le secrétariat général, quant à lui, sera composé de la direction de l'Intérieur, des services du personnel, de ceux de la législation ainsi que d'une section économique. Préoccupé également par le niveau des prix, tout en suivant l'évolution du commerce extérieur afin d'assurer le ravitaillement du pays en période de guerre notamment, le premier Résident créera une « Caisse de Compensation », chargée de régulariser la péréquation des prix et à laquelle un service des statistiques sera rattaché[1].

Contre le gouvernement français qui préférait Fès comme capitale, Lyautey fit le choix de Rabat et qu'il finit par imposer, comme la liaison notamment par mer avec la France qui lui semblait plus aisée en cas de crise grave. Dès 1a deuxième année de son arrivée, le plan directeur de la ville nouvelle, le futur emplacement du quartier administratif ainsi que le réseau de la voirie ont été mis à l'étude par ses services. Devenue progressivement populaire, la personnalité de

[1] Archives des Affaires Etrangères.

Lyautey apparaitra à l'occasion d'une longue et sévère indisposition physique, allant jusqu'à même donner lieu à des prières officielles dites dans diverses mosquées implorant le prompt rétablissement, notamment à Fès où le Résident se trouvait alors alité au retour d'un déplacement en Algérie[1].

Il s'est intéressé à l'enseignement pour lui imprimer sa marque, souhaitant le réserver en priorité à une petite élite de son choix dans quelques collèges musulmans, une sorte de vivier des futurs dirigeants francophiles, après avoir créé d'abord des lycées là où il y a de fortes communautés européennes. Le service de santé s'organisait à son tour à son instigation à la même période dans les villes par la création des premiers hôpitaux et dispensaires, ainsi que par les premiers grands travaux d'assainissement, d'adduction d'eau potable et l'aménagement d'un réseau d'égouts, afin de préparer une éradication de la peste, du typhus et du choléra qui sévissaient régulièrement au sein des populations autochtones.

Bien que fort préoccupé par le contrôle d'abord militaire du pays, Lyautey a été également en mesure de faire accomplir une transformation réussie et incontestable de l'activité économique au cours de son mandat. La sécurité résultant de sa « pacification » a pu encourager les déplacements et les échanges de personnes et de marchandises, sans omettre la demande créée par les troupes françaises dont les soldes étaient réglées par le budget de la métropole au titre des dépenses de défense nationale. Homme du décollage de l'économie moderne, et il fut à cet égard un admirateur et continuateur d'un « colonialisme à la Cecil Rhodes » en Afrique du Sud, partageant avec lui quelques adages comme « un chemin de fer coûte moins cher que des boulets de canons et conduit plus loin » ou « un chantier valait un bataillon ».

Divers facteurs, certains nouveaux, d'autres anciens, allaient se conjuguer après le départ de Lyautey, pour contrarier de plus en plus gravement l'exercice de l'autorité résidentielle, au lendemain de la Deuxième Guerre notamment. Ayant acquis des compétences de fait

[1] De retour d'Algérie en voiture en février 1923, Lyautey a été pris de violentes douleurs de foie, et pendant dix jours, on a craint pour sa vie, une indisposition qui a été ressentie par le Sultan, le Makhzen et les notables de Fès notamment craignant pour la stabilité du pays.

ou de droit qu'elles avaient réussi à se faire reconnaitre à la faveur du temps de guerre, les grandes directions politiques commencèrent à opposer une réelle résistance à la résidence qui essaya de les reprendre en main. Comme celle-ci n'était devenue le plus souvent qu'une intermédiaire technique entre les directions et les services métropolitains dont celles-ci dépendaient, elle se trouva constamment en porte à faux. Le caractère temporaire de la fonction, le défaut de tout contrôle de la métropole dans la pratique, une forte intégration des fonctionnaires français à la communauté européenne devaient achever de lui conférer une impuissance permanente (R.Montagne, 1952, p.337). Le Protectorat devenait un régime d'occupation relativement tempéré par le consentement toujours révocable des populations musulmanes et par les limites qu'il imposait, dans son propre intérêt, à l'arbitraire et à la force qui caractérisaient sa nature dont la structure d'autorité allait se réduire à quelques éléments principaux du genre suivant (S.Bertrand, 1963, pp.224-225) :

- un centre de décision politique purement français, du type autoritaire, mais sensible aux attitudes de ses fonctionnaires et de la communauté européenne ;
- un cadre administratif français dont la coopération était nécessaire pour qu'une décision quelconque soit prise et exécutée ;
- un groupe européen minoritaire privilégié disposant d'une capacité de nuisance ;
- un groupe majoritaire constitué par les marocains musulmans, mais sans possibilité d'influence ;
- et deux minorités à statut politique inverse, des notables favorables au Résident d'une part, des français libéraux d'autre part.

Par ailleurs, les sympathies internationales, dont le nationalisme marocain allait commencer à jouir, tendaient à renforcer le moral de ses militants confrontés aux autorités du Protectorat.

Paragraphe 2 : Les successeurs de Lyautey

Les Résidents qui ont succédé à Lyautey le furent pour de courtes périodes reflétant dans l'ensemble un certain manque de continuité de la politique tracée par des gouvernements français durant cette période. Au niveau du Protectorat, cela a encouragé la mise en place de principes d'une administration directe et même autoritaire sur le modèle déjà suivi en Algérie, inauguré par le premier successeur du maréchal démissionnaire. Théodore Steeg fit ainsi venir plusieurs de ses anciens collaborateurs d'Algérie dont il fut un ancien Gouverneur (R.Landau, p.314).

Acceptant ou modifiant l'héritage de leur premier prédécesseur, les Résidents se suivirent au gré des conjonctures politiques de la métropole sans remettre tout en question pour exercer des mandats de l'ordre de trois ans en moyenne[1]. Ancien sénateur et plusieurs fois ministre, Steeg sera responsable de la négociation avec Ben Abdelkrim Khattabi et les chefs rifains des termes de leur capitulation, et c'est lui également qui organisera et entérinera le choix du futur Sultan Mohammed V comme successeur de son père décédé, Moulay Youssef. Il encouragea l'implantation de plusieurs petits colons souvent démunis. Homme de dossiers que de contacts, apprécié pour son intégrité, il changea la plupart des responsables de l'Administration du Protectorat en s'inspirant davantage de son expérience antérieure, avant de retourner à la vie parlementaire.

Lucien Saint, qui lui succédera, était à son tour un ancien Gouverneur de la Tunisie, ayant travaillé aux côtés de Lyautey. Il fut quant à lui relativement proche de ce qui était considéré comme le « parti colonial » au niveau du Parlement français, assurera son mandat au moment où le Maroc était secoué par les premiers soubresauts de la Grande Crise économique mondiale. Animé de bonnes intentions, mais hésitant sur les rapports à établir avec les marocains, il se fera surtout connaitre dans l'histoire du pays comme « le Résident du dahir berbère » de 1930, une erreur qui fut fatale au Protectorat (G.Catroux, 1952, p.291)[2].

Henri Ponsot, son successeur, plutôt diplomate, consacrera ses efforts surtout pour revoir les traités liant les diverses puissances ayant signé l'Acte d'Algésiras, en raison des difficiles problèmes commerciaux et industriels causés aux intérêts européens du Maroc par les conséquences du système de « la Porte Ouverte » qui prévalait, et au vu des effets dévastateurs de la crise économique mondiale qui sévissait. Dès 1933, il estima qu'un tel régime devenait inéquitable

[1] L'auteur américain pense que « la clé du succès de Lyautey fut son réel amour du Maroc et des marocains...et il gagna leur respect, en évitant toute humiliation éventuelle ».

[2] Le Général Catroux fut un des collaborateurs de Lyautey.

pour un pays qui essayait de développer diverses activités, sans bénéficier d'une quelconque réciprocité douanière de la part des puissances parties prenantes à l'Acte d'Algésiras. Il sera également le Résident qui accordera peu d'importance à l'apparition du nationalisme militant et ne donnera pas suite aux réformes réclamées[1]. Il assistera à la fin de la résistance armée des tribus du Moyen Atlas, le processus de « pacification » avait commencé en 1907.

Le mandat de Marcel Peyrouton comme Résident, plutôt proche des milieux dits de « Droite » acquis à la cause allemande, sera l'un des plus brefs Résidents de l'histoire du Protectorat, à peine de quelques mois. Cela en raison de querelles politiques franco-françaises dans le sillage de l'arrivée du gouvernement du Front Populaire de gauche en France en 1936, de la longue période de grèves et de manifestations sociales, ainsi que des importants mouvements d'agitation que le Maroc a enregistrées à son tour à la veille de la Deuxième Guerre (J.Halstead, p.43). Il fut ministre de l'intérieur du gouvernement de Vichy notamment, puis sera envoyé comme ambassadeur en Amérique du Sud, avant de revenir sur le devant de la scène comme Gouverneur-général de l'Algérie, mais aussitôt désavoué par le Général De Gaulle devenu chef du premier gouvernement provisoire de la France Libre (C.De Gaulle, 1954).

L'élargissement de la guerre civile espagnole, favorisé par d'importantes troupes levées par le général Franco surtout dans la zone Nord du Maroc, aura accéléré la désignation d'un militaire au poste de Résident, le général Henri Noguès. Combinant le paternalisme d'un ancien du Maroc, une proximité avec le Sultan et une autorité du militaire au cours d'un mandat relativement long, tout en étant demeurant proche des autorités de Vichy depuis la capitulation de la France devant l'Allemagne nazie, cet ancien subordonné de Lyautey s'opposera vigoureusement au débarquement des troupes américaines sur les côtes marocaines. Il réprima les manifestations nationalistes publiques d'octobre 1936, en exilant et en emprisonnant les chefs. Il avait développé des relations étroites avec le régime de Franco, celui-ci ayant été déjà reconnu par la Grande-Bretagne, les États-Unis et la France, favorisant ainsi d'utiles et

[1] Les nationalistes présentèrent leur « Plan de Réformes » qui sera accueilli avec un air d'ironie par Ponsot, le comparant à une thèse de doctorat.Voir Annexe 2.

proches rapports avec la Zone espagnole qui n'était pas sans risques pour les forces alliées qui débarqueront au sud. Durant son proconsulat, le processus d'abrogation du traité d'Algésiras sera entamé, en négociant en particulier avec les États-Unis qui rechignaient à se défaire des droits dont bénéficiaient leurs ressortissants, notamment un traitement douanier libéral pour leurs produits, tels les véhicules et pièces détachées, et d'autres biens textiles concurrençant ceux produits par les entreprises françaises au Maroc. Il sera le Résident qui s'exilera de longues années au Portugal pour échapper à la Justice française, en raison de son attitude et ses actes hostiles durant et après le débarquement Anglo-américain en Afrique du Nord, ainsi que son refus de coopération avec le gouvernement provisoire français dirigé par le général De Gaulle.

Après son départ, le « Manifeste d'indépendance » sera présenté en 1944 par le parti de l'Istiqlal au nouveau Résident, Gabriel Puaux, venant de Syrie et dont il fut Gouverneur. Il y restera jusqu'à la fin de la Guerre et manifestera une autorité répressive contre le mouvement national. En raison du climat détérioré. Puaux sera rappelé et un diplomate de carrière et ancien Secrétaire Général de la Résidence de Rabat, Erick Labonne, lui succèdera en cherchant à apaiser le climat tendu laissé par son prédécesseur, en libérant les chefs nationalistes marocains emprisonnés et en autorisant le retour des exilés. Il ne put bénéficier du soutien de ses compatriotes représentés au Conseil de gouvernement, jugeant ses projets économiques et sociaux à la fois audacieux et libéraux (C.A.Julien, 1952, p.357). Le Maroc était entré dans la spirale de la contestation populaire soutenue par le Sultan et de la répression conduite par les Résidents ultérieurs marquant la veille de l'indépendance politique. La crise de « l'affaire marocaine » était en gestation.

Avant la fin du Protectorat, deux généraux en particulier, Alphonse Juin et Augustin Guillaume, défendront la présence française, acquis tous deux au maintien du Protectorat français, et seront des Résidents qui auront eu le plus recours à l'utilisation de la force et de la violence comme méthodes de gouvernement direct, en vue d'éradiquer les manifestations nationalistes sur la scène locale qu'internationale, dans l'enceinte des Nations Unies en particulier. Connaissant à la fois les hommes, les lieux, et aussi la langue, en raison de leur longue expérience du pays, ils optèrent pour une administration « musclée » de co-souveraineté, en utilisant les réseaux locaux des colons favorables à la seule présence française, soit aux antipodes du système instauré quelques décennies auparavant par leur ancien chef, l'homme politique français qui avait conçu le plan de pacification et d'édification du Maroc et le militaire qui en avait suivi l'exécution sur le terrain. L'arrivée de Juin a été fortement saluée par la communauté française du Protectorat, précédé par ses victoires militaires et ses origines algériennes. Il avait « carte blanche » du gouvernement de la métropole et défendra de façon autoritaire la « présence française » selon des procédés administratifs encore plus directs, excluant de plus en plus le Sultan réduit à une première grève du sceau, instaurant la censure et prévenant toute manifestation nationaliste (R.Landau, pp.265-269)[1].

Son successeur, un autre général, se présentant comme un « vieux soldat marocain » ayant pris part à la pacification aux cotés de Lyautey et parlant arabe et berbère qui poursuivit la politique autoritaire de son prédécesseur qui continuait de contrôler les ultra du Maroc depuis son bureau à Paris. Les évènements sanglants de Casablanca de décembre 1952 marquèrent, à l'occasion de manifestations syndicalistes de solidarité après l'assassinat du dirigeant tunisien Ferhat Hachad. Une campagne de dure répression s'en suivit et toucha également plusieurs personnalités françaises et chrétiennes solidaires avec la cause des nationalistes[2]. La confrontation connut son apogée avec la déposition brutal et l'exil du Sultan l'année suivante annonçant le début de la fin du Protectorat.

Paragraphe 3 : La lente « pacification » du Maroc

La précarité de l'œuvre de pacification et d'unification du pays attribuée au Sultan Moulay Ismail, qui a régné prés d'un demi-siècle, apparut au lendemain de sa disparition, puisque le pays vécut plus de trente ans une anarchie jugée « effroyable » selon les divers observateurs, avec une succession de sultans faits et défaits par les clans militaires, avant qu'une première stabilisation n'intervienne. Ayant réprimé le banditisme, ramené l'ordre et la paix dans diverses

[1] Le Sultan s'accrochera à son droit de refuser le sceau aux projets de dahirs présentés par la Résidence, entrainant des rapports de crise.
[2] Voir les Cahiers du Témoignage Chrétien, XXXV, Paris, 1953.

régions, en empêchant toute reprise de la crise maraboutique, cette œuvre avait mis fin à l'anarchie. Depuis, la plupart des souverains et leurs gouvernements furent contraints dans la pratique de renoncer au projet de devenir maitres effectifs de tout le pays ou à imposer partout leurs agents et leurs divers prélèvements, car l'argent a constamment manqué autant qu'une réelle force militaire. L'existence d'un « bled Makhzen » et d'un « bled siba » aux limites changeantes était devenue depuis un fait admis depuis, même si ce dernier n'avait que rarement une attitude offensive, et cette situation allait prévaloir jusqu'à la veille du Protectorat (H.Terrasse, pp.279-290).

La « pacification » à la française, euphémisme donné à une vaste opération de conquête militaire de l'ensemble du territoire, consista dans une large stratégie, visant à réunir une à une de petites tribus, et fut conçue tout autant comme une opération politique que militaire qui dura quelque trois décennies (R.Montagne, 1972, p.107)[1]. Le processus de ramener la paix entre tribus représentait l'essentiel de la fonction et des activités traditionnelles du Makhzen central autour du sultan au cours des siècles précédant le Protectorat. Mais bien avant la signature du traité reconnaissant la tutelle de la France, l'armée de cette puissance était déjà présente dans plusieurs régions d'un pays au pouvoir central déjà désagrégé sous les pressions externes des puissances étrangères et les révoltes locales aux motifs divers[2]. Appelée à l'assister à former la sienne, puis à venir protéger les ressortissants français de Casablanca et ailleurs, puis à aider à contrecarrer des rébellions menées contre un Makhzen désargenté, cette armée étrangère, plus organisée et mieux équipée, occupa progressivement de plus en plus de terrain tout en favorisant l'intronisation d'un nouveau sultan, le frère de celui qui était en place.

---

[1] Cf. David Seddon, Introduction de l'édition anglaise, de R.Montagne, « The Berbers, their social and political organization », Franck Cass and Company Limited, London, 1972, p.107. Une étude ethnographique semblait être le meilleur préliminaire à une pacification réussie. Plusieurs responsables et conseillers du Protectorat passeront par ces organismes, comme Robert Montagne notamment qui appartenait à la Marine Française. L'occupation militaire avait commencé en 1907.

[2] Représailles militaires françaises et occupation d'Oujda, suite à l'assassinat d'un médecin français, Dr Mauchamp, à Marrakech, en 1907. Un incident similaire, la même année à Casablanca, entraina le débarquement des troupes françaises et l'occupation de la région de la Chaouia.

Dès le début du Protectorat, une certaine orientation d'allure « sociologique » imprégnera la forme d'occupation choisie (R.Montagne, 1972, p.109)[1]. En effet, une institution sera créée puis réorganisée quelques années plus tard pour devenir un Institut des Hautes Etudes Marocaines en vue de mener des travaux de recherche sur les populations, puis l'apprentissage et la pratique des langues arabe et berbère, contribuant ainsi à mieux à faire connaitre la géographie, l'histoire, l'ethnographie et la civilisation du pays en cours de pacification. À la même période, la Direction des Affaires Indigènes qui sera en fait sous les ordres du Premier Résident et comprenait un Service de Renseignements, une Section Historique et une autre Sociologique, toutes deux assurant le suivi des affaires tribales. La devise était de « gouverner avec le mandarin et non pas contre lui, en utilisant la classe dirigeante locale au mieux des intérêts de la France », et l'administration indirecte sera ainsi consacrée. Un Centre d'Etudes Berbères sera ouvert à Meknès dès 1913, suivi d'un Comité d'Etudes Berbères deux années plus tard, en vue d'analyser les particularismes devant permettre aux autorités du Protectorat de « définir les grandes orientations de sa politique administrative ».

Quand Lyautey devint Haut Commissaire Résident Général du Protectorat en avril 1912, l'armée française occupait déjà les régions de la Chaouia, de Rabat avec ses environs, de la haute Moulouya avec la ville d'Oujda ainsi que les oasis de sud-est du pays. Il essaya de ramener une certaine stabilité à l'insurrection de Fès et des tribus environnantes, en chargeant un de ses collaborateurs, le colonel Mangin, aidé par les futurs grands caïds du haut Atlas déjà acquis à la cause française, à repousser dans la région de Marrakech l'avancée d'Al Hiba, un sérieux prétendant au trône et de ses soutiens en le renvoyant dans son désert d'origine. La région d'Agadir étant elle aussi annexée l'année suivante, l'armée de Lyautey s'intéressera à celle de Taza pour faciliter les communications avec l'Algérie, puis à celle des Zayane du Moyen Atlas autour de Khenifra permettant cette fois-ci des jonctions plus aisées des villes du nord avec Marrakech en particulier. Au total, à la veille de la Première Guerre, les zones

[1] Ecole supérieure de Langue et Littérature Arabe et d'Etudes Dialectales.

« pacifiées » par les armées d'occupation se situaient globalement à l'ouest d'une ligne allant d'Agadir à Oujda (A.Guillaume, 1946)[1].

Devant répondre aux besoins pressants en combattants sur le sol français, le général parviendra avec moins de troupes à maintenir la paix dans les zones annexées, par l'organisation de groupes plus mobiles, une utilisation des effectifs de réservistes et parvenir même à prendre pied en plein conflit mondial dans la région du Sous jusqu'à Tiznit, avant sa nomination comme bref responsable du ministère français de la Guerre tout en demeurant Résident général. Mais l'occupation de cette région ne sera intégrale en fait qu'après la fin de la Première Guerre, facilitée par l'achèvement et l'ouverture intervenus de la grande route partant de Meknès et traversant le Moyen Atlas et passant par le Tafilalet qui permettra un réel contrôle des régions du sud-ouest du pays. Cette conquête s'est cependant opérée avec la moitié des effectifs, l'autre ayant été embarquée pour la France dans les premiers mois du déclenchement du conflit mondial, et ne restèrent en fait que des légionnaires allemands, autrichiens, hongrois, des tirailleurs algériens, car même les tirailleurs sénégalais jugés aguerris furent envoyés sur le front dans les Flandres (J.Tharaud, 1996, p.765).

Quatre ans après le retour de la paix dans le monde, plus du tiers du Maroc essentiellement situé dans les montagnes de l'Atlas et au-delà, constituait les zones encore non « soumises » et hors contrôle de l'armée française. En dépit du déploiement d'armement moderne et même des premiers avions, ladite « pacification », surtout après le remplacement de Lyautey, durera plus de neuf années encore, rappelant par sa violence les opérations militaires de l'occupation de l'Algérie un siècle auparavant. La fameuse stratégie dite de « la tache d'huile », empruntée par Lyautey à son maitre d'armes Gallieni au Tonkin (nord du Vietnam) puis à Madagascar, combinant force et persuasion sous forme de travaux de construction d'infrastructures, de campagnes d'hygiène à même d'élargir la sphère d'influence et de l'autorité françaises parmi les tribus des régions concernées, sera battue ainsi en brèche par ses successeurs. Les montagnes du Moyen Atlas, puis le Tafilalet, l'Anti-Atlas et le reste du sud seront

---

[1]. Selon ce général qui deviendra un Résident général, « aucune tribu n'accepta la soumission qu'une fois battue par l'armée française ».

successivement contraints à la soumission, de Sidi Rahou et de Moha Ou Hammou Zayani entre 1931 et 1934 (J.Tharaud, 1996, p.767)[1].

Cependant, la plus grande « menace » pour l'occupation française, et sentie par Lyautey, devait venir des montagnes du Rif de la « zone Nord » sous protectorat espagnol, créant en 1925 des risques réels de prise de Fès et de Taza par Mohamed Ben Abdelkrim devenu populaire à travers le Maroc et d'interruption des moyens de communication avec l'Algérie, surtout après la débâcle historique subie par les nombreuses troupes militaires espagnoles face à quelques milliers de ruraux rifains[2]. À leur tour, les troupes de Lyautey avaient été également mises en difficulté par les forces de l'émir du Rif, et cet échec sera à l'origine de son départ précipité du Maroc. Les gouvernements espagnols et français levèrent d'importantes armées qui seront menées au cours du printemps 1926 de façon concertée entre le maréchal Pétain et le général espagnol Primo Di Rivera, contre les troupes rifaines jusqu'à la reddition totale de Ben Abdelkrim suivie de son exil à l'Ile de La Réunion[3].

À cet égard, la nomination de Pétain par le gouvernement comme chef de l'armée du Maroc constituait un désaveu pour l'autre orgueilleux maréchal de France, Lyautey, qui a immédiatement présenté sa démission et sera remplacé ainsi par un sénateur, Théodore Steeg, un ancien gouverneur d'Algérie et sénateur, qui deviendra le second Résident général ouvrant une phase différente de la précédente également dans la poursuite d'une pacification toujours en cours.

Par ailleurs, des constatations et estimations effectuées relevèrent que les dépenses totales relatives à l'occupation militaire française depuis ses débuts à Casablanca en 1907 jusqu'en 1913 étaient effectuées sur des dotations budgétaires spéciales de la métropole

---

[1] Les auteurs faisaient parler des officiers francais, ayant pris part aux combats, du courage des soldats berbères et du prestige de leurs chefs dans les montagnes de l'Atlas.

[2] Plusieurs ouvrages traitent de la guerre du Rif, ainsi que les archives du Ministère francais de la Guerre. Voir en particulier, « La guerre du Rif », Editions Maspero, 1974, Paris, reprenant les diverses interventions lors du colloque sur le même thème, tenu à Paris cette même année.

[3] « Héros de Verdun », Pétain qui était à la tête de troupes de près de 150 000 hommes, rencontra préalablement à Casablanca Di Rivera, le général dirigeant alors l'État Espagnol.

destinées aux troupes, auxquelles s'ajoutaient les indemnités qui leur étaient allouées en France pour la même période (M.Knight, 1937, pp.36-42)[1]. Ces charges assumées par le budget métropolitain au titre de dépenses du ministère de la guerre ont substantiellement agi sur l'expansion des activités de l'économie locale en fournitures de denrées alimentaires, de construction de bâtiments, de réalisation de travaux divers pour des besoins militaires sans obérer les finances du Protectorat.

En somme, une sorte de recette du « Keynésianisme », avant la lettre, aura été appliquée, au profit d'une économie traditionnelle encore fondée sur l'agriculture, l'artisanat et quelques nouvelles entreprises de biens et services en voie d'installation, et bien avant que les préceptes de l'économiste de Cambridge ne soient devenus publics quelques années plus tard (J.M.Keynes, 1966)[2]. Les mêmes estimations permirent de constater que la pacification, même avec sa violence certaines années, aura permis néanmoins de susciter une demande solvable à diverses nouvelles entreprises qui vont s'établir au Maroc et créer l'embryon du secteur moderne du décollage. Les dépenses militaires françaises, réalisées au Maroc entre 1907 et 1927, furent du même ordre de grandeur que le capital productif investi et estimé sur cette période de vingt ans.

Autrement dit, ces dépenses militaires cumulées et prises en charge par le Trésor français en cette période pouvaient être assimilées à des avances sur certains investissements privés français réalisés et qu'elles ont rendues possibles au cours de ces deux décennies, et sans obérer un budget du Protectorat encore embryonnaire, dont les dépenses étaient orientées essentiellement vers les grands chantiers ouverts.

[1] Selon ses calculs, ces dotations totales auraient correspondu à près de 1190 millions de francs pour les six années concernées.

[2] Livre publié en 1936 à Londres.Traduction collection Payot. Il a notamment analysé l'effet multiplicateur des dépenses d'investissement et des consommations sur le niveau des revenus.

Section 5 : Les institutions et le gouvernement du Protectorat

Le traité du Protectorat avait défini les rapports de tutelle qui unissaient en principe deux États, la France, puissance protectrice et Le Maroc, État protégé. Ce dernier devait conserver en théorie sa souveraineté, son organisation administrative traditionnelle ainsi que ses lois et ses coutumes qu'une administration française devait seulement contrôler. D'autre part, l'insuffisante organisation technique du Makhzen a favorisé l'aménagement progressif des institutions existantes. Ainsi, divers services administratifs marocains et français cohabiteront, les premiers subordonnés aux seconds, la primauté étant accordée à ceux du Protectorat. Assurés par des agents choisis par le Palais, et agréés par le Résident, les nouveaux services du Makhzen ont été organisés et encadrés par des responsables français.

Paragraphe 1 : Les nouvelles institutions

Le pouvoir législatif devait demeurer en droit au Sultan qui, seul, pouvait prendre, par voie de dahir, les décisions majeures[1]. Les arrêtés viziriels (décrets) étaient du ressort du grand vizir, équivalent d'un premier ministre au service du souverain régnant qui le désignait[2]. Cependant, les mesures nécessitées par le nouveau régime ne pouvaient être édictées que sur la proposition du Résident général, qu'il s'agisse d'innover ou de réformer ce qui existait déjà[3]. Sur le plan du droit international public, l'État marocain en la personne du Sultan se trouvait effacé au profit de la métropole, et c'est encore le Résident général, représentant de la République française, qui était chargé des relations internationales et diplomatiques du pays. Les É-U., voulant montrer leur faible accord avec cette situation de fait, créeront volontairement un incident lors de la Conférence d'Anfa durant la Deuxième Guerre, lorsque le Président Roosevelt invita et s'entretint directement avec le Sultan Mohammed V comme souverain du Maroc, désireux de se démarquer des autorités du Protectorat, en

---

[1] Un « dahir » du Makhzen est l'appellation désignant l'équivalent d'une loi en Occident, du ressort du seul Sultan.
[2] Correspondant aux décrets de type français.
[3] Dans les faits et aux termes de l'article 4 du traité de Protectorat.

raison de leur hostilité déclarée lors du débarquement des troupes américaines sur les côtes marocaines quelques mois auparavant[1].

Il s'ensuivait que le Maroc ne saurait avoir d'autres politiques extérieures que celle de la France, et c'est ainsi qu'il s'est trouvé en guerre et engagé contre l'Allemagne par deux fois sans qu'il ait été besoin de déclaration préalable de guerre de sa part, l'engagement de la France l'impliquait automatiquement. Les pouvoirs accordés à celle-ci se trouvaient théoriquement limités par un certain nombre de dispositions déjà convenues internationalement bien avant le traité du Protectorat. Il en était ainsi du privilège de juridiction conservé par les États-Unis d'Amérique par exemple au profit de ses nationaux et de ses protégés, du principe de l'égalité économique qui permet notamment aux étrangers de participer aux adjudications publiques de toutes les entreprises ou concessions, du statut particulier de la Banque d'État du Maroc, de la taxe spéciale ad valorem perçue en sus du droit de douane, du monopole du tabac et du kif, ainsi que du régime douanier fixé notamment par les traités avec l'Espagne et avec la Grande-Bretagne.

La disposition-clé, relative aux efforts de modernisation à déployer, figurait dans l'article premier du traité du protectorat stipulant « que le Gouvernement français et le Sultan sont d'accord pour instituer au Maroc un nouveau régime comportant les réformes administratives, judiciaires, scolaires, économiques, financières et militaires que le Gouvernement français jugera utile d'introduire sur le territoire marocain »[2].

Le programme de réformes et de travaux était ainsi on ne peut plus vaste, dans un pays fortement arriéré et encore à l'état vierge, dont la réalisation va s'inspirer de deux principes érigés en règle par Lyautey, à savoir « conserver, en les améliorant et en les renforçant, les institutions locales traditionnelles, et en créant de toutes pièces des rouages nouveaux répondant aux besoins des populations »[3]. L'organisation administrative marocaine fort rudimentaire, tel qu'elle

[1] La conférence eut lieu à Casablanca en janvier 1943, suite au débarquement réussi des troupes anglo-américaines au Maroc et en Algérie, en novembre 1942 à Safi, Casablanca, Fedala et à Mehdya.
[2] Voir Traité du protectorat, art.1.
[3] Archives des Affaires Etrangères.

existait avant l'avènement du Protectorat, allait être doublée de structures françaises, celles-ci ayant en fait tous les pouvoirs réels.

Le décret du gouvernement français fit ainsi de Lyautey le chef et l'autocrate incontestés du Maroc, en le nommant Haut Commissaire Résident Général, dépositaire de tous les pouvoirs de la République Française au Maroc, dont les principales attributions ont été prévues par le traité du Protectorat, et ne rendant compte qu'au ministère des Affaires étrangères[1]. Ses missions dérivaient de deux sources d'activités complémentaires, d'abord comme premier représentant de la France au Maroc, puis comme unique représentant du Sultan à la métropole et à l'étranger. Il disposait également et surtout de pouvoirs militaires, en vertu du traité du Protectorat qui lui conférait la direction des forces militaires françaises et marocaines chargées de la protection de l'État marocain.

Avec la seule exception du général Noguès, aucun autre Résident que Lyautey n'avait eu un contrôle direct de l'armée au Maroc, et les responsables qui se succéderont seront pour l'essentiel des fonctionnaires français de rang élevé. Longtemps aux frontières algéro-marocaines, puis superviseur des représailles des événements de la ville d'Oujda en 1907, et surtout devenu un fin connaisseur des particularismes locaux, le général sera l'architecte des fondations de ce qui deviendra le Maroc moderne. Il sera ainsi le véritable chef d'État, disposant de ses cabinets civil, militaire et diplomatique l'assistant pour le suivi de toutes les affaires concernant le pays dont il était le protecteur. Dans cette mission, il s'est fait directement seconder par un délégué qui le remplaçait en cas d'empêchement, et un Secrétaire général plus spécialement chargé de diriger l'Administration , en assurant le suivi des affaires et en contrôlant des services auxquels il transmettait les directives du Résident tant au niveau de l'organisation gouvernementale qu'à celui même du Sultan et du Makhzen.

[1] Décret du 11 Juin 1912.

Paragraphe 2 : Le gouvernement du Protectorat

L'organisation de la nouvelle haute administration établie durant le Protectorat a évidemment enregistré diverses évolutions depuis sa première mise en place par Lyautey. Des « directions » à caractère politique, en forme de six principaux départements techniques qui constitueront d'ailleurs en fait les bases de structures « ministérielles » représentant le nouveau et réel pouvoir du Protectorat. Celles-ci concernaient les Finances, les Travaux Publics, l'Agriculture et les Forêts, la Production industrielle et les Mines, l'Instruction publique, la Santé publique et la Famille, les appellations changeant au gré des besoins de la conjoncture politique.

Les pouvoirs législatifs, exécutif précédemment tous concentrés entre les mains du Sultan, allaient désormais être transférés dans les faits au Résident général, en vertu du traité du Protectorat, et le judiciaire aussi dans les faits.

L'administration ainsi mise en place prendra l'initiative de créer progressivement des chambres consultatives et représentatives de la communauté française présente au Maroc, et ce, dès le début du Protectorat. De telles initiatives, qui avaient pris la forme de chambres d'agriculture, de commerce et d'industrie, puis de sections marocaines, recrutant également quelques notabilités locales six ans plus tard, mais ne devinrent électives qu'en 1947. Ces chambres consultatives existèrent dans les principales villes du pays, ouvrant l'ère des scrutins électoraux modernes au Maroc encore réservés aux seuls français et déjà en contradiction avec l'esprit du traité, en introduisant une telle discrimination.

Les chambres consultatives d'agriculture, de commerce et d'industrie allaient constituer les deux premiers collèges électoraux au Maroc durant la période du Protectorat. Un troisième collège avait été créé par un arrêté résidentiel en 1926, mais qui diffère sensiblement des premiers. Il assurait d'abord non pas la représentation d'un groupe professionnel ou technique déterminé de la population, mais l'ensemble des autres français qui ne faisait pas partie des deux premiers collèges comme les fonctionnaires, avocats, médecins, employés divers et ouvriers. N'ayant pas à délibérer sur des questions particulières qui l'intéressaient exclusivement, le troisième collège ne se réunissait pas en dehors du Conseil de gouvernement. Étaient encore seuls électeurs les citoyens français, de l'un ou de l'autre sexe, majeurs, non inscrits sur les listes électorales des chambres consultatives, résidant au Maroc depuis un an au moins et jouissant de leurs droits civils et politiques. La liste électorale était arrêtée par le Contrôleur civil ou le chef des services municipaux, selon qu'il s'agissait d'un centre rural ou urbain, assisté de deux électeurs choisis par lui.

Créé en 1919 par Lyautey, en vue de s'assurer surtout la collaboration des colons, le Conseil du Gouvernement, qui était davantage une assemblée consultative, se réunissant deux fois par an à la résidence générale pour assister directement les autorités sur les questions portées à l'ordre du jour, se composait de deux sections, une française et une autre marocaine tardivement créée, et consultées séparément. La section dite française, dont l'élection sera instituée par le Résident Steeg, comprenait des représentants des intérêts économiques, des représentants des autres électeurs, les délégués du troisième collège et des représentants de l'administration.

Cela devenait encore plus important d'associer les colons et les entrepreneurs avec les premières conséquences de la grave récession économique mondiale à la fin de la deuxième année du Protectorat. Il était devenu normal d'y voir assister également aux séances les chefs de région, les officiers généraux, les directeurs des administrations ainsi que leurs adjoints, assistés, le cas échéant, des chefs de service intéressés aux questions portées à l'ordre du jour. La section dite marocaine se composait des responsables du commerce et d'industrie et d'agriculture, ainsi que d'autres représentants des diverses structures mixtes, ainsi que quelques pachas et caïds.

L'ordre du jour du Conseil était arrêté par le Résident général, suite aux avis ou projets présentés par les membres des trois collèges ou les chefs des administrations, qui ont pu faire l'objet d'un examen préalable par les services compétents. Il était porté à la connaissance des intéressés quelques jours avant la date de la réunion. La discussion était ouverte car il n'y avait aucun vote. Le Conseil était présidé par le Résident général, par Lyautey depuis le début, puis par ses successeurs, assistés du Délégué à la Résidence, du Secrétaire général et, pour la section marocaine, du permanent Grand Vizir, Mohamed Mokri, ainsi que des rapporteurs choisis pour le projet de budget.

Cependant, le véritable gouvernement du Protectorat se réunissait de façon hebdomadaire sous la présidence du Résident général ou de son Délégué à la résidence générale, était composé des seuls directeurs ainsi que du conseiller juridique, et un comité veillait à l'élaboration des principaux textes de lois et décrets généralement soumis à l'approbation du gouvernement du Résident. Les responsabilités de Délégué et de Secrétaire général du Protectorat furent rassemblées, en créant une direction des affaires politiques relevant directement du Délégué et supervisant tous les services civils, militaires et du conseiller du Makhzen.

Le Résident général Peyrouton créera un « Comité Permanent de Défense Economique », ainsi que des comités régionaux. Noguès renouera des liens avec les associations des anciens élèves des collèges musulmans de Fès et de Rabat à la mode Lyautey, en leur demandant leurs avis sur les budgets et en les associant au Conseil de gouvernement avec des sièges réservés à la section marocaine. Ce n'est pas un hasard que les premiers représentants du mouvement national se referaient dans leurs revendications développées dans leur « Plan de Réformes » de 1934, plutôt à ce type de gouvernement moderne de type occidental, et non au Makhzen même réorganisé ou remanié par Lyautey qui sera, quant à lui, petit à petit confiné au passé. Ce premier document important du nationalisme marocain réclamait des réformes politiques touchant l'organisation administrative, les libertés privées et publiques, ainsi que d'autres relatives aux domaines judiciaire, social, économique et financier[1].

Paragraphe 3 : L'administration des régions et des villes

Dans les faits, deux administrations régionales ont ainsi cohabité, celle rudimentaire du Makhzen même revu et celle nouvelle plus professionnelle du Protectorat. L'ancienne division provinciale marocaine avait été sauvegardée et chaque tribu était toujours administrée par un caïd qui représentait le Sultan, assisté par des

---

[1] « Plan des Réformes Marocaines », notamment pp. 39-120. L'organisation administrative moderne en particulier y est développée, pp.39-52.Voir Annexe 2.

« chioukhs » dont les attributions s'exerçaient sur les fractions de tribus. Ce caïd assurait généralement les fonctions d'administration générale de maintien de l'ordre, participait à la détermination de l'assiette, au recouvrement du « tertib » et de la taxe sur les prestations. Il était aussi juge en matière pénale. Cette confusion des pouvoirs judiciaire et exécutif reflétant la concentration des pouvoirs spirituels et temporels entre les mains du Sultan. Dans la pratique, l'évolution des pouvoirs sur le terrain avait fait que le caïd s'était peu à peu substitué au cadi pour une partie de ses attributions de juge au civil et même au commercial.

En région, l'administration du Protectorat était assurée par des contrôleurs civils et par des chefs dits de régions, par des officiers des affaires indigènes en zone militaire relevant de la Résidence générale. Dans les premières régions civiles, qui furent au nombre de trois, Casablanca, Rabat et Oujda, les contrôleurs civils étaient essentiellement des fonctionnaires métropolitains qui relevaient du ministère des Affaires étrangères, choisis à l'issue d'un concours organisé par ce département. Ce corps constituera la cheville ouvrière du fonctionnement de l'administration du Protectorat. Si le Résident général nommait les contrôleurs civils stagiaires, les contrôleurs civils suppléants et les contrôleurs civils étaient nommés ou révoqués par décret du président de la République française, sur proposition du ministre des Affaires étrangères.

Le territoire civil du Maroc a été divisé en circonscriptions ayant chacune à sa tête un contrôleur civil de qui relevaient un certain nombre de caïds, en moyenne quatre ou cinq, et les circonscriptions étaient elles-mêmes souvent subdivisées, selon les besoins, en annexes ou en postes de contrôle civil. Le contrôleur civil et chef de circonscription assurait la supervision de la gestion des caïds placés sous sa tutelle, qu'il s'agisse du caïd-administrateur, du caïd -juge ou du caïd collecteur d'impôt, car on en distinguait trois profils souvent réunis en un seul. Les attributions exactes du contrôleur civil n'étaient d'ailleurs pas enfermées dans un texte réglementaire, car sa mission était « toute de doigté » et variait selon les circonstances locales. C'était à cet administrateur de donner, par ses mérites et sa valeur personnelle, tout le relief au rôle qui lui était confié dans l'administration du pays protégé, et il disposait à cette fin de pouvoirs d'investigation étendus, les caïds devant correspondre avec le

Makhzen par son entremise. Dans sa circonscription, le contrôleur représentant l'administration du Protectorat était investi des fonctions d'officier de police judiciaire et d'officier de l'État civil. Aux divisions administratives régionales du Makhzen trop morcelées, la nouvelle administration française avait procédé à un regroupement centré sur des circonscriptions de contrôle civil relevant de la capitale de région. Souvent de grands commis, certains aux profils parfois d'intellectuels confirmés, parfois d'orientalistes arabisants, dont certains étaient devenus connus par leurs travaux et recherches, ont ainsi servi l'administration du Protectorat[1].

La politique dite des grands caïds suivie dans les régions du Sud n'en est devenue une à proprement parler du Protectorat que lorsque les circonstances du terrain l'ont imposée, en dépit de certaines justifications officielles qui en ont été données (F.Weigerber, 1947, pp.330-366 ; H.Terrasse, p.319). Déjà adoptée par certains Sultans auparavant, une délégation de pouvoir non écrite était accordée à certains caïds pour assurer la sécurité et la collecte de l'impôt dans ces contrées éloignées des grandes capitales régionales. C'est en contrecarrant la montée d'El Hiba du Sous vers le nord, l'armée française utilisa les futurs grands caïds, qui lui étaient acquis déjà, pour le combattre et le repousser et en les encourageant à le faire, suite à la victoire inattendue du général Mangin à Marrakech sur le rebelle venu du Sud. Étant parvenus à renvoyer le prétendant vers la Mauritanie, les caïds Glaoui, Mtouggi et Goundafi ont reçu depuis lesdites régions à administrer en contrepartie de leur appui sans faille. En fait, à court de personnel administratif et militaire sur le terrain, il s'avéra plus économique et plus pratique par la suite pour le Protectorat de contrôler l'ensemble du pays par l'intermédiaire d'un nombre choisi de chefs locaux au lieu d'en assurer directement l'administration (A.De Laubadère, 1949, p.49).

---

[1] Ainsi les travaux de recherche de Louis Massignon, de Jacques Bercque ou de Robert Montagne auront aidé les nouvelles autorités françaises à mieux appréhender les particularismes marocains. Massignon faisait partie des conseillers écoutés de la Résidence et jouera par exemple ainsi un rôle dans le choix du Sultan Moulay Youssef. Robert Montagne sera le sociologue de la pacification. Jacques Bercque, sociologue et historien humaniste, fut contrôleur civil durant la période entre les Deux Guerres et sera un fin observateur des évolutions en cours au Maroc et dans le monde arabe.

Les zones militaires étaient des régions considérées comme des lieux encore peu sûres, en cas de suppression de la présence militaire grâce à laquelle le long travail de « pacification » était mené. Cette organisation avait pour centre le Bureau des Affaires indigènes dont la cheville ouvrière était l'officier en charge, généralement recruté dans l'armée. Ces bureaux étaient groupés comme les circonscriptions civiles et étaient placés sous l'autorité d'un chef de région, lui aussi un officier général ou supérieur. Une grande partie du territoire du pays était demeurée du ressort de l'armée et sous le contrôle de l'administration des affaires indigènes qui concernait trois grandes régions, à savoir celles de Fès, de Meknès et de Marrakech ainsi que ce qui était appelé le Commandement d'Agadir Confins.

Cependant, celles des circonscriptions d'une région militaire susceptibles d'être administrées civilement étaient érigées en sièges de contrôle civil, confiées à des administrateurs civils. L'administration des villes est, d'autre part, toujours dévolue, à un chef des services municipaux. Il s'ensuivait qu'au sein d'une région militaire, les chefs des bureaux d'Affaires indigènes, les contrôleurs civils comme les chefs des services municipaux, relevaient du général commandant la région. Dans l'ensemble, les attributions du chef de circonscription militaire étaient sensiblement identiques à celles du contrôleur-chef de circonscription civile. Mais le premier a, outre le commandement politique administratif de sa région, le commandement des troupes qui y sont stationnées. L'administration des régions militaires relevait, comme celle des territoires civils, de la direction de l'Intérieur pour les questions purement administratives, et du Secrétariat politique pour les autres aspects.

Créés pour faciliter la déconcentration administrative, déjà amorcée avec la création des régions, comme pour donner aux structures locales une certaine cohésion, les conseils régionaux ne paraissaient pas avoir fonctionné et ont été de ce fait supprimés pour être remplacés par de nouveaux « comités économiques régionaux » comprenant des représentants de l'administration avec les trois collèges. Il ne semble pas que l'activité de ces instances ait été relancée par l'organisation nouvelle et de ce fait sont demeurées symboliques.

Avant le Protectorat, le Maroc comptait déjà quelques villes d'importance. Le développement de l'urbanisme qui a résulté avec l'établissement du Protectorat a conduit à adopter une nouvelle approche de la conception des nouveaux centres urbains. Si quelques villes significatives étaient déjà administrées par un pacha, dans les autres le caïd exerçait le commandement tout comme en tribu, et le pacha allait désigner surtout l'administrateur d'une municipalité, tandis que le terme de caïd concernait un administrateur provincial ou en tribu. Le pacha, comme le ou les « Khalifa » qui l'assistaient et le remplaçaient, le cas échéant, étaient nommés par le sultan, alors que le chef des Services municipaux, assisté d'un ou de plusieurs adjoints, était désigné par arrêté du Résident général, souvent choisi dans le corps des contrôleurs civils et relevait de la Direction de l'Intérieur ou du Secrétariat politique, en fait du Résident, selon le contexte. Si le contrôleur civil supervisait les caïds, le chef des Services municipaux, lui, contrôlait le pacha dans ses actes de gestion et d'administration municipale et en en contresignant les arrêtés. Le responsable des Services municipaux était aussi un agent administratif qui pouvait recevoir délégation de pouvoirs, soit du Makhzen, soit des autorités françaises, et nommait ou révoquait le personnel auxiliaire employé dans ses bureaux, tout en assurant la fonction d'officier d'état-civil et de la police judiciaire.

Dans la plupart des villes, des commissions municipales avaient été instituées et étaient devenues une sorte de réplique moderne des conseils traditionnels des vieilles cités, les anciens « Majliss », pour créer et maintenir un éventuel contact entre administrateurs et administrés. Le statut de municipalité sera accordé en avril 1917 d'abord à Fès, Rabat, Mazagan et à Casablanca avant d'être étendu à Fedala, Port Lyautey, Ouezzane, Meknès, Sefrou, Taza, Oujda, Settat, Azemmour, Safi, Mogador, Agadir, et Marrakech. Les commissions municipales pouvaient à leur tour se répartir en sections distinctes, fonctionnant séparément, une Européenne, une Musulmane et une Israélite, qui traitaient respectivement des questions intéressant la ville européenne, la médina ou le mellah.

Dans un premier temps, seule la commission municipale de Casablanca allait avoir le pouvoir de suivre les recettes et les dépenses de cette grande agglomération.

Section 6 : Deux Guerres mondiales et un débarquement américain

La période du Protectorat a été marquée notamment par le déroulement de deux grandes guerres mondiales auxquelles la France était partie prenante, et de ce fait le Maroc se trouva concerné et même impliqué. Puissance impériale aux nombreux intérêts et alliances, la France ne pouvait être neutre, surtout en raison de ses séries de démêlés avec son voisin et adversaire allemand, ayant développé à son tour une grande puissance industrielle depuis la deuxième moitié du XIXe siècle. D'ailleurs, l'Allemagne occupait l'Alsace et la Lorraine suite à la défaite des armées de Napoléon III en 1871 à Sedan. Un large sentiment de revanche se développera jusqu'à la Première Guerre mondiale, soit quelque quarante-trois ans plus tard, et entrainera la confrontation armée des deux larges alliances regroupant alors les principales puissances impériales de l'époque, l'une constituée de la France, de la Grande-Bretagne avec le soutien des É-U., l'autre rassemblant l'Allemagne, la Russie et l'Autriche-Hongrie.

À l'instar d'autres colonies et dépendances, le Maroc fournira des soldats pour le front français et des travailleurs pour les tranchées, les usines d'armement et la construction d'autres bâtiments militaires notamment. Le scénario se répétera certes différemment lors de la Deuxième Guerre, avec une France coloniale devenue elle-même occupée par les armées allemandes, et qui ne sera libérée qu'en 1944 par les forces anglo-américaines et des troupes venant des colonies en partant de l'Afrique du Nord en particulier. Les Sultans devaient à chaque fois adhérer à l'effort de guerre en France et encouragèrent les Marocains à s'enrôler dans l'armée française et aller défendre la métropole durant les deux conflits mondiaux successifs.

En raison de la capitulation de celle-ci au début de la Deuxième Guerre, la Grande-Bretagne devait assurer dans la pratique une défense des colonies africaines françaises contre une annexion allemande plausible, ainsi que la protection des unités de la flotte présente à Casablanca, à Alger et à Dakar. L'important blocus maritime que cette puissance mit en place rendit difficile à la fois l'approvisionnement du Maroc, notamment en thé, en sucre, en demi-produits industriels et pièces détachées, tout en empêchant l'exportation de minerais (cobalt, manganèse) vers une France occupée, destinés en fait aux industries du Reich.

La Zone espagnole, bien que neutre en principe, constituera pendant la guerre une plateforme utilisée par les services et les consulats allemands pour leurs activités de propagande nazie à destination des pays de l'Afrique du Nord, permettant au Général Franco de prendre le contrôle de la Zone de Tanger encouragé par Hitler et Mussolini dans un jeu d'alliances. D'aucuns n'ont pas manqué d'avancer que la propagation du typhus en Espagne depuis la guerre civile et durant la Deuxième Guerre aurait changé la face de celle-ci, en freinant le déplacement de troupes allemandes préparées pour le combat en Afrique du Nord (W.Root, 1945, p.586)[1]. En raison de l'absence de ressources en médecins et infirmières notamment pour contrer et éradiquer le mal, diverses régions espagnoles pauvres et misérables connaissaient la grave épidémie ou dans la crainte d'en être infestées, les moyens de communication et de transport des médicaments, des vaccins ou des sérums faisant défaut. L'armée allemande y avait été déjà confrontée lors de ses invasions de l'URSS et des États baltes.

Le Protectorat marocain, relevant désormais du gouvernement de Vichy, qui collaborait directement avec le régime nazi, s'opposera officiellement et militairement au débarquement des premières troupes américaines en sol marocain, destinées à mettre en œuvre la première phase de la stratégie anglo-américaine arrêtée pour la libération de l'Europe. Celles qui débarquèrent au Maroc furent envoyées par les USA, suite aux décisions prises en commun par Roosevelt et Churchill, et confirmées encore lors de leur Conférence à Casablanca-Anfa, en vue de contribuer à libérer d'abord la Lybie, constituer ensuite une tête de pont vers l'Italie, créant ainsi un second front face aux armées d'Hitler alors fortement concentrées sur l'Union Soviétique. Débarquant simultanément le 8 novembre 1942, à la fois dans des ports marocains et algériens, les armées anglo- américaines durent subir de nombreuses pertes en en vies humaines et en matériel du fait de l'opposition armée des troupes françaises le long des côtes

[1] Cette épidémie de typhus se développa surtout dans des conditions extrêmes de saleté, de manque d'hygiéne et surtout de famine.

de l'Afrique du Nord qui les considérèrent comme des forces ennemies.

Préparée minutieusement, et dans un secret globalement bien sauvegardé, par les états majors américains et anglais, à l'insu du gouvernement de Vichy, « l'opération Torch » avait pour objectif de débarquer hommes et matériels de combat sur les plages de l'Afrique du Nord, au voisinage de Casablanca-Fedala, de Port Lyautey, de Safi sur l'atlantique, d'Oran et d'Alger sur la méditerranée (K.Pendar, 1946, p.240 ; R.Murphy, 1964, p.70-80)[1]. Une fois sur place, ces forces devaient se frayer ensuite un chemin à travers les plaines et les montagnes du Maroc, d'Algérie et de Tunisie, en renfort à l'armée anglaise pour déloger les troupes allemandes de Rommel en Lybie et en Égypte.

Prévoyant l'attitude peu coopérative des autorités françaises, le souci des chefs alliés, Roosevelt et Churchill, était de préserver le secret de l'opération aussi longtemps que possible, tant ils comptaient sur l'effet-surprise et les conditions météorologiques pour faire débarquer quelque cent cinquante mille hommes dans un premier temps qui passèrent à un demi-million sous le commandement en chef du Général Eisenhower qui coordonnera l'exécution de l'opération depuis Gibraltar. Les troupes alliées allaient prendre pied au Maroc et en Algérie, territoires théoriquement neutres que ni les Allemands ni les Italiens n'avaient jusqu'alors annexés, ni occupés, et la première bataille qu'elles devaient gagner était ainsi de neutraliser des troupes françaises d'Afrique du Nord au préalable et encore acquises pour l'essentiel au gouvernement du maréchal Pétain, malgré l'action des premiers réseaux de résistance.

---

[1] Même le Général De Gaulle alors à Londres n'a pas été mis au courant de cette importante opération, selon Pendar. Pour l'histoire, la préparation de ce, débarquement aura été à l'origine de l'organisation du premier service secret américain opérant à l'étranger, l'OSS, ancêtre de la C I A, qui a méthodiquement collecté la plupart des données nécessaires pour un débarquement réussi sur les sites choisis par ses agents. Depuis l'hiver 1940- 1941, soit bien avant l'entrée de l'Amérique en guerre, plusieurs agents de ce nouveau service, rattaché directement au Président Roosevelt, sous la couverture de « vice-consuls », sillonnèrent l'Afrique du Nord dans ce but.

Conformément au plan arrêté, une imposante « armada » composée de sous-marins, de destroyers, de ravitailleurs, de transporteurs de troupes, de porte-avions de combat avait quitté les ports d'Écosse et d'Irlande vers Oran et Alger en Algérie, et des ports américains de Virginie d'Hampton Roads, de Norfolk, de Casco Bay au nord de New York, et des porte-avions des Bermudes vers les ports de Safi, Casablanca, de Fedala et de Port Lyautey au Maroc. La flotte américaine par exemple s'avançait sur un front de quarante kilomètres environ, cinquante kilomètres séparant le premier et le dernier navire, transportant près de quarante mille officiers et hommes de troupes américaines (J.Robichon, 1964 ; D.Eisenhower, 1948 ; W.Churchill, 1948-1954 ; K.Pendar, 1946). Celle destinée vers les ports algériens était mixte, comportant vingt-trois mille soldats anglais et quelque dix mille américains.

L'« Opération Torch » réussira les objectifs qui lui avaient été fixés, malgré l'hostilité et les combats qui auront lieu avec les troupes françaises du Maroc et d'Algérie commandées respectivement par les généraux Noguès et Juin obéissant de façon zélée aux consignes des autorités de Vichy. Intervenant en pleine guerre, ce débarquement américain induira à son tour des transformations de taille dans la perception marocaine de la place réelle de la France parmi les puissances en conflit, en mettant en relief les notions de « liberté et de libération » dans l'actualité et de façon concrète au sein des opinions publiques des villes et des campagnes ainsi traversées, mots jusqu'ici tabous, favorisant aussi l'apparition d'un courant économique et politique américanophile actif (J.Robichon, p.320)[1].

Par ailleurs, cette arrivée des forces alliées et l'installation de quelques premiers campements militaires d'appui au Maroc galvaniseront une poussée nationaliste, accélérant la constitution du Parti de l'Istiqlal et la présentation de son « Manifeste » réclamant ouvertement l'Indépendance quatorze mois plus tard.

---

[1] L'auteur rapporte que : « Des affichettes surmontées du drapeau américain, portant une photo du Président américain Roosevelt et un message signé d'Eisenhower, chef des forces expéditionnaires américaines, en arabe et en français, et lancées des avions survolant les villes marocaines. » Le texte du message : « nous ne voulons pas vous faire du mal ; nous venons chez vous pour vous libérer des conquérants qui ne désirent que vous priver à tout jamais de vos droits souverains, nous venons chez vous uniquement pour anéantir vos ennemis… ».

Assurant le commandement des forces américaines au Maroc, le Général Patton parviendra par exemple difficilement à faire parvenir au Sultan, futur Roi Mohamed V, le message d'information et d'amitié diplomatique que lui avait adressé le Président Roosevelt, à l'occasion de ce débarquement au Maroc, tant étaient grandes les craintes des autorités françaises de perdre le contrôle du pays. Deux mois plus tard, Casablanca sera choisie pour la Conférence entre Roosevelt et Churchill pour préparer la suite de la guerre, favorisant une rencontre en marge entre le président américain et le souverain marocain, ce dernier recevant des paroles encourageantes et d'espoir de libération du pays ultérieurement (K. Pendar, 1946, p.209 ; W.Hoisington, 1984, p.239 ; L.Hall, 1971, p.930)[1].

Après ces événements qui seront d'un fort impact sur l'évolution positive des futures revendications d'indépendance, le Protectorat français ne sera désormais perçu que comme une phase passagère même par ses plus chauds partisans, ainsi que l'avait d'ailleurs prédit Lyautey avec sa lucidité coutumière au tout début de son mandat, trois décennies auparavant[2]. Une poussée prévisible de mouvements extrémistes parmi les Français du Maroc refusera toute concession aux nationalistes et entrainera une radicalisation des positions, jusqu'à l'exil du Sultan et sa famille à Madagascar, dix ans après la « Conférence d'Anfa » accélérant ainsi la fin du régime. Le débarquement au Maroc et l'implication indirecte du pays dans la Deuxième Guerre auront constitué le point de départ du nationalisme cette fois à caractère « séparatiste », en dépit d'une neutralité américaine affichée et surtout soucieuse de préserver des rapports même ambigus de respect des possessions coloniales françaises et anglaises, au moment même où les forces alliées s'apprêtaient à aller libérer l'Europe de l'occupation allemande (E.Roosevelt, 1946 ; C.De Gaulle, 1954, pp.399-400)[3].

---

[1] K.Pendar rapporte l'organisation de la Conférence d'Anfa qui s'est tenue en Janvier 1943. Ainsi que « le séjour de trois mois de conquérant tumultueux et peu politique Général Patton commandant des forces débarquées qui n'est pas passé inaperçu et qui signale dans ses « Mémoires » la difficulté qu'il avait trouvée au Maroc ainsi que « le double jeu » de plusieurs des personalités marocaines qu'il avait rencontrées, dont le grand vizir Mokri ».

[2] Lyautey pensait à voix haute que le Protectorat français ne sera que provisoire, trois décennies au plus, selon Le Révérend.

[3] L'expression « séparatiste » s'opposant à la phase « réformiste », selon Hallstead. Noguès comme De Gaulle avaient jugé « subversifs » les propos de libération du Maroc échangés entre Roosevelt et le Sultan à Casablanca, en « territoire français ».

Chapitre III

Les principales réformes du Protectorat

Sujettes à controverse et objets de discussion, les réformes initiées et menées par l'administration du Protectorat auront incontestablement transformé plusieurs importants domaines et structures pour le devenir du pays, marquant souvent de leur empreinte l'évolution à long terme. Les modifications apportées à la fiscalité, à la justice, à la douane, aux méthodes d'immatriculation immobilière et à la forme du gouvernement constituèrent par exemple certaines des premières et principales transformations introduites par les nouvelles autorités et sous l'œil vigilant de Lyautey qui en a été l'initiateur.

Section 1 : Une refonte de la fiscalité

À la veille du Protectorat, le système fiscal marocain existant demeurait fort rudimentaire, surtout l'objet d'une virulente contestation, à l'origine d'une instabilité et même d'une rébellion qui s'étaient amplifiées avec le temps, non sans encouragements de la part de certaines puissances étrangères, à partir de la deuxième moitié du XIXe siècle. Autant dire que la question fiscale a constitué une réelle problématique pour les assises du Makhzen. Reflet de rapports de forces, et fluctuant au gré de l'évolution des dissidences et des représailles-soumissions fréquentes contre diverses tribus, la levée puis la collecte de l'impôt par l'usage de la force étaient devenues une tradition chez plusieurs Sultans. Ni le roi Hassan Ier, ni son fils Abdelaziz par exemple, au nombre des derniers souverains de la période précédant le Protectorat ne purent mettre en œuvre les réformes fiscales déjà convenues et élaborées lors des Conférences de Madrid puis d'Algésiras, car paradoxalement contrecarrées ou repoussées par les catégories soutenant traditionnellement le régime, constituées jusqu'alors d'exemptés comme les chérifs, caïds, pachas et autres fonctionnaires du Makhzen en particulier. Car mettre fin à de telles exemptions était une œuvre révolutionnaire alors.

Des corps d'artisans, d'une ville comme Fès, habituellement soumis, se rebellèrent contre des taxes nouvelles, contraignant le Makhzen à se contenter de l'ancien système fiscal pratiquement jusqu'au Protectorat, au risque d'élargir la révolte. Par ailleurs, l'élément fiscal était devenu relativement déterminant en départageant la population de façon schématique, entre une partie citadine, mais minoritaire qui payait ses impôts et une autre fraction de la population rurale majoritaire et qui y était réfractaire et donnait lieu à de périodiques expéditions militaires du Makhzen de collecte d'impôt devenant fréquemment punitives et dévastatrices des biens des tribus et des personnes récalcitrants (H.Terrasse, p.354).

L'établissement du Protectorat et l'occupation militaire française qui l'a accompagné se voulaient la réponse longuement préparée pour rétablir l'État dans sa souveraineté politique par la force des armes et des réformes. La fiscalité a été l'une des premières de celles-ci, combinant une révision de l'existant et une transposition et adaptation du système métropolitain. Les impôts directs existants étaient le plus souvent assis sur des signes extérieurs globalement visibles, et ceux indirects étaient rudimentaires et anciens. Cette situation s'expliquait en particulier par l'hétérogénéité et la pauvreté de la majeure partie de la population imposable de l'époque. L'absence d'état-civil obligatoire et l'impossibilité de toute investigation efficace en milieu populaire et rural rendaient, d'autre part, difficile l'introduction de l'élément personnel dans l'assiette de l'impôt.

Le maintien, même approximatif, de l'équivalence des charges fiscales imposées aux différentes catégories en présence au Maroc s'avérait, dans de telles conditions, extrêmement ardu. L'équilibre des budgets marocains du temps du Protectorat devait présenter des difficultés accrues, au fur et à mesure que des réformes sociales nécessitant des ressources appropriées étaient adoptées et devaient connaitre un début d'exécution. Cependant de façon générale, tel qu'il a été revu, l'ancien système fiscal marocain allait devenir moins coercitif que celui du Makhzen. Un ensemble d'impôts directs assis sur les revenus des différentes professions, comme le « tertib » pour les revenus de l'agriculture continuant d'être décrié, les patentes et leur supplément pour le commerce et l'industrie, le prélèvement sur les traitements pour les salaires, ou sur la propriété comme la jouissance d'immeubles bâtis ou de locaux à usage d'habitation, allaient progressivement être mis en place.

Des impôts indirects nouveaux ont été instaurés à l'importation des produits, au stade de leur consommation et faisant l'objet de transactions. Manifestation d'un élan de modernisation, la nouvelle fiscalité introduite devait accompagner l'avancée économique et sociale telle que recherchée par les autorités du Protectorat.

Paragraphe 1 : La fiscalité existante

Une administration efficace, une armée nombreuse et mieux organisée exigeaient des ressources financières que le Makhzen, malgré les efforts tentés depuis le Sultan Sidi Mohammed ben Abdallah, Mohammed III et ses successeurs n'ont pu assurer (H.Terrasse, pp.354-356).

Les impôts existants alors, et difficilement recouvrables, concernaient en dehors des deux impôts coraniques, la « zakat » et « l'aâchour », une sorte de contribution de guerre, « naiba » ou « koulfa » et « daira », soit en nature ou en espèces, qui allait devenir permanente, ainsi que des cadeaux aux diverses occasions de fêtes ou de cérémonies. Des impôts indirects nouveaux, contestés religieusement, s'appliquaient pour entrer en ville, accéder aux marchés, en plus du monopole institué de fait sur le commerce de soufre, du kif et du tabac à priser.

C'était un système fiscal relativement lourd par lui-même, mais sans matière imposable réelle échappant au Makhzen de toutes parts, les exonérations nombreuses et la corruption endémique des collecteurs. Les tribus militaires ne payaient aucun des impôts en vigueur, de même que les chérifs et les zaouïas en vertu de leur soutien politique au Makhzen, sans oublier les hauts fonctionnaires. Les tribus des régions non soumises se contentaient souvent de quelques cadeaux occasionnels lors du passage du sultan ou de son représentant. Les expéditions de collecte, qui intéressaient les diverses régions accessibles du pays, étaient coûteuses et leurs produits souvent aléatoires.

Confiée en principe aux caïds des tribus et aux gouverneurs des villes, la perception des impôts constitua une source pour leur entretien et celui de leurs auxiliaires, de revenu et fréquemment d'enrichissement de ces catégories aggravant d'autant la charge des imposables. Les corvées et les exactions n'étaient pas rares et s'ajoutaient aux impôts. Le Makhzen central a tardivement essayé de contenir ce monopole de fait en insérant des prévôts responsables d'évaluer les bases imposables pour les prélèvements à caractère coranique, et d'autres chargés des contributions indirectes et de la douane. Les chiffres fiables des produits collectés manquent, si ce n'est par exemple une estimation moyenne annuelle de près de vingt millions de « pesetas hassanies » avancée pour la fin du XIXe siècle[1].

Paragraphe 2 : La fiscalité directe

Depuis l'occupation romaine, l'agriculture était devenue la principale activité dans un cadre relativement latifundiaire et des prélèvements en nature au profit de Rome. La pénétration de l'islam au Maroc introduisit une fiscalité nouvelle que le souverain Almohade Yacoub El Mansour allait adapter au contexte d'un empire à dominante d'éleveurs et de nomades à partir du XIIe siècle, des impôts encore surtout religieux et versés en nature. Les tentatives timides de réforme fiscale connues furent le fait de Sultans devant acquitter des « réparations » à l'Espagne comme dans le cas d'Hassan 1er ou rembourser des emprunts contractés par Abdelâaziz puis de son frère Hafid à la veille du Protectorat. Le « tertib » était la résurgence d'un vieil impôt d'essence musulmane faisant une sorte de synthèse d'une dîme, « l'âachour » pour les cultures et les arbres fruitiers et d'un prélèvement spécifique, « zakat », pour les animaux[2].

---

[1] Idem., p.356. L'indication chiffrée est donnée par l'historien E.Aubin. La peseta, devenue monnaie de compte durant le règne de Hassan 1er, s'échangeait au pair avec la peseta espagnole qui circulait au Maroc depuis la Convention de de Madrid de 1880.

[2] De 2,5 % pour les animaux et un barème moyen de 5% pour les cultures, cet impôt fut ainsi institué à partir du Sultan Hassan 1er avant la rencontre de Madrid. Les fonctionnaires du Makhzen et les chérifs descendant du prophète en étaient encore exemptés. La généralisation de cet impôt n'a pu être en fait menée à bien que durant le Protectorat, en raison des résistances des concernés. En 1946, par exemple, un mouton payait un tertib de 18 francs contre 80 pour une vache sans parler des tribus qui se sont exemptées de force. La « Jézia » était l'impôt payé par les Juifs.

Les besoins financiers du Protectorat étaient fortement liés à cet impôt qui a été réintroduit en 1913 par dahir et désormais payable en monnaie, après avoir été appliqué dans la Chaouia l'année d'avant, car la population musulmane concernée le considérait comme la simple résurgence des impôts coraniques (C.F.Stewart, pp.25-26). Ce prélèvement a été réglementé par deux autres dahirs deux ans plus tard, dont l'application distinguait les cultures annuelles classées par nature (blé et céréales diverses, cultures maraîchères, industrielles et fourragères), les arbres fruitiers, la vigne et les animaux. Ces derniers étaient imposés d'après des tarifs spécifiques. Les arbres fruitiers et la vigne étaient imposés à l'unité ou à la superficie, d'après un tarif dont les taux variaient selon les essences et leur productivité présumée.

Si les redevables européens le plus souvent exemptés devaient déposer leurs déclarations écrites avant fin avril de chaque année, celles des Marocains musulmans et juifs étaient recueillies lors du passage du contrôleur français des impôts ruraux au siège de chaque subdivision administrative devant une commission constituée du chef du village, du caïd et d'un « adel », notaire des actes de droit musulman. Les rendements étaient fixés au cours même du recensement. Au total, il s'agissait d'un impôt sur le revenu brut. D'importantes réductions furent accordées de l'ordre de moitié aux utilisateurs des méthodes modernes de production ou lorsque la production était vendue aux armées par exemple, soit principalement le fait des Européens. Les agneaux et les chèvres n'étaient pas imposables. Les recettes au titre de cet impôt passèrent de onze millions de francs en 1916 à quelque sept cents millions vers la fin du Protectorat.

Le « tertib » a contribué en un sens à répandre l'utilisation des signes monétaires en lieu et place de l'autoconsommation et du troc habituel sur les souks régionaux. Mais ceci était aussi de nature à contraindre des paysans souvent démunis à se défaire de leur maigre récolte à des prix bas pour être en mesure de s'acquitter du « tertib » et éviter les poursuites, surtout qu'ils ne pouvaient pas profiter des moyens de stockage des coopératives européennes installées.

Le nouvel impôt des patentes représentait un mode de taxation indiciaire inspiré de la législation française de 1880, qui consistait à classer les différentes professions commerciales, industrielles ou libérales en catégories selon leur importance présumée, laquelle est appréciée, au regard de l'impôt, au moyen de trois taxes qui atteignaient respectivement l'importance de l'établissement ou les éléments caractéristiques de la production, selon le cas, le nombre des employés , la valeur locative des installations. Il y avait une part fixe et une autre variable ainsi que des décimes prévus pour les municipalités.

Le supplément exceptionnel et temporaire à l'impôt des patentes a été institué en vue de faire participer davantage les commerçants et les industriels aux charges issues de l'état de guerre. Il visait les patentables qui réalisaient un bénéfice annuel et consistait en un prélèvement sur les bénéfices réalisés par l'entreprise[1]. L'impôt sur le bénéfice était quant à lui au choix des patentables, soit le bénéfice net réel révélé par la comptabilité, soit un bénéfice forfaitaire obtenu en appliquant au chiffre d'affaires un coefficient, variable selon les professions, et déterminé par arrêté du directeur des finances.

Un dahir de 1939 a institué le premier prélèvement sur les traitements, salaires et rentes viagères, qui a été largement remanié depuis en vue de son adaptation aux circonstances changeantes. Aux impôts introduits par le Protectorat, trois taxes assimilées ont été aussi ajoutées. Celle relative à la vérification des poids et mesures ,celle des prestations perçues au profit des budgets spéciaux régionaux pour faire face à l'entretien des chemins secondaires, et celle au titre de la licence de débit de boissons qui consistait en une majoration de la patente à l'égard des commerces qui comportaient, à titre accessoire ou principal, la vente de boissons alcoolisées.

Paragraphe 3 : La fiscalité indirecte

Les droits de douane avaient constitué la ressource principale et stable du Maroc avant le Protectorat. À la suite de l'emprunt contracté en 1904 par le Sultan Abdelâaziz, une commission internationale fut désignée pour prélever les six dixièmes des recettes douanières qui avaient été données en garantie de son remboursement. Cette commission, connue sous l'appellation de « Contrôle de la Dette », fut

[1] A compter du 1er janvier 1941, ce bénéfice était égal à 50 000 francs, et le prélèvement fixé à 15 %.

donc amenée à vérifier la gestion des fonctionnaires du Makhzen (oumana), chargés de l'encaissement des recettes douanières. Après le nouvel emprunt contracté en 1910 par le nouveau sultan, la gestion directe des douanes marocaines fut entièrement confiée à cette structure. En janvier 1918, les services douaniers furent incorporés dans l'administration du Protectorat.

Un tarif douanier implicite avait été produit en un sens par les divers traités antérieurs au Protectorat[1]. Le traité marocco-anglais de 1856, ou la convention franco-marocaine de 1892 avaient par exemple prévu des droits plus ou moins réduits pour divers produits. Enfin, l'Acte général de la Conférence d'Algésiras avait institué une taxe additionnelle au droit de douane (de 2,5 %), en vue d'alimenter une Caisse Spéciale ayant pour objet de financer les travaux publics plus particulièrement pour développer la « navigation et le commerce »[2]. Le tarif courant perçu à l'importation à l'occasion de l'entrée des marchandises au Maroc, par voie de terre ou par mer était de 12,5% et, exceptionnellement de 7,5 %. Certains produits en furent exonérés. Le Maroc connaissait également un système de taxes intérieures de consommation qui concernaient par exemple les alcools, les sucres, les huiles ou les hydrocarbures. Des droits d'enregistrement ont été institués et visaient les actes des notaires français et israélites notamment, auxquels des droits de timbre ont été ajoutés par dahir deux ans plus tard, avec application immédiate, en 1915.

Paragraphe 4 : La fiscalité locale

La division administrative au Maroc ne pouvait être aussi avancée comme en métropole, modèle de référence des décideurs ou en Algérie, car seules les municipalités à l'intérieur d'un périmètre bien déterminé et les banlieues de Casablanca et de Rabat ont pu avoir une organisation financière comportant une certaine autonomie. En dehors de ces périmètres, le reste du pays ne comportait que quelques centres délimités directement rattachés à la région dont ils faisaient partie. À l'intérieur de ceux-ci, des taxes et des impôts locaux analogues aux prélèvements en vigueur dans les municipalités, à l'exception des droits de porte, ont pu être mis en place.

---

[1] Cf. supra Section « Traités bilatéraux et léonins » et « Douane » infra.
[2] Article 66.

Mais les recettes, comme les dépenses, effectuées dans ces centres étaient rattachées directement au budget du gouvernement du Protectorat. Les régions disposaient d'un embryon de budget, dit « spécial », en ce sens qu'il était alimenté exclusivement par la taxe des prestations en vue de faire face aux seules dépenses de vicinalité. Les principales premières recettes des municipalités provenaient de quelques taxes instaurées par le Protectorat, comme la taxe urbaine, la taxe d'habitation, quelques fois des droits de portes et des taxes sur les spectacles.
Instituée en 1941, une taxe dite de compensation familiale a été créée par les lois « paternalistes » du gouvernement de Vichy, à l'occasion de la création de l'office de la famille française en remplacement de l'ancien Office des familles nombreuses, et consistait en une simple majoration des impôts existants.

Moins répressive et plus transparente, la fiscalité revue ou introduite par les autorités du Protectorat, bien qu'encore inéquitable pour la majorité d'une population démunie, assura des revenus néanmoins réguliers et renvoyant à un passé révolu en tout cas les « harka sultaniennes » de collecte de l'impôt par l'usage de la violence.

Section 2 : Introduction de principes républicains

État musulman conservateur, les domaines spirituel, religieux et temporel n'étaient pas distincts au Maroc, ceci s'appliquant notamment à la justice et à son organisation, la loi musulmane étant la seule applicable depuis les premiers siècles de l'arrivée de l'Islam et ne pouvait être interprétée que par les « Oulémas », seuls interprètes habilités de la loi coranique, des propos et des actes du prophète Mohammad. Le pays était jusque là un Etat théocratique où seule la loi coranique, la « chariâa » prévalait, justifiant la nécessité de cours de justice séparées pour non-musulmans.

Dépassant le système capitulaire antérieur qui fonctionnait selon d'autres règles de droit régissant les non musulmans sous la responsabilité de leurs consuls respectifs, les nouveaux codes et règles qui allaient être mis en vigueur s'inspiraient des principes constitutifs de la République française. Ils allaient autoriser une approche nouvelle et unifiée des dispositions applicables d'abord aux non-musulmans sur le territoire marocain, et même aux musulmans pour leurs actes de commerce par exemple. Les dispositions du Code pénal s'appliqueront ultérieurement à l'ensemble de la société (Y.Famchon, p.309). La mixité de la société autorisera l'élargissement progressif de l'application des nouvelles règles à d'autres catégories de la population selon les besoins.

L'introduction de nouveaux principes à caractère démocratique, séparant progressivement des pouvoirs naguère concentrés par des cadis, caïds et pachas, agissant au nom du Sultan, allait favoriser de façon générale l'apparition de rapports et de comportements relevant plus de dispositions de la loi, de nouvelles règles de droit que celles de la force de coercition et de répression du Makhzen traditionnel, pour les non-musulmans dans un premier stade avant leur généralisation dans les faits.

Deux juridictions, détenant toutes deux leur pouvoir en principe du Sultan, magistrat et souverain, ont cohabité durant le Protectorat pour les musulmans et pour les autres.

Paragraphe 1 : Les tribunaux pour les « étrangers non Musulmans »

La suppression des juridictions consulaires s'inscrivait dans le cadre de la réforme du cadre judiciaire existant, à la suite au traité du Protectorat. Un conseiller judiciaire, mis à la disposition du général Lyautey, élabora ainsi une dizaine d'avant-projets de lois, qui furent soumis à deux commissions siégeant à Paris, au ministère des Affaires étrangères, sous la présidence d'un éminent juriste français[1]. Les dahirs fondateurs du Protectorat furent ainsi préparés relativement rapidement et adoptés concernant les domaines prioritaires du droit dans une société « mixte ». Il s'agit en particulier du dahir relatif à l'organisation judiciaire, de celui sur la procédure criminelle, de celui sur l'assessorat en matière criminelle, de celui réglementant les perceptions en matière civile, administrative, criminelle et notariale, de celui sur l'assistance judiciaire, de celui sur la condition civile des Français et des étrangers, de celui formant Code des obligations et

[1] Louis Renault, membre de l'Institut et professeur à la Faculté de droit de Paris, en fut le président.

contrats, de celui formant Code de commerce, et enfin de celui sur l'immatriculation des immeubles.

Jusqu'au traité du Protectorat, la plupart des puissances étrangères bénéficiaient du régime des capitulations représentant des traités par lesquels celles-ci avaient obtenu des pouvoirs locaux de justice, certaines concessions de souveraineté qui leur avaient permis de soustraire leurs nationaux à la juridiction du pays et d'instituer pour leurs ressortissants des tribunaux devant lesquels ces derniers pouvaient être obligés de comparaître en cas d'infraction ou délit. Le privilège de juridiction ainsi accordé s'appliquait aux nationaux de l'État bénéficiaire, mais aussi à leurs protégés, dont des sujets marocains. D'ailleurs, plusieurs propriétaires terriens, commerçants et agents immobiliers marocains eurent recours à ces protections, généralement payées aux représentants locaux des puissances souvent au prix fort, à l'origine de la Conférence de Madrid (L.Hall, pp.230-250)[1]. Le consul de Grande-Bretagne, l'un des plus anciens de la place de Tanger, aurait par exemple enregistré comme protégés anglais les habitants de tout un village à la périphérie de la ville qui « lui facilitaient ses parties de chasse régulières ». La population protégée était estimée à quelques dizaines de milliers de personnes, dont plusieurs Marocains de confession juive à la fin du XIXe siècle.

La France fut un des premiers pays à réclamer un tel avantage, en vertu du traité passé entre Louis XIII et le sultan saâdien El-Oualid, en 1631. Par la suite, de nombreux accords intervinrent dans le même sens, notamment ceux conclus en 1767 avec la France et l'Espagne, en 1836 avec les États-Unis d'Amérique et en 1856 avec l'Angleterre. Ressortissants et protégés des puissances capitulaires ne pouvaient être traduits devant un autre tribunal que celui de leur consul, sauf en ce qui concerne les litiges immobiliers, toujours soumis au cadi. Mais s'ils étaient demandeurs ou plaignants, ils devaient saisir les tribunaux marocains, quand leur adversaire était marocain non protégé, ou le

---

[1] Luella Hall y expose l'exemple particulier des transactions effectuées avec près de deux cents protégés par le consul Matthews, sur la base de la délation faite par Perdicaris, un protégé américain, et l'enquête menée par le département d'État par le biais du consul américain de Cadiz entre 1887 et 1890. Matthews sera renvoyé. La plupart des consuls étaient concernés par cet usage des protections accordées à travers le pays. Le Journal «The Times » de Londres a répercuté certaines des controverses concernant les abus du corps diplomatique de Tanger.

tribunal consulaire du défendeur, quand celui-ci était étranger. L'organisation des tribunaux consulaires et la procédure qu'on y suivait étaient dans l'ensemble fort simples, car le consul tranchait les procès qui lui étaient soumis, assisté en principe de deux assesseurs choisis parmi ses compatriotes et pratiquement, sans aucune forme de rigueur.

La justice française s'imposa progressivement durant le Protectorat à tous les étrangers, à l'exception des ressortissants des États-Unis, les Marocains relevant de façon encore pour l'essentiel de celle du Makhzen, du chrâa ou du rabbinat selon leur statut religieux.

Le Maroc a été doté de tribunaux dont la hiérarchie était la même qu'en France, à savoir des tribunaux de paix, des tribunaux de première instance, une Cour d'appel et de plus, en matière pénale, des tribunaux criminels, selon le dahir relatif à l'organisation judiciaire. Parallèlement des tribunaux relevant du Makhzen devaient s'occuper essentiellement du statut personnel des musulmans marocains.

Les nouvelles juridictions françaises, composées de magistrats français étaient soumises au contrôle de la Cour de cassation en France. Héritières des anciens tribunaux consulaires, elles rendaient leurs arrêts à la fois au nom de la République française et du Sultan. Outre les différentes juridictions spéciales créées depuis 1913, quatorze tribunaux de paix, et des tribunaux de première instance ont été installés dans les principales villes du territoire enfin pacifié.

Une Cour d'appel du Maroc, alors unique et divisée en trois chambres, avait été installée à Rabat et assimilée à celles d'une province de France. En matière pénale, les tribunaux de simple police étaient les tribunaux de paix, où les fonctions du ministère public étaient remplies par un juge de paix suppléant ou un officier de police judiciaire. La justice correctionnelle était rendue par les tribunaux de paix, les tribunaux de première instance et la Cour d'appel. Les libertés individuelles des Marocains n'étaient pas encore protégées par la loi et ces derniers n'avaient aucun recours, cela jusqu'à la promulgation tardive du Code pénal marocain en 1954, et les manquements étaient entre temps punis de prison, de bannissement ou d'exil hors du Maroc par les services administratifs du Protectorat (J.Halstead, p.52).

Des tribunaux pour enfants et adolescents ont été également prévus en 1939, en même temps que le régime de la liberté surveillée. La justice criminelle a été organisée d'une façon nouvelle, et Il n'y avait pas au Maroc de Cours d'Assises et, de même qu'en Tunisie, leur rôle était dévolu aux Tribunaux de première instance, qui devenaient ainsi des tribunaux criminels. Ceux-ci tenaient quatre sessions par an et se composaient de trois magistrats du siège, du tribunal de première instance, dont le président de la juridiction qui présidait, d'un représentant du ministère public et de six assesseurs, dont la nationalité variait selon celle de l'accusé, mais dont trois au moins étaient français. On choisissait ces assesseurs, par tirage au sort, sur trois listes établies chaque année par une commission spéciale pour chaque tribunal, une pour les Français, une pour les étrangers et une pour les Marocains.

Des juridictions dites spéciales furent instituées également, tels les conseils de prud'hommes, des tribunaux militaires, un tribunal maritime temporaire, un tribunal et une cour des pensions, une commission spéciale pour l'étude des droits à pension des victimes civiles de la guerre et une Cour supérieure d'arbitrage en matière de différends collectifs du travail. La magistrature était le fait des seuls français qui étaient nommés par le gouvernement de la métropole, et un statut spécial régissait les nouveaux juges de paix, qui formaient un cadre spécifiquement marocain.

Enfin, l'exercice des libertés de presse, d'association politique ou syndicale demeura longtemps limité aux seuls français, et Lyautey avait refusé de tolérer l'action des partis politiques même français au Maroc. Il faudra attendre la fin de la Deuxième Guerre et la pression des États-Unis pour assister à la parution officielle et régulière de la première presse nationaliste, après l'interdiction de l'hebdomadaire marocain « L'Action du Peuple » au ton d'ailleurs modéré, intervenue dix ans plus tôt. Néanmoins, ces droits et libertés étaient désormais connus d'une bonne partie d'une partie de la population marocaine, et la revendication de leur respect constituera un nouveau registre de confrontation avec les autorités du Protectorat.

Paragraphe 2 : De nouveaux auxiliaires de Justice

La nouvelle organisation judiciaire requérait des auxiliaires de justice dont les métiers et fonctions seront à leur tour réglementés de manière pragmatique et adaptée aux besoins d'un pays qui découvrait de nouvelles institutions rendant la justice.

En premier lieu, les agents des secrétariats-greffes étaient non seulement du greffe proprement dit chargés près d'une juridiction, mais dans la procédure marocaine, ils s'occupaient également de la perception des frais de justice, des faillites et liquidations judiciaires, des successions vacantes, de tous les actes de notification, d'exécution et autres ordonnés par les magistrats, voire du notariat, dans celles des localités qui en étaient dépourvues. Le corps de ces agents a été relativement fourni et placé sous l'autorité et la surveillance des magistrats.

En second lieu, les interprètes, indispensables dans un pays à la population diversifiée, surtout encore massivement illettrée et monolingue dans le cas de la population musulmane (H.Elottmani, 2010)[1]. Il y a eu différents types d'interprètes et de traducteurs plus ou moins assermentés, et parfois, quelques agents du greffe ont été recrutés en raison de leur connaissance d'une langue étrangère pour être utilisés surtout pour la traduction orale dans les secrétariats des tribunaux.

Les divers experts, une autre catégorie auxiliaire, étaient habilités selon leurs fonctions par une décision de la Cour d'appel, qui dressait chaque année un tableau des experts qui devenaient ainsi des auxiliaires permanents de la justice, revêtus d'une sorte d'investiture leur assurant le privilège presque exclusif d'accomplir certaines opérations à la demande des tribunaux.

---

[1] L'interprète ou « torjmane » en arabe, était souvent un agent influent et homme de confiance des autorités françaises, choisi par leurs soins, généralement parmi les anciens militaires, les fonctionnaires ou instituteurs fréquemment algériens. L'exemple de Benghabrit qui deviendra un haut fonctionnaire de la France et du Makhzen comme chargé du Protocole de deux Sultans.

L'exercice de la profession d'avocat était resté jusqu'en 1924 sous l'étroite dépendance des magistrats, dans la mesure où c'était la Cour d'appel qui statuait sur les admissions au stage, les inscriptions au tableau et désignait aussi les bâtonniers. Les peines disciplinaires étaient, le cas échéant, prononcées par les tribunaux de première instance, le bâtonnier ne pouvant infliger que celle de l'avertissement. Pour exercer en tant qu'avocat au Maroc, il fallait être français ou marocain ou justiciable des tribunaux français. La caractéristique des barreaux marocains résultait de la nature de la procédure marocaine qui était surtout écrite, dans laquelle la plaidoirie ne tenait qu'une place accessoire, les assimilant plutôt aux officiers ministériels et même ressemblant tout particulièrement aux avoués plaidant devant des petits tribunaux en métropole.

La profession de notaire n'a été créée au Maroc qu'en 1925, et leur rôle était auparavant tenu par les secrétaires-greffiers. Les notaires étaient considérés comme des fonctionnaires publics français qui, non seulement établissaient des actes authentifiés, mais dressaient aussi des actes sous seing privé. Ils devaient remplir certaines conditions de capacité, de stage, de diplôme, de moralité pour être nommés par dahir, et tous leurs actes donnaient lieu au paiement d'une taxe notariale qu'ils encaissaient pour le compte du Trésor. Ils percevaient un traitement, une indemnité pour leurs frais et charges et des remises proportionnelles sur le montant de la taxe notariale, ce qui leur assurait un revenu appréciable, d'autant plus qu'ils n'achetaient pas leurs charges. Les agents de la direction des finances et les magistrats du Parquet exerçaient un double contrôle sur les notaires, et les fautes professionnelles relevées étaient sanctionnées par des peines disciplinaires.

Les nouveaux tribunaux français du Maroc avaient plénitude de juridiction et connaissaient à la fois des litiges d'ordre civil proprement dit, immobilier, commercial, d'ordre pénal et même d'ordre administratif. D'autre part, ils jugeaient non seulement les Français et ressortissants français, mais encore les étrangers dont les pays avaient renoncé aux capitulations ou n'en avaient jamais eu le bénéfice, des ressortissants des tribunaux consulaires parfois, de même que des Marocains musulmans ou israélites y recouraient en certaines situations et dans leurs rapports commerciaux avec des non-musulmans.

Section 3 : La Douane et le système de la « Porte ouverte »

Le régime douanier n'existait pas à proprement parler dans les États musulmans, ces derniers faisant partie de la « Oumma » sans frontière en principe, et le premier embryon de ce système sera fixé implicitement par les traités de commerce signés avec certaines nations non musulmanes.

Paragraphe 1 : La douane avant l'occupation française

De nouvelles taxes payées au « Trésor » du souverain régnant, en plus des impôts religieux, n'ont été instituées que tardivement et partant constituant un début rudimentaire de tarif douanier, mais sans administration structurée pour autant, surtout depuis que les revenus extérieurs de la piraterie et de la traite d'esclaves tendaient à se tarir à partir du XVIIIe siècle.

Les ports et abris de Tanger, Ceuta, Açila et Larache étaient les lieux de transit obligé du commerce des produits importés entre les deux rives de la méditerranée. Même Anfa, bien que relativement lointaine sur l'Atlantique devait en bénéficier certes tardivement. Au XIIe siècle déjà, celle-ci, ancêtre de la ville de Casablanca, était une petite bourgade commerçante et que des navires de commerce venaient y charger de l'orge et du blé[1]. Des historiens français avaient signalé à leur tour que la ville et le port étaient mentionnés dans divers documents commerciaux depuis le XIIe siècle, à la fois d'origine italienne, espagnole et portugaise[2].

Ce serait précisément cette relative prospérité qui avait entrainé l'Infant Don Ferdinand, frère d'Alphonse V, à en faire la conquête, et c'est à ce moment que l'ancienne Anfa détruite fut rebâtie à la place actuelle de la ville de Casablanca, vraisemblablement parce que l'abord des navires était relativement plus facile dans cette rade que

[1] Selon des chroniqueurs arabes de cette époque, El Idrissi et El Fazari.

[2] Selon des propos developpés dans un compte-rendu du président Deleau de la chambre de commerce et d'industrie de Casablanca en 1913 : « des indices permettent d'affirmer que la prospérité commerciale de la bourgade d'Anfa dura jusqu'à la fin du XVe siècle, époque à laquelle les Portugais l'auraient pillée puis réduite en ruines ». Archives du Protectorat.

sur la partie de la côte. À cette époque, il ne paraît pas y avoir eu d'autre centre commercial sûr entre Mazagan et Mehdia.

Pour nombreux qu'ils fussent, les traités en vigueur ne constituaient aucune garantie en matière de législation douanière par exemple (J.L.Miège, p.253). Les traités franco-marocains, pas plus que ceux signés avec la Grande-Bretagne, aussi avancés qu'ils étaient dans leurs dispositions commerciales, ne mettaient à l'abri d'établissement de monopoles de souveraineté sur tel ou tel article à l'import ou à l'export ni de tarifs instables. Pendant longtemps, le commerce extérieur faisait partie de la politique tout court, et la libre sortie d'un produit ou de sa prohibition, comme la fixation des droits de douane visait à favoriser une région ou même un port au détriment d'un autre puni, de remercier tel fonctionnaire ou de faire pression sur telle nation qui achetait ou fournissait les produits concernés. Sans oublier l'intérêt personnel du souverain en tant que commerçant pour son propre compte et sans droits, aussi la réglementation douanière était instable avec la seule règle que les produits paient à la sortie comme à l'entrée, davantage à la sortie, selon un principe « mercantiliste » ancien que les sorties de biens appauvrissaient le pays[1]. La fréquente variation des droits, leur diversité d'un port à l'autre tendait à montrer que seul le Makhzen était maitre de la réglementation en vigueur.

Ainsi, un traité-modèle, passé entre le Maroc et l'Espagne en 1799, avec clause de la nation la plus favorisée, innove en matière douanière, fixant le taux maximum des droits d'entrée à 10 % ad valorem, tandis que les droits spécifiques à la sortie faisaient l'objet d'un tarif détaillé article par article et ce fut pour ainsi dire la première réglementation douanière qui n'allait guère varier jusqu'à la convention d'Algésiras plus d'un siècle plus tard. Mais, le Makhzen a refusé dans la pratique d'en exécuter les clauses.

Des dispositions du traité franco-marocain de 1767 devaient régler la vente des prises et l'approvisionnement des navires de guerre français dans les ports marocains. Quelques décennies plus tard, de nouveaux articles additionnels au traité initial portant renouvellement

---

[1] Selon les « mercantilistes européens », un des premiers courants d'économistes du XVIe siècle, le but du commerce extérieur était d'accroitre les rentrées d'or et d'argent « favorisant la puissance d'un pays » selon cette école de pensée.

des traités subsistant entre les deux empires, et divers traités seront signés en 1825 également avec la Sardaigne, l'Autriche, les États-Unis avec le statut de la nation la plus favorisée.

En septembre 1844, une convention franco-marocaine sera conclue à Tanger pour tirer les conséquences pour le Maroc, à la suite à la défaite de son armée lors de la bataille de l'oued Isly, à la frontière avec l'Algérie. Au cours de la décennie suivante, est signé en 1856, un important traité avec la Grande-Bretagne, lui accordant le bénéfice du traitement de la nation la plus favorisée et décidant que les litiges entre sujets britanniques et ressortissants d'une autre puissance seront jugés par un tribunal international des consuls étrangers, proclame la liberté du commerce et l'abolition des monopoles ainsi que les entraves à l'entrée des marchandises, sauf pour certains articles tels que le tabac, les pompes, l'opium, le soufre, la poudre, le salpêtre, le plomb, les armes et les munitions.

Ce traité pose également le principe de l'égalité économique et fiscale, et nulle mesure prohibitive, nul droit ou taxe ne pourra frapper exclusivement les marchandises britanniques, inaugurant la phase du libéralisme anglais conquérant le monde. Enfin, les droits de douane ad valorem à l'entrée et spécifiques à la sortie ont été fixés, avec une liste contenant quarante et un articles seulement qui a été incluse pour la fixation des droits à la sortie, et stipulés en dollars et en onces[1].

Suite à la défaite du Maroc devant l'armée espagnole à Tétouan, en 1861, un traité de paix et de commerce est signé entre les deux pays. Cet accord était similaire au traité anglo-marocain dont il reproduit les principales clauses à savoir la liberté commerciale, sous réserve des droits limitatifs du sultan en matière d'exportation, l'égalité fiscale et la limitation des droits de douane à l'entrée et fixation des droits spécifiques à la sortie d'après une liste semblable à celle convenue avec les Anglais en plus de la répression de la contrebande.

---

[1] Voici la liste des produits à l'export mentionnés dans le traité de 1856 avec la Grande Bretagne : Orge, blé, maïs, autres grains, farines, graines pour oiseaux, dattes, amandes, oranges, citrons, limons, soufre, cumin, huile, gomme, henné, cire, riz, laine lavée, laine en suint, cuirs et peaux, peaux tannées, corne, suif, mulets, ânes, moutons, chèvres, poules, œufs, babouches, piquants de porc-épic, ghassoul, plumes d'autruches, paniers, carvie, peignes de bois, poils, raisins, ceintures de laine, taccaout, toison tannée, chanvre et lin.

Les réparations à payer à l'Espagne équivalaient à la moitié de ses recettes douanières. Les Pays-Bas et la Belgique bénéficieront aussi de ce statut de nation la plus favorisée.

Quelques années plus tard, à Madrid une Convention internationale relative à l'officialisation internationale de l'exercice du droit de protection et du régime des capitulations au Maroc, constituant une réelle atteinte à la souveraineté du pays, est signée[1]. Cette convention, qui traite un grand nombre de questions politiques et économiques, consacre plutôt les puissances contractantes dans leur statut de nation la plus favorisée leur profitant communément, ne faisant que confirmer la situation existante. En effet, ladite Convention consacrera le régime contesté des capitulations au lieu de l'atténuer, avec les mêmes exemptions et exonérations le caractérisant.

Dernier arrivé sur la scène internationale, l'Allemagne va se lier en juin 1890 au Maroc par un traité à caractère original, essayant de jouer les puissances les unes contre les autres, en accordant ainsi des droits de douane réduits de moitié aux produits sortant du Maroc par rapport aux avantages concédés aux concurrents quelques décennies auparavant. Aussitôt, la France parviendra à son tour en octobre 1892, à consolider les dispositions des traités antérieurs ainsi qu'un accord commercial passé en réduisant certains droits et prohibitions de produits à la sortie. Des articles, tels que les écorces d'arbre, les lièges, les minerais qui étaient jusque-là interdits obtiennent l'autorisation de sortie, et les marques de fabrique française deviennent protégées au Maroc.

Des accords sont passés avec Alger, donnant en 1902 au Makhzen la faculté d'établir des droits de sortie et de transit sur des marchandises passées par la frontière algérienne, avec un modus vivendi pour les marchés frontaliers. Deux ans plus tard, la déclaration franco-anglaise concernant leur entente sur l'Égypte et le Maroc est signée à Londres, et rappelant l'exemption des marchandises anglaises des droits de cabotage.

---

[1] En juillet 1880, entre d'une part , l'Allemagne, l'Autriche, la Hongrie, la Belgique, le Danemark, l' Espagne, les États-Unis d'Amérique, la France, la Grande-Bretagne, l'Italie, les Pays-Bas, le Portugal, la Suède, la Norvège, et le Maroc d'autre part.

Cependant, nulle disposition des traités n'avait permis jusqu'aux défaites militaires aux représentants européens d'intervenir dans des arrangements intérieurs de la réglementation douanière du pays, demeurant du seul ressort du Makhzen. Ce dernier entendait maintenir la totalité du contrôle des échanges, et à le moduler selon la nature des besoins du Trésor ou de considérations d'ordre politique contre la pression européenne.

Dès le début du XXe siècle, pour des raisons diverses, l'Angleterre, la France, l'Allemagne, la Belgique avaient complètement supplanté l'Espagne, malgré les avantages obtenus auparavant par cette puissance, la France venant en tête. On a pu établir qu'en 1906, date de la signature de l'Acte d'Algésiras qui marque le départ d'une période de puissances égales et de mise en tutelle pour le Maroc, le commerce effectué par le port de Casablanca atteignait quatorze millions de francs avec une part française prépondérante. Depuis l'occupation officielle par la France, les échanges du Maroc avec l'extérieur allaient de développer, notamment en raison d'une sécurité retrouvée. Au total, autant de traités d'accords et de conventions qui imposeront une ouverture sur l'extérieur et un début d'administration des douanes.

Paragraphe 2 : L'Acte d'Algésiras

Le statut douanier du Maroc institué par l'Acte d'Algésiras stipulait dans son premier article le principe de « liberté et de stricte égalité économique » pour toutes les importations au Maroc plaçant toutes les puissances signataires sur le même pied (Y.Famchon, p.309)[1]. Quelle que soit leur origine ou leur provenance, les marchandises entrant au Maroc par mer firent l'objet d'un droit de 10 % ad valorem et d'une taxe de 2,50 % au profit de la Caisse Spéciale des Travaux Publics. Un tel statut présentait, en outre, cette particularité que, résultant d'un accord entre un certain nombre de puissances, il ne pouvait être modifié que par un autre du même genre. Étant excessivement difficile à changer, un tel statut demeurera la règle imposée aux échanges avec le Maroc, en dépit des fluctuations de l'économie mondiale, et des réactions desdites puissances.

---

[1] Le régime de « la Porte Ouverte » s'identifie avec le principe de liberté économique sans aucune inégalité était stipulé dans le préambule de l'Acte.

Cet Acte a été diversement commenté et apprécié, chacune des puissances concernées le considérant de son point de vue, ou suivant son action du moment, le trouvant excellent ou détestable. Le régime dit de la « Porte ouverte » qu'il instaurait présentait cependant un certain nombre d'avantages. Il favorisait théoriquement les transactions commerciales avec le monde entier, et de préférence les produits qui se vendent le mieux et en face desquels on ne pouvait dresser de barrière douanière, car Ils étaient importés au plus bas prix et pouvait contribuer à faire du Maroc un pays à bas prix de revient qui par répercussion favoriserait des exportations concurrentielles sur le marché extérieur.

Ainsi, durant la période de la mise en place de ses infrastructures de base, les matériaux et équipements ont pu ainsi bénéficier en principe des meilleures conditions de prix. Mais ce tarif douanier minimal allait décourager les efforts de l'agriculture, en particulier lors des périodes de crise économique, comme au cours de la Crise économique mondiale, avec l'entrée massive des denrées agricoles et produits industriels étrangers. Les autorités du Protectorat eurent recours à un système douanier protectionniste draconien interdisant l'entrée pour tous les produits dont le Maroc disposait en abondance, contre la lettre et l'esprit de l'Acte d'Algésiras. S'appliquant de façon générale, l'interdiction d'importation n'a pas soulevé d'oppositions majeures. Par ailleurs, la concurrence internationale normale ou faussée par le dumping devait peser sur l'évolution économique du Maroc au fur et à mesure que son activité commerciale devenait complexe et que ses nouvelles industries réclamaient comme partout ailleurs protection entre les Deux Guerres. À l'initiative du gouvernement du Front Populaire en France, estimant qu'il fallait protéger les productions marocaines existantes, a entamé des négociations séparément avec les puissances signataires de l'Acte d'Algésiras, l'Allemagne et l'Autriche n'étant plus considérées comme telles depuis la fin de la Première Guerre. Mais ce désir était également motivé par l'arrivée sur le marché de produits américains en particulier à bas prix sans contrepartie monétaire faisant une concurrence jugée déloyale aux produits locaux échangés entre la France et le Maroc, et à l'origine d'un volumineux contentieux qui sera porté devant la Cour Internationale de Justice (Y.Famchon, pp.457-472).

Cette nouvelle politique tarifaire s'est traduite par des arrangements avec différents pays signataires, notamment par l'abrogation du traité de libre-échange de 1856 avec la Grande-Bretagne. La stratégie de la métropole visait par ailleurs dès le départ de coordonner les échanges commerciaux entre le Maroc et l'Algérie, et un régime douanier spécial s'était mis en place progressivement et a fait l'objet de nombreux pourparlers, et des accords ont été passés à différentes reprises au cas par cas renforçant les transactions habituelles qui s'y opéraient depuis longtemps.

Aussitôt le régime du Protectorat établi, la France s'affaira pour harmoniser progressivement les rapports entre les deux pays voisins désormais sous sa coupe au mieux des intérêts en jeu de part et d'autre des frontières. Dès le début, un rapport avait été présenté, mais des intérêts commerciaux et financiers opposés étaient apparus et les discussions n'aboutirent pas alors[1]. En ce qui concernait la sortie des produits du Maroc par la frontière orientale, la loi du 18 mars 1923 allait fixer les contingents pour la France « et l'Algérie ».
Par la suite, il y a eu de nombreux pourparlers touchant le régime particulier à instituer avec l'Algérie et ils ont été dominés pendant un certain temps par la question des ports de Saâdia au Maroc et de Nemours en Algérie. Finalement, un dahir de janvier 1936 devait modifier les accords de 1892 en ramenant à 10 % les droits applicables aux marchandises algériennes entrant par la frontière algéro-marocaine, mais cette mesure a été atténuée par un autre en juin de la même année qui édictait des mesures spéciales en faveur du trafic régional algéro-marocain. Il établissait que, dans la limite d'un contingent en valeur fixé annuellement par un arrêté viziriel, seraient admis en franchise de droits de douane sur la taxe spéciale de 2,50 %, un certain nombre de produits mentionnés au dahir qui faisaient l'objet de transactions habituelles entre les deux pays.
À la même date, un texte fixait immédiatement la valeur des produits contingentés, dans la limite de ce chiffre, toutes les marchandises mentionnées pouvaient être introduites en franchise de douane. Ces derniers textes paraissent avoir réglé d'une façon agréée par les intérêts commerciaux en jeu un cadre de relations douanières du Maroc avec l'Algérie.

---

[1] Journal Officiel français, sous le titre « projet de loi relatif au régime douanier de produits marocains importés par la frontière de terre en Algérie », 1914.

Section 4 : Une immatriculation immobilière de type nouveau

L'appropriation des terres qui a précédé comme celle qui a suivi l'établissement du Protectorat allait requérir des règles et des procédures en vue de sécuriser les transactions et la cession d'immeubles ou de propriétés entre particuliers marocains et colons venant de France ou d'Algérie. Lyautey a ainsi essayé de décourager une colonisation agricole à l'algérienne, et a justifié une telle attitude par un réel besoin de mettre de l'ordre dans la situation foncière, soucieux de faire immatriculer toutes les terres alors acquises par les colons depuis le début du siècle selon un système techniquement fiable. Il chargea le service géographique de l'armée de procéder à l'établissement du premier cadastre, avant d'autoriser de nouvelles acquisitions de terres.

Paragraphe 1 : L'immatriculation traditionnelle

À la veille du Protectorat, le patrimoine foncier détenu par des Français était estimé à près de cinquante mille hectares, avec une arrivée de colons d'Algérie dans la région de Berkane et de premières acquisitions dans la Chaouia et dans le Gharb (A.Bernard, 1911, pp.234-241 ; J.Le Coz, 1964, pp.357-367). Il est à rappeler à cet égard que la Conférence de Madrid avait essayé en 1880 de discipliner les transactions immobilières en limitant les acquisitions de terrains par les Européens sans autorisations préalables dans une zone n'excédant pas dix kilomètres autour des ports ouverts au commerce international[1]. La spéculation immobilière s'était emparée de la plupart des villes côtières de l'Atlantique dont Casablanca en premier dès 1907, suite déjà l'arrivée des premières troupes françaises les prix de leurs terrains auraient été multipliés par près de vingt au début du Protectorat, en se concentrant sur les sites pouvant être prévus pour l'édification de futurs centres urbains, de ports, d' axes routiers et ferroviaires de la part notamment de groupes européens généralement bien informés (D.Rivet, p.46)[2].

---

[1] Huit ports furent ainsi ouverts, sous supervision franco-espagnole, à savoir Tétouan, Tanger, Larache, Rabat, Casablanca, Mazagan, Safi, Mogador.

[2] L'auteur cite une « Note n°15 bis de Choublier ; annexe au rapport de fin de mission de Regnault, mai 1912 ». AAE 289.

Avant l'introduction du procédé et des nouvelles règles d'immatriculation des propriétés au Maroc, le titre de propriété était une sorte de document aisément falsifiable, en raison d'une procédure relativement confuse et peu rigoureuse telle qu'elle était généralement suivie de façon traditionnelle alors du seul ressort des juges musulmans, les cadis, présents dans les seules villes ou leurs abords immédiats. Surtout, qu'en cette époque, la propriété foncière privée était encore à l'état sporadique, en tout cas peu répandue et uniquement dans les seules régions reconnaissant les lois du Makhzen, avec quelques lots appartenant à des individus au milieu de vastes étendues occupées par des tribus, des collectivités et des groupements s'opposant souvent les uns aux autres, où la contestation de terres de pâturage ou de culture constituait une des raisons.

Au cadre juridique confus et peu sécurisant d'une procédure traditionnelle, s'ajoutait une relative coupure du pays en deux zones géographiquement et politiquement schématiques, selon que l'autorité du Makhzen était réellement reconnue ou remise en question par une ou plusieurs tribus parfois, en rébellion ou dite en « siba », pendant une période pouvant être plus ou moins longue. La ligne de partage géographique à la veille du Protectorat ne pouvait être que caricaturale, certaines puissances étrangères n'étaient pas étrangères à ces confrontations qui, en affaiblissant encore le pouvoir central, servaient certains intérêts et prévisions d'expansion territoriale, comme dans les cas de la France, de l'Espagne, de la Grande-Bretagne ou de l'Allemagne avec la visite impromptue à Tanger de son empereur en 1905, afin de ne pas être oubliée lors du « partage ».

La première zone, soumise à l'administration du Sultan, constituait schématiquement ce qui a été appelé « bled Makhzen », zone soumise au Makhzen, essentiellement régie par la loi musulmane du « chrâa » dont les cadis demeuraient les principaux agents d'application, et accessoirement par les adouls, ainsi que les caïds et les pachas pour la sécurité et l'ordre. Cette partie soumise du pays comprenait principalement les régions de plaines, de peuplement plus sédentaire, telles que la région d'Oujda, du couloir de Taza, autour de Fès, entre le Sebou et l'Ouergha, le territoire d'Ouezzane, la région entre Fès et Meknès, les Béni Ahssen et le Gharb, les Zaër, la Chaouïa, les Doukkala, les Abda-Ahmar, les Chiadma, la plaine de Marrakech, le territoire d'Oued Zem avec la plaine de Tadla.

La seconde zone du pays se prétendait autonome et constituait « le bled siba », où les lois du Makhzen étaient peu ou mal respectées. Bien que musulmanes par exemple, les tribus berbères, surtout montagnardes, n'avaient que rarement des cadis et des adouls, et si la chariâa était observée en général, mais en combinaison avec les règles et coutumes ancestrales de ces communautés. Les tribus du Sous (pays chleuh), étaient en général semi-nomades obéissaient, quant à elles, à une sorte de droit coutumier arabo-berbère appelé « orf » toléré par le Makhzen.

Paragraphe 2 : Le nouveau système d'immatriculation

Au lendemain du traité du Protectorat, et en prévision de l'arrivée de plus de colons en terre marocaine, deux systèmes d'immatriculation d'immeubles s'offraient aux autorités pour l'instauration d'un ordre immobilier nouveau, l'un se fondant sur la publicité réelle, l'autre sur la publicité personnelle. Le premier de ces systèmes consistait en une immatriculation de chaque fonds de terre sur un registre en concordance avec le cadastre, de telle sorte que toutes les recherches concernant l'état juridique d'une propriété aient pour point de départ l'immeuble lui-même. Il est appliqué dans presque la plupart des pays d'Europe ainsi qu'en Australie. Le second procédé, celui concernant la publicité personnelle, a pour caractéristique de grouper les actes translatifs ou modificatifs de la propriété foncière, non pas autour de l'immeuble qu'ils affectent, mais sous le nom du propriétaire de cet immeuble. C'est celui de la France métropolitaine et également, mais avec des modifications profondes, des pays dont la législation s'inspire du Code civil de Napoléon.

En l'absence d'état-civil de la population marocaine, le Protectorat a adopté par dahir en 1913, et toujours en vigueur même après l'indépendance, le régime foncier dit de l'immatriculation et les divers textes subséquents se rattachant au système des livres fonciers. Il consistait à inscrire sur un registre spécial dit « Livre foncier », chaque immeuble, nettement délimité sur le terrain, sous un nom et un numéro d'ordre particulier, avec les déterminations topographiques et juridiques propres à préciser exactement et définitivement le droit de son propriétaire. À l'origine, un mode de purge des droits antérieurs sera institué, et la procédure d'immatriculation est essentiellement administrative conduite par le conservateur de la propriété foncière, et judiciaire en cas de contentieux.

L'acte par lequel la procédure est introduite est le dépôt d'une réquisition d'immatriculation à la Conservation de la Propriété Foncière, dans le ressort de laquelle se trouve l'immeuble. La réquisition, rédigée sur deux formules fournies par l'administration, doit contenir les indications et les renseignements prescrits et être accompagnée des actes justificatifs des droits réels invoqués par le requérant.

Le grand principe qui dominait l'organisation de la procédure d'immatriculation était une très large publicité ayant pour but de permettre à toute une large information et pour contester en cas de besoin. Cette publicité s'effectuait par la publication d'un extrait de la réquisition dans le Bulletin Officiel du Protectorat et des affichages multiples de ce document, avec un avis annonçant la date du bornage, au Tribunal de Paix, aux Tribunaux du cadi, et aux sièges des pachas ou caïds, à la Conservation foncière, sur l'immeuble intéressé. Toute décision d'immatriculation entraîne l'établissement immédiat du titre foncier de propriété auquel est annexé le plan de l'immeuble. Un seul duplicata en est délivré au propriétaire unique, ou à l'un des copropriétaires désignés dans la réquisition, les autres n'ont droit qu'à un certificat spécial de copropriétaire. Ce titre porte le nom que le requérant a donné à la propriété lors de la demande d'immatriculation et, en outre, un numéro d'ordre.

La donnée nouvelle qui constitue une rupture avec le passé est d'en faire un titre définitif et surtout inattaquable, se substituant aux titres antérieurs qui sont annulés, et formant le point de départ unique des droits réels et des charges foncières existant sur l'immeuble au jour de l'immatriculation. Une sorte d'état-civil complet de l'immeuble immatriculé, permettant de connaître rapidement et facilement, à toute époque, ses origines, son histoire, et sa situation juridique exacte. Mais l'immatriculation n'est pas une fin en soi et son institution n'avait pas, seulement, pour but de donner une assise solide à la propriété, mais encore de la suivre dans tous les événements de sa vie juridique.

L'apport essentiel de la procédure par rapport aux documents traditionnels supervisés par le cadi est que le titre foncier peut remplir son objectif et renseigner complètement et exactement les intéressés en étant constamment tenu à jour des modifications apportées à l'état physique et juridique de l'immeuble auquel il s'applique. Il faut donc que sur ce « Livre foncier » viennent s'inscrire, au fur et à mesure de leur constitution, de leur modification, de leur extinction, tous les droits créés, modifiés, transmis ou éteints, intéressant la propriété. Cette obligation est d'une portée absolument générale. Instauré au Maroc en pleine Guerre mondiale et avec des moyens relativement limités, le régime foncier de l'immatriculation allait instaurer une relative sécurité naguère inexistante des transactions immobilières, créant un cadre plus approprié à une future expansion économique. Bien que facultatif, un tel système d'immatriculation avait acquis un droit de cité dans le pays.

Au lendemain de la Deuxième Guerre, la superficie agricole totale sous le Protectorat par exemple avait été estimée à près de douze millions d'hectares, et si l'on exceptait les forêts, les terres de parcours, les merjas, il restait environ le tiers de cet espace pouvant être considéré comme terres utiles, et dont plus de la moitié était déjà immatriculée ou en voie de l'être par des Marocains, soit après quelque trois décennies d'application.

Section 5 : Un urbanisme encadré

Les modifications de l'espace urbain et de la vie des cités marocaines apportées par le Protectorat, par Lyautey et son équipe d'urbanistes notamment, font partie des domaines relativement aussi controversés de son œuvre en général. Il semble également admis que la politique menée en la matière était le plus souvent le résultat d'une réelle concertation entre administrateurs, architectes-urbanistes et artistes constituant l'entourage du Résident Général, suivie d'une véritable planification urbaine. Le style allait beaucoup s'inspirer de l'art arabo-musulman, une fois les idées-clés choisies et retenues par le groupe (R.Montagne, pp.79-80 ; D.Rivet, T3, p.147)[1]. Un urbanisme certes encadré, volontariste, mais déséquilibré dans son faible soutien

[1]Au nombre de ces grands urbanistes du début du XXe siècle, il y avait Ebenezer Howard et Tony Garnier, en plus des noms français.

financier, notamment après le départ de Lyautey, aux problèmes des vieilles médinas comme du nouvel habitat qui va préfigurer les cités du futur Tiers Monde.
La première décision devait concerner la « dissociation des médinas et des futures villes nouvelles », dont la paternité de l'idée reviendrait plutôt à un médecin français de Tanger bien avant le Protectorat, qui en avait fait la proposition au ministre représentant la France alors qui l'avait entérinée et transmise au Ministère français des Affaires étrangères, en avançant des arguments d'hygiène et d'esthétique la corroborant[1]. Autrement dit, Lyautey aurait appliqué rigoureusement une formule qui avait fait déjà consensus parmi les décideurs de la métropole, interdisant l'invasion des médinas de Fès, Marrakech et Meknès notamment par les Européens. Cette distinction de deux espaces urbains se retrouvera pratiquement mise en œuvre dans la plupart des villes du Maroc avec des succès divers il est vrai selon la configuration des lieux.

En créant ensuite un « Service des Beaux Arts et des Monuments Historiques », quelques mois après la signature du traité du Protectorat, Lyautey essaya de « protéger et de restaurer » les médinas traditionnelles. Plusieurs textes de lois et de règlements furent adoptés dans cette perspective pour sauvegarder des sites liés à la mémoire historique de ces lieux de vie des musulmans et entreprendre les remises en état de constructions symboliques et de voirie, tout en prévoyant des zones spéciales de protection des monuments et œuvres d'art anciens selon les villes concernées.

Enfin, la réalisation de « villes nouvelles modernes et d'avant-garde » de toutes pièces relevait d'un grand pari, reflétant un urbanisme centralisé, et Lyautey fut un fervent défenseur de la création à travers le Maroc de ces villes destinées aux Européens et jouxtant les anciennes habitées par les autochtones sur la base d'une réglementation relativement fort rigoureuse. En effet, le problème urbain n'était pas simple, ni à Rabat, encore moins à Casablanca surtout, ville qui a poussé presque toute seule depuis le début du

[1] Le docteur Remlinger avait consigné sa proposition dans une «Note sur l'importance qu'il y aurait à construire au Maroc la ville européenne d'après un plan préétabli et à une certaine distance des villes indigènes »Tanger, 9 décembre 1911. AAE numéro 388. Il aurait reçu l'aval du ministre Regnault qui avait failli être nommé premier Résident du Protectorat.

siècle, sans ordre, sans plan d'ensemble, sans voirie et qui était destinée à devenir la métropole économique, suite à la décision encore de Lyautey d'y construire le plus grand port du pays. Il fit appel aussi à un spécialiste de la question, comme à son habitude pour des projets jugés essentiels, un célèbre urbaniste de l'époque, Henri Prost, avec une équipe de professionnels talentueux qui prendront en charge la conception et le suivi des divers projets urbains décidés et programmés pour le Maroc alors en cours de pacification (A.Adam, 1969, pp.56-61 ; J.C.Delorme, 1977).

Ce dernier, soutenu par Lyautey, prônait que les nouvelles villes modernes européennes devaient être édifiées autant que possible, à une distance suffisante, pour que les empiétements ainsi que les frictions et oppositions causées par des modes de vie différents ne puissent altérer les bons rapports. Un urbaniste sans soutien de l'homme d'État en général ne peut se faire entendre des importants intérêts privés et de la spéculation en cours, et c'est ce qui arrivera aussitôt après le départ de Lyautey entrainant celui de Prost l'année suivante (R.Montagne, 1953, p.81)[1]. On eut recours à un nouvel urbaniste, Ecochard, mais qui ne put maitriser, en dépit de sa grande habileté, le cours de l'évolution désormais désordonnée des cités marocaines.[2]

À Marrakech, Fès et Meknès, les urbanistes eurent les coudées franches et la réalisation de quartiers européens juxtaposés aux médinas existantes, aurait été relativement facile grâce à un plan directeur préalable et aux terrains appartenant au Makhzen. Le futur Port Lyautey, exemple d'une ville créée ex-nihilo, dont l'emplacement fut choisi et décidé en 1913 également par le Résident général, et qui s'effectuera au pas de charge en quelques années.

Les enveloppes des nouvelles villes étaient ainsi planifiées par Prost et son équipe pour accueillir des bâtiments s'inspirant du style ambiant du pays, en respectant une unité de ton. Le caractère architectural des façades était minutieusement étudié, les esplanades immenses, les avenues larges souvent imposantes, avec des casernes

[1] R.Montagne rapporte que Prost avait été au service de Kemal Ataturk, après la démission de Lyautey.
[2] Michel Ecochard avait rendu d'énormes services à la ville de Damas, sous Mandat français.

et camps militaires bien visibles. Petit à petit l'appellation ville nouvelle s'imposa en lieu et place de la ville « européenne » s'opposant à la « ville indigène » à partir des années 1930, soit après le départ du Maréchal. Un urbanisme qui a freiné dans l'ensemble l'éclatement de la cité marocaine traditionnelle, même si les fonds pour la voierie, l'eau n'avaient pu suivre. En effet, si toutes les ressources de la technique moderne furent utilisées pour donner aux villes nouvelles un confort et une certaine beauté, les vieilles médinas de Fès, Marrakech ou Rabat avaient été considérées par l'équipe de Lyautey comme quelques merveilles architecturales à préserver et leurs problèmes de voirie et d'agrandissement continuèrent d'être ignorés après son départ (R.Montagne, 1953, p.80).

Le modus vivendi entre les deux villes et les critiques souvent négatives qui furent adressées à cette cohabitation séparée sera remis en question dans les faits au fur et à mesure que le Protectorat touchait paradoxalement à sa fin, préparant le terrain à une nouvelle répartition de l'espace urbain selon le niveau de revenu. La ville moderne prendra le pas sur la médina cantonnant celle-ci à un rôle de lieu de transition résidentielle pour les nouveaux migrants de l'intérieur, attestent de son succès populaire.

Un véritable bouleversement des villes marocaines normalement stables, survient à partir de 1930 et surtout durant la Guerre lorsque la population s'accrut brusquement par l'arrivée de nombreux ruraux qui quittaient leurs tribus d'origine venant grossir un prolétariat naissant. À partir de cette période, des habitations de fortunes faites de carton, de tôles et de bidons, formaient à des distances croissantes du centre de véritables camps sur des terrains occupés par des jardins ou des champs. De même qu'à l'intérieur des enceintes des vieilles cités, les maisons vont se trouver de plus en plus serrées et croitront en hauteur, en dépit des règlements d'urbanisme (R.Montagne, p.80). La densité démographique en leur sein était de près de neuf cents personnes à l'hectare, celle atteinte dans ce qui sera appelé bidonville était déjà de mille trois cents personnes pour la même superficie. Les plans tardivement établis de nouvelles médinas, comme celle de Casablanca, allaient donner naissance déjà d'énormes masses humaines composées d'un mélange de ruraux aux origines diverses entassées dans des maisons improvisées et souvent mal conçues (R.Montagne, p.87).

Section 6 : Quelques échecs patents du Protectorat

Le succès et l'échec sont liés à la nature des régimes politiques et particulièrement à celui du Protectorat qui était conçu pour résoudre certains types de problèmes, et en négligeant d'autres. Un tel régime avait un objectif central, celui de créer un secteur moderne en milieu arriéré et accessoirement l'amélioration des conditions de vie des populations musulmanes. Il devint de plus en plus un régime de privilèges économiques et financiers cherchant à exercer une capacité d'attraction sur les capitaux et les hommes de la métropole, et un système qui ne fonctionne en dernier ressort que tant que les populations musulmanes lui accordaient leur consentement fondé sur le respect de leurs mœurs et de leurs institutions religieuses notamment (S.Bertrand, pp.68-70).

Si certaines réformes ne purent aboutir immédiatement ni produire leurs effets eu égard aux objectifs ciblés, d'autres mesures et décisions s'avérèrent vexatoires et manquant de vision surtout au lendemain du départ de Lyautey donnant encore plus raison aux opposants systématiques de la présence française au Maroc tendant à devenir coloniale.

Il en fut ainsi en premier lieu par exemple, des tentatives d'application des méthodes d' « assimilation » des populations du pays sous tutelle en vue de parvenir à un seul et même peuple avec celui de la métropole, comme cela avait été tenté ailleurs au sein de l'empire français avec parfois quelques succès par exemple dans les Iles dans les Caraïbes ou celles dans le Pacifique. Cette politique avait culminé en 1930 avec l'adoption dudit dahir berbère instaurant une législation allant jusqu'à créer un mode d'administration séparé et des tribunaux spéciaux pour les populations berbères du pays, qui favorisera l'apparition du premier noyau nationaliste du pays contestant les graves initiatives et provocations des nouvelles autorités. Si le dahir ne faisait qu'officialiser une politique couramment pratiquée depuis l'occupation militaire, il aura été inspiré par certains experts du Protectorat persuadés que les Berbères pouvaient être assimilés. Par ailleurs, la résistance armée de plusieurs tribus berbères, qui durait depuis plus de trois décennies, avait pu démontrer l'inanité de certaines décisions et mesures officielles d'un

Protectorat qui jugeait tout refus des populations comme étant de nature à « saper les fondements de l'empire »[1].

Dans cette approche, le Maroc devait progressivement devenir une simple colonie où la métropole n'acceptait ni rébellion ni désaccord avec sa conception, gouvernant le pays de plus en plus directement et de façon autoritaire (A.Fassi, 1954, pp.141-142). D'ailleurs, les « affaires marocaines », entendre le Maroc, seront désormais du ressort du nouveau Ministère de la France d'Outre Mer jusqu'à sa dissolution en 1934, au lieu du Ministère des affaires étrangères habituellement responsable d'un pays sous Protectorat. Ni le Résident Ponsot, ni Noguès n'ont pu revenir aux règles établies par Lyautey, vu l'importance du lobby des immigrés provenant d'Algérie et de la Corse, relayé à Paris par un réseau électoral. Une politique de « deux poids, deux mesures » verra le jour allant jusqu'à l'humiliation de tout ce qui n'était pas français. L'arrivée d'industriels et hommes d'affaires durant et après la Deuxième Guerre renforcera paradoxalement la coupure avec les populations autochtones, car ne s'intéressant juste qu'aux seules marges de profit (R.Montagne, pp.205-215)[2].

Sur un plan politique, les représentations au Conseil de gouvernement, aux Chambres professionnelles de commerce ou d'agriculture par exemple ne faisaient qu'une place symbolique à l'élément marocain, les français bénéficiant même du suffrage universel en contradiction avec l'esprit du traité de Fès instaurant le Protectorat.

Les droits de l'homme n'existaient pas dans la culture de l'ancien Makhzen dont le caractère despotique était contrecarré par diverses formes de rébellion épisodiques. L'autoritarisme militaire invoqué pour les besoins d'une pacification réussie aura été cependant permanent, et à son tour a permis sciemment par exemple d'interdire

---

[1] Déclaration du premier ministre Paul Painlevé en 1925, après que les soldats de Ben Abdelkrim aient coupé la voie ferrée Fès-Algérie : « Nous devons défendre le Maroc...ou abandonner l'Afrique du Nord, et l'abandonner dans des conditions désastreuses et au risque de tant de massacres ! Ce serait la fin de notre empire colonial, la fin de notre indépendance économique qui est impossible sans les colonies, et la fin du prestige et de l'influence de la France dans le monde ».

[2] L'auteur a été également un fin observateur de la communauté française du Maroc également et de ses structures.

sur ordre de Lyautey l'affichage de la Déclaration de Droits de l'Homme au prétexte que certaines de ses dispositions étaient incompatibles avec la « nature théocratique de la monarchie » (A.De Laubadère, p.22). En témoigne par ailleurs, le maintien de l'état de siège et la loi martiale proclamés au début de la Première Guerre par les autorités françaises, pratiquement toute la durée du Protectorat, avec quelques rares et brèves périodes de tolérance, mais selon l'indulgence et le degré de compréhension du Résident général en poste.

Les libertés individuelles des marocains ne furent formellement reconnues qu'après une promulgation tardive du Code pénal, soit plus de quarante deux ans après l'établissement du Protectorat, permettant entre temps à une justice administrative souvent expéditive et répressive relevant des caïds et pachas d'être la seule option offerte aux marocains. Cela remettait en question le mode initial de fonctionnement du Protectorat, et dont Lyautey avait prévu les excès d'une administration directe et celle qui remettait en question l'association même formelle du Sultan, suscitant ainsi de nombreuses frictions[1]. Les successeurs du premier Résident général ne considérèrent les agents du Makhzen que comme de simples fonctionnaires, subordonnés et exécutants des autorités françaises du Maroc et ce qu'ils furent d'ailleurs, faisant du Sultan à son tour une simple « machine à dahirs », selon l'expression imagée des premiers nationalistes (M.H.al-Ouezzani, 1933, pp.21-26).

Les autorités régionales et locales du Protectorat adoptèrent la même attitude, ainsi les contrôleurs civils, sortirent de leur rôle de simple conseil et de contrôle des caïds dans l'application des réformes, commencèrent à diriger directement les régions sous leurs responsabilités, allant jusqu'à rendre justice au nom des caïds et parfois même en leur absence, parfois sans être au fait de certaines traditions locales. Il en fut de même des chefs des services municipaux qui contrôlaient tous les actes effectuées et ordres données par les pachas relevant de leur contrôle. Les commandants de régions, civils ou militaires, avaient encore plus des pouvoirs sur les caïds de leurs zones, alors qu'initialement leur fonction avait été conçue dans le but

[1] Cahiers de Témoignage Chrétien, 1953, p.60. Lyautey avait prévenu les hauts fonctionnaires dans une circulaire de 1920.

de contenir les tendances despotiques et autoritaires de ces derniers (R.Montagne, pp.135-136).

Un autre indice des transgressions commises a été représenté par l'utilisation de biens habous et religieux et de leurs revenus pour des besoins ou au profit de non-musulmans, comme la cession de terres à des colons cherchant à s'installer à meilleur prix (O.Benabdeljalil, 1934, pp.20-28)[1]. Mais, c'est aussi la progression de la fonction publique, dont les effectifs ont été multipliés par plus de trois fois et développés par les divers Résidents généraux, en particulier par Steeg, constituant un important indicateur de cette nouvelle tendance de gouvernement direct par une administration publique formée de petits fonctionnaires français venant pour la plupart souvent d'Algérie. Passant de six mille cinq cents à quelque dix-neuf mille trois cent soixante et onze fonctionnaires, entre 1925 et 1932 par exemple, les salaires versés à ces effectifs constituèrent un problème financier ardu en absorbant presque les deux tiers des dépenses publiques du Protectorat (J.Goulven, 1937, p.43).

Les abus d'une justice administrative aux ordres, commis sciemment parfois contre des éléments du mouvement national naissant à l'occasion de simples manifestations souvent religieuses contre le dahir berbère en 1930, révélèrent une face jusque là cachée du Protectorat à ces mêmes nationalistes jusqu'alors préoccupés à réclamer de simples réformes à apporter à un système moderne en train de transformer un pays archaïque et qu'ils ne refusaient pas encore. Bastonnades, peines d'emprisonnements, exils et bannissements étaient prononcés par des pachas et caïds zélés aussi bien que par des fonctionnaires du Protectorat, ont aggravé les rancœurs.

Par ailleurs, la liberté de la presse ou celle d'association étaient des droits introduits par la France, mais garantis dans la pratique qu'aux seuls français, sauf lorsque les autorités du Protectorat faisant acte d'indulgence comme à certaines époques durant la période du Front Populaire en France, de 1934 à 1937, ou après la Deuxième Guerre mondiale. Les restrictions étaient réelles, et les autorités refusaient systématiquement telle publication ou telle organisation de nature à

[1] Les premiers nationalistes se faisaient à juste titre critiques de tous les manquements au traité du Protectorat.

« perturber l'ordre public » entendu dans un sens large (R.Rezette, 1955). Les Marocains pouvaient par exemple rejoindre des syndicats ultérieurement, et plusieurs l'ont fait, mais ne pouvaient en créer. Il en était également de même difficile d'accéder à la fonction publique du Protectorat, et encore moins aspirer aux hautes responsabilités de celle-ci, réservées surtout aux Français.

Enfin, une politique de respect et de considération de la culture et des traditions locales, telle que prêchée du temps du premier Résident général, sera battue en brèche en public au fur et à mesure de l'arrivée d'immigrants d'Algérie et de Corse en particulier, marquant peu d'égards et de considération pour tout ce qui était « indigène ». Par ailleurs, seule l'édition française du Bulletin Officiel du Protectorat était considérée comme la référence, et les premiers signaux routiers en langue arabe ne feront leur apparition que quelques années après la Deuxième Guerre (M.Lyazidi,1934)[1]. Autant d'attitudes inconvenantes et même organisées maladroitement à l'égard des Marocains, musulmans et juifs aussi, qui sans être générales, faisaient partie d'une culture proche des pratiques souvent analogues aux formes d'un « apartheid », déjà mis en oeuvre en Afrique du Sud par des Boers d'origine hollandaise qui avaient partiellement terni un important programme de réformes indispensables pour un pays moderne[2].

[1] L'auteur fut un des interprètes entre 1926 et 1930, avant de la quitter au lendemain du dahir berbère.

[2] L'apartheid est le modèle racial organisé en Afrique du Sud par les Afrikaners d'origine européenne de vie séparée des noirs et des blancs, et tout manquement pouvait entrainer la mort du contrevenant noir ou métis. Ce système a duré jusqu'en 1990, année de la libération de Nelson Mandela, et l'annulation progressive des lois raciales en vigueur.

Chapitre IV

Un Makhzen revu et réorganisé

À la veille du Protectorat, le Makhzen, qui subissait déjà une désagrégation depuis les conférences de Madrid puis d'Algésiras, reflétait une monarchie de type encore absolu et comprenait, en plus des services de la Cour du sultan, ses cinq vizirs-ministres et leurs subordonnés, fonctionnaires et aide (M.Lahbabi, 1958, pp.140-147 ; A.Laroui, 1977). L'expression arabe « Makhzen », aurait été vraisemblablement empruntée, depuis les premières dynasties ayant gouverné le pays à ces endroits protégés où les sultans emmagasinaient littéralement les rentrées d'impôt, en espèces et en nature, dont l'autorité disposait autour des villes et près des forteresses où le souverain entretenait des garnisons, en forme de vastes silos, souvent protégés par un mur, et c'est là que les tribus soumises venaient s'acquitter de l'obligation essentielle qui impliquait leur reconnaissance du pouvoir central, à savoir le versement de l'impôt effectué le plus souvent en nature. Pour remplir les magasins et parfois les caisses du gouvernement chaque année le sultan ou son représentant, le Khalifa, généralement un proche parent nommé dans une ville impériale, ou le caïd du Guich, choisi pour maintenir l'ordre en province, partait en expédition avec ses troupes et campait sur le territoire des tribus pour leur faire verser les contributions stipulées dans le Coran, calculées selon le nombre d'années écoulées depuis le dernier passage, et majorées à l'occasion en cas d'insubordination (R.Montagne,1953, pp.94-96).

L'influence des anciennes monarchies orientales et andalouses s'est fait sentir surtout avec l'introduction de l'Islam, et comme toutes les dynasties musulmanes celles qui se sont succédé depuis au Maroc ont toutes souffert d'un défaut commun, celui de ne pas disposer d'un ordre fixe de succession, surtout dans des sociétés légalisant la polygamie et l'esclavage où les enfants mâles de ces unions étaient légitimés. Il y a eu fréquemment des tentatives d'assurer la continuité à travers la désignation d'un successeur du vivant du souverain et la communauté musulmane ratifiait en la personne de représentants de l'armée et des notables (H.Terrasse, p.411).

Cette administration, initialement inspirée du modèle ottoman traditionnel, adoptée depuis la dynastie des Saâdiens, sera réorganisée aussitôt par les nouvelles autorités françaises. Elle était constituée notamment des chefs des tribus militaires (Guich ou Jaich), des hauts serviteurs noirs « abid » descendants d'anciens esclaves, des grands caïds, des secrétaires de Cour, des pachas, les cadis, des intendants, des familles de chérifs prétendant descendre du Prophète, des docteurs de la loi musulmane et des notables urbains.

Section 1 : Le gouvernement et l'administration du Sultan

À l'origine, synonyme d'autorité, l'appellation de « soultane » signifiait aussi souveraineté, règne et gouvernement, et c'est ainsi qu'initialement le Trésor public fut appelé trésor du sultan et l'impôt foncier impôt du sultan, ceci remontant par analogie à la période des Abbassides. Depuis, l'expression Sultan finira par désigner la personne qui détient le pouvoir dans le sens général d'autorité et subsistera par exemple au Maroc jusqu'à la fin du Protectorat (B.Lewis, 2005, pp.716-717). Depuis l'avènement du sultan Moulay Abderrahmane, les crises de succession avaient relativement disparu, et le caractère religieux de la souveraineté a été pour beaucoup dans la stabilité retrouvée, même si des prétendants étrangers à la dynastie firent leur apparition annonçant une usure certaine du Makhzen en place.

À la suite d'un long débat, entre les décideurs français favorables et ceux s'opposant au maintien de la forme monarchique marocaine, le titre de Sultan sera finalement préservé au lendemain de l'établissement du Protectorat, mais avec les seules prérogatives religieuses de « commandeur des croyants ». Son pouvoir temporel, par contre, se trouvera réduit dans la mesure où il a été transféré au Résident général, mais pourra s'exercer sur un territoire de plus en plus pacifié par l'armée française et plus étendu que celui d'avant l'occupation. Le Sultan était par ailleurs le chef de l'administration Makhzen et exerçant le pouvoir législatif de façon formelle, devant revêtir de son sceau les dahirs soumis à son agrément par le Résident général.

Les services du Palais dépendaient de deux hauts fonctionnaires, un chambellan (Hajib) ayant sous son autorité les services intérieurs, tout en faisant office de confident du souverain, et un responsable (caïd du méchouar) en charge de la garde du palais et des manifestations extérieures. Les services d'État étaient placés sous la responsabilité d'un grand vizir. Le Makhzen serait resté l'héritier diminué, mais fidèle à ceux du moyen âge, par sa composition et ses méthodes de travail jusqu'aux premières réformes du Protectorat (H.Terrasse, pp.332-333).

En effet, l'ancienne administration du Sultan, ce qu'il est convenu d'appeler le Makhzen à proprement parler, sans effort de renouvellement significatif, était jusque là dirigée par l'équivalent d'un premier ou plutôt grand ministre d'alors, « wazir al-aadam », choisi et désigné traditionnellement par le souverain régnant, comme son premier homme de confiance. Il cumulait la fonction correspondant à une sorte de ministre de l'Intérieur au sens large lui permettant d'assurer la coordination du travail des pachas et des caïds. Il assumait aussi la charge de négocier pour le compte du Sultan avec des tribus vivant en quasi-autonomie ainsi qu'avec les principales confréries religieuses actives dans un pays encore essentiellement rural. L'administration générale, la sécurité, l'enseignement traditionnel religieux, les ressources naturelles et les quelques travaux publics relevaient en principe de son autorité. Il était le seul à pouvoir assumer le pouvoir de représenter le sultan, les autres vizirs étant de simples exécutants de ses instructions.

Le Makhzen disposait de l'équivalent d'un ministre des affaires étrangères, « wazir al bahr » (ministre de la mer), sous-entendant les pays ayant des rapports avec le Maroc par mer, en contact notamment avec les représentants des compagnies commerciales ayant des comptoirs, mais qui dans la pratique ne menait aucune négociation avec les consuls étrangers, ne disposait d'aucune administration diplomatique significative et sans rapports réguliers avec les ambassadeurs et envoyés du Sultan à l'extérieur. Jusqu'à l'avènement du Protectorat, les relations extérieures étaient généralement dirigées depuis Tanger avec les consuls par le biais du Pacha de cette ville, simple exécutant relevant du Sultan. Il devait aussi suivre les relations commerciales et la question des Marocains « protégés » des puissances.

Le ministre responsable des recettes et des dépenses, « amin al oumana », correspondant à une sorte de ministre des Finances dans l'acception moderne, devait en principe être soutenu dans sa tâche de collecte de l'impôt par les caïds et pachas, n'eut été le degré de corruption ambiante qui a entrainé la désignation de fonctionnaires spécialisés dans cette tâche, les « Oumanas » à la fin du XIXe siècle (M.Lahbabi, pp.157-158). Les pouvoirs de ces derniers ont été encore écornés par la mise en place de la Banque d'État et de contrôleurs européens décidés par l'Acte d'Algésiras pour superviser notamment les recettes douanières servant de garanties et nécessaires au remboursement des emprunts accordés par les banques étrangères.

On notait également la présence d'un ministre dit de la Guerre, « wazir al harb », ainsi qu'un ministre des Réclamations de tous genres, « wazir achikayat», en charge en théorie de la justice, mais sans autorité sur l'application de la loi religieuse, chariaâ qui relevait du seul pouvoir des « cadis », juges indépendants recrutés parmi les théologiens dits« docteurs de la loi » musulmane, les oulémas, seuls habilités à interpréter les textes religieux. Sa fonction était juste de recevoir toutes les plaintes concernant aussi bien les décisions des magistrats religieux que celles formulées contre les agents du Makhzen, les pachas, les caïds, les « oumanas » et de les soumettre au Sultan, seule autorité de révision en dernier ressort, en l'absence de toute instance d'appel.

Autrement dit l'apparence de départements ministériels était plus protocolaire, formelle et surtout sans pouvoirs réels.Le Makhzen demeurait un gouvernement central schématique obéi surtout dans les villes et qui ne tenait les tribus soumises que par l'intermédiaire de caïds plus ou moins dociles (H.Terrasse, p.418). À cet égard, le « bled siba » insoumis s'est institué et a évolué selon les conjonctures depuis la dynastie des Mérinides.
Sur le plan régional, le gouvernement local était encore plus rudimentaire. À la veille du Protectorat, en dehors des trois districts ou régions militaires de Fès, de Marrakech et du Tafilalet, confiées à des "Khalifa", représentants du sultan, généralement ses fils ou ses frères, le Makhzen était représenté par les caïds auprès celles des tribus acceptant l'autorité de ce dernier, et par des pachas dans les villes principales, l'ensemble relevant du grand vizir. Une sorte de police économique était assurée dans ces cités par des prévôts (mohtassibs)

désignés par le grand vizir. L'autorité que le sultan pouvait avoir sur les caïds était donc variable, car si certains étaient de véritables fonctionnaires, d'autres étaient des chefs locaux pratiquement indépendants qui n'accordaient au Makhzen qu'un ralliement intermittent. Plusieurs tribus, en particulier dans les zones montagneuses berbères, gardaient leur autonomie et disposaient souvent d'assemblées locales pour gérer leurs affaires communes.
Enfin, cheville ouvrière du Makhzen, l'armée permanente a toujours été réduite en effectifs et de qualité médiocre. Les tribus dites guich, étaient soit usufruitières, soit propriétaires des terres où ils résidaient, en contrepartie de leurs services (H.Terrasse, p.333). Elle est restée jusqu'à la fin du XIXe siècle une armée du moyen âge plus ou moins bien dotée en fusils et en canons.

Des cinq « bénikas » existant avant le Protectorat, abris sommaires pour ministres et lieux de pouvoir désignant les petits locaux assignés à ces collaborateurs du Sultan se trouvant devant le palais, et par extension de « ministères » sans autre administration ni bureaux, seules deux ont été maintenues, celles concernant les fonctions de grand vizir et de celui de la justice[1]. Les habous seront érigés en département avec vizir la deuxième année du Protectorat, les fonctions souveraines des relations étrangères et de la défense seront désormais du ressort du seul Résident général, alors que l'administration des finances sera symbolique, l'administration symbolique des finances quant à elle sera absorbée par celle du grand vizir sera absorbée par celle du grand vizir. La solde de ces hauts fonctionnaires était certes dérisoire, mais comme les vizirs ou autres secrétaires, pachas, caïds, cadis et autres dignitaires du Makhzen recevaient durant les grandes fêtes des cadeaux tout en se rémunérant lors de la perception des impôts, dans l'opinion générale, la fonction était très courue et enrichissait son homme[2].

---

[1] Une « benika » correspondait à l'équivalent de petite pièce, avec un coffre, une petite table basse avec un tapis sur lequel le vizir s'asseyait et y recevait ses visiteurs.

[2] Drummond Hay diplomate et les Frères Tharaud reporters et informateurs de Lyautey, faisaient tous état de la forte corruption ambiante au sein du Makhzen avant comme durant le Protectorat.

Dans les faits, les autorités du Protectorat auront la haute main sur le choix même de ces ministres du Sultan et notamment sur le premier d'entre eux, Mohamed Moqri qui devint leur cheville ouvrière dans le bon fonctionnement du système installé. Pratiquement inamovible depuis 1917, celui dont la famille était originaire de Tlemcen en Algérie depuis le milieu du XIXe siècle, fut assez proche des responsables français successifs, et même des autres puissances selon la conjoncture (K.Pendar, p.78)[1]. Il avait longtemps été au service du Makhzen comme ambassadeur ou ministre, et il préparera le traité du Protectorat comme l'abdication puis la succession de Moulay Hafid, selon les orientations des autorités françaises et celles de Lyautey en particulier. Centenaire à l'indépendance du Maroc, il avait servi les divers sultans successifs depuis Mohammed IV, à l'occasion d'ambassades, comme celle auprès de l'empereur français Napoléon III notamment, ensuite en faisant partie de la délégation marocaine à la Conférence d'Algésiras, puis en occupant des postes ministériels. D'une « grande flexibilité », jugée souvent « déroutante », prêt à composer même avec les parties en désaccord avec la France et selon les périodes, il a pu demeurer à un poste devenu plutôt symbolique, et ce, jusqu'à la fin du Protectorat (W.Hoisington, 1984)[2].

Un autre personnage remarqué, également originaire d'Algérie, Kaddour Benghabrit, devenu un grand commis au service de la France comme « interprète et diplomate », aura joué un rôle proéminent bien que discret dans le succès des principales négociations menées par la France avec les sultans successifs marocains dont il était devenu un grand confident, et ce, depuis la Conférence d'Algésiras. Il occupera même le poste de ministre du Protocole de Moulay Youssef et du futur Mohamed V, tout en relevant du gouvernement français (H.Ottmani, 2010).

---

[1] K. Pendar rapporte que le général Patton, commandant en chef de troupes américaines au Maroc en 1942 a été approché aussi par le grand vizir Mohammed El Mokri à Casablanca, proposant ses services aux autorités américaines en critiquant les autorités françaises.

[2] William A.Hoisington, Jr, « The Casablanca connection French colonial policy,1936-1943 »,University of North Carolina Press, Chapel Hill and London, 1984. L'auteur y rapporte aussi les propos directs du Général George Patton, commandant le contigent américain au Maroc en 1942, qui aurait été exaspéré par « le comportement plus qu'opportuniste de tous les notables marocains qui l'avaient approché ainsi que d'un grand vizir disposé à démissionner, si les américains instalaient leur propre protectorat ».

Le personnel fonctionnaire du Makhzen central était recruté traditionnellement dans les tribus guich soumises au Makhzen ainsi que parmi les familles bourgeoises des villes, en général des lettrés ou instruits. La plupart des familles commerçantes connues des villes impériales ont été à un moment ou à un autre au service du Makhzen, leur permettant d'exercer le pouvoir en faisant fortune le plus souvent, en usant de tous les moyens pour y parvenir, avec une tradition d'hérédité des fonctions Makhzen s'était établie (J.J.Tharaud, 1930, p.51). Ces hauts fonctionnaires, lésés dans leur influence par les réformes introduites, accuseront les autorités françaises de jeter le trouble dans l'ordre habituel des choses en réduisant le Makhzen ancien à sa plus simple et minimale expression[1]. Se confondant souvent avec les intérêts de leur classe d'appartenance, qui avait progressivement pris une influence politique grandissante sur le fonctionnement de l'administration traditionnelle, ces fonctionnaires allaient voir leur nombre et leur pouvoir réduits, suite aux réformes administratives et mécanismes de contrôle introduits par le Protectorat. Si la richesse matérielle était difficilement protégée contre les caprices du pouvoir en place, il était parfois possible de transmettre à ses héritiers les charges du Makhzen ouvrant les voies de la fortune et de la puissance (A.Le Révérend, p.108).

À la fin du XIXe siècle, plusieurs grands marchands fassis, dont plusieurs bénéficiaient du statut de protégés, étaient souvent des clients des banques de Gibraltar et de Tanger à travers des correspondants juifs, sans parler de la diaspora bien installée en Grande-Bretagne, au Moyen-Orient et en Afrique occidentale. Disposant de monopoles d'importation de denrées essentielles accordés par le Makhzen, certains purent brasser d'importantes fortunes qui leur auraient permis d'acquérir aussi de vastes superficies de terres à bas prix au moment des fréquentes disettes et famines et même de prêter au Makhzen (R.Le Tourneau, 1965, p.180).

En effet, trois dahirs portant réorganisation du Makhzen ont été adoptés et visaient à préparer une « collaboration » politique et technique du personnel administratif avec l'administration française.

---

[1] «… un Makhzen sans pouvoirs et un sultan reclus, entouré de vieux turbans, en contradiction avec les rêves de Lyautey en Indochine souhaitant associer l'élite autochtone au pouvoir tout en s'en servant ! »

L'appareil central du Makhzen a été complété par cinq « délégués du grand vizir » ayant rang de sous-secrétaires d'État et nommés auprès des directions du protectorat qui représentaient les véritables départements ministériels. Les membres du Makhzen central et les directeurs de la résidence se réunissaient régulièrement en Conseil, sous la présidence du grand vizir, pour l'étude des questions dites « d'intérêt commun ».

Autour du Sultan, son administration demeurera constituée d'abord de son « grand vizir », qui, par voie d'arrêtés viziriels, fixait les modalités d'application des dahirs pris par le souverain. Relevaient de ce dernier également, en outre, les hauts tribunaux chérifien et rabbinique nouvellement créés. Il était assisté de délégués dont celui chargé de l'enseignement avec des attributions particulièrement importantes. Le vizir de la Justice devenait le chef administratif de tous les « cadis », juges religieux, remplaçant, le cas échéant, le grand vizir. Celui des Habous, assisté d'un conseil supérieur, dirigeait et surveillait la gestion avec une administration réaménagée par les autorités du Protectorat s'inspirant du modèle ottoman de gestion de ce type de biens religieux.

L'autre Makhzen, celui du monde rural et de la province, sera constitué par les caïds dans les tribus et les pachas dans les villes moyennes, assistés de chiouks ici et de moqadems là (J.Waterbury, p.40)[1]. L'apparition de grands caïds s'effectuera à la suite de la grande révolte générale, entre 1894 et 1902, qui a suivi la disparition du sultan Hassan 1er. Mtougui, Gondafi et Glaoui étaient des caïds et chefs de leurs tribus respectives, de simples fonctionnaires du Makhzen central encore semblables aux petits despotes de l'Atlas de cette période. L'ambition guerrière des trois chefs berbères allait se libérer durant cet interrègne faisant la conquête des tribus de leurs voisinages respectifs avec leurs fidèles, pour se diriger ensuite vers les riches terres de la vallée du Sous et celles au pied de la montagne de la région de Marrakech, allant jusqu'à commencer à se les disputer entre eux trois dans une guerre acharnée. Ils prendront part aux luttes

[1] L'auteur rappelle par exemple que ce personnel du Makhzen, central ou régional, était souvent mal payé. Cependant, l'occupation de postes aux divers niveaux de responsabilité était très courue et sollicitée, permettant aux responsables en charge de se rattraper. La corruption était implicite au fonctionnement de ce modèle de gouvernement.

de succession en faveur du Sultan Moulay Hafid, en se mettant au service des troupes françaises contre le soulèvement d'El Hiba. En participant à leurs côtés à la pacification du Sud, ils seront consacrés alors grands caïds (R.Montagne, 1986, pp.70-71). Se plaçant ainsi sous la protection de Lyautey, ils renforceront leur domination en tirant de larges profits des nouvelles activités agricoles et minières, en imposant encore plus leurs « sujets » (D.Rivet, t.1, p.87).

Enfin, l'armée du Sultan, l'autre composante du Makhzen, prélevée sur certaines tribus, n'était pas une armée de métier, semblait suffire à réprimer les révoltes des tribus et à faire réussir les opérations de collecte d'impôts dans les régions. La menace et la coercition réglaient les rapports entre le Makhzen et les populations. Le désastre d'Isly et la défaite de Tétouan devaient poser le problème d'une armée de métier, de son organisation technique et de sa formation. Les principaux éléments de l'organisation militaire prévalant alors remontaient à celle mise en place par le sultan Moulay Ismail à la fin du XVIIe siècle. Les dynasties précédentes utilisaient des garnisons formées par des tribus soumises, comme les Cherarga de l'Est ou de colonies militaires dans le cas des Oudaya venant du Sud, donnant naissance aux « tribus-guiche » concernées dont les effectifs totaux enrôlés ne dépassaient guère les dix mille hommes (Lexique).

En échange de leurs services, le Makhzen leur accordait l'usufruit de terres exemptées de taxes, autres que religieuses. Elles fournissaient par ailleurs une bonne part du personnel administratif rural occupant des fonctions usant de la violence. Les tribus, le Makhzen et les marabouts qui avaient été autant d'éléments centraux du système traditionnel seront progressivement réduits à un rôle de second plan sous le Protectorat.

Section 2 : Les juridictions relevant du Makhzen

Les réformes apportées par le Protectorat à un cadre juridique et judiciaire archaïque existant, souvent répressif, ont été dans l'ensemble relativement avisées. Les tribunaux relevant des juges musulmans, les « cadis ou qadi », pour les affaires de statut personnel, et ceux des caïds et pachas pour les affaires courantes de « police » se partageaient un pouvoir de justice au nom du Sultan. Les réformes ont recadré et parfois limité la compétence, illustrant un début de modernisation réelle, introduisant pour la première fois des règles recrutement du personnel de justice et de nouvelles modalités rationnelles de fonctionnement de cette justice du Makhzen, ainsi que des possibilités de recours inexistants jusque-là.

Paragraphe 1 : La Justice du ressort du "Cadi"

Personnage religieux influent interprétant le texte coranique et les propos du Prophète, le cadi était demeuré, sauf exception, la clé de voûte et le juge des conflits soulevant des points importants de droit, tout en dirigeant parfois la prière du vendredi et des fêtes. Il était souvent issu d'une grande famille bourgeoise lettrée de Fès, de Rabat, de Salé ou de Marrakech notamment et constituait le pur produit du système d'enseignement traditionnel de l'Université « Quaraouiyine », ayant même fréquenté parfois d'autres universités musulmanes comme celle d'Al Azhar en Égypte en particulier. Sa compétence en matière immobilière, successorale et de statut personnel a été consacrée d'une façon exclusive dans le rite sunnite. Il est à indiquer que les procès concernant des immeubles non soumis au régime de l'immatriculation ressortissaient au cadi dès qu'un Marocain était en cause, même si la partie adverse était un étranger, capitulaire ou non, ce qui était une sorte de retour de souveraineté judiciaire, mais en partage avec la France protectrice de l'État marocain.

La procédure en usage avant le Protectorat était désormais revue et réglementée, et le cadi, dans ses fonctions de juge, était assisté d'« adouls » qui ont pour rôle de rédiger, sur la base de la déclaration des parties, la requête introductive d'instance, de consigner par la suite des différentes phases du procès, les ordonnances préparatoires s'il y a lieu, enfin le jugement. Ces assistants signaient avec le cadi les divers actes qu'ils établissaient. Le même dahir avait prescrit aussi la tenue, dans les tribunaux des cadis, « mahakamas », de différents registres qui permettaient depuis de reconstituer ou de trouver la trace des actes rédigés.

Une innovation importante et de poids consistera dans la possibilité de remettre en question un jugement rendu par défaut, d'autant que l'appareil de la Justice n'échappait pas non plus à la corruption ambiante dans le corps du Makhzen. L'opposition à un jugement pouvait ainsi être faite soit devant le cadi qui a rendu la sentence, soit directement devant le Tribunal d'Appel dit de la chariâa, c'est-à-dire régi par la seule loi musulmane, communément connue sous l'expression populaire de« chraâ ». L'appel était toujours possible et devait être formulé dans les soixante jours de la notification. L'appelant pouvait déposer sa requête soit au tribunal du cadi qui a statué, soit au contrôle civil, soit à la direction des affaires chérifiennes à Rabat où siégeait le tribunal d'appel du chraâ chargé de statuer en dernier ressort. Ce tribunal supérieur a été créé en 1921 par dahir en remplacement du conseil supérieur des oulémas et pouvait statuer soit comme juge d'appel, en réformant ou en confirmant la sentence du premier cadi, soit comme juge de cassation, en renvoyant la cause devant un autre tribunal religieux. Dans cette dernière hypothèse, la décision rendue par le cadi de renvoi était elle-même susceptible d'appel.

Une telle nouvelle institution comprenait quatre chambres à la tête desquelles se trouvait un président et dont chacune était composée de trois juges titulaires ou suppléants, assistés de greffiers et de secrétaires. Les activités de justice du cadi étaient ainsi désormais soumises au contrôle d'un délégué du vizir de la justice qui devait s'assurer de l'exacte application de la réglementation nouvelle et des tarifs qu'elle comportait. À son tour, la fonction de cadi a été réglementée en 1937 et les magistrats qui seront désormais recrutés à la suite d'un concours ouvert aux gens diplômés de l'université de la Karaouiyne et, à titre transitoire, aux candidats examinés par une commission. Ils effectuaient un stage avant d'être nommés par le Sultan, et une fois titulaires, ils ne pouvaient être mis en disponibilité ou révoqués que pour une cause jugée légitime, et recevaient une indemnité.

Outre ses fonctions de magistrat, le cadi était aussi un officier public qui intervenait en matière de statut personnel des musulmans authentifiant les actes rédigés par les adouls, qu'il s'agisse des actes extrajudiciaires ou des actes conventionnels. Il remplissait ainsi les fonctions d'officier de l'état-civil et de notaire au second degré. En matière successorale, il devait dresser inventaire des biens laissés par le défunt, et contrôler la gestion des successions en déshérence, d'administrer les biens des absents, et des chargés de l'administration des biens de certains mineurs.

Auprès des juridictions du cadi (chraâ), les justiciables pouvaient se faire représenter par des mandataires spéciaux, appelés « oukils » judiciaires qui devaient être musulmans, sujets marocains de droit commun et âgés de plus de vingt-cinq ans, dont la liste était établie par le vizir de la justice après les résultats d'un examen spécial.
Il convient enfin de faire observer par ailleurs, que les autorités du Protectorat ont également élaboré une législation sociale intéressant le cadre et les conditions de travail, relative à la sécurité des travailleurs, à la durée, aux accidents et à l'inspection du travail ainsi que l'institution d'un salaire minimum entre les Deux Guerres, que seules les sections sociales des tribunaux modernes et non celles du cadi, avaient la compétence d'aborder pour défendre ces acquis, en cas de litiges.

Paragraphe 2 : La Justice du ressort des pachas et des caïds

Plus profonds auront été les premiers aménagements apportés par le Protectorat à la juridiction jusque là expéditive, encore inique des pachas et caïds nommés par le Sultan qui auront des rapports directs avec les autorités françaises chargées des affaires locales, les chefs des services municipaux, les contrôleurs civils ou les officiers des affaires indigènes, selon le cas et situation.
Les sultans avaient l'habitude de choisir leurs hauts fonctionnaires territoriaux en premier lieu parmi les mêmes catégories sociales des villes et des tribus qui leur étaient acquises. La proximité du pouvoir et les postes de responsabilité se « monnayaient sans scrupules », comme rendre justice et leur contrôle s'effectuait encore de façon laxiste par les autorités du Protectorat et de manière symbolique par le Makhzen (J.J Tharaud, 1930, pp.50-51)[1]. Dans les tribus soumises, les pouvoirs étaient détenus par les caïds investis par le Sultan, ailleurs ce dernier se limitait souvent à accorder l'investiture à des chefs locaux qui s'étaient le plus souvent déjà imposés. Ces agents locaux, qui ne touchaient qu'une solde symbolique, tirant leurs revenus de leurs fonctions, étaient chargés de maintenir l'ordre et de rendre la justice au nom du sultan pour tout ce qui ne relevait pas du statut personnel du ressort des cadis, de percevoir les impôts et de lever et

[1] Les frères Tharaud étaient d'anciens militaires, proches du Résident général Lyautey, et des écrivains-reporters accompagnant l'armée de pacification avaient bien étudié la société de cette cité qu'ils avaient longuement fréquentée et s'y sont intéressés de facon particulière.

commander des troupes. Ils deviendront des fonctionnaires suite à l'occupation française.

Une circulaire vizirielle préparée par le Protectorat allait limiter les seuils de gravité des peines susceptibles d'être prononcées par les pachas et les caïds et institua un Conseil des Affaires criminelles, puis les juridictions Makhzen furent réorganisées en 1918[1]. Ce sont les dispositions de ce texte de loi qui réglementèrent la justice administrative, en créant un tribunal du second degré avec un commissaire du gouvernement auprès de chaque tribunal chargé de mettre en œuvre et de faire respecter l'organisation nouvelle. La réforme a été complétée à la fin de la Deuxième Guerre par la création de « juges délégués » qui seront de véritables magistrats chargés de fonctions judiciaires à l'exclusion de toutes autres.

Cependant certains de ces hauts représentants locaux du Makhzen, par exemple El Glaoui ou Baghdadi, l'un pacha à Marrakech et l'autre à Fès, défrayèrent la chronique par leur comportement de potentats et de leur justice parfois expéditive, devenant trop craints des populations, tant leurs zèles et leurs sentences reflétaient un autoritarisme brutal, et jugeant dans certaines circonstances des nationalistes comme de simples délinquants[2]. Divers pachas et caïds avaient participé au jeu, aux intrigues dynastiques et souvent avaient des alliances matrimoniales avec le Sultan. Par ailleurs, l'extension de la compétence des pachas et caïds en matière civile et commerciale qui s'était réalisée dans la pratique, était due paradoxalement au fait que certains justiciables préféraient recourir à cette justice administrative aussi controversée, considérée plus simple et rapide que celle lente et tatillonne du cadi, surtout si on dispose d'appuis bien placés dans le Makhzen.

D'aucuns voyaient une procédure de justice sommaire du ressort des caïds et pachas, dans sa plus simple expression, puisqu'il n'y avait généralement aucun écrit. Jusqu'à la promulgation du Code pénal marocain en 1954, l'instruction se faisait à l'audience et la sentence était rendue séance tenante. Pour les litiges civils et commerciaux, la

---

[1] Par un important Dahir. Le leader nationaliste marocain Hassan El Ouazzani a relaté ses démêlés avec la justice du pacha de Fès dans ses écrits.

requête était exposée verbalement et seuls parfois les rapports d'experts étaient établis par écrit.

Paragraphe 3 : Des tribunaux pour « Berbères »

D'un point de vue historique, il est bien établi que les populations berbères habitant l'Afrique du Nord avaient refusé en tout temps toute domination étrangère carthaginoise, romaine, chrétienne et même arabe. Cette dernière parvint après plusieurs tentatives à en convertir une grande partie à l'Islam, et partiellement à la langue et au mode de vie des arrivants (J.Despois, 1958, p.240 ; R.Landau, 1956 p.88).

En dépit de cette longue conversion religieuse avec succès qui prit un certain temps, plusieurs tribus demeurèrent attachées à leurs usages et coutumes, confiant au groupe l'administration de leurs affaires tribales, d'héritage, de propriété sans que cela les oppose aux préceptes musulmans. Cependant, en raison de la forte résistance de plusieurs tribus berbères, l'occupation française jugea que celles-ci devront demeurer administrées selon leurs traditions, non sans arrière-pensées politiques certainement pour faciliter la pacification en cours.

En tout cas, Lyautey ne semblait pas avoir visé en 1914, en consacrant de façon générale la coutume berbère par dahir, quelque essai d'assimilation des populations concernées, comme cela sera encouragé sciemment ultérieurement comme un développement séparé. D'ailleurs, l'année suivante, le droit de juger et d'arbitrer sera reconnu aux assemblées des tribus, à l'issue d'une réorganisation administrative en vue de simplifier et pacifier les rapports avec ces communautés vivant en quasi autarcie (C.A.Julien, 1952, p.162). La décennie suivante du Protectorat, cette politique sera couronnée, sous couvert de réformes de modernisation, la création de tribunaux coutumiers pour Berbères, l'ensemble supervisé et contrôlé par les tribunaux modernes du Protectorat, par le dahir, qui allait devenir célèbre dans la cause du nationalisme naissant et menant une contestation de plus en plus politique à forte connotation religieuse dépassant les frontières du Maroc[1].

---

[1] « Plan des Réformes » Les nationalistes invoquaient l'action prosélète des chrétiens évangélistes.Voir Annexe 2 en fin d'ouvrage.

A la suite du départ de Lyautey, certains « assimilationnistes » pensèrent tenir là une bonne politique de séparer ces derniers des populations arabes, à travers des écoles spéciales, une justice spéciale et pouvoir à terme les détacher de l'Islam, jusqu'à en faire si possible des chrétiens français, à l'instar de leurs tentatives précédentes en Kabylie en Algérie (P.Marty, 1925).

Dans les tribus et les régions berbères, la règle applicable pour les litiges n'a pas été souvent le « chraâ » des cadis, mais celle relevant de la coutume des ancêtres, conservée oralement de génération en génération. Cette justice a été confortée par un dahir en 1930, devenu un point de fixation, qui allait être contesté par diverses franges de la population et qui cristallisera les premières luttes du mouvement national marocain contestant une telle décision politique des autorités du Protectorat[1]. Le tribunal ainsi qualifié pour juger selon cette coutume est composé de membres choisis dans la tribu (ou fraction de tribu) en nombre variable selon l'importance du groupement envisagé. Cette instance judiciaire allait statuer sur les différends d'ordre civil ou commercial, mobilier ou immobilier, selon les us et les coutumes des tribus concernées. Mais, pour les affaires criminelles, la répartition de compétences entre le caïd, le haut tribunal chérifien et les juridictions françaises fut identique à celle en vigueur en pays non berbère. La compétence du tribunal coutumier berbère s'arrêtait, en dernier ressort, à mille francs, et des Juridictions d'Appel ont été créées et ont siégé, notamment, à Khemisset, Azrou, Ahermoumou, Kasba-Tadla, Ksar es-Souk, Marrakech, Immouzer des Marmoucha, El Ksiba et à Agadir. D'autre part, en 1934, une section pénale coutumière fut ouverte au haut Tribunal chérifien pour statuer sur les appels des sentences pénales rendues par les caïds et directement sur les crimes et délits qui relevaient de la chambre correspondante en région arabe.

Les Tribunaux coutumiers ont fonctionné avec l'assistance d'un commissaire du gouvernement désigné par l'autorité locale, dont les attributions correspondaient à celles du responsable similaire près des « mahkamas », ainsi qu'auprès des pachas et caïds. La situation matérielle des tribus de pays berbère ayant été prise en considération,

---

[1] Le « dahir berbère » de 1930, autorisant notamment une juridiction coutumière, sera le signal du début d'une résistance d'abord religieuse à l'occupation française.

celles-ci seront ainsi classées par les autorités du Protectorat dans la catégorie des indigents et ne paieront par conséquent aucuns frais de justice.

Le nationalisme naissant réalisera progressivement que la réponse à cette mesure de développement séparé devait dépasser les simples incantations et invocations religieuses adoptées, mais un programme en bonne et due forme.

Paragraphe 4 : Les tribunaux rabbiniques

L'organisation des tribunaux rabbiniques a été à son tour revue et ces derniers étaient compétents pour statuer sur les affaires intéressant le statut personnel et successoral des israélites marocains, à l'exception des questions immobilières qui relevaient, soit du cadi, soit des tribunaux français. Des juridictions de ce genre ont été ainsi ouvertes à Marrakech, Mogador, Casablanca, Rabat, Meknès et Fès, composées d'un rabbin président, de deux rabbins juges et d'un greffier tous nommés par arrêtés viziriels. Dans d'autres localités de moindre importance, comme Port-Lyautey, Mazagan, Agadir et Séfrou, des rabbins délégués à la surveillance des fonctions notariales furent en charge, et Il était loisible aux justiciables de leur soumettre leurs différends. Dans cette hypothèse, le rôle du rabbin délégué s'apparentait étroitement plus à celui d'un arbitre. Les jugements des tribunaux rabbiniques étaient susceptibles d'opposition lorsqu'ils étaient rendus par défaut.
L'appel était porté devant le Haut Tribunal rabbinique qui siégeait à Rabat avec une composition identique à celle des juridictions du premier ressort. Le Protectorat aura ainsi introduit une réorganisation suivie d'un début transparence dans une justice relevant du Makhzen, longtemps dépourvue de possibilités de recours jusque-là pour les justiciables contre des administrateurs jugeant souvent en premier et dernier ressort.

Section 3 : Un patrimoine public recensé

Le gouvernement du Protectorat n'a pas manqué, dès son installation, de s'intéresser aux biens et domaines du Makhzen qui par le passé était du seul ressort du Sultan. Ceux-ci allaient désormais constituer le patrimoine propre de l'Etat devenu une personne morale.

Avant l'établissement de la tutelle française, les biens publics étaient ceux du Makhzen, et en fait, aucune distinction n'était faite entre l'État et la personne du Sultan, leurs patrimoines étaient confondus et gérés par ce dernier, sans règlement ni contrôle particulier en raison de son statut de souverain régnant sur la communauté (D.Rivet, t.1, pp.117-118)[1]. Les biens dits du Makhzen comprenaient les terres mortes, vacantes et sans maître, les « terres mahroum », incultivables, rocheuses, stériles, les biens tombés en déshérence et les acquisitions faites par le Sultan. S'y ajoutaient les confiscations qu'il prononçait à l'encontre des caïds destitués et des sujets rebelles, en plus des terres « Guich » concédées aux tribus à son service.

Les souverains successifs considéraient l'ensemble de ces biens comme leur appartenant en propre et s'en servaient à leur guise comme tout seigneur, notamment pour récompenser les services jugés éminents de certains de ses sujets auxquels il les concédait (B.Lewis, 2005, p.716)[2]. Ces concessions étaient, tantôt personnelles et révocables, s'annulant d'elles-mêmes à chaque changement de règne et prenant fin automatiquement à la mort du concessionnaire (concession d'Intifâa), tantôt définitives et transmissibles, constituant une véritable donation (concession d'Iqtaâ). C'est dans ces concessions du souverain qu'il faut voir l'une des origines de la propriété individuelle dans le Maroc précolonial.

Les propriétés dites "Guich", conférées à des tribus militaires, étaient par contre, concédées par le Sultan, en jouissance seulement, à des groupements particulièrement guerriers et connus sous cette appellation, et dont les hommes, en contrepartie, devaient au Sultan le service militaire personnel durant leur vie (tribus des Oudaya, des Cherarda, des Bouakher, des Cherarga) pour assurer sa sécurité personnelle et celle du Makhzen.

---

[1] Les télégrammes diplomatiques signalés adressés à Paris en 1912, exposaient l'exemple du Sultan Moulay Hafid (et du grand vizir Mokri) préemptant à la veille de son abdication sans distinction des terres Makhzen, des biens-Habous, même des domaines privés, et passer des transactions commerciales spéculatives les concernant comme s'ils étaient les siens propres.

[2] L'appellation historique de Sultan, synonyme de souveraineté, de règne... est d'inspiration ottomane de l'exercice de la fonction.

Bien que l'autorité de défense militaire fut désormais du ressort de l'armée française, les services du Protectorat ont maintenu le statut des ces terres Guich en les séparant des biens personnels du Sultan, en en fixant et organisant la gestion, distinguant le domaine public de l'État et le domaine privé du Sultan[1]. Le premier, celui de l'État et dont la consistance a été définie, est imprescriptible, inaliénable et sera géré par l'Administration des Travaux Publics. À l'exception des forêts, dépendant de l'administration des Eaux et forêts, tous les autres biens relevaient du domaine privé et géré par l'administration des Domaines sous la supervision de la direction des finances[2]. Les terres « Guich » ont été maintenues pour des raisons politiques par les services du Protectorat les jugeant adaptés aux besoins des tribus et à leur capacité d'exploitation, non sans que la colonisation y puise dedans pour ses propres besoins.

Cette réforme devait introduire une rupture avec l'opacité absolue et l'absence de tout contrôle antérieur. Cependant, la politique dite active de colonisation et de mise en valeur agricole du pays, suivie par le Protectorat, a usé à son tour de subterfuges, afin de créer de nombreux lotissements agricoles au profit des colons français, en prélevant largement dans le domaine privé de l'Etat, ou en acquérant parfois, des terres nécessaires dans les terres d'un autre statut.

Les forêts constituaient, par ailleurs, un élément précieux et vaste du patrimoine de l'État, dont la superficie estimée dépassait alors quatre millions d'hectares, la moitié environ était officiellement délimitée. Gérées par un corps de techniciens de l'Administration métropolitaine des Eaux et forêts, elles étaient progressivement reconnues, reconstituées, conservées et protégées, contre les nombreux abus qui les menaçaient déjà. Une procédure avait été spécialement prévue pour assurer la reconnaissance et la délimitation des biens du domaine privé de l'État. Instituée et entreprise à la requête de l'Administration des Domaines ou de celle des Forêts, la procédure comportait une large publicité par insertion au Bulletin Officiel, des criées dans les souks, et un affichage dans les divers

---

[1] Par voie de dahir du 1er juillet 1914.

[2] Soit quelque 170.000 hectares seulement pour les terrains non bâtis.

locaux administratifs comme les mahkamas des cadis, les conservations foncières et les nouveaux tribunaux[1].
Loin de constituer une simple réorganisation, la restructuration du patrimoine public ainsi effectuée par les autorités du Protectorat était de nature à permettre à l'État protégé de rompre avec un ancien Makhzen au pouvoir incontrôlé sur les personnes et les biens.

Section 4 : Les "Terres collectives" et les biens « Habous »

Les terres dites collectives étaient des espaces géographiquement mal définies, dans lesquels diverses tribus pratiquant longtemps agriculture et nomadisme de façon collective le plus souvent, et selon des règles non écrites généralement. Le bien Habous relève de la catégorie gérée par les œuvres pieuses et religieuses.

Paragraphe 1 : Les terres collectives

Le nom de « biens collectifs » a été utilisé pour désigner les terres de culture ou de parcours, dont les tribus, fractions, douars ou autres groupements autochtones qui en avaient la jouissance à titre collectif. L'origine de ces terres demeure confuse, surtout que le droit musulman n'en fait pas état et ne leur confère aucune existence légale. Quoi qu'il en soit, il est certain qu'il y a eu, avant le Protectorat, des terres de parcours appartenant, sinon à des tribus, tout au moins à des fractions de celles-ci et à des douars dont elles assuraient la subsistance des troupeaux.

Lyautey a essayé d'éviter la répétition de la colonisation à « l'algérienne » où les terres furent totalement séquestrées sans indemnisation au début de l'occupation de ce pays (C.F.Stewart, pp.71-72). La nouvelle administration française avait réglementé ces terres collectives d'abord, protéger les concernés contre les actes d'imprévoyance, ensuite les identifier, les reconnaître, et surtout de disposer d'une partie pour une mise en valeur selon les méthodes modernes par des colons[2]. Ces terres collectives ont été, en premier

[1] Par le dahir du 3 janvier 1916.
[2] Le dahir du 27 avril 1919 et les dahirs subséquents des 19 octobre 1937, du 2 novembre 1940, du 3 décembre 1941 et du 14 août 1945, formaient leur statut.

lieu, gérées par les groupements, « jemââs », ces collectivités qui les possédaient en principe, sous la tutelle du directeur de l'Intérieur lui-même assisté d'un conseil de tutelle dont l'intervention était, dans certains cas, nécessaire. Elles étaient en outre inaliénables, sauf au profit de l'État qui peut les acquérir pour cause d'utilité publique, ou pour créer des périmètres allotis, et d'autres collectivités, ce qu'il n'a pas manqué de faire au cours du Protectorat.

Elles étaient en principe aussi imprescriptibles, insaisissables, et ne pouvaient en conséquence faire l'objet d'aucune procédure de licitation ni d'aucun partage, sauf de jouissance au profit des membres de la « jemââ » et dans certaines conditions fixées par des textes de 1945. Elles allaient, toutefois, faire l'objet, par adjudication avec soumission sous pli cacheté, de locations d'une durée de dix ans, renouvelables, et lorsque l'immeuble intéressé est immatriculé et que toutes les clauses de valorisation inscrites au cahier des charges ont été réalisées, cette location pouvait être transformée, au profit exclusif du preneur, en un droit de jouissance perpétuelle comportant le service d'une rente annuelle au profit de la collectivité intéressée. En somme, une sorte de cession à terme.

Ces dispositions apparaîtront tout particulièrement audacieuses, si l'on ajoute que les aliénations perpétuelles de jouissance donnaient lieu à l'établissement, au nom de celui à qui elles profitaient, d'un titre foncier spécial auquel sont attachés tous les avantages du crédit hypothécaire facilitant ainsi de plus en plus de transactions détournées au profit de colons. Certes, comme pour les biens domaniaux, une procédure spéciale a été prévue pour recenser ces terres collectives et en fixer la consistance matérielle et juridique. Elle a été organisée par une loi marocaine dont les dispositions ont été calquées sur celles organisant les domaines des Eaux et forêts.

Les colons français ne pouvaient acquérir de biens immobiliers que dans les parties du territoire considérées comme sécurisées pour leur personne, c'est-à-dire comprises à l'intérieur de la zone pacifiée qui n'avait cessé de s'étendre avec la pénétration militaire, de sorte qu'elle a englobé progressivement la plus large part des terres agricoles. Par ailleurs, la nécessité de « protéger certaines tribus contre leur propre imprévoyance et les mauvaises conditions économiques » dans lesquelles elles se trouvaient, avait amené l'administration française du Protectorat à interdire, sous peine de nullité absolue des contrats intervenus, toute constitution ou transmission de droits réels, ainsi que tout contrat de location ou d'exploitation en association, consentis par des membres de la tribu ou de la fraction, et portant sur des terrains leur appartenant collectivement au profit d'étrangers (dahir 1938).

Dans cet ordre d'idées, l'administration de l'Agriculture a essayé de créer une sorte de « bien de famille marocaine », constitué par le fonds de terre nécessaire à la subsistance d'un foyer, et destiné à compenser le paysan marocain en cas d'expropriation pour besoins de colonisation, en fonction de la nature du sol et des particularités locales (dahir 1945). Cette superficie minimale avait été alors fixée théoriquement et de façon inégale à quinze hectares en terrain sec, à douze hectares en irrigué pour un paysan marocain, contre quatre cents hectares pour une exploitation de colon en zone semi-irriguée et de quarante hectares quand les terres étaient à la périphérie des villes ou le long des côtes, zones de concentration de plusieurs biens habous.

Au lendemain de la Deuxième Guerre, quelque trois millions hectares de terres collectives avaient été enregistrés et titrés, première étape de leur insertion progressive éventuelle et à bas prix dans les périmètres de colonisation officielle à travers les formules de modernisation rurale conçues et mises en place (Y.Barennes, 1948, p.35).

Paragraphe 2 : Les biens des « Habous »

Le « habous » en général est un acte juridique d'inspiration musulmane par lequel un croyant au Maroc cède gratuitement un ou plusieurs de ses biens, généralement immeubles, en les affectant à perpétuité à une œuvre pieuse, charitable ou sociale, soit d'une manière absolue, exclusive de toute restriction (habous public), soit en réservant leur jouissance à une ou plusieurs personnes déterminées (habous de famille). À l'extinction des bénéficiaires du droit de jouissance, le habous de famille devient un habous public[1].

[1] Definition utilisée par le premier responsable en charge du service des Habous du temps de Lyautey.

Les éléments de la définition de ce dernier type de biens font ressortir deux catégories de biens enregistrées sous cette appellation, un premier genre dit public qui profite directement et sans réserve à l'œuvre pieuse, et un autre de famille qui comporte une dévolution intermédiaire des revenus. Dans l'un et l'autre « habous », se retrouve l'affectation perpétuelle qui caractérise cette institution. L'exécution du habous public est confiée à un administrateur relevant du Makhzen appelé « Nadir » et désigné par le Cadi, l'ensemble étant sous le contrôle d'une administration spéciale et sous l'autorité formelle du Sultan.

L'institution des « habous », une philanthropie à caractère religieux, a tenu une place importante dans la vie religieuse, sociale et économique du Maroc avant le Protectorat, et les biens concernés pouvaient être considérables dans l'ensemble, mais l'information chiffrée et précise les concernant a constamment fait défaut en dépit des instruments techniques introduits. Les autorités du Protectorat puiseront également dans cette catégorie de terres et de biens notamment en ville pour des besoins d'infrastructures ou en faveur de simples colons.

Chapitre V

Les grands chantiers du Protectorat

Grande œuvre du Protectorat, l'ouverture de voies de communication au Maroc, longtemps et pratiquement inexistantes, et l'amélioration des conditions de transport étaient une de ses priorités, car les modes prévalant alors étaient inadaptés aux besoins militaires d'une « pacification » large et méthodique du pays. Ainsi, les pièces d'artillerie étaient difficilement démontables pour être acheminées à dos de chameaux comme cela était le mode habituel de transport au Maroc. À leur tour, les exigences d'approvisionnement rapide et à moindre coût constituaient l'autre aspect devant faciliter la pacification envisagée.

La décision des autorités des nouvelles autorités d'engager une partie de grands travaux allait être cependant contrecarrée par deux handicaps majeurs, le traité franco-allemand, puis le déclenchement de la Première Guerre. Des dispositions du traité signé avec l'Allemagne avant le Protectorat stipulaient expressément par exemple qu'aucun chemin de fer commercial ne serait réalisé avant l'achèvement de la ligne reliant Tanger à Fès, et seule une voie étroite pour les besoins militaires exclusifs pouvait être envisagée.

La fin de la Première Guerre permettra à la France alors victorieuse de faire annuler les traités à l'avantage de l'Allemagne, autorisant en particulier de reprendre la construction du chemin de fer. L'importance de ces chantiers et l'itinéraire de ces grands travaux, utilisant des tribus berbères, illustrent la pression et l'orientation d'un processus de pacification combinant des objectifs militaires, politiques et économiques.

À la veille du lancement de ces grands programmes et chantiers, la plupart des banques françaises d'affaires et de dépôts de France comme celles d'Algérie et de Tunisie étaient intéressées et présentes au Maroc, et dont certaines avaient déjà pris part à des emprunts en faveur de ce dernier, sans oublier certains grands groupes industriels européens à l'instar de Schneider ou de Krupp en particulier.

Section 1 : Un réseau routier

Les premières grandes voies de communication depuis celles de l'annexion romaine de l'Afrique du Nord et le Maroc devenant une province du vaste empire allaient être enfin construites depuis le temps du César Auguste. Des préoccupations de stratégie militaire, bien avant des raisons économiques, expliquaient la conception du tracé et la longueur d'un réseau routier dont la construction a été relativement accélérée ayant démarré parallèlement à l'occupation militaire.

Totalement acquis à la solution "chemin de fer" pour le transport commercial au Maroc, la route ne constituait pour Lyautey qu'une étape intermédiaire, en attendant sa réalisation même si elle faisait encore débat au parlement français.
En d'autres termes, ce sont les aléas politiques et juridiques français freinant momentanément la reprise des travaux de construction du chemin de fer tel que souhaité par le premier Résident général, qui permirent d'accélérer le développement d'un réseau routier de deux mille cinq cents kilomètres, en quelque dix ans après le traité du Protectorat selon un tracé qui s'est adapté aux conjonctures.

Paragraphe 1 : Le tracé du réseau

La construction d'un réseau routier, encouragée par l'apparition de l'automobile, était implicitement permise puisque le traité franco-allemand ne l'avait pas expressément interdit comme les voies ferrées à usage commercial. Bien que nécessitant moins de moyens financiers que les chemins de fer, un premier emprunt alors voté au parlement français permettra l'avancée de la construction de routes empierrées, à partir des pistes de terre aménagées précédemment. Cela répondait aux vœux d'un Lyautey soucieux d'occuper physiquement les tribus par des travaux tout en leur assurant des moyens de subsistance et les détournant ainsi d'actions de révolte ou de rébellion. Il pratiquait une politique qu'il a déjà eu l'occasion d'expérimenter lors de ses affectations précédentes au Tonkin, à Madagascar ou dans l'Ouest algérien. Sans oublier les besoins pressants d'acheminement des hommes et des matériels pour l'entreprise de « pacification » alors en cours.

Le réseau, dont le tracé permet de suivre l'évolution chronologique du processus militaire de pacification, devait comprendre, tout d'abord, une route suivant sensiblement la côte atlantique et destinée à relier les différents ports, ou les rades où s'effectuaient des opérations d'embarquement et de débarquement ou des gites de plus ou moins grande importance qui devaient devenir des ports par la suite. Elle devait ensuite s'allonger de Port-Lyautey à Mogador (de Kenitra à Essaouira), en passant par Rabat, Casablanca, Mazagan (El-Jadida) et Safi, soit sur un parcours de près de quatre cent cinquante kilomètres. Elle devait, en même temps, desservir toutes les régions jugées riches et soumises du littoral, comme celles de la Chaouia, des Doukkala et des Abda. Cet intérêt amena à éloigner quelquefois le tracé de la côte, pour éviter une zone pierreuse et peu cultivable, s'enfonçant assez profondément dans les terres, et la ville de Safi fut reliée à cette voie de grande circulation par un embranchement.

Deux autres routes devaient partir de Port-Lyautey, l'une vers le Nord par Souk El Arbaa, devant ultérieurement permettre la communication directe avec Tanger, l'autre vers Fès par Petit-Jean (Sidi Kacem) et le col du Zegotta. De cette dernière, deux embranchements devaient se détacher, l'un vers Souk el Arbaa rejoignant ainsi la route reliant ce dernier centre à l'ex- Port-Lyautey, l'autre vers Meknès et les riches contrées qui en dépendent. Par elles aussi, devaient venir vers la côte les produits de la fertile plaine du Sebou. En outre, trois routes issues de Marrakech relieraient cette cité aux ports de Casablanca, de Mazagan et de Mogador.
Il s'agissait ainsi d'un réseau de quelque mille quatre cents kilomètres devant entraîner une dépense de trente-six millions de francs, devant être couverts partiellement par l'emprunt de 1914[1]. En dehors des villes, l'ouverture des routes n'a donné lieu à aucune expropriation notoire, les terres concernées ayant été cédées souvent gratuitement

[1] Un franc-Or de 1914 correspondrait à l'équivalent de 3,17 euros un siècle plus tard, soit un montant total d'environ 120 millions d'euros de l'année 2015 par exemple.

par les riverains, ces derniers adhérant et bénéficiant dans l'ensemble du projet en cours[1].

Les caractéristiques suivies pour la construction de ces routes correspondaient sensiblement à celles observées à la même période pour la réalisation des routes nationales de France. En dehors de quelques ponts métalliques, les ouvrages d'art ont été exécutés suivant les ressources des régions traversées, en maçonnerie de moellons, en béton ou béton armé, réduisant la pierre de taille au minimum dans un but d'économie. On dut donner en général à ces ouvrages des débouchés importants pour tenir compte des crues exceptionnelles des oueds, qui, bien que rares et de courte durée, donnent des débits élevés.

Au nombre de ces importants premiers ouvrages ainsi réalisés, certains ont été montés en maçonnerie, comme le pont sur l'oued N'fis, entre Marrakech et Mogador, celui de Mesdoura, sur l'oued Sebou entre Fès et Taza et celui de Mechraa Dif sur l'oued Beht entre Salé et Meknès. Le pont de l'oued Bouregreg, long de 175 mètres, a été réalisé en béton armé durant la Première Guerre. Trois autres ouvrages d'art métalliques ont été également effectués comme le pont de Sidi Allal Tazi sur l'oued Sebou, ceux de Mechraa Benabbou et de Boulaaouane sur l'oued Oum Rabiaa, et les ponts modernes suspendus, surplombant les oueds Iquem et Cherrât sur la route de Rabat à Casablanca.

Un certain nombre de ces ouvrages ne furent achevés qu'après les routes qui devaient les emprunter, car en raison des perturbations créées par la Guerre, les entreprises choisies pour leur exécution furent désorganisées et leur construction en fut souvent retardée. Les autorités militaires françaises devaient remédier aux diverses interruptions de service par la mise en place de bacs et de déviations.

Si la construction du réseau fut immédiatement entamée, les décideurs se rendirent compte dès le départ cependant que le programme initial prévu exigeait un gros effort technique et une

---

[1] Archives des services de travaux publics du Protectorat. Ceci n'empêchait pas une spéculation immobilière effrénée de la part de plusieurs groupes français et de quelques intermédiaires marocains sur les terres mitoyennes aux routes en construction.

dépense lourde à payer pour un pays encore peu pourvu financièrement, en pleine période d'inflation du fait de la Grande Guerre, alors que les besoins à satisfaire paraissaient élevés. Néanmoins, un réseau complémentaire, de l'ordre de cinq cents kilomètres fut envisagé dès l'année suivante et devait comprendre la route de Rabat à Meknès par la forêt de la Maâmora, celle de Marrakech à Safi, celle de Berrechid à Boujaâd et enfin les amorces, partant de Fès et d'Oujda, de la future route devant relier, une fois pacifiée la région de Taza, les côtes atlantiques à la partie orientale du pays, établissant ainsi entre eux une communication routière aisée, si possible sécurisée et régulière.

Par ailleurs, même si le réseau ainsi étendu devait réaliser la liaison des grands centres du Maroc et servir à une circulation élargie, il laissait entre ses mailles de grandes étendues non desservies. Il devenait indispensable selon les autorités du Protectorat de parer à cette situation, surtout que la colonisation française devenait accélérée dans diverses régions du pays dans les années d'après-guerre. La décision a été prise de doter le pays de routes recoupant les contrées déjà cultivées pour acheminer leurs produits vers les villes et vers la côte atlantique en particulier.

Ce fut à l'origine d'un réseau de nouvelles voies, celui des « routes dites secondaires », les voies de grande communication étant dénommée « routes principales ». Les routes secondaires, dont la longueur du premier réseau devait être de quatre cents kilomètres, ne différaient desdites principales que par leur largeur, fixée à six mètres pour la plateforme, et trois mètres pour la chaussée et par un tracé qui épousait davantage les accidents de terrain.

Ainsi, après seulement trois ans de Protectorat, le succès du programme routier total prévu ne se démentait pas, tous réseaux confondus était porté de mille quatre cents à environ deux mille quatre cents kilomètres. Sa réalisation sera menée à une cadence relativement accélérée, malgré les difficultés de l'époque de toutes sortes, notamment la pénurie de personnel technique européen ainsi que l'insuffisance de matériel et de matériaux importés. La progression se faisant à raison de quatre cents à six cents kilomètres par an, soit environ un kilomètre et demi par jour, selon les rapports techniques établis par les services des Travaux Publics.

Au lendemain de la Première Guerre, même avec une révision à la hausse, la réalisation effective du programme a concerné, une longueur totale exécutée dépassant les objectifs prévus initialement. Parallèlement, au moins trois programmes routiers complémentaires allaient prendre le relais et se poursuivre jusqu'à la veille de la Deuxième Guerre, mais à une cadence modérée. C'est ainsi qu'après avoir complété l'accès à la côte, on s'affaira à la construction de rocades à l'intérieur du pays, à l'instar de celle de Fès, de Marrakech, passant au pied du versant Nord de l'Atlas, et celle de Casablanca à Meknès. On poursuivit la liaison de la partie occidentale avec celle de l'Est et de l'Algérie. La route de Mogador à Taroudant sera également démarrée et le réseau de routes secondaires renforcé pour améliorer un meilleur maillage.

Paragraphe 2 : Un tracé complémentaire

Au fur et à mesure de la « pacification » militaire française poursuivie jusqu'en 1934 dans différentes zones longtemps fermées, dans le Moyen et le Grand Atlas, de grandes traversées de cette chaîne de montagnes allaient être entreprises pour permettre l'achèvement de la pénétration planifiée et poursuivie même après le départ de Lyautey.

À l'Est, la route de Meknès jusqu'à la Haute Moulouya par Azrou traverse le Moyen Atlas au col du Zad à plus de deux mille mètres et passera par Midelt au pied des contreforts du Jbel Ayachi, le sommet le plus oriental du Grand Atlas et un des plus élevés de cette chaîne. Cette route sera poursuivie, au fur et à mesure des disponibilités financières, vers la vallée du Ziz, des rivières sahariennes, Ksar es Souk et le Tafilalet. Les communications entre Midelt et le Tafilalet seront aussi ouvertes par une piste aménagée et exécutée en premier pour des usages surtout militaires.

Cette traversée du Moyen Atlas allait être doublée par une route partant de Fès qui rejoindra, en passant par le Tizi N'Korou, la route précédente à une cinquantaine de kilomètres avant Midelt.Ainsi seront, à très bref délai, mis en communication directe avec la ville de Fès et le Tafilalet qui eurent régulièrement par un passé encore récent des relations commerciales assez suivies par voie de caravanes. Au sud de Marrakech, le Grand Atlas avec son massif difficilement franchissable et ses rivières qui en descendent vers des vallées encaissées, ses cols rares ou élevés et enneigés, sera d'abord contourné par le Souss, avec la route de Mogador à Taroudant et passant par Agadir. La montagne sera franchie respectivement aux cols du N'Test et du N'Tichka, à plus de deux mille mètres d'altitude, assurant en premier la liaison de Marrakech à Ouarzazate. Celle de Marrakech allant à Taroudant par le Tizi N'Test sera également ouverte, mais nécessitera encore de longues années de travaux d'élargissement et de parachèvement, dans les nombreux passages difficiles qu'elle devait emprunter.

À assez bref délai, Taroudant devait être reliée aussi à Ouarzazate par une route directe qui sera poursuivie ensuite vers Ksar es Souk (Erachidia), Bou Denib et Figuig à la frontière algérienne. Cette route, continuant vers l'Est, d'Agadir à Taroudant, constituera une grande rocade au pied des pentes méridionales de l'Atlas, mettant en communication directe Agadir, les vallées du Sous, du Draa, du Dadès, et plus tard les hauts plateaux algériens. Enfin, d'Agadir devait aussi partir vers le Sous une sorte d'antenne qui dépassait Tiznit, avec la perspective de la prolonger vers Icht, Tindouf, voire jusqu' en Mauritanie selon des projets établis alors par les services du Protectorat.

Paragraphe 3 : Le réel succès de la route

En raison du développement du trafic, et surtout des conditions imposées par la nouvelle circulation automobile, les caractéristiques des routes construites seront constamment adaptées aux besoins de l'évolution, à savoir des routes larges et avec des courbes mieux étudiées. L'administration des Travaux publics s'attachera de plus en plus à avoir un tracé homogène sur de longues sections, pour que les véhicules automobiles puissent maintenir une allure homogène, et même disposer d'une visibilité particulièrement correcte, grâce à une signalisation presque identique à celle des routes de la métropole. Ainsi, à titre d'exemple, l'édification en bordure des routes de grands murs blancs, aux lettres noires énormes, permettant à l'automobiliste de lire en pleine vitesse les indications itinéraires de la route et les distances des villes ou centres desservis par elle, voire même des villes situées loin des frontières marocaines. Des plantations d'alignement commencèrent également à agrémenter les routes. La route passa ainsi progressivement de l'utilisation dominée par les besoins des troupes et du matériel militaires à un usage public plus ouvert aux automobiles et moyens de transport civil et commercial.

À la veille de la Deuxième Guerre, la longueur des routes construites atteignait quelque quatre mille cinq cents kilomètres pour les routes principales, plus de trois mille kilomètres pour les routes secondaires, soit un total de l'ordre de sept mille six cents kilomètres. En plus de ce réseau, et pour desservir des lots de colonisation, des chemins ruraux ont été ouverts, dont la longueur représentait alors près de sept cents kilomètres. Par ailleurs, le Protectorat a aménagé près de cinq cents kilomètres de pistes militaires empierrées et environ trente-deux mille kilomètres de pistes non empierrées, mais praticables même aux voitures légères, sauf pendant les périodes de pluie.

La plupart des ouvrages relativement importants construits à cette période étaient en béton armé qui présentait l'avantage de permettre une exécution rapide, une utilisation élevée de main-d'œuvre avec un minimum de transport, surtout que les sables et graviers se trouvaient presque toujours sur place, et le ciment était livré par le groupe Lafarge qui s'était installé à Casablanca. Plusieurs entreprises françaises exécutèrent les travaux de cylindrage et de bitumage également en se partageant les adjudications annuelles organisées par l'Administration des Travaux publics. Un tel réseau routier devait entraîner une dépense totale estimée à près de quatre cent soixante millions de francs financés surtout par emprunt dit- Protectorat émis en France. Dès l'achèvement de sa construction, le réseau fut soumis à une circulation relativement intense et à un trafic élevé par camions et automobiles, devant en effet, satisfaire d'abord les nécessités du ravitaillement des troupes françaises, au moins jusqu'à l'ouverture en 1923 des premières lignes de chemin de fer à voie normale.

La mise en exploitation de celles-ci n'interrompit d'ailleurs pas l'accroissement de la circulation dû au développement rapide de l'expansion économique et commerciale entrainée par la circulation automobile. C'est ainsi que sur le tronçon de route de Rabat à Mazagan, le tonnage moyen journalier atteignait près de quatre mille tonnes au milieu des années mille neuf cent trente. Des services de voyageurs par cars se sont aussitôt développés et organisés par diverses entreprises concurrentes selon les régions. On dénombrait moins de cinquante mille véhicules à moteur en cette période[1]. Rapporté schématiquement au seul nombre des Européens ou assimilés, cela donnait théoriquement en moyenne d'un véhicule pour cinq personnes de cette communauté[2].

L'entretien des routes s'est imposé dès le début, nécessitant un gros effort assuré par des équipes de manœuvres marocaines sous la surveillance et la direction d'un chef cantonnier européen. Des maisons cantonnières servant de logement et de dépôt du matériel d'entretien furent construites tous les trente kilomètres, avec quelques pépinières pour les plantations le long des routes. Il fallut également élargir certaines routes, comme celle de Rabat à Casablanca, par exemple, qui s'allongeait déjà sur près de cent kilomètres, qui vit sa plateforme portée de huit à douze mètres et sa chaussée de quatre à sept mètres. On profita de cet élargissement pour réduire certains défauts visibles, améliorer les virages et remplacer le revêtement artificiel par un véritable béton bitumineux. D'autres routes furent également élargies et leurs chaussées portées de quatre à six mètres, comme il devint nécessaire d'élargir certains ponts, d'augmenter le rayon de nombreuses courbes, de relever les virages, d'améliorer la visibilité et d'adapter la signalisation aux nécessités de vitesses des véhicules de plus en plus élevées.

L'effort principal des services des Travaux Publics du Protectorat consistera par la suite en l'amélioration des routes existantes et leur adaptation aux nécessités de la circulation moderne, d'autant que le succès du transport par route fut réel jusqu'à envisager une réglementation et des accords spéciaux pour ne pas porter préjudice au rail. Les coûts étaient favorables au transport routier, à l'inverse des charges élevées au titre de l'électricité et du charbon dans le cas du chemin de fer. Ainsi, le coût de l'électricité était presque le double de celui payé par les chemins de fer en métropole à la même période entre les Deux Guerres. Par ailleurs, la route avait aussi l'avantage de desservir de façon flexible plus d'endroits que le train, même et surtout ceux non accessibles à ce dernier. À la fin du Protectorat, le

---

[1] 46.888 immatriculations en 1939. Statistiques du Protectorat.

[2] Une faible minorité de marocains, surtout des citadins, disposait également de voitures automobiles en 1939-40, estimés alors entre 4000 et 5000 propriétaires marocains de voitures à moteur.

pays allait disposer d'un de réseau total de quarante-neuf mille kilomètres, dont quinze mille étaient praticables en tout temps de l'année.

Section 2 : Le programme ferroviaire

Le réseau ferroviaire du Maroc, une fois achevé, allait être considéré au nombre des réalisations remarquées du Protectorat français. En cette deuxième décennie de ce nouveau régime, l'aspect clair et souvent coquet des premières gares frappait déjà les voyageurs privilégiés de cette période. Ils pouvaient même apprécier, par ailleurs, le confort de certains wagons de première classe et ultérieurement l'agrément causé par la traction électrique sur la plupart des parcours. Au départ, il y eut un réseau exclusivement destiné aux besoins de l'occupation militaire, les lignes commerciales interviendront plus tard. La ligne « Tanger-Fès » a marqué alors les esprits de cette époque et pour plusieurs générations, constituant une transformation fondamentale dans les possibilités de déplacement des personnes et de transport des marchandises en des délais incroyablement courts, et permettant progressivement d'éviter des trajets fatigants à dos de mules pour les nantis, ou d'ânes pour les démunis quand ce n'était pas tout simplement à pied .

Paragraphe 1 : Les premières tentatives

En fait, pour la petite histoire pourrait-on dire, le « premier chemin de fer » au Maroc daterait de 1888 et sortait des usines Legrand de Mons, offert au Sultan Hassan 1er par le gouvernement belge, probablement dans l'espoir d'obtenir, après démonstration probante, la concession des chemins de fer. Le matériel roulant se réduisait en fait à une minuscule locomotive et à une baladeuse d'une douzaine de places. La voie, d'un kilomètre de développement environ, fut posée en rond, comme une sorte de manège, dans les jardins de la résidence dite impériale à Meknès[1]. Cependant, l'essai ne fut pas convaincant,

[1] Le ministre plénipotentiaire du roi Léopold II à Tanger, son « drogman, torjman » ou interprète, ainsi que l'ingénieur Conon, gendre de l'industriel Legrand, étaient venus à Meknès pour la remise du matériel en état de fonctionnement. De cette cérémonie à grande parade, le peintre Romberg en a fait un dessin humoristique paru dans « le Monde illustré » du 7 avril 1888.

car le bruit, la fumée, les étincelles, le jeu des pistons effrayèrent les assistants, selon les observateurs. Pour constituer un semblant de chargement de voyageurs, des Marocains furent poussés presque de force dans la baladeuse. Sur un monticule, qu'on n'avait pas suffisamment nivelé un chargement de voyageurs pour ne pas détériorer les jardins, la locomotive s'essouffla en vain et le convoi dut être remorqué à bras par le personnel du Sultan. La deuxième expérience ferroviaire, qui eut lieu quelques années plus tard, mais cette fois-ci sous le règne d'Abdelaziz, successeur d'Hassan 1er, aurait été moins réussie encore que la première[1]. Connu pour être grand amateur de nouveautés européennes, le jeune sultan avait commandé aux usines françaises du Creusot un matériel Decauville pour relier (pour une démonstration) son palais de Fès à "Dar Debibagh", soit un parcours de quatre kilomètres environ.

La locomotive, deux wagons et un lot d'éléments de voie à écartement de soixante centimètres furent amenés en rade de Larache par un bateau à vapeur, "La Gaule", de la Compagnie Paquet. Pour faciliter le transport, la locomotive avait été séparée de ses roues. On a peine à se faire une idée des difficultés que représentait à cette époque le débarquement d'un matériel aussi encombrant et surtout son transport de Larache jusqu'à Fès, sur quelque deux cent cinquante kilomètres de mauvaises pistes, jamais entretenues, qui séparaient ces deux villes. Les éléments de voie furent chargés à dos de chameaux, pour la locomotive et les wagons, on dut construire des chariots de planches montés sur grosses roues en bois et faire traîner chacun d'eux par prés soixante mulets.

Au passage des oueds on dut confectionner sur place des radeaux. Enfin, après quatre mois de péripéties, la longue caravane, commandée par un caïd, arriva à Fès, mais nombre d'éléments de voie avaient été perdus en cours de route et l'on ne put poser finalement que deux kilomètres de rail. Les roues de la locomotive restèrent introuvables, et des réclamations adressées aux usines du Creusot, à la Compagnie des Chemins de fer Paris-Lyon-Méditerranée et à la Compagnie de navigation Paquet n'y changèrent rien, sans parler des recherches effectuées par les caïds sur tout le trajet jusqu'à Fès demeurant sans résultat. Et à défaut de locomotive, on devait suppléer à la traction à

[1] Archives consulaires françaises.

vapeur par celle des animaux. Mais, dans les petits wagons remorqués par des mulets ou des chevaux, le nouveau souverain encore jeune n'éprouvait pas l'impression de vitesse désirée qu'on lui avait tant vantée. De façon officielle, le chemin de fer allait être oublié jusqu'à l'établissement du Protectorat, avec les premières décisions de construire une voie ferrée devant faire accélérer la pénétration des troupes militaires.

Paragraphe 2 : La voie ferrée à usage militaire

Il y eut en fait techniquement deux réseaux ferroviaires successifs qui seront installés sous le Protectorat français. Le premier fut constitué de voies de soixante centimètres d'écartement avec quelque deux mille kilomètres de lignes, déjà usage purement militaire. La substitution du réseau normal à l'ancien a pris une dizaine d'années, et avec la voie à petit écartement allait disparaitre un des vestiges parlants de cette pénétration militaire française et une de ses méthodes privilégiées utilisées pour la pacification.

Déjà après l'occupation de Casablanca en 1907 par l'armée française, un premier chemin de fer à voie de soixante centimètres, mais à traction animale fut construit entre cette agglomération et les camps militaires avancés de Bouskoura et de Berrechid, et qui resta opérationnel près de cinq ans, comme moyen à la disposition de l'armée pour le ravitaillement des troupes opérant dans la région de la Chaouïa. Par ailleurs, sur les confins algériens, l'autorité militaire, effrayée des lenteurs, des difficultés pratiques et des dépenses énormes que comportaient les transports par piste du ravitaillement du corps d'occupation, décida de prolonger en territoire marocain la voie ferrée algérienne, qui avait été poussée jusqu'à la frontière. Mais l'écartement de cette voie algérienne allait être non adapté au Maroc, car on choisit l'écartement de cinquante centimètres utilisé sur des lignes secondaires de l'Oranie, avec l'intention d'en faire l'écartement uniforme des voies marocaines[1]. De février à octobre 1911, les services du Génie militaire français établirent, entre la frontière et la ville d'Oujda, une ligne de quinze kilomètres de longueur qu'on pensait bien pouvoir pousser en direction de Fès ultérieurement.

---

[1] L'écartement de la voie était alors de 1,44 mètre en Algérie.

Cependant, à ce moment, intervint la convention franco-allemande qui stipulait qu'aucun chemin de fer commercial ne pourrait être construit dans la zone française avant l'achèvement de la ligne de Tanger à Fès[1]. Tant que cette clause sera respectée, il ne pourrait être construit dans les autres régions de la zone que des chemins de fer à usage militaire. Il fut admis que, seule, la voie de soixante centimètres répondrait à l'esprit de la convention parce que sa faible largeur excluait toute possibilité de la transformer ultérieurement en ligne commerciale, selon le souhait allemand de contenir l'expansion du commerce français.

Il fut ainsi admis au début du Protectorat, que seule, la voie de soixante centimètres répondrait à l'esprit de la convention parce que sa faible largeur excluait toute possibilité de la transformer ultérieurement en ligne commerciale, selon le souhait allemand de contenir l'expansion du commerce français. Le seul avantage que la France semblait tirer alors de cette convention était la perspective, dans l'avenir, d'équiper en voie normale le réseau marocain et, en particulier, de prolonger, au même écartement, sa grande rocade nord-africaine de Tunis jusqu'à la frontière marocaine. Par contre, la France s'obligeait à réaliser en premier lieu, et en étroite collaboration avec l'Espagne, une liaison ferroviaire, entre Tanger et Fès, qui ne l'intéressait guère parce que très éloignée de ses bases de pénétration, Casablanca et Oujda.

Un autre tronçon ferroviaire, avec une voie étroite, reliant Casablanca à Rabat était déjà en cours d'achèvement en 1911, avant même la signature du traité du Protectorat. Le temps pour parcourir la distance les séparant fut ramené à quelques heures, contre deux jours en moyenne, à dos d'animaux. La preuve allait être faite pratiquement que le coût de transport des pièces militaires et du ravitaillement par voie ferrée était de loin bien inférieur à celui effectué à dos de chameaux et arrangeait les services d'intendance de l'armée d'occupation.

Si au début du Protectorat, il n'existait encore que de mauvaises pistes sur lesquelles il était difficile d'assurer la sécurité des troupes françaises, cette voie ferroviaire même étroite fut longtemps celle

[1] La convention datait du 4 novembre 1911.

permettant une communication jugée commode, sûre et rapide pour rattacher la côte atlantique à l'Algérie, ainsi que les agglomérations de l'intérieur, les petits postes et les premières fermes de colons. Contraintes et liées par l'accord franco-allemand, au moins jusqu'à la Première Guerre, les autorités du Protectorat se seraient fixé alors deux objectifs complémentaires. Le premier était de poursuivre la réalisation du « Tanger-Fès », afin de se libérer au plus tôt de cette hypothèque et pouvoir ensuite établir les liaisons ferroviaires indispensables à son action économique et politique. Le second objectif était celui de construire immédiatement un réseau de lignes militaire de soixante centimètres d'écartement pour étendre la pacification et assurer l'occupation militaire du Maroc.

Ce type de voie a été réservé aux seuls besoins de l'armée d'occupation, appelé à disparaître lorsqu'il sera permis de construire des chemins de fer commerciaux à voie plus large, l'important parut être d'établir aussi rapidement et à faibles coûts que possible des lignes provisoires, en rapport avec le trafic militaire à assurer. Dans ces conditions, le matériel fixe de la voie et le matériel de traction pouvaient être légers et les caractéristiques du tracé, rayon minimum des courbes et déclivité maximum, pouvaient être fixés de façon à réduire les difficultés d'exécution et les dépenses de premier établissement. C'est dans cet esprit que l'on conçut ces premières lignes, pour la voie, on employa du matériel militaire, appelé Péchot, et les premiers ponts furent ainsi de simples ponts militaires en charpente, dont certains dépassaient les cent mètres, comme ceux de l'Oued Yquem ou de l'Oued Beht. Le tonnage remorqué variait entre cinquante et quatre-vingt-dix tonnes.

En fait, le Génie militaire français démarra le travail juste à la veille du traité du Protectorat par trois points choisis par Lyautey, d'où il était facile d'acheminer le matériel et d'alimenter les chantiers, à savoir Casablanca, le futur Port Lyautey et Taza. À cette époque, la région de Taza qui n'était pas encore occupée par l'armée française et ainsi pacifiée formait une barrière complète entre les deux zones d'occupation, de sorte qu'en chacune de ces zones, il fallut un réseau distinct de voies ferrées militaires progressant derrière les troupes au fur et à mesure de l'avance de celles-ci. En outre, dans le Maroc occidental, les lignes du Nord devaient demeurer longtemps séparées de celles du Sud par l'estuaire du Bou Regreg, dont le franchissement nécessitait un important ouvrage le surplombant. Les travaux évoluèrent de façon rapide dans l'ensemble, presque concomitamment avec la signature du traité du Protectorat.

Dans ce qui était appelé le réseau Sud, la ligne Casablanca-Rabat a été ouverte à l'exploitation dès l'arrivée de Lyautey et celle de Casablanca-Berréchid en direction de Marrakech quelques mois plus tard. Dans le Nord, la ligne Kenitra-Salé était terminée en juillet de l'année suivante, celle de Kenitra-Fès atteignait Dar bel Hamri en mai et Meknès une année plus tard. Dans l'Oriental, le rail parti d'Oujda en juillet 1912 arriva à Taourirt en avril de l'année suivante, à Guercif en août, et à M'soun, point le plus avancé de l'occupation française, à la veille de la Première Guerre mondiale.Telle fut la situation du réseau à voie de soixante centimètres quand la guerre mondiale éclata.
La progression de la construction de ce réseau ferroviaire a été en fait l'autre face et l'autre histoire de la pénétration militaire française visant à pacifier un pays doublement troublé par un traité de Protectorat non accepté et par une pénétration soudaine.

Paragraphe 3 : Le réseau ferroviaire civil

Cependant, en pleine guerre, les trains à voie étroite comme ceux d'autres lignes militaires déjà opérationnelles achemineront à leur tour également toutes sortes de marchandises (C.F.Stewart, pp1486149). Quant au second réseau ferroviaire, à usage commercial, construit au Maroc à partir de la fin de la Première Guerre, avec une voie normale, il allait comporter une fois fini près de mille six cents kilomètres de lignes.

Désormais certes libéré en fait de l'hypothèque allemande depuis le début de la Guerre, le gouvernement français se trouvait encore handicapé, faute de moyens financiers, de matériel et de personnel technique, et la construction de chemins de fer à voie normale n'avait pris du retard. D'autre part, pour « tenir le pays », les autorités du Protectorat ont essayé de faire activer la colonisation et faciliter le commerce en mettant partiellement le réseau militaire à la disposition d'une clientèle surtout française dès 1915, puis de l'ouvrir complètement au transport commercial au printemps de l'année suivante.

Dans l'attente d'une voie plus normale, cela conduisit à modifier les caractéristiques de celle qui existe ainsi que celles du matériel de traction , en faisant l'acquisition de locomotives plus puissantes pour le trafic lourd et d'automotrices à essence (draisines) pour le transport rapide de voyageurs et de la poste. En même temps, l'exploitation technique et commerciale, toujours sous la direction de l'autorité militaire, fut organisée, moyennant quelques légères modifications, sur le modèle des réseaux ferroviaires français et algériens.

La mise en place des nouvelles lignes, interrompue par la mobilisation de la Guerre en Europe, reprit progressivement à partir de la deuxième année du conflit mondial et sera poursuivie, malgré les difficultés de techniques et humaines. Le réseau s'élargit rapidement surtout après 1920 parallèlement au processus de colonisation des terres, et les lignes de Petit- Jean à Rabat en passant par Port Lyautey et celle de Sidi Kacem-Fès furent achevées trois ans plus tard. En 1927, la ligne Tanger –Fès a été ouverte au trafic, alors que la ligne militaire de Casablanca à Rabat sera convertie entre temps en ligne normale. La ville de Marrakech sera à son tour reliée à Casablanca l'année suivante, avec une branche desservant le centre phosphatier de Khouribga et agricole d'Oued Zem.

À la fin de la deuxième décennie du Protectorat, les plaines du Gharb étaient desservies par la ligne Casablanca-Tanger. Une jonction vers le nouveau port de Safi est effectuée en 1936, à partir de Benguerir sur la ligne Casablanca-Marrakech pour transporter les phosphates de Louis Gentil.

Dans l'Oriental, la liaison avec l'Algérie consacrant la ligne dite « impériale » de l'Afrique du Nord, avec l'achèvement du tronçon Taza-Fès, Oujda ayant été reliée quelques années auparavant. Une branche au sud de la ville d'Oujda desservira les mines d'anthracite de Jerada et celles du manganèse de Bouarfa pour être acheminé vers le port de Nemours en Algérie.

C'est en présence d'ailleurs de Lyautey, devenu maréchal et encore résident général après avoir été un bref ministre français de la Guerre, que les chantiers des parties occidentales et orientales se rejoignirent en 1921 près de Dar Caïd Omar entre Oujda et Fès, complétant ainsi la liaison par rail sur une longueur de mille trente kilomètres entre

Marrakech et Oujda par Casablanca, Rabat, Kenitra, Meknès, Fès et Taza. C'était une date qui avait sûrement une certaine importance dans l'histoire du réseau ferroviaire marocain, rappelant en plus modeste celles des constructions ferroviaires menées dans d'autres régions, comme en Amérique du nord et en Asie dans des conditions militaires parfois presque comparables.

Autant la couverture ferroviaire du nord ouest du pays se justifiait pour relier les marchés locaux aux ports des la région, autant elle apparut vite devenue en forte concurrence avec les nouveaux modes de transport sur des routes récemment achevées. Seuls les pondéreux minerais convoyés par rail tendaient à accorder un avantage réel à celui-ci, comme dans le cas des lignes de Khouribga à Casablanca, et de celle de Benguerir à Safi qui paraissaient économiquement plus justifiées. La ligne de Tanger à Fès, passant à travers la Zone espagnole, était devenue davantage spécialisée dans le transport de passagers, en concurrence évidente avec la route, tant le développement de Port Lyautey et du port de Casablanca avaient supplanté en particulier la fonction portuaire de Tanger qui était devenue entre temps une Zone Internationale[1].

Il en était de même concernant la faible activité commerciale des régions orientales. La conception de la liaison avec les lignes algériennes semblait répondre davantage à des impératifs plus politiques et militaires, la pression de besoins économiques identifiables n'était pas visible. Cela rendait possible le transport de troupes de Marrakech jusqu'à Tunis en cas de besoin, car en dehors du transport des phosphates notamment assurant des revenus, le transport ferroviaire était structurellement déficitaire requérant des subventions du Trésor du Protectorat, sans servir des dividendes aux actionnaires de la société des chemins de fer.

Il convient de rappeler qu'après l'armistice, la « pacification française », ralentie pendant la guerre faute de troupes, reprit sa progression pour renforcer le fameux « Maroc utile » de Lyautey, se rapportant à la partie occidentale, pacifiée et fertile. L'occupation de certaines régions ainsi que les opérations militaires entreprises pour repousser notamment la résistance Rifaine qui était conduite par

[1] Le statut international de Tanger fut adopté en 1923.

Mohamed Ben Abdelkrim Khattabi, nécessitèrent alors l'établissement de lignes jugées stratégiques, toutes branchées sur la dorsale Oujda-Casablanca. Dans la vallée amont de la Moulouya, un embranchement de Tseflet à Midelt, d'une longueur totale de près de trois cents kilomètres, sera livré à l'exploitation par tronçons successifs au cours de la deuxième decennie du Protectorat, comme l'embranchement de Bir Tam-tam à Ahermoumou au sud de Fès et la construction de l'embranchement d'Aïn Défali à Ourtzagh en direction d'Aïn Aïcha sur la ligne kénitra à Ouezzane.

Par ailleurs, pour permettre aux colons de patienter jusqu'à l'achèvement de la construction des routes, on aménagea quelques lignes à petit écartement en les réservant aux besoins de la colonisation. Ce fut le cas notamment de la ligne de Souk Tléta à Mechra El Hader dans le Gharb et la ligne Rabat-Tiflet-Khémisset en vue de drainer à la même date vers le port de Rabat, outre les produits agricoles et forestiers de cette région, un minerai de fer jugé de bonne teneur dont des affleurements avaient été reconnus entre Tiflet et Khémisset. Il y avait enfin la ligne de Caïd Tounsi près de Mazagan (El-Jadida) avec la rectification entre Bouskoura-Foucault-Boulaouane de l'ancienne ligne Casablanca-Marrakech, réalisées en 1928, pour desservir la région agricole des Doukkala et de la partie ouest de la Chaouia.

Ainsi, au total, la voie à petit écartement a pu cependant desservir près de deux mille kilomètres, même si elle n'eut guère plus des deux tiers de lignes simultanément en service, car, à mesure que la voie normale s'ouvrait au trafic, l'ancienne qui lui était parallèle était déposée pour être employée ailleurs, à la construction de lignes militaires ou d'intérêt local. En dehors des pointes de trafic comme lors de la guerre du Rif, dues exclusivement aux transports des troupes françaises utilisés par la bataille contre les troupes de Ben Abdelkrim, le trafic du réseau connut une baisse continue, à la fois pour les voyageurs et pour les marchandises.

A mesure que le réseau routier progressait et que se développaient les transports automobiles, voyageurs, courrier, marchandises et même le ravitaillement militaire abandonnèrent la « draisine » ou le « tortillard » pour l'autocar, le camion, et l'automobile, plus rapides, plus pratiques et surtout aux charges relativement moins élevées[1]. L'une après l'autre, ces lignes militaires se fermèrent au trafic et le dernier tronçon Mechraa bel Ksiri - Ourtzach n'a été maintenu en service jusqu'à janvier 1937 que parce que la route en tous temps qui lui était parallèle n'avait pas encore été livrée à la circulation.

Paragraphe 4 : La ligne ferroviaire "Tanger - Fès"

Appelé et connu dans le milieu populaire de cette période, le train faisant le parcours "Tanger-Fès" reliant les deux cités concernées aura constitué la première image du train et du réseau ferré commercial au Maroc pour les générations du lendemain de la Première Guerre[2]. Ce fut le premier chemin de fer non militaire réalisé en voie normale ne desservant que le seul trajet de Tanger à Fès et retour, dont les études de la ligne avaient commencé à la veille du Protectorat, selon un protocole convenu, entre la France et l'Allemagne, celle-ci soucieuse de freiner l'expansionnisme français.

Interrompus lors des manifestations populaires contre le traité du Protectorat en avril, les préparatifs reprirent quelques mois plus tard. Sa réalisation exigeait la participation de l'Espagne, l'autre partie prenante au Protectorat et dont relevait la Zone Nord où Tanger se trouvait, en plus il convenait de tenir compte du statut particulier de cette ville qui est devenue internationale onze ans après la signature du Protectorat. La ligne aura de ce fait un statut international rappelant à la France les difficultés rencontrées dans des situations analogues pour les chemins de fer d'Ethiopie et du Yunnan en Chine, sous la surveillance jugée tatillonne de la Grande-Bretagne et de l'Allemagne. Si celle-ci avait mal admis la formule française de lignes militaires mise ne place au Maroc, la deuxième puissance ne saurait accepter quelque transformation de la place de Tanger pouvant créer des risques pour Gibraltar.

La "Compagnie Générale du Maroc", du groupe français Schneider, pressentie pour représenter les intérêts français dans la société à créer,

---

[1] Expressions familières utilisées dans l'argot des militaires français de cette époque.

[2] Prendre le « Tanger-Fès » allait devenir une expression populaire courante consacrée pour dire prendre le train, et à en devenir synonyme jusqu'à l'indépendance.

avait déjà organisé à Meknès un service des études afin qu'on puisse procéder rapidement à l'adjudication des premiers lots. Les Gouvernements espagnol et français, occupant chacun une des zones au Maroc devant être traversées par ledit train, fixèrent, dans le protocole du 27 novembre 1912, les clauses générales du contrat de concession à intervenir, à savoir une compagnie unique chargée des études, de la construction et de l'exploitation, et dont le capital serait mixte entre les deux pays, en prévoyant une probable participation ultérieure de quelques étrangers à la convention[1].

Dans les faits, la ligne en question constituait simplement le premier chainon d'un vaste programme pouvant intéresser l'exploitation de la plupart des ressources existantes par les groupes en lice, français en particulier, allant du prix du foncier aux futurs ports, en passant par l'énergie électrique ou le secteur des mines. La Banque française d'affaires Paribas, bien introduite auprès des décideurs politiques dont Lyautey, dirigeait un vaste consortium de banques françaises, algériennes, tunisiennes ainsi qu'un grand nombre de sociétés industrielles et d'équipements de France. Le gouvernement et le parlement français appuieront le groupe finalement constitué après d'après « marchandages » entre ses composantes, leur offrant d'importantes garanties s'étendant jusqu'aux emprunts qui seront émis par la Compagnie Générale devenue désormais chef de file sur le terrain. La partie espagnole mobilisa de son côté ses grandes banques d'alors, notamment celle de Bilbao et L'Hispano Americano (D.Rivet, t.1, p.246).

Ce furent là les premiers pas d'une coalition d'intérêts soucieuse de partager des rentes futures en prenant le moins de risques financiers, une fois la formule controversée de la concession surmontée, car les ressources humaines, techniques et financières du seul Protectorat n'auraient guère pu assurer la construction puis l'exploitation dudit projet dans des délais accélérés comme le souhaitaient les autorités du Protectorat. Ces ressources donneront le rythme et la forme du modèle que le Protectorat affectionnera pour faire avancer ses grands et nombreux chantiers, une sorte de galop d'essai.

[1] A raison de 60 % pour la partie francaise, et 40 % pour la partie espagnole.

Les négociations entre les groupements français et espagnols traînèrent, et une fois la convention adoptée par les deux parties, le gouvernement du Protectorat devait accorder l'une de ses premières concessions, aux deux sociétés anonymes, « Compagnie Générale du Maroc » à Paris et la « Compagnie Espagnole d'Afrique » à Madrid, en vue de l'exploitation d'un chemin de fer (dahir de 1939). La convention de concession et le cahier des charges annexe furent approuvés par les États, la France et l'Espagne. Les études ne purent être poursuivies qu'à une allure réduite, vu l'état de guerre et les difficultés financières qui s'ensuivirent. Ce ne fut que deux ans plus tard que les deux compagnies précitées, en exécution de la Convention acceptée, purent constituer la première société anonyme du Maroc moderne sous le régime du Protectorat, la "Compagnie franco-espagnole du Chemin de fer de Tanger à Fès"[1].

Un projet de lots fut établi aussitôt pour la zone française, dont trois furent adjugés en période de conflit mondial, mais en raison du manque de main-d'œuvre, les travaux furent à peine entamés pendant la Guerre. Au lendemain de celle-ci, ils furent menés très lentement jusqu'en 1921, du fait de la constitution fort complexe de la Compagnie, sans oublier l'instabilité économique et monétaire internationale de la période concernée.

Un premier tronçon sera ouvert à l'exploitation et partira de Petit Jean vers Meknès en juin 1923, suivi de celui de Meknès à destination de Fès en octobre de la même année. Les autres parties de la ligne comme de Petit-Jean à Mechraa bel Ksiri ne fut mis en service que deux ans plus tard, et de Mechraa bel Ksiri jusqu'à Souk el Arba l'année d'après.

La ligne entière du Tanger-Fès sera enfin ouverte au public le 25 juillet 1927, d'une longueur de trois cent quinze kilomètres, dont huit kilomètres en zone tangéroise internationale, quatre-vingt-treize kilomètres en zone espagnole et deux cent quatre kilomètres en zone française. Partant de Tanger elle se dirigeait au Sud vers Arzila puis vers El Ksar, en zone espagnole, et Arbaoua en zone française, touche successivement Souk el Arba, Mechra bel Ksiri, Petit jean et Meknès pour aboutir à Fès. L'Espagne a réalisé, en outre, pour son compte, l'embranchement d'El Ksar vers le port de Larache. Cette ligne aura

[1] CFECFTF.

constitué à elle seule presque un véritable réseau avec des ateliers équipés à Meknès et des installations auxiliaires à Fès, Petit-Jean, El Ksar ainsi qu'à Tanger.

Paragraphe 5 : La Compagnie des Chemins de fer du Maroc

Quelques mois après la signature du traité du Protectorat, les nouvelles autorités françaises firent procéder en 1913 à l'étude du réseau ferré à réaliser dans la zone sous leur tutelle, sitôt que le « Tanger-Fès » serait achevé et devenu opérationnel. La direction générale des Travaux Publics du Protectorat préparait et établissait les avant-projets de toutes les lignes du futur réseau, avec l'estimation sommaire des dépenses à engager pour sa construction. La déclaration de guerre leva les entraves politiques, mais on se heurta à des difficultés de réalisation compte tenu du manque de personnel technique, de capitaux et de matériaux. Les études n'en furent pas moins reprises. Entre temps, on convertissait en voie normale le tronçon venant de la frontière algérienne-Oujda construit initialement avec un écartement de cent cinq centimètres. Pour une part avec son personnel, et pour partie avec la collaboration d'une « société d'études » dont les éléments techniques furent fournis par la Compagnie des Chemins de fer Paris-Lyon-Méditerranée (PLM), les services relevant des Travaux Publics étudièrent les projets définitifs des lignes Marrakech-Casablanca-Rabat-Port Lyautey-Petit jean.

Aussitôt la Guerre terminée, l'autorisation de commencer a été donnée, avec les moyens existants et à l'aide des disponibilités budgétaires, à la construction des lignes de Port-Lyautey à Petit Jean et celle de Casablanca à Rabat. Par ailleurs, la « Société des Ports Marocains » a été sommée d'établir, à voie normale et suivant le tracé qui lui était indiquée, la ligne ferrée que cette société allait établir entre Rabat et Mehdia, pour la construction des jetées des ports.

Pendant ce temps, les discussions entamées depuis la guerre en vue de la concession du réseau se poursuivaient, et en 1920, le Gouvernement de Lyautey approuvait un contrat de concession à un groupe composé de la « Compagnie Générale du Maroc », de la CCFPLM, de la CCFPO et de la Compagnie Marocaine, groupe auquel, peu après, s'est substituée, avec une nouvelle autorisation et la

CCFM, une véritable nouvelle grande entreprise aux côtés de EEM[1]. Ce contrat, qui éventuellement pouvait engager les finances de la France, fut approuvé par une loi de la métropole et donnera lieu à une autre concession (dahir août 1920) qui sera accordée au cours du Protectorat. Celle-ci concernait un réseau de près de mille kilomètres, comprenant les liaisons de Petit jean à Kenitra, avec raccordement au port, celle de Kenitra à Casablanca par Rabat, ainsi que les raccordements à ces deux ports, celle de Kénitra à Souk el Arba du Gharb ou à un point de la ligne du Tanger-Fès situé entre Souk el Arbaa et Arbaoua, celle de Casablanca à Marrakech, et enfin celle de Settat, ou d'un point voisin de la ligne Casablanca-Marrakech, à Oued Zem ou à un point voisin, enfin de Fès à la frontière algérienne.

La première ligne fut inaugurée en avril 1923 ainsi que le tronçon Kénitra - Rabat et mis en exploitation en juin de la même année. Celui de Rabat - Casablanca, qui comportait d'importants ouvrages sur les oueds Mellah, Nefifikh, Cherrât, Yquem, a été inauguré en août 1925, et sera mis à la disposition de l'armée pour transporter ses troupes vers le Rif, puis ouvert au public. La section Casablanca - Sidi el Aïdi et le tronçon Sidi el Aïdi-Khouribga servirent dès septembre 1923 au transport des phosphates. Un rail additionnel interviendra, par la suite, pour relier Oued Zem. Settat sera raccordée en 1925, puis Marrakech en novembre 1928. Si la ligne de Port Lyautey à Souk el Arba n'avait pas été réalisée et n'avait encore fait l'objet que d'études sommaires, celle de Fès à Oujda a servi aux besoins militaires français de la guerre du Rif, démontrant surtout son utilité militaire. Enfin, la section Oujda-Guercif, commencée en 1928, fut ouverte à l'exploitation quatre années plus tard et celle de Guercif - Taza l'année d'après.

Outre ces diverses voies civiles, il convient de faire état d'autres lignes à caractère spécial ou à usage particulier desservant en particulier des mines et qui vont s'ajouter au réseau programmé initialement.

[1] « Compagnie des Chemins de Fer Paris-Lyon-Méditerranée », « Compagnie des Chemins de Fer du Paris-Orléans » et « Energie Electrique du Maroc ».

Paragraphe 6 : Les lignes minières dites « spéciales »

La construction d'une ligne de chemin de fer d'Oujda à Bou Arfa pour desservir les nombreuses mines du Maroc Oriental (manganèse de Bou Arfa, charbon de Jerada, plomb de Sidi Boubker, plomb et zinc de Bou Dahar, etc.) sera décidée en 1927. La concession fut accordée à une société comprenant la « Compagnie des Chemins de Fer du Maroc » et la « Société des Mines de Bou Arfa », société qui prit le nom de « Compagnie des Chemins de Fer du Maroc Oriental ». La ligne, prévue d'abord à voie à petit écartement, puis à voie métrique, fut finalement construite avec un écartement de cent quarante-quatre centimètres et put être ouverte à l'exploitation sur tout son parcours quelques années plus tard. Son prolongement vers Bou Denib, par Aïn Chair, fut envisagé, et les études du tracé furent exécutées, mais la construction en a été différée à la suite de l'arrêt de l'exportation des minerais de cette région résultant de la baisse des cours suite à la crise économique mondiale. À la dernière conférence nord-africaine, on avait envisagé de faire du port algérien de Nemours le débouché méditerranéen de la zone orientale marocaine, en particulier pour l'exportation des minerais de manganèse, de plomb, de zinc, etc., projetant en conséquence de relier Oujda à ce port par un chemin de fer à voie normale[1].

À la même époque, en prévision de l'exportation des phosphates de la région de « Louis Gentil » (Youssoufia), le Protectorat décida la construction d'une ligne à voie normale se branchant à Ben Guérir sur la ligne Casablanca - Marrakech et aboutissant au port de Safi. La concession de ces deux lignes fut accordée à la CFM par une convention[2]. La même compagnie procéda à une étude sommaire de la première ligne, mais deux ans après, à la suite d'un accord intervenu entre les administrations de l'Algérie, du Maroc et de la France, l'Algérie fit construire, à ses frais, l'embranchement actuel qui part de la gare- frontière de Zouj-el-Beghal. La seconde ligne, concernant Ben Guérir à Safi, a été mise en situation d'exploitation provisoire cinq ans plus tard, qui servit principalement à transporter au port de Safi les phosphates de « Louis Gentil ».

---

[1] En juillet 1928.
[2] Approuvée par dahir en novembre 1929.

De manière résumée, le réseau C.F.M. s'est ainsi développé sur une longueur de mille cent kilomètres à laquelle il convient d'ajouter la ligne C.M.O. de Bou Arfa, soit donc au total mille quatre cents kilomètres environ. Un autre type de rails été substitué aux rails anciens sur tous les parcours électrifiés ou en cours d'électrification, comme celui d'Oued Zem-Sidi el Aïdi et Marrakech-Casablanca-Port Lyautey-Petit Jean, à l'instar de la ligne de Fès-Oujda entièrement équipée en rail sur traverses métalliques.

Les importantes gares réalisées ont été celles de Casablanca, de Rabat, de Port-Lyautey, d'Oujda, de Taza, de Marrakech et de Sidi el Aidi. La ville de Casablanca comptera quatre gares dont une maritime, avec des voies établies sur les quais d'accostage des paquebots, comme à Tanger, et une grande gare de triage avec le plus important dépôt du réseau et des ateliers centraux puissamment équipés. Le réseau possédait des parcs et des dépôts secondaires à Port-Lyautey et à Oujda. Dès le début de la construction des premières lignes à voie normale, l'électrification de la plupart d'entre elles avait été envisagée en raison de l'absence de combustible local ainsi que de la mauvaise qualité de l'eau d'alimentation souvent en quantité insuffisante pour les besoins des locomotives à vapeur.

L'électrification du chemin de fer était devenue d'autant plus indiquée qu'elle permettait, en la conjuguant avec l'électrification générale du pays, d'accélérer une mise en valeur de ressources hydrauliques. La traction électrique a été ainsi mise progressivement en service entre 1927 et 1939 pour la moitié des lignes, concernant quelque sept cents kilomètres. Le chemin de fer ne produisait pas lui-même son courant électrique, mais le recevait à travers ses sous-stations de traction relevant de EEM qui se chargeaient de la production et du transport de l'énergie pour le chemin de fer comme d'ailleurs pour les besoins des régions traversées.

Le Protectorat aura ainsi doté le pays d'un équipement ferroviaire moderne, aux normes techniques récentes alors au cours de la première moitié du XXe siècle, certes répondant d'abord aux besoins prioritaires de la pénétration militaire, de la « pacification » et de la colonisation, tout en accélérant accessoirement les échanges des personnes et des biens dans un pays naguère démuni de voies de communication les plus élémentaires.

L'apport des nouvelles voies de communication et nouveaux moyens de transport eut des effets réels sur la vie économique et sociale des populations marocaines, même s'ils n'avaient pas été spécialement conçus ni mis en œuvre pour elles. Les routes récemment ouvertes dans les différentes régions, les autocars, les camions, les trains les sillonnant à leur tour ont facilité des déplacements qui auparavant, à pied ou à dos d'ânes, accaparaient beaucoup de temps et causaient aussi beaucoup de fatigues. Les déplacements pouvant être plus lointains que par le passé et mieux sécurisés, par tous temps ou presque. Le Tafilalet ou le Sous se trouvant désormais à quelques heures de Casablanca ou de Marrakech. Les coûts de transport relativement réduits vont favoriser une activité commerciale plus régulière en lieu et place de souks hebdomadaires.

De nouveaux centres mi-ruraux et mi-urbains, inexistants avant le Protectorat, se sont constitués aux jonctions et carrefours des grandes voies de communication comme dans le cas de khemisset, de Tiflet ou de Souk l'Arbaa du Gharb (M.W.Mikessel, 1938). Le transport de marchandises à dos de chameaux, de mulets ou d'ânes a été progressivement dépassé par l'usage de charrettes ou de toits d'autocars, et certains marchands commençaient à recourir au service des camions pour leurs besoins. Des « fondouks », anciens entrepôts, perdirent de leur importance avec le déclin-disparition rapide des caravanes antérieures entrainant une baisse de la valeur marchande du chameau.

Le métier de transporteur demeurant relativement fermé aux Marocains, à quelques exceptions près, n'empêcha pas certains d'acquérir des voitures particulières. Quelques propriétaires parmi eux prirent le risque d'exercer sans autorisation sur certains tronçons répondant au besoin de transport de populations rurales à des tarifs plus appropriés à leurs faibles revenus, ceux pratiqués par exemple sur ses autocars par la Compagnie des Transports du Maroc (CTM) pouvaient être considérés alors comme prohibitifs et même discriminants[1].

[1] Cela favorisait une sélection des passagers, accessibles aux personnes pouvant payer des tarifs élevés et excluant la grande masse.

La réalisation concomitante de deux grands réseaux de communication, en l'espace de deux à trois décennies, dans un pays encore économiquement arriéré, allait faire apparaitre un « sur dimensionnement » évident, se manifestant notamment dans la pratique par une concurrence rail-route jugée dommageable au premier, et requérant des subventions publiques régulières en sa faveur. En dehors du transport des minerais, du phosphate en particulier, dont dépendait le rail, l'essentiel de l'activité de transport de marchandises et de passagers allait continuer de s'effectuer sur les routes. Les périodes de dépressions et de baisses de flux transportés entre les Deux Guerres furent encore plus déficitaires pour le chemin de fer, en raison de la mévente cyclique de minerais et de coûts élevés. Soucieuses de venir en aide à la société des chemins de fer, les autorités du Protectorat eurent recours à des initiatives réglementant le l'activité de transport par route, en vue d'une recherche de « rationalisation » devenait complexe de deux modes de transport aux coûts nettement différenciés.

Des mesures administratives restrictives seront ainsi adoptées par le troisième Résident général, Lucien Saint, pour réglementer rigoureusement le transport routier, ainsi que la création d'un Office Général des Transports pour discipliner l'activité des camions, mais n'eurent dans l'ensemble que des effets limités sur le sort de la compétition route-chemin de fer[1]. Même le transport routier, de passagers en particulier, commençait à se ressentir des effets d'une vive concurrence, entraînant l'administration à favoriser la Compagnie des Transports du Maroc (CTM), propriété d'un groupe privé, et même à lui allouer une « subvention » pour compenser un manque à gagner causé par un prétendu transport clandestin assez actif (M.Bousser,1934,p.112)[2].

---

[1] Entre 1929 et 1933.

[2] La Compagnie des Transports du Maroc (CTM), à l'origine du groupe Omnium Nord Africain, ONA, était liée au l'ensemble-Paribas, et bénéficiait déjà d'un quasi-monopole de transport passager sur les principales routes du Maroc, mais désirait évincer l'autre concurrent, la société espagnole Valenciana par une guerre des tarifs.

Section 3 : L'électrification du Maroc

Si le courant électrique a commencé à devenir une réalité en Allemagne, en Suisse et en France de la deuxième moitié du XIXe siècle, une grande partie du Maroc continua longtemps à s'éclairer encore à la bougie et à la lampe à huile jusqu'à la veille de la Deuxième Guerre. Certes, dans le processus de modernisation général du pays, l'électrification a constitué à son tour une avancée incontestable, favorisant une activité économique efficace par un meilleur rendement et permettant une vie sociale simplifiée et sécurisée[1]. Au début, les installations électriques ne furent que des équipements de fortune, réalisées avec des moyens de production rudimentaires, en particulier des moteurs à gaz pauvre, utilisant le charbon de bois produit dans le pays. Tout était à créer dans les premières années du Protectorat. Mais, seule une partie limitée du pays a pu ainsi bénéficier des avantages de certaines découvertes de la science et de la technologie modernes relatives à l'électricité.

Paragraphe 1 : La société « Energie Electrique du Maroc » (EEM)

Après la Première Guerre, la construction de voies ferrées à écartement normal changea l'aspect du problème. Leur électrification fut décidée, avec, pour corollaire, l'utilisation des ressources hydrauliques du pays et l'établissement d'un réseau de haute tension. Une entité, organisée en forme de syndicat, fut formée pour l'étude des ressources hydrauliques. Leur mise en valeur devait permettre la production de l'énergie électrique nécessaire à la traction des trains et à l'alimentation des villes, dans des conditions particulièrement intéressantes et en évitant au pays d'être tributaire des approvisionnements en combustible. Dans ce but, la Compagnie des Chemins de fer du Maroc, en liaison avec la direction générale des Travaux Publics, envisagea la transformation du syndicat formé pour l'étude des ressources hydrauliques en une société de production et de

[1] Qui ne se rappelle, dans un autre contexte historique, qu'à la même époque le slogan de V.O. Lénine, au lendemain de la révolution russe, avançant par exemple que le communisme signifiait le pain plus l'électricité. On pouvait ainsi parler d'une véritable révolution que cette introduction de l'électricité au Maroc entrainant une nouvelle dynamique dans tout le pays, même si l'objectif premier était de servir les intérêts de la pénétration militaire de la France au Maroc.

distribution d'énergie électrique. Une convention de concession fut étudiée et signée à cet effet, donnant naissance à la société dénommée « Energie Electrique du Maroc », en 1923 (EEM). Cette société allait rapidement mettre en place de puissants moyens de production à travers un réseau de distribution s'étendant de Marrakech à Fès et complétés dans le Maroc Oriental par un réseau indépendant.

La nécessité de fournir dans un court délai l'énergie nécessaire à l'électrification d'une partie des chemins de fer et à l'alimentation de l'exploitation minière de l'Office Chérifien des Phosphates(OCP), l'urgence qui se faisait sentir, devant le développement rapide des villes marocaines, de parer à l'insuffisance des premiers moyens de production, devaient entrainer EEM à aménager tout d'abord une usine génératrice thermique à Casablanca, principal centre de consommation d'énergie et point d'arrivée des charbons, dont la puissance devait être, ensuite, augmentée du tiers[1].

En même temps, cette entreprise établissait les premières lignes de transport de force sur Rabat et sur les exploitations minières de l'OCP à Khouribga. Elle acheva aussi l'étude de l'usine hydro-électrique de Sidi Saïd Maâchou et en a commencé la construction. Poursuivant alors son programme de liaison avec les usines génératrices locales du début, le groupe étendit son réseau jusqu'à Marrakech, d'une part, Port Lyautey, Meknès et Fès, d'autre part. Les usines locales furent rachetées ou affermées et, dans les centres ainsi desservis, la société put faire face alors à la totalité de la demande en énergie électrique, la distribution étant assurée par les concessionnaires devenus les clients.

La progression de la demande d'énergie devenait telle que la société a été amenée à prévoir la construction rapide de nouvelles usines. C'est ainsi qu'elle réalisa les usines hydro-électriques d'El Kansera du Beht, de Fès aval, mises en service en 1935, de Kasbah Zidania, sur l'Oum Errebia, mise en service la même année, et celle de Lalla Takerkoust, au pied du barrage de l'oued N'Fis, en fin de cette étape. De onze millions de kilowatts-heure dix ans auparavant, les ventes annuelles d'électricité étaient passées à près de cent trente millions de kilowatts-heure à la fin du Protectorat. Cette progression fort rapide nécessita de nouveaux aménagements, entrainant la

[1] De 21.000 kVA.

construction sur l'Oum Errebia, à soixante kilomètres à vol d'oiseau en amont de l'usine de Sidi Maâchou, d'un barrage et d'une nouvelle usine hydro-électrique. Au fur et à mesure de la mise en service des centrales nouvelles, le réseau de haute tension a été étendu et a pu assurer l'alimentation de nouvelles villes et de nouvelles exploitations industrielles et agricoles.

Indépendamment des installations particulières du Maroc oriental et de la région du Sous, la nouvelle société a organisé l'alimentation des villes de Casablanca, Fedala (Mohammedia), Rabat, Port Lyautey, Meknès et Fès au Nord , d'Azemmour, de Mazagan, Settat, Safi et Marrakech au sud, les régions agricoles du Gharb, des Zenâta-Fedala, de la banlieue de Marrakech et des Béni M'tir. Elle a pourvu également à l'essentiel des besoins industriels, en assurant la traction des Chemins de fer du Maroc, de Marrakech à Fès et de Khouribga à Casablanca, l'alimentation des divers centres miniers (phosphates de Khouribga et de Louis-Gentil, pétroles dans le Gharb, mines de molybdène d'Azgour, mines de fer d'Aït Amar et des entreprises manufacturières.

Le réseau ainsi mis en place comprenait alors environ mille deux cents kilomètres de lignes à soixante mille volts, quelque quatre cents kilomètres de lignes au tiers ce voltage et d'autres à moindre puissance, en plus de certaines installations qui ont été ainsi progressivement réalisées. Devant une extension relativement rapide des principaux centres urbains, l'entreprise se préoccupa de mettre à la disposition des commerçants et des industriels une énergie électrique régulière, dont la distribution fit l'objet de concessions accordées par l'administration d'abord dans les villes de Fès, de Rabat et de Casablanca, puis de Safi, de Marrakech, de Mazagan, de Port Lyautey et de Meknès dans un deuxième temps.

Dans chacune de ces villes, l'octroi des concessions entraîna l'installation de petites usines hydro-électriques ou de centrales à moteur Diesel et la construction de réseaux. La liaison de ces divers urbains par un réseau à haute tension et l'installation d'usines génératrices importantes ne pouvait pas, alors, être envisagée en raison des distances considérables séparant les points d'utilisation sans aucune possibilité de vente d'énergie dans l'intervalle.

Paragraphe 2 : L'architecture du réseau de distribution

L'architecture générale du réseau devait prendre en considération les particularités géographiques, régionales et économiques des conditions de distribution dans un pays neuf. La nécessité de relier entre elles des centrales souvent très éloignées a amené à faire remplir pour la plupart des lignes le double rôle de transport de force et de distribution. La tension de service à adopter devait donc être suffisamment élevée pour diminuer les pertes en ligne, assurant le transport d'énergie au centre important de consommation que devenait cette future grande ville de Casablanca progressivement ainsi que l'alimentation de la sous-station des Chemins de fer de Sidi el Aidi.

Connu sous l'appellation de réseau occidental, il comprenait ainsi près de mille cinq cents kilomètres de lignes à différents voltages.En plus des postes de transformation et de coupure montés à côté de chacune des centrales déjà signalées, Sidi El Aïdi, Mechraâ ben Abbou, Ben Guérir, Louis-Gentil, Khouribga, Port-Lyautey, Sidi Slimane et Petit- Jean dispoaient quant à eux de en disposant de postes de coupure et de distribution. La société fut amenée à étudier aussi peu après sa création l'alimentation en énergie électrique des deux pôles opposés du pays, le Maroc Oriental et la vallée du Sous. Ne pouvant pas envisager immédiatement de liaison de ces deux contrées éloignées à son réseau principal, elle installa dans les villes d'Oujda et d'Agadir des centrales à moteurs Diesel qui n'assurèrent tout d'abord que les besoins locaux, puis, alimentèrent des lignes à haute tension rayonnant dans les régions avoisinantes.

Dans cette même partie occidentale, il était aussi prévu la construction d'une importante centrale hydro-électrique sur l'Oum Er Rebia, à quinze kilomètres à l'aval de Mechraâ ben Abbou à Im'Fout. Cet aménagement permettait, d'une part l'alimentation d'un canal d'irrigation destiné à desservir près de cent cinquante mille hectares de terres dans la région des Abda, entre Mazagan et Safi, et, d'autre part, l'utilisation par EEM, pour sa production de force motrice, d'une chute de trente-huit mètres d'un débit moyen de soixante à quatre-vingts mètres cubes.

Les installations de production d'énergie électrique au Maroc Oriental ont été concentrées dans la centrale Diesel d'Oujda mise en service en 1929, dont la puissance installée à l'origine se révéla vite insuffisante et n'a cessé, depuis cette époque, de subir des extensions. Le poste comprenait deux départs haute tension desservant, l'un une ligne Oujda-Martimprey-Berkane, l'autre une ligne Oujda-Guenfouda-Jerada[1]. La première, d'un intérêt agricole, a été prolongée en son point terminus par un réseau serré de lignes de distribution, desservant la riche région des fermes coloniales dans les Triffa, ainsi que la région balnéaire de Saïdia ; la seconde, d'un intérêt surtout minier a alimenté, à Guenfouda et à Jerada, les mines locales de charbon, et une dérivation qui desservit près de la frontière algérienne, les mines de plomb de Touissit et de Bou Beker.

L'usine d'Oujda sera progressivement transformée en une centrale à vapeur moderne, et rendue possible par la mise en exploitation, à cinquante kilomètres d'Oujda, des minerais d'anthracite de Jerada. Une première réalisation a consisté dans l'installation d'un groupe vapeur et de la chaufferie correspondante. L'installation fonctionnera au charbon pulvérisé obtenu en utilisant les invendables du carreau de la mine, ce qui constituera un gain précieux au niveau des coûts de production.

Parallèlement, EEM installait à Agadir une petite centrale à moteur Diesel dont la puissance a suivi l'extension d'une ville encore naissante et se décomposait de trois groupes alternateurs de la même marque. Les alternateurs alimentaient un départ vers la ville d'Agadir, un autre vers les chantiers du port en cours, et un dernier sur une ligne à haute tension, construite pour fonctionner ultérieurement, d'une longueur de dix kilomètres, desservant la région agricole environnante et le centre d'Inezgane[2].

Paragraphe 3 : L'électrification des campagnes

Elle se fera de façon sélective en s'intéressant en priorité aux futurs périmètres de colonisation française et aux zones minières potentielles. Le développement de la riche région de Mechraâ bel Ksiri et de Souk

[1] Martinprey correspondait à la localité d'Ahfir dans l'Oriental.
[2] Dès 1930.

el Arbaâ a conduit à réaliser, à travers ces contrées, la liaison au réseau général des centres de la région jusqu'à la ville d'Ouezzane. Ils étaient jusqu'ici desservis par de petites centrales locales équipées en moteurs Diesel. Une antenne devait être poussée le long du cours de l'Oued Sebou et, vers l'ouest, à partir de Mechraa bel Ksiri jusqu'à hauteur de Bir el Moghrane, afin de desservir sur son trajet les nombreuses exploitations agricoles qui y sont installées. Ces travaux comportaient la construction d'environ deux cents kilomètres de lignes à partir de Petit-Jean.

En outre, des prospections très poussées ont été faites par les services techniques de la société dans la vallée du Beht, entre l'usine d'El Kansera et Sidi Slimane et devaient donner lieu à la réalisation d'une ligne de distribution desservant les exploitations agricoles existantes. Il y avait ensuite le Grand Atlas, au sud de Marrakech, considéré comme riche en minerais, car il possèderait, dans le massif de l'Inini, sur son versant sud et le long de la route d'Ouarzazate, un gîte important de manganèse requérant une force motrice pour son exploitation.

Cependant, le Maroc dans son ensemble restait encore un pays principalement rural et agricole, possédant de vastes étendues de terrains propres à une culture destinée aux industries. Aussi, dès 1928, un essai d'électrification rurale était-il tenté dans la zone maraîchère des Zenatas, située en bordure de la mer, entre Casablanca et Fédala. Un réseau serré de lignes pour la force motrice et pour l'éclairage a été aménagé et la force ainsi mise à la disposition des colons était utilisée principalement pour les pompages leur permettant de cultiver des légumes primeurs destinés aux marchés français et étrangers. Des essais de labourage électrique furent même tentés et couronnés de quelques succès. Le caractère encourageant des résultats obtenus, des efforts seront déployés pour étendre un peu plus cette électrification rurale. Au cours de la période entre les Deux Guerres, des réseaux à haute tension avec lignes secondaires à basse tension allaient concerner les principales régions agricoles relativement riches. Il en a été ainsi du Zenâta, au nord de Casablanca, des Triffa dans le Maroc Oriental, entre la mer et les monts de Béni Snassen, de Sidi Slimane, de la plaine des M'Tir, région de grosses cultures céréalières et vinicoles, au sud de Meknès, de Berrechid, de la plaine des Béni Moussa, sur la rive gauche de l'Oum Er Rebiaâ, de la Targa, dans la banlieue de Marrakech, centre d'agrumes, et d'Inezgane, à une dizaine de kilomètres au sud d'Agadir, propice aux cultures maraîchères.

À la veille de la Deuxième Guerre, le développement de la production électrique se faisait parallèlement à l'expansion des villes, des industries, des transports et de la colonisation agricole. Dans cet effort, EEM a pu poursuivre l'extension du réseau électrique dans des conditions relativement rationnelles puisque l'énergie électrique qui lui était nécessaire provenait alors pour les quatre cinquièmes de ses ressources naturelles et que selon les prévisions faites alors, celles-ci suffiraient à faire face aux besoins totaux à moyen terme, ceux des Marocains musulmans furent alors sous-estimés.

Section 4 : L'hydraulique et la politique de l'eau

La disponibilité limitée de l'eau dans un pays où les précipitations sont irrégulières et peu adéquates fera que cette importante ressource sera intégrée au domaine public et son usage strictement contrôlé par les services techniques du Protectorat dans les régions progressivement pacifiées[1]. L'eau a été très tôt proclamée propriété publique. La « Caisse de l'Hydraulique Agricole et de la Colonisation », sera ainsi créée au début de l'occupation française, pour coordonner l'irrigation et la construction de barrages, mais les premiers grands travaux auxquels elle contribuera ne seront exécutés en fait en 1929, dix-sept ans après l'établissement du Protectorat (J.Halstead, p.81).

L'action du Protectorat en matière hydraulique a cherché à la fois à créer une législation des eaux adaptée aux règles du marché, à accroitre la dotation en eau au profit des exploitations de colons, à améliorer la distribution des eaux en bétonnant les séguias et en régularisant le débit des oueds par les premiers barrages modernes (P.Pascon, t.2, p.494)[2]. L'image d'une « administration alors pur instrument des colons ou simple exécutante d'un projet impérial arrêté en haut lieu serait caricaturale, schématique et même erronée ».

---

[1] Le dahir du 1er juillet 1914 proclama l'eau propriété publique.

[2] L'auteur, ancien directeur d'un office régional agricole après l'indépendance, celui du Haouz, avait longtemps et méthodiquement étudié la question des terres, de l'eau et de la petite hydraulique en particulier.

Les principaux aménagements entrepris dans ce qui sera considéré comme étant le « Maroc utile », selon l'approche du Protectorat, donnent un aperçu d'une conception rationnelle et pragmatique des problèmes d'irrigation et de préparation du terrain en particulier à l'établissement de la colonisation française. Mais la question allait devenir plus large, surtout en vue de maintenir des possibilités d'habitat humain dans des régions sèches qui avoisinaient l'immense désert dont la poussée se faisait sentir déjà jusqu'aux contreforts Sud de l'Anti-Atlas et du Grand Atlas, au vu des conclusions de quelques études hydro agronomiques précédemment engagées.

La place de l'eau était jugée à juste titre cruciale dans tout développement du pays et imposait des choix, surtout que le débit des eaux qui descendaient des montagnes était vite absorbé par les alluvions. Suivant la pluviométrie, le cours superficiel de ces oueds se prolongeait plus ou moins jusqu'à des zones d'épandage qui ne sont atteintes que lors des grandes crues. En période de sécheresse prolongée, ce cours superficiel disparaissait et on ne pouvait plus compter pour maintenir la vie que sur les eaux souterraines d'infiltration qu'il fallait reprendre à l'aide de puits ou de « rhétaras »[1]. Depuis la fin de 1937, une année particulièrement sèche, un grand effort sera entrepris dans les régions du Draâ et du Tafilalet pour améliorer quelque peu leur situation. La réalisation de ce programme d'irrigation avait enregistré de sérieuses lacunes techniques avec des incidences sur la productivité des terres, les canaux d'irrigation et d'amenée d'eau furent insuffisants pour couvrir davantage de superficies irrigables ainsi que l'amélioration de la petite irrigation (R.Dumont, p.18). Souvent l'absence d'un plan économique d'ensemble parait justifier l'idée de considérations plutôt politiques dans la stratégie adoptée par les aménageurs entre les Deux Guerres (P.Pascon, p.504).

La croissance démographique du Maroc allait exiger de trouver des ressources alimentaires additionnelles dans le pays par une augmentation des rendements dus à de meilleures façons culturales et surtout à un développement plus grand et plus rationnel de l'irrigation. Les régions où les possibilités d'irrigation se présentaient avec des

---

[1] Une « rhettara » représente un système traditionnel d'irrigation souterraine utilisée dans les zones pré-sahariennes.

chances de rendement maximum étaient celles où des terres cultivables, de bonne qualité, se trouvaient à proximité de fleuves ou rivières, à débit pérenne. La solution radicale à la précarité et la variabilité des ressources en eau étaient à trouver, bien entendu, dans l'édification de barrages accumulateurs des hautes eaux d'hiver, pour les utiliser en été, comme dans le cas du premier ouvrage du Protectorat sur le Nfis en 1929, celui dit de Cavagnac[1].

La gestion d'une eau rare par les services techniques allait se concentrer sur celles des régions jugées appropriées à un meilleur établissement des colons et accessoirement aux besoins du reste du monde rural. Certaines seront retenues comme prioritaires pour bénéficier de l'équipement hydraulique requis et éclairant encore mieux la répartition des colons à travers le pays.

Les plaines du Bas-Sebou et du Gharb

De loin jugée une des plus riches pour l'activité agricole, cette région est traversée par le Sebou et ses deux principaux affluents, l'Ouergha et le Beht. Ce dernier allait être aménagé par un barrage de retenue édifié à El Kansera, entre 1931 et 1934, et toute l'importante région comprise entre le Beth et le R'Dom dans la région de Sidi Slimane, à l'initiative de Steeg proche des milieux économiques, et bénéficiera d'une irrigation méthodique. Le canal principal comme le barrage réalisé par la Société Générale d'Entreprise et devait commander une zone de près de trente mille hectares d'excellentes terres où se développent des réseaux d'irrigation secondaires et tertiaires deux décennies après l'établissement du Protectorat, et les premiers résultats ont été encourageants[2]. La région de Sidi Slimane, qui était, jusque là sèche, aride et se prêtant à quelques modiques cultures de céréales, tendait allait devenir de plus en plus un centre de culture fruitière, spécialement d'agrumes et l'une principales et riches zones de colonisation. Le coût des travaux effectués furent jugés excessifs, dans la mesure où ils on dépassé de cinq fois le prix initial (M.Knight, p.104).

---

[1] Appelé Lalla Takerkoust après l'indépendance.

[2] Construit entre 1927 et 1935.

Les travaux entrepris sur le Sebou et l'Ouergha devaient être importants, avec le double but, préserver d'abord des inondations qui étaient le fléau du Bas Sebou, et assurer l'irrigation de toute la plaine alluvionnaire soit près de deux cent mille hectares s'étendant de Petit-Jean à Souk el Arbaâ, puis à Port Lyautey. La difficulté consistera à trouver l'emplacement pour de grands barrages de retenue dans le bassin moyen du Sebou et dans celui de l'Ouergha, en raison du fait que les rives étaient partout argileuses. La protection des riches plaines du bas Sebou pourrait être assurée ainsi que leur irrigation en été.

Le barrage de M'Jara sur l'Ouergha sera le premier à devoir être construit bien ultérieurement au Protectorat, avec une hauteur de près de cinquante mètres, permettant d'emmagasiner jusqu'à deux milliards de mètres cubes d'eau. Avec une telle réserve, qui pourrait être presque doublée ultérieurement par la retenue d'un barrage sur Melaïna, les possibilités d'irrigation de toute la plaine du Gharb, seraient garanties et que cette région deviendrait susceptible de fixer une grande partie de la population marocaine flottante. La réserve accumulée permettrait même ultérieurement d'envoyer des eaux dans le Sud, jusque dans la plaine de la Chaouia, qui, ne possédant pas de rivières pérennes, n'a pas d'autres moyens de faire de la culture irriguée en grand.

Les services techniques de la Caisse d'hydraulique considéraient que c'était une œuvre de longue haleine, qui entraînera d'importants frais de premier établissement. Mais, il y avait là un domaine d'action considérable, et une œuvre susceptible d'enrichir le pays dans une proportion qui justifierait largement l'importance de la dépense. Un vaste projet qui allait être réalisé tardivement en fait.

La région de Fès et de Meknès

C'est une des régions où la colonisation avait pris son plus grand essor. L'irrigation y était pratiquée depuis longtemps, et l'effort du service de l'hydraulique ne pouvait se porter que sur l'amélioration des procédés d'arrosage, son extension, une juste répartition des eaux et la réduction éventuelle du gaspillage.

La tendance générale dans cette région, où il y avait déjà un nombre considérable de séguias autochtones en terre, était de les remplacer par des canaux bétonnés. Des assainissements de marécage ont d'autre part permis d'augmenter les débits de certains oueds. Enfin, il a été procédé à la rectification du cours de l'Oued Fès, ce qui présentait pour la ville de Fès le triple avantage d'en assainir les abords, d'augmenter le débit disponible dans l'intérieur de la ville, et de renforcer ainsi la puissance des deux unités hydro-électriques construites sur la rivière, l'une en amont, l'autre en aval de la ville.

La plaine du Tadla

Le barrage de Si Maâchou sera le deuxième grand ouvrage à être construit au Maroc par une société française, pour fournir de l'eau potable et de l'énergie électrique[1]. Dans la région de Kasbah Tadla, l'Oued Oum-Errebia avait un débit d'étiage de quinze mètres cubes par seconde, entièrement affecté à l'irrigation de la plaine des Béni Amir sur la rive droite du fleuve. Les travaux comportant un barrage de dérivation de cinq mètres de hauteur à Kasbah Tadla même, un peu en amont du pont, puis un canal de dérivation qui suivra d'abord la rive de l'oued, puis le traversera en siphon à hauteur de Kasbah Zidania, pour devenir enfin sur la rive droite un canal de distribution principal dans la plaine des Béni Amir, dominant une zone de plus de cinquante mille hectares, en grande partie composée d'excellentes terres se prêtant fort bien à l'irrigation et donc à l'implantation de fermes de colonisation. Le canal de rive gauche a été prolongé jusqu'à Kasbah Zidania. Cependant, la conception suivie pour une telle construction de canaux s'avère avoir été à l'origine d'importants investissements à faibles effets d'extension sur les possibilités et superficies de terres pouvant être encore irriguées et qui auraient pu profiter également aux paysans marocains (R.Dumont, 1949, p.9).

Le canal principal d'irrigation sera ainsi construit sur une trentaine de kilomètres, dont les travaux devaient entrainer un début de prospérité pour une région encore déshéritée jusque-là, mais seuls quelques rares agriculteurs marocains figureront parmi les bénéficiaires. Si les petits affluents de l'Oum-Errebia descendant du Moyen Atlas pouvaient à leur tour être aménagés pour l'irrigation,

---

[1] La Société Générale d'Entreprises, une entreprise de génie civil et de construction a construit l'ouvrage en 1939.

mais de plus il sera possible d'irriguer, par un canal partant de Kasbah Zidania, la plaine des Béni Moussa, située sur la rive gauche du fleuve. Cela constituera une nouvelle zone de bonnes terres, et d'une superficie presque identique, pouvant être mis également en valeur pour de futurs colons. L'ensemble des réseaux Béni Amir et Béni Moussa couvrira ainsi plus de cent mille hectares de terres fertiles. Le Tadla était ainsi bien placé pour devenir une région agricole de premier ordre et pouvant éventuellement faire stabiliser une partie des populations des territoires au sud de l'Atlas que le manque d'eau obligeait souvent au nomadisme.

La plaine des Abda-Doukkala

Bien que peu propice à l'installation de nouveaux colons en raison de la forte densité démographique qui la caractérisait, la région se distinguait aussi par son potentiel en eau. À quinze kilomètres de Mechraâ ben Abbou, à Im'Fout, se trouvait un emplacement permettant de construire un important barrage, pouvant emmagasiner près de dix milliards de mètres cubes d'eau, et qui seraient dérivées sur la rive gauche de l'Oued vers les Doukkala pouvant intéresser alors environ cent cinquante mille hectares de terres, dont la majeure partie était constituée par des alluvions profondes et jugées appropriées aux cultures irriguées.

Mais la construction d'un tel ouvrage devait exiger du temps, le débit d'étiage disponible sur l'Oum-Errebia, après avoir satisfait les besoins du Tadla, pouvait être encore suffisant selon les évaluations techniques faites en vue d'entreprendre la construction d'un barrage-réservoir. Toutefois, il y avait intérêt dès le début à relever le plan d'eau jusqu'à la cote maximum permise par le pont sur la route de Mechraâ ben Abbou.

Un premier barrage de trente mètres de hauteur environ pouvait être ainsi construit, en surélevant le grand ouvrage, qui sera conçu dans cette hypothèse de surélévation nécessitant le déplacement de la route et de la voie ferrée. Un deuxième canal devait partir en contrebas du barrage, toujours sur la rive gauche, pour irriguer une zone de plaines fertiles situées à une cote supérieure à celle du premier canal. Les irrigations pouvaient également s'étendre à une nouvelle zone encore plus haute, en refoulant par pompages l'eau aux endroits convenables. Par ailleurs, la réserve constituée par le barrage définitif ne devait pas être entièrement utilisée pour les irrigations, permettant ainsi aux centrales hydro-électriques installées de continuer à fonctionner de nombreux mois dans l'année, voire l'année entière. Autant de projets signalant l'importance du potentiel agricole de la région.

La plaine du Haouz

Le bassin du Tensift, formé par les rivières du versant nord du Grand Atlas, n'offrait pas la même abondance en eau d'irrigation que les régions précédentes, et ne fut pas d'ailleurs une grande terre d'élection de la colonisation française. Ces rivières, dès leur sortie de la montagne, s'infiltraient peu à peu dans leurs propres alluvions et n'arrivaient superficiellement à leur émissaire principal qu'en période de fortes crues. Or dans le Haouz, la terre ne présentait aucune valeur si elle ne pouvait être irriguée. Le procédé employé par les cultivateurs marocains consistait soit à aller prendre les eaux de rivières à leur sortie de la montagne et à les amener par de longues séguias en leur lieu d'utilisation, soit à récupérer l'eau infiltrée dans le sous-sol à l'aide de « rhétaras ».

Les efforts des mêmes services consisteront à perfectionner les procédés employés par les paysans locaux en réfectionnant les grandes séguias de prise en montagne, et en les bétonnant au fur et à mesure des disponibilités financières, et en créant de grandes unités collectives destinées à se substituer peu à peu aux quelque quatre cents « rhétara » qui demandaient un entretien considérable et difficile à réglementer. Quelque six grands ensembles ont été ainsi construits notamment à Targa, à Aguedal non loin de Marrakech, à Mesfioua et à El Kelaa Sraghna. La colonisation y était plutôt limitée jusqu'à la réalisation du petit barrage de Cavagnac sur le N'fis qui autorisera l'aménagement d'une zone irriguée au profit des Européens nouveaux venus, à partir des années 1935-1936 par un essai de réduction de 30% de son débit. Le choix de cette rivière en premier tiendrait davantage et surtout à son rythme des plus irréguliers[1]. Un autre projet de barrage a été étudié sur l'oued El Akhdar, pouvant permettre un supplément d'irrigation de quelque dix mille hectares environ. Les barrages-réservoirs avaient pour but d'éviter ces pertes et de permettre une répartition améliorée. Dans la région, les grandes rhétaras collectives

[1] Du nom d'un ingénieur des ponts et chaussées alors responsable de la région. Barrage Lalla Takerkoust actuellement.

avaient comme but d'assurer une meilleure répartition si possible et une bonne utilisation des eaux souterraines. Le clan de Madani, celui de Thami Glaoui en particulier, ayant facilité puis servi l'occupation militaire française et l'établissement du Protectorat, devenant le principal représentant du Makhzen au sud du pays, y exerça un autoritarisme légendaire également sur une eau rare qui fut répartie selon leur bon vouloir (P.Pascon, pp.499-500).

La plaine du Souss

Le bassin du Souss était encore moins riche en eau que celui du Haouz-Tensift, et le programme de travaux hydrauliques dans cette région a été établi en vue d'empêcher les eaux du fleuve irrégulier de se perdre dans la mer. Pour atteindre ce but, il fallait d'abord arrêter les eaux de crues et en régulariser le débit, en vue d'utiliser aussi complètement que possible le flot ainsi régularisé visible ou souterrain.

Aussi les premiers travaux entrepris avaient-ils consisté en l'aménagement d'une séguia de crue, dite « Souïguia », qui répondait au double but de distribuer immédiatement aux usagers un certain débit, dès qu'il y a une crue, et d'enrichir par infiltration la nappe phréatique dans laquelle sont aménagés de nombreux puits. En même temps que ces premiers travaux, furent commencés ceux intéressant Aïn Sadok en vue d'exploiter la nappe souterraine descendant de l'Anti Atlas.

Enfin, l'aménagement de la séguia Freija, appelée à remplacer tout un réseau dans la région de Taroudant, a fait l'objet d'un projet. Ces quelques travaux de début, qui n'ont d'ailleurs été commencés qu'en 1934, ne constituaient qu'une faible partie du programme général de mise en valeur des ressources hydrauliques envisagé dans cette région.

La plaine des "Triffa" dans l'Oriental

Le problème de l'utilisation des eaux de la Moulouya était différent de celui des précédentes rivières, car ce fleuve ne présentait de possibilités importantes d'irrigation que dans la région de Guercif, et surtout dans la riche plaine des Triffas, au nord du massif des Beni Snassen. Sans négliger complètement les irrigations dans les environs, où les bonnes terres sont peu nombreuses, l'effort principal du Protectorat se portera sur l'irrigation de la plaine des Triffas. Un projet de barrage de retenue a été mis à l'étude, et sera d'abord envisagé à Mechraa Klila à l'entrée des gorges, et à un endroit où le fleuve formait la frontière entre les zones espagnole et française, pouvait aussi être réalisé entièrement en zone française, un peu plus en amont que l'emplacement initialement retenu. Quel que soit l'endroit arrêté après la mise au point des études qui étaient en cours, les eaux de la Moulouya après accumulation derrière le barrage pouvaient être dérivées pour irriguer la plaine des Triffas. Mais il était possible de commencer les travaux par le canal de dérivation avec une légère retenue permettant de l'alimenter qui devra d'abord franchir la région des gorges où de nombreux ouvrages d'art étaient prévus. De là il suivra le nord du massif des Béni Snassen, passera dans la région de Berkane qui est déjà l'objet d'une intense colonisation venant d'Algérie et sera poussé jusqu'à la frontière. Toute la plaine comprise entre les Béni Snassen et la mer, à l'exception de quelques dunes côtières, pouvait ainsi être irriguée, soit près de trente mille hectares.

Au terme d'une décennie de Protectorat, on comptait environ cent mille Européens installés au Maroc, et quelque cinq cents colons réellement établis dans de grandes fermes occupant près de trois cent quatre-vingt-dix mille hectares, car Lyautey demeurait encore exigeant sur les critères devant être remplis par les candidats-colons. Après le départ de celui-ci, de nombreux petits colons venant être remplis, mais depuis son départ des colons provenant d'Algérie avaient pu accéder de manière autoritaire à des terres jusque là protégées en principe par leur statut particulier et par la loi. Quelque quatre mille colons pouvaient être dénombrés lors du Gouvernement du Front Populaire en France, et six milles avant la fin du Protectorat, occupant environ huit cent quarante mille hectares, soit l'équivalent d'une ferme de deux cents hectares en moyenne et par colon (S.Roberts,1963,p.586)[1]. Il va de soi qu'il y avait aussi dans le tas plusieurs petits colons ne disposant pas de cette superficie moyenne, dont les fermes étaient fortement hypothéquées pour plusieurs d'entre eux auprès des banques françaises et réclamant constamment l'assistance et l'aide des autorités. La disponibilité en eau, et partant la fertilité des terres à travers les régions du pays expliquent évidemment la répartition géographique de la colonisation des terres sous le Protectorat.

---

[1] Roberts, Stephen H. « The history of French colonial policy, 1870-1925 », 2nd Edition, Hamden, Conn., 1963, p.586.

Section 5 : Les aménagements portuaires

Sans ports, il ne pouvait y avoir de « Porte ouverte » au commerce, et ce fut le message fondamental de la Conférence d'Algésiras. Avant l'occupation française, le Maroc ne possédait sur le millier de kilomètres sur la côte Atlantique que quelques criques à peine aménagées, aptes tout juste à abriter une dizaine de barques de débarquement ou de pêche. En moins de vingt ans, le pays allait être doté d'un ensemble d'infrastructures maritimes, allant de Port-Lyautey jusqu'à Agadir.

Les relations maritimes étaient, en effet, primordiales pour un pays dont la configuration géographique, aussi bien que l'état de désordre ambiant dans lequel il vivait avant la « pacification » française, avaient contribué à isoler du reste du monde extérieur. Par ailleurs, l'océan qui devait normalement servir de trait d'union naturel avec le monde extérieur était si dangereux le long de ces côtes atlantiques demeurées sauvages, battues d'un bout de l'année à l'autre par une forte houle, que les compagnies de navigation hésitaient souvent à y envoyer leurs navires (J.Goulven, 1937, pp.67-71).

Déjà, à la Conférence d'Algésiras, la question des ports, soit directement par la concession des travaux maritimes et l'organisation de la police, soit indirectement par les tarifs douaniers, dominait les autres aspects des négociations. L'aménagement de véritables ports utilisables allait logiquement s'imposer et devenir un objectif prioritaire du programme de la pacification du pays en vue de sa mise en valeur, car ceux désignés comme tels jusque là n'avaient de ports que l'appellation, se réduisant le plus souvent à une simple rade avec des barcasses qui assuraient le trafic avec des navires demeurant en haute mer (J.L. Miège, p.79)[1].

L'importance particulière de la houle sur la côte Atlantique du Maroc était loin d'être un simple détail technique, car en même temps qu'elle avait constitué pendant longtemps une sorte de barrage naturel face à certaines invasions étrangères, elle a aussi empêché une réelle et régulière ouverture sur l'extérieur. La nécessité d'organiser un service de prévision des houles s'est fait sentir dès le début du

[1] « Avant 1912, le Maroc n'était ouvert que par huit ports de nom.. » écrivait- il.

Protectorat, dont l'idée revient aux officiers de la Division Navale française qui stationnaient au Maroc avant la Première Guerre. Depuis, les houles devinrent fort méthodiquement prévues, sous l'égide du « Service de Physique du Globe et de Météorologie de France », et les renseignements qu'il a fournis allaient être appréciés à leur juste valeur, aussi bien des navigateurs que des ingénieurs qui avaient la charge de la construction et de l'entretien des ports. Trois de ces derniers, Casablanca, Port-Lyautey et Safi feront l'objet d'une attention particulière des services du Protectorat.

Paragraphe 1 : Le port de Casablanca

La future ville de Casablanca a été choisie comme une porte d'entrée de ce qui était alors encore appelé le grand empire français, comme en témoignent la rapidité et l'énergie avec lesquelles cette réalisation a été conduite par les nouvelles autorités françaises. Cependant, le développement du port et partant de la ville seraient dus en fait à un simple accident historique, dans la mesure où plusieurs agents européens exerçant dans l'importation et l'exportation de marchandises s'y trouvaient avant l'occupation française et leur nombre augmenta après l'arrivée des troupes françaises en 1907 dépêchées pour mater « l'insurrection » de cette ville, suite aux représailles et massacres perpétrés par l'armée française à Oujda en raison de l'assassinat inexpliqué du docteur Mauchamp à Marrakech[1].

Lyautey aurait ainsi pris en considération les intérêts de ce premier lobby des affaires et des intérêts commerciaux déjà présents sur place en entérinant de fait ce choix, mais une mauvaise option technique selon plusieurs observateurs, surtout que la commission française des ports avait marqué sa préférence plutôt pour El-Jadida comme principal centre portuaire futur du Protectorat (F.Joly, 1948, pp.119-148 ; J.Célerier, 1939, pp.131-153).

Le projet de l'emplacement du port de Casablanca avait été fortement controversé, voire combattu et jugé comme une entreprise audacieuse à risques dont la construction démarra au début du mandat

---

[1] Médecin, écrivain « ésotérique », voire « provocateur », selon certains rapports, le docteur Mauchamp a été assassiné dans la ville de Marrakech et allait donner lieu à un cycle de violences populaires et de représailles françaises en cette première décennie du XXe siècle.

du premier Résident général (J.Goulven, p.20). Plusieurs marins éprouvés, qui pratiquaient depuis de longues années les côtes marocaines et qui connaissaient la violence de l'océan dans ces parages, étaient sceptiques et avaient la conviction que le choix fait par les services techniques du général courrait à un échec certain, sur la base d'un « débat » qui était loin d'être simplement technique[1].

La petite histoire du Protectorat voudrait que ce soit à M. Delure, alors Inspecteur général des Ponts et Chaussées de France, que revienne en fait le choix de l'emplacement de Casablanca comme grand port d'intérêt général et de l'avoir fait adopter par le général Lyautey qui en devint un défenseur inconditionnel et fervent en en faisant le premier projet phare du Protectorat.

Des considérations de « haute politique » rendaient indispensable alors de concentrer les efforts financiers et techniques sur un seul grand port d'aménagement moderne, même s'il paraissait cependant maladroit de sacrifier les petits ports régionaux qui avaient déjà manifesté leur vitalité et qui pouvaient rendre encore d'appréciables services durant la phase de première occupation militaire, surtout quand le réseau de voies de communication terrestres, encore à peine ébauché, ne permettrait pas aux marchandises de parvenir à peu de frais jusqu'aux régions reculées. Pour assurer le débarquement et le ravitaillement des troupes mobiles d'opérations, Lyautey décidera d'aménager des centaines de kilomètres de routes et de pistes provisoires, de préparer même sommairement certains ports secondaires pour assurer, dans des conditions satisfaisantes, les communications avec les régions isolées du Sud encore inaccessibles.

---

[1] Un article, paru dans la Revue Générale des Sciences en 1912, sous la signature du Directeur du Service Hydrographique de la Marine, le signale officiellement : « On peut affirmer, contrairement à ce qui a été dit parfois, qu'il est impossible de créer sur le littoral occidental du Maroc un port qui soit accessible aux navires par tous les temps ; il faudrait pour dépasser la ligne des brisants, qui se forment dans les tempêtes, prévoir des jetées par des profondeurs et à des distances telles que ces ouvrages seraient irréalisables. Quelque puissant que soit l'effort que l'on fasse, les raz-de-marée rendent impossible en certains cas toute entrée ou sortie des navires … Lorsqu'on a observé la violence des brisants de la côte, il paraît bien hardi de tracer un port aussi vaste que celui dont le plan a été adopté pour Casablanca et dont la jetée extérieure serait établie par des profondeurs de 20 m. à haute mer ».

Dans cette opération de mise en valeur du pays, les conseillers techniques du Protectorat conçurent pour les ports secondaires (Larache, Port Lyautey, Mazagan et Mogador) un rôle de « piliers servant à soutenir un ouvrage pendant sa construction, et qui, une fois terminés et « décintrés », ceux-ci pouvaient être enlevés sans inconvénient »[1]. Ceux de ces ports, qui n'ont pas reçu de fonction spéciale, seront dans l'avenir de plus en plus délaissés par les cargos. Ils peuvent, en revanche, être appelés à une certaine activité comme ports de pêche régionaux, ou comme ports d'exportation de certaines marchandises pauvres qui ne peuvent supporter les frais de transport par camions jusqu'au port principal. Telle fut l'approche d'ensemble retenue par les proches conseillers techniques du Résident général.

Avec le recul, il y eut des arguments qui à l'époque pesèrent d'un lourd poids et qui faillirent faire pencher la balance en faveur d'autres emplacements que Casablanca. Dans une partie du public français initié aux questions maritimes, il y avait de fragiles espoirs sur les facilités que pouvaient offrir une « arête rocheuse » comme à Fédala ou une « chaussée sous-marine » comme à Mazagan, en vue de l'établissement d'un grand port. En fait, de tels accidents géographiques ne prenaient d'importance aux yeux de « non avertis » qu'à cause de l'absence absolue d'un abri véritable le long d'une côte toute droite et sans cassure.

En réalité, les conditions techniques seraient sensiblement les mêmes sur toute la côte, du point de vue de la protection contre la houle et du coût des ouvrages de défense, sans être pour autant toutes défavorables au choix du site de Casablanca. D'abord, la courbe des fonds marins était à deux mille mètres du rivage, et entre cette ligne choisie par l'équipe de Delure comme axe de la grande jetée et la terre, on disposait donc d'une surface d'eau suffisante pour implanter une série de môles très longs, faciles à exploiter. À l'abri de cette jetée, des môles, tous identiques, avaient leur place préparée suivant un plan logique et simple permettant toutes les extensions futures. Le sol se relève en pente douce vers l'intérieur, ce qui permettrait des liaisons faciles par voies ferrées et chaussées.

[1] Archives du Protectorat français.

Les fonds sous-marins sont formés de bancs de rochers compacts dans toute l'étendue du port et se prêtaient correctement à la construction d'ouvrages lourds comme les quais ou exigeant une grande étanchéité comme les bassins de radoub. Le sable étant peu abondant dans les parages du port, le risque d'ensablement paraissait minime. Enfin, le sous-sol de la région fournissait en abondance et à bon compte d'excellents matériaux, tant pour la confection des bétons que pour la constitution des noyaux d'enrochements des jetées. Des économies substantielles ont pu être ainsi faites grâce à la découverte d'une bonne carrière comme celle de Sidi-Abderrahman, le long de ce qui allait constituer la « Corniche » de la grande ville.

Favorable à une bonne desserte du nord et du sud du Maroc, le choix opéré était donc en définitive celui qui s'était imposé au triple point de vue militaire, politique et économique. Une jetée transversale, face à la jetée principale et laissant une passe d'entrée suffisante, devait fermer le port à l'Est. Les travaux comportaient aussi l'aménagement du port intérieur, l'achèvement de la petite jetée Ouest et des quais de la darse, l'établissement d'une jetée intérieure du coté est convergeant vers la petite jetée Ouest et laissant une passe d'entrée, de quatre-vingts mètres entre musoirs, avec la construction d'un quai ainsi que la réalisation de terre-pleins, en arrière de cette jetée. L'ensemble des travaux fut adjugé en 1913 aux sociétés françaises « Schneider » et à la « Compagnie Marocaine » du groupe Paribas ainsi qu'à l'entreprise des frères Hersent déjà présente à Fedala. Les dépenses prévues furent estimées à quarante six millions de francs et la réalisation de l'ouvrage devant durer près de sept années, allait être encouragée par l'emprunt rapidement obtenu en France par le Protectorat[1]. En fait, les travaux dureront plus de deux décennies et exigeront plusieurs modifications et aménagements supplémentaires.

L'exécution des travaux s'est révélée difficile en raison de la violence de la houle et le déclenchement de la Première Guerre qui allaient encore les ralentir très notablement, mais ils se poursuivirent cependant, malgré les échecs et les difficultés rencontrées de tous

[1] Soit l'équivalent de quelque 190 millions de dirhams marocains en 2014, selon le convertisseur de monnaie de l'INSEE.L'emprunt de 1914 s'élevait à près de 70 millions de francs.

ordres, et à la fin du conflit mondial si la grande jetée n'atteignait encore qu'une longueur de neuf cents mètres environ, du moins les ouvrages du port intérieur étaient-ils déjà relativement avancés pour permettre le déchargement des barcasses dans des conditions jugées satisfaisantes. Cependant, l'abri donné aux navires à l'extérieur du petit port restait encore des plus précaires par suite du développement insuffisant de la digue principale et le trafic souffrait de fréquentes interruptions.

Un avenant au marché initial devait intervenir l'année suivante pour revoir la situation financière causée par l'inflation, qui introduisit un nouveau mode de construction de la grande jetée (noyau en enrochements au lieu du profil initial en blocs artificiels non arrimés) tout en ajoutant en 1919 la construction d'un quai d'accostage attenant aux divers terre-pleins. Une série de marchés de gré à gré et d'autres avenants allaient suivre dont le plus important, conclu avec le même adjudicataire initial, comportant le prolongement de la grande jetée sur cent cinquante mètres environ du quai des phosphates, de la Jetée transversale et du terre-plein correspondant, ainsi que la réalisation en 1926 du grand môle intérieur dénommé « Môle du commerce ».

Deux années plus tard, il y eut un nouveau « marché de gré à gré » comprenant un élargissement à deux cent vingt mètres du môle intérieur, en plus de la construction d'un quai à charbon avec terre-plein dans le prolongement et, au sud du quai phosphatier de la jetée transversale, avec un allongement de la grande jetée Delure comportant la construction d'une pile d'accostage en prolongement du quai de celle-ci.

Le dernier marché sera passé vingt ans après l'établissement du Protectorat devait permettre de réaliser un nouvel allongement de la « Jetée Delure », un prolongement du quai de la Jetée transversale jusqu'au fond du bassin, un remblaiement et un raccordement à la rive du terre-plein correspondant, avec l'exécution d'un poste d'accostage sur piles pour navires de « mazout » à l'extrémité de la jetée transversale au-delà du quai des phosphates[1].

[1] Le mazout ou fuel est un résidu du pétrole utilisé comme combustible par les navires.

Ce programme a été achevé en 1934 avec la mise en service du môle de commerce, et complété notamment par l'aménagement du port de pêche une année plus tard, par la construction du parc aux produits inflammables, du magasin aux végétaux et de divers autres, et par l'installation du parc à minerais vers l'origine du quai de la Jetée transversale. Les conditions d'exploitation du port se sont trouvées profondément améliorées, les navires disposant désormais de postes d'accostage à quai en nombre suffisant pour que le trafic d'aconage par allèges et barcasses ait été presque complètement supprimé. Frappée de façon oblique par la houle et, de ce fait, beaucoup moins exposée aux avaries que la grande, la jetée transversale a pu être construite exclusivement en blocs naturels. Des impératifs militaires et une pression de la Marine française avaient aussi fortement reconfiguré les aménagements et extensions ultérieurs entrepris de l'ensemble du port.

Ainsi une ancienne cité qui, n'ayant été au commencement qu'une petite bourgade, était devenue, en une trentaine d'années, une grande ville dotée aussi d'un véritable grand port. Une volonté semblait animer les concepteurs de ces ouvrages, selon les observateurs de l'époque, de ne pas s'embarrasser de « vieilles murailles » et de ne pas copier servilement ce qui se faisait ailleurs se retrouverait facilement dans une organisation originale des différents services du port.

L'activité croissante de la pêche et l'insuffisance de plus en plus marquée des locaux affectés aux mareyeurs avaient amené le Service des Travaux Publics à mettre en chantier une nouvelle halle au poisson de conception moderne mise en service en juillet 1937. Il y a lieu de signaler à cet égard qu'avec dix-sept mille tonnes de poisson débarquées, le nouveau port s'était classé cette année au cinquième rang au classement français, soit immédiatement après La Rochelle et assez loin devant Saint-Malo et Saint-Servan réunis[1].

Les opérations de chargement et de déchargement des navires seront confiées à des organismes de gérance à « la Manutention marocaine » pour les marchandises diverses pour le charbon, les minerais de fer et de manganèse à l'Office Chérifien des Phosphates, suivant des contrats passés pour une courte durée, toutes les charges

[1] Archives du Protectorat.

de premier établissement (grues, magasins, outillage des quais) étant supportées par l'État. La société gérante prend les marchandises sous palan dans les cales du navire, en assure le déchargement, la conservation dans ses magasins et la livraison au destinataire, moyennant certaines taxes fixées au contrat et identiques pour tous les usagers. Les taxes pour la Manutention Marocaine et pour les parcs à charbon et à minerais ont été fixées par arrêté du Directeur général des Travaux Publics. Une formule similaire a été adoptée pour l'embarquement des céréales, mais cette opération a été confiée à la Chambre de Commerce qui avait édifié, à cet effet, sur un quai, des installations de stockage d'une capacité de trente mille tonnes. Les bénéfices des sociétés de gérance devaient être pour leur plus grande partie reversés au budget annexe du port et contribuaient ainsi à réaliser les améliorations et extensions qui se révèleraient nécessaires. Le port est devenu fort actif, au vu des tonnages de marchandises manipulées à la fin du Protectorat, et sera considéré ainsi comme le septième « port français » dans le classement de la métropole à cette époque.

Paragraphe 2 : Les autres ports, dits secondaires

D'autres ports d'allure secondaire seront également aménagés le long de la côte atlantique, devant compléter la fonction principale qui sera remplie par celui de Casablanca. Du nord au sud, quelque sept ports vont être réellement construits offrant autant d'accès par mer au ravitaillement des troupes notamment.

Le premier site, celui de Port-Lyautey sur l'Oued Sebou, à dix-sept kilomètres de son embouchure, a constitué un bon port en rivière, le Sebou étant large de deux cent cinquante mètres avec une profondeur jugée appropriée. La calaison admissible pour les navires remontant le Sebou variant suivant les marées. Mehdia fut choisie comme base de débarquement des troupes en avril 1912, lorsque le service des étapes de l'armée française organisa le ravitaillement de la colonne de Fès. Utilisé par les Phéniciens par le passé, ce port avait déjà connu au XVIe siècle, sous l'influence espagnole et portugaise, une grande activité, ainsi qu'une partie du débarquement des troupes américaines durant la Deuxième Guerre. Le nom de Kénitra (petit pont), déjà donné à la Kasbah en raison du ponceau construit sur l'oued Fouarat à proximité de la Kasbah, ponceau aujourd'hui démoli, fut donné au port et à la ville naissante.

En 1913, ce port fut ouvert au commerce, et un programme de travaux fut établi pour le mettre en état de faire face au trafic qui naissait et qui ne tarderait pas à progresser rapidement. Jusqu' à la fin de la Première Guerre, il fut exploité par la Marine française et l'Administration des Travaux Publics du Protectorat, puis par la Société des Ports Marocains de Mehdia, Kénitra et Rabat-Salé à laquelle le port avait été concédé par une convention en décembre 1916. Cette Société avait la charge de faire procéder aux travaux nécessaires pour améliorer le cours du Sebou et assurer l'exploitation du port achevé. L'action des courants de marée, suite à la construction des jetées, a eu de très heureux effets sur la barre. Déjà, au début de leur construction, une amélioration très nette avait été observée et une décennie plus tard, on a pu obtenir un chenal de trois à quatre mètres où les plus basses mers allaient continuellement en s'approfondissant pour atteindre une profondeur jugée suffisante pour rendre possible l'accès du Sebou aux navires selon les marées. Le fleuve lui-même a fait l'objet d'améliorations importantes entre Mehdia et Port-Lyautey, et des dragages importants sur les deux seuils principaux ont permis de réaliser un calibrage rationnel du lit du fleuve facilitant la remontée des navires jusqu'à Port-Lyautey et la tenue des fonds en temps de crues. Il servit au débarquement des forces américaines en novembre 1942 (J.Robichon, p.235).

Enfin, un silo de six cents tonnes pour le chargement des grains en vrac, avec appareils de pesage, ensachage et nettoyage, est entré en service en 1933, qui sera complété par l'adjonction d'un autre silo de stockage de même capacité, édifié pour le compte de la Société des Docks-Silos Coopératifs de la région de Rabat, Port-Lyautey, du Gharb et d'Ouezzane.
Établi en rivière aussi, cette fois-ci dans l'estuaire du Bou Regreg, le port de Rabat était un ouvrage plutôt symbolique et peu opérationnel, en raison du manque de profondeur sur la barre, dont l'achèvement des travaux et l'exécution des aménagements ultérieurs ont été confiés à un concessionnaire, la Société Anonyme des Ports marocains de Mehdia-Port-Lyautey et Rabat-Salé (autrefois Mehdia-Port Lyautey et Rabat-Salé)[1].

[1] La concession prenait effet à partir du 1er mai 1917 jusqu'à fin 1980.

D'importants travaux de dragage étaient entrepris chaque année pour permettre de maintenir la profondeur appropriée du chenal d'accès, ce qui permettait l'entrée en rivière de quelques rares navires. Le port sera peu utilisé, même si au pied de la Tour Hassan, la Société des Ports avait poursuivi la construction d'un très vaste terre-plein sur lequel ont été édifiés trois magasins et divers bâtiments administratifs. À l'arrière, sur des terrains loués à la société, des particuliers savaient édifier de nombreuses installations. En trois décennies, le tonnage avait péniblement triplé.

Au premier abord, il pouvait sembler relativement peu rationnel de construire un port à proximité du port principal du pays et surtout de le faire vivre par un trafic suffisant, malgré les différences de fret qui existent fatalement entre un grand port largement outillé et un port secondaire où les navires travaillent forcément à une allure plus lente. Ce tour de force a en partie réussi, parce qu'on a essayé de spécialiser le port, en centre pétrolier et en y attirant ensuite l'industrie de la pêche, et en faire un port d'intérêt général. L'installation à Fédala des sociétés important les combustibles liquides encouragea le concessionnaire en 1931 à entreprendre tout un ensemble de travaux d'extension et d'approfondissement, travaux qui ont été achevés deux années plus tard. Ainsi, la Société anglo-hollandaise Shell avait construit, en outre, une station pour l'importation du bitume en vrac. D'autres travaux d'aménagement ont fait de Fédala également un port de pêche doté d'un outillage moderne à l'origine de l'installation d'unités de conserves de poisson et frigorifique dans la ville. Il constituera en novembre 1942 un site important choisi lors du débarquement des troupes américaines au cours de la Deuxième Guerre et commandées par le fort connu général Patton.

Jusqu'à la réalisation du port de Casablanca, le petit port de Mazagan fut le point de la côte Atlantique du Maroc le plus régulièrement fréquenté par les navires. Cette situation privilégiée, il la devait à la sûreté relative de sa rade. La baie de Mazagan est, en effet, abritée par un récif de roches plates émergeant à marée basse. Cet abri naturel était déjà connu des Romains. Les Portugais s'y étaient installés vers 1502 et, pendant plus de deux siècles, en restèrent les maîtres. À leur départ, en 1768, le Sultan du Maroc fit fermer les portes de la ville aux étrangers et qui ne furent ouvertes qu'en 1821 pour donner accès à une colonie juive d'Azemmour venue s'y fixer. Les premiers Européens n'y furent admis que quelques années plus tard.

En raison de la proximité de Casablanca, choisi par les services du Protectorat comme le futur grand port du pays, et malgré les qualités de sa rade, Mazagan est resté essentiellement un port de barcasses et de bateaux de pêche de faible tonnage. Des compagnies françaises, comme Paquet, Transatlantique, S.A.G.A. et Mazella l'ont fréquenté régulièrement, ainsi que d'autre provenant de pays divers, comme l'anglaise Bland Line, l'allemande Oldenbourg, Portugiesche, Powers, Andrews, Océania (Yougoslave), Tripcovich (Italienne). Les principales exportations enregistrées entre les deux Guerres concernaient des céréales, des œufs, des amandes, de la coriandre, des laines, des peaux, du crin végétal. À l'importation, le sucre, le thé, les bougies, les savons et les cotonnades constituaient l'essentiel.
Le trafic annuel de ce port pouvait osciller du simple au double, en cas d'une exceptionnelle récolte de céréales[1].

Le port de Safi aurait sans doute continué à végéter pendant longtemps encore comme petit débarcadère régional des tribus des « Abda-Ahmar » et son activité se serait peu à peu cantonnée dans l'exportation des marchandises pauvres, si un heureux hasard n'avait placé dans ses parages un important gisement de phosphates dont la teneur répondait assez exactement aux exigences des industries chimiques. Relativement abritée par la pointe par les hautes falaises qui lui font suite du côté de la ville, la rade foraine de Safi était fréquentée depuis longtemps par des navires de diverses nationalités qui apportaient notamment du sucre et du thé destinés à la population locale et emportaient, en échange, des chargements surtout de céréales.
Pour faciliter ces opérations, le Makhzen avait fait construire en 1908 un quai métallique le long duquel venaient accoster les barcasses chargées en rade par les navires. Le matériel d'aconage employé à ces opérations étant très exposé en hiver, le Service des Travaux Publics du Protectorat fut bientôt amené à construire un petit port pour l'abriter. Mais lorsque la décision fut prise de mettre en exploitation le gisement des phosphates, il fallut songer aussitôt à recevoir à Safi les

[1] Entre 50.000 et 100.000 tonnes, avec une pointe de 130.000 tonnes comme en 1921.

grands navires calant neuf mètres et plus. Après quelques hésitations on choisit donc la solution qui procurait aux navires un port approprié.

Pour les ouvrages de défense, on adopta sensiblement la même disposition qu'à Casablanca, sauf que la longueur des jetées fût fortement réduite, étant donné qu'il s'agissait d'installations presque entièrement spécialisées dans la manutention de marchandises en vrac nécessitant par conséquent un faible développement de quais. Les dispositions adoptées à Safi pour l'installation d'embarquement des phosphates sont inspirées de celles qui avaient fait leurs preuves à Casablanca, à cette différence près que les difficultés d'accès à la jetée transversale par voie normale n'ont pas permis de constituer le stock de phosphates sur le quai même. Ce type de stockage a été établi sur le terre-plein de rive, solution qui offre de plus grandes facilités d'extension sans grever sensiblement le prix de revient du chargement. Le port allait être ainsi relié à la mine de Louis Gentil par voie ferrée et le phosphate arrive donc par train complet de mille trois cents tonnes environ jusqu'au quai de chargement, avec des wagons-trémies qui sont amenés par rames de dix wagons en moyenne.

Exploité en régie jusqu'en 1932, le port de Safi a été concédé cette même année à l'Office Chérifien des Phosphates, de même qu'on y a transposé la disposition des principaux ouvrages du port de Casablanca ainsi la forme d'exploitation. Une hypothèse était ainsi émise selon laquelle des visites plus nombreuses des navires venant charger du phosphate, la concurrence plus active allait entraîner une baisse des couts des frets, ce qui attirera vers ce port les marchandises en provenance ou à destination de la région de Marrakech qui prenaient de préférence jusque là le chemin de Casablanca.

Par ailleurs, l'autre caractéristique de ce port sera l'augmentation du nombre des bateaux de pêche de la sardine d'année en année, ainsi que d'une importante industrie de conserves qui allait se créer au sud de la ville. Quelque dix-sept mille tonnes de poissons avaient pu être ainsi débarquées à la veille de la Deuxième Guerre, soit une progression de plus de vingt fois le volume de la décennie précédente. Il devint même le port sardinier par excellence, voire le premier, de la période d'après-guerre. En 1942, une partie des troupes américaines destinées à libérer l'Afrique du Nord et le sud de l'Europe y débarqua, et en raison de la position géographique bien étudiée par les services Alliés, elle prit aisément les troupes françaises à revers et alla rejoindre les autres forces (J.Robichon, p.230).

Ancienne bourgade et abri remontant à la période phénicienne, la ville de Mogador sera rebâtie dans le pourtour de l'ancienne forteresse portugaise initiale. À l'initiative du Sultan Mohammed III, et autour d'un port en vue d'y centraliser l'essentiel du commerce extérieur, dans l'attente de la libération des ports et débarcadères marocains alors encore occupés par les Portugais. L'aménagement du port entraina une progression de la population de la cité. Elle allait compter, à la veille de la Deuxième Guerre, quelque dix-sept mille habitants environ, dont la moitié était constituée de Marocains de confession juive et près de deux mille Européens. Son port a été orienté vers le Sud, protégé au nord et à l'ouest par des bancs de rochers, mais exposé aux vents du sud-ouest. Comme à Mazagan, la réalisation a concerné l'aménagement d'un petit port à barcasses d'une superficie de quatre hectares, et les principales marchandises exportées furent les céréales, le crin végétal, les amandes, et des importations de gommes, du sucre, du thé et des tissus. Le trafic moyen annuel du port était de l'ordre de quarante mille tonnes environ, mais il fluctuait avec l'importance des récoltes de céréales certaines années. Il sera équipé également pour abriter des bateaux de pêche côtière.

Le port d'Agadir n'est devenu une réalité que tardivement, par rapport aux autres ports, soit à la fin de la Deuxième Guerre et après l'achèvement des travaux de raccordement routier. La jetée principale et les travaux de prolongement se sont poursuivis pour abriter le matériel flottant de l'aconage et les cargos de faible tirant d'eau, ainsi qu'un espace d'eau pour bateaux de pêche à la fin du Protectorat.

Sans des ports équipés et opérationnels, il eut été inconcevable de faire progresser les échanges avec le reste du monde, comme cela avait été décidé à Algésiras. L'Acte de la Conférence qui y a été signé en 1906, insistait sur leur construction en déléguant à la France notamment la mise en place et le suivi de la réalisation du système de « la Porte Ouverte ». Devenant la puissance tutélaire au Maroc, la France édifiera des ports modernes pour développer des échanges notamment et d'abord avec la métropole.

Section 6 : La Poste et les Télécommunications

Le premier service postal encore rudimentaire du Maroc précolonial, relevant du Makhzen, fut créé par un dahir du Sultan Hassan 1er, en novembre 1892, et fut chargé exclusivement du transport et de la distribution des correspondances en copiant des formules mises en place par les consulats de puissances étrangères de Tanger et opérationnelles depuis quelques décennies déjà pour certaines d'entre elles. Par son organisation, ce service postal s'apparentait par exemple à celui créé en France, au XVe siècle, sous Louis XI, pour les besoins du Palais et de la Cour, mis plus tard à la disposition des particuliers. Le service de la poste aux lettres a pu fonctionner dans les principales villes du Maroc qui étaient reliées entre elles par des courriers à pied, et Il était supervisé, en général, par des « oumanas » assistés de distributeurs. Une sorte de poste royale permettant à quelques notables d'utiliser et de bénéficier de ses services jusqu'à l'établissement du Protectorat.

Paragraphe 1 : Le service des Postes

Il convenait de parler de Postes et non de la Poste, car jusqu'à l'occupation française, le courrier traditionnel était constitué pour l'essentiel par les messagers du Makhzen acheminant les messages officiels de la Cour vers les caïds, pachas, gouverneurs ou consuls, à travers un réseau de « facteurs à pied » le plus souvent qui se relayaient selon besoins sur de longues distances[1]. De Fès à Tanger par exemple au milieu du XIXe siècle, un courrier pouvait mettre parfois, en cas d'urgence, moins de vingt-quatre heures[2]. Les principales réformes ont concerné le remplacement des courriers à pied par ceux à cheval, la périodicité à dates et à heures fixes, l'affranchissement des correspondances au moyen de timbres-poste, l'organisation des services assurés concurremment par des agents européens et marocains.

D'ailleurs, à l'origine ce fut l'œuvre et pour les besoins de consuls et de marchands étrangers installés au Maroc qui utilisaient des services spéciaux pour acheminer leurs courriers, tout au long de ce

[1] Appelés en langue du pays, les « rekkas ».Voir Lexique.
[2] Archives du Protectorat.

siècle, comme ceux de France ou de Grande-Bretagne notamment, prenant en charge également ceux de leurs ressortissants et protégés (J.L.Miège, pp.455-457)[1]. Dans les années 1830, ils mirent en place un service plus ou moins régulier entre Tanger et Mogador desservant deux fois par mois les divers ports de la côte, et la dépense supportée par les commerçants étrangers et marocains intéressés. Vers l'Europe, divers bateaux assuraient la liaison et l'acheminement du courrier avec Tarifa ou Gibraltar. Vers les villes de l'intérieur, l'envoi de message demeurait encore fort onéreux.

Cependant, les premiers services structurés et officiels ont fait leur apparition en 1858, à l'initiative du Consul général de France à Tanger, bénéficiant d'une subvention de son gouvernement et s'adressant à des abonnés payants, et s'effectueront entre les ports atlantiques, qui seront immédiatement imités par le Consulat anglais. Les deux postes assuraient des liaisons hebdomadaires jusqu'à se compléter et devenir interchangeables rendant l'abonnement moins onéreux profitant ainsi aux commerçants. La Poste française et ses opérations étaient limitées à des correspondances ordinaires, et son service était dirigé depuis Tanger et assuré par le chancelier du Consulat, comme une agence de la poste d'Oran en Algérie. L'Espagne devait en 1861 obtenir facilement à son tour l'autorisation d'ouvrir une poste desservant les divers ports et justifiée notamment par les besoins de ses chargés du recouvrement de l'indemnité de guerre, en y ajoutant un service bihebdomadaire avec Tétouan. La pose de câbles télégraphiques Madrid-Cadix puis entre Londres et Gibraltar quelques années plus tard allaient augmenter de l'importance de ces services postaux opérant depuis Tanger, en reliant le Maroc aux grands courants commerciaux de cette époque[2].

Par suite de l'extension du service, l'agence de la Poste française de cette ville fut transformée, en mai 1887, en une recette dirigée par un agent et fonctionnaire de carrière. De nouvelles agences furent ouvertes dans les principales villes dans les années suivantes. Au moment de la signature du traité du Protectorat, cette Poste française comprenait en plus de cette recette principale et de laquelle relevaient

---

[1] Pour un courrier spécial, le coût était en moyenne de 5 centimes le kilomètre par exemple.

[2] Le câble, mis en service en 1870, reliait Londres à Bombay, par Lisbonne, Gibraltar, Malte, Port Said et Aden.

huit bureaux- succursales à Rabat, Casablanca, Mazagan, Mogador, Safi, Marrakech, Oujda et à Berguent, ainsi que sept recettes-distributions à Azemmour, Fès, Mehdya, Meknès, Larache, el Ksar et Tétouan (M.Jobert, 1982)[1]. Il y avait aussi sept établissements gérés par l'armée française dans les localités des confins algéro-marocains. Au lendemain de l'établissement du Protectorat, la nouvelle administration fit fusionner les postes françaises et marocaines, sous l'appellation d'« Office des Postes, des Télégraphes et des Téléphones du Maroc », constitué de dix-huit établissements postaux, quinze unités télégraphiques et quatorze entités combinant poste et télégraphe.

Cependant, l'histoire de l'introduction de réseaux modernes de communication serait quelque peu incomplète, si on omettait la place antérieurement occupée par les services de l'armée française en charge de ce type de prestations de poste au profit des hommes des troupes d'occupation. S'ils assuraient l'acheminement, la distribution des correspondances et effectuaient des opérations financières, ils desservaient également une partie de la population européenne. Ils disposaient de bureaux sédentaires, mobiles et de vaguemestres d'étapes dont le nombre se multiplia d'abord, au fur et à mesure de la pénétration des troupes françaises chargées des opérations de pacification, puis diminuèrent progressivement avec l'achèvement de celles-ci. Ces structures allaient faire place de façon définitive aux services postaux civils qui, seuls, depuis octobre 1944, furent chargés de l'organisation postale, télégraphique et téléphonique sur l'ensemble du territoire sous Protectorat français.

Les bureaux de Poste allemands furent supprimés au début de la Première Guerre mondiale, et il en fut de même des bureaux espagnols, à la suite d'un arrangement conclu en 1915 entre la France et l'Espagne. Néanmoins, l'Espagne comme l'Angleterre avaient maintenu à Tanger seulement un bureau postal qui se jouxtait le futur bureau de l'OPTT du Maroc dans cette ville. Les bureaux anglais qui fonctionnaient à Casablanca, Rabat, Fès, entre autres, n'ont été supprimés qu'à la veille de la Deuxième Guerre, à la suite d'un accord intervenu entre le Gouvernement britannique et les autorités du Protectorat.

---

[1] L'auteur évoque indirectement divers bureaux de postes du Protectorat, en rapport avec certains des personnages du récit.

Formant une administration autonome des services du Protectorat, ce service constituera les Postes Téléphone et Télégramme (PTT) au lendemain de l'indépendance. Dans la plupart des villes du Maroc alors desservies, les bureaux ouverts étaient aussi appelés bureaux mixtes parce qu'ils assuraient à la fois le service postal et les services télégraphique et téléphonique. Dans quelques villes du Maroc, certains quartiers éloignés des bureaux de poste ont été dotés de guichets annexes dépendant du bureau le plus important de la ville. Ces guichets participaient aux mêmes opérations que les recettes, à l'exclusion de la distribution des correspondances à domicile.

Les agences postales étaient des bureaux de poste qui fonctionnaient généralement dans les centres ruraux de faible importance et qui n'accomplissaient que les opérations de première nécessité. Certaines localités situées dans des régions encore difficilement accessibles n'avaient pu être dotées d'établissements postaux malgré les tentatives faites dans ce domaine. Ces localités n'en étaient pas moins pour cela visitées par les services postaux. C'est ainsi que dans les régions de ksar es Souk, d'Ouarzazate et d'Agadir, les populations rurales dans les centres non encore dotés d'établissements postaux étaient visitées périodiquement par des payeurs mobiles appartenant au cadre de l'Administration, lesquels, au cours de leur tournée, effectuaient toutes les opérations.
Ainsi, au lendemain de la Deuxième Guerre, cette organisation comptait plus de trois cents établissements postaux dont huit dizaines de recettes mixtes et plus d'une centaine d'agences postales notamment.

Paragraphe 2 : Les télécommunications

Le télégraphe et le téléphone ont pratiquement fait leur apparition avec la pénétration des troupes françaises au début XXe siècle et la transmission sans fil sera installée après l'établissement du Protectorat.

Le télégraphe

L'introduction du télégraphe aura été un peu singulière, car seule la ville de Tanger possédait des liaisons par câble avec l'Europe, mais n'avait cependant aucune relation avec le reste du pays. De ce fait, l'isolement du Maroc était total. Vers la fin de 1906, la première ligne télégraphique fut ainsi construite par les services du Génie militaire français, suite à l'occupation déjà de la ville d'Oujda par les troupes françaises en représailles contre le soulèvement populaire de Casablanca.

Un ingénieur français, Henri Popp, avait entrepris une étude tendant à l'établissement par un groupement français de postes de TSF dans diverses villes du Maroc[1]. Des démêlés s'ensuivirent, et le Makhzen allait décréter en avril 1907 que les exploitations des télégraphes avec ou sans fil étaient un monopole d'État. Popp chercha alors à constituer une société internationale comprenant des représentants de l'Angleterre, de l'Allemagne, de l'Espagne et de la France, mais les pourparlers ne purent aboutir. Il créa alors une société anonyme qui prit le nom de « Société Marocaine des Télégraphes », à laquelle en 1908, le Makhzen adjoignit le service des « télégraphes avec fil » à celui des systèmes « sans fil », et le nouvel organisme prit la dénomination « Administration des télégraphes chérifiens ». Trois ans plus tard, satisfait de l'organisation du service télégraphique exploité par la nouvelle société, le Makhzen permettra la réorganisation des services postaux en créant une organisation encore embryonnaire dénommée « Administration Chérifienne des Postes, Télégraphes et Téléphones », dont les attributions seront alors réglementées.

Des stations radiotélégraphiques furent construites depuis à Casablanca, Rabat, Mogador, Tanger, Fès et Séfrou, avec le concours du Génie militaire français qui entreprit ensuite, pour le compte de cette nouvelle Administration, la construction de lignes terrestres qui formèrent l'embryon du réseau télégraphique marocain. Ainsi les quatre bureaux de Casablanca, de Rabat, de Mazagan et d'Acila furent reliés par des lignes terrestres, et ce dernier rattaché à Tanger.

Au début du Protectorat, il n'y avait qu'une liaison télégraphique précaire, via la zone espagnole et Tanger, assurant seule la liaison avec l'Europe. Un élément important intervint avec le début de la guerre, lorsque Lyautey prit la résolution de réaliser une liaison directe plus sûre avec la métropole française en mettant en place un câble sous-marin, entre Brest et la côte occidentale marocaine. L'opération se révélait hardie, coûteuse et pleine de difficultés.

[1] Transmission Sans Fil.

Malgré l'avis peu favorable de la métropole qui hésitait, le Résident général aurait décidé de passer outre en tentant l'opération « aux frais, risques et périls » du seul gouvernement du Protectorat[1]. Sous la protection de deux navires de guerre, les travaux commencèrent cette même année, et le Résident général put ainsi adresser à Paris son premier télégramme par la voie du câble Casablanca-Brest. Des améliorations successives furent apportées à l'exploitation de ce câble et la pacification progressive de la région Fès-Taza permit à son tour l'établissement de lignes terrestres du Maroc vers l'Algérie.

La téléphonie

Les premiers circuits téléphoniques ont été installés par le service des transmissions militaires dont le premier central a été mis en service en mai 1906, à Casablanca. Le seul réseau qui existait était à Oujda, avait été construit et exploité par l'armée française. Ce sont ces mêmes services de l'armée française qui construisirent les premières grandes lignes de Casablanca à Rabat, d'Oujda à Taourirt-Debdou, et de Casablanca à Safi, au lendemain de l'établissement du Protectorat. Les relations téléphoniques urbaines étaient à peu près inexistantes. La future métropole commerciale du Maroc a été dotée d'un réseau unifilaire, administré par un ressortissant espagnol. Les premiers textes organiques parurent en 1914, et à partir de ce moment, l'exploitation téléphonique allait suivre une progression régulière.

L'effort à accomplir dans un pays sous tutelle s'était constamment orienté vers l'extension progressive de l'équipement des réseaux, d'une part, l'adaptation continue de l'outillage aux besoins des utilisateurs, d'autre part. Les grands centres, Rabat, Casablanca, Fès, Marrakech allaient être dotés de l'automatique. Meknès, Port-Lyautey, Oued Zem, Boujad furent équipés en batterie centrale intégrale et peu à peu les installations à batterie locale fonctionnant à Oujda, Safi, Mazagan, Mogador, Taza disparurent pour laisser la place à des centraux automatiques plus modernes. Les zones rurales étaient desservies soit par des cabines téléphoniques publiques à installations manuelles, soit par des autocommutateurs ruraux. Le Maroc allait également disposer d'un réseau complet de postes de secours, échelonnés le long des grandes artères routières.

[1] Archives du Protectorat.

Un réseau, dont la création remonte à l'année 1930, comprenait plus de deux cents postes en service placés sur les routes et les pistes les plus fréquentées. Pour leur emplacement, la préférence était donnée aux endroits pouvant présenter du danger du point de vue de la circulation automobile comme les virages dangereux, ponts à voie unique, éloignement de localités, etc. D'autre part, les abonnés de Casablanca et Rabat avaient eu déjà la possibilité d'obtenir l'heure légale par la simple composition au cadran. Cette heure était donnée par une horloge parlante, du même modèle que celle fonctionnant alors à Paris, Marseille ou Lyon. Les villes de Casablanca et de Rabat étaient également reliées directement par un câble souterrain, permettant aux abonnés de ces deux villes d'échanger directement leurs communications sans que des opératrices aient à intervenir.

En raison de la progression moyenne du nombre des abonnés et du développement économique du Maroc, entre les Deux Guerres, le nombre des installations téléphoniques alors de l'ordre de vingt-quatre milles allait être multiplié par deux fois et demie, suite à la mise en œuvre d'un programme décennal de grands travaux.

La transmission sans fil (TSF)

L'Office chérifien des PTT a été créé en 1928, à Rabat, et une station de radiodiffusion dénommée « Radio-Maroc » inaugurait l'ère de la radio et des nouveaux médias. À cette époque, les émissions des stations européennes, alors de faible puissance, ne parvenaient au Maroc que très difficilement, même de nuit, et durant la saison d'été, toute audition était pratiquement nulle. La première installation comportait un émetteur modulé à courant constant. Les programmes étaient diffusés depuis deux centres installés l'un à Rabat, l'autre à Casablanca. En 1932, la station a été modifiée et l'exploitation technique a toujours été assurée par l'Office des P.T.T. L'exploitation artistique et le service des informations étaient effectués, une partie en langue française et une autre en langue arabe. L'audience allait s'élargir rapidement avec la création de Radio-Maroc, déjà travers le territoire.

L'unification des Postes et la mise en place des réseaux télégraphiques, téléphoniques et radiophoniques constituèrent une insertion réelle du Maroc dans le système moderne de la communication, même si cela demeurait un privilège encore limité dans l'ensemble. Les services postaux et autres premières formes de communication allaient progressivement rapprocher des populations en divers lieux en parallèle à la progression de la « pacification ». D'usage d'abord pour des besoins militaires, ces services allaient imprégner de leur empreinte la vie économique et social des grands centres urbains.

Section 7 : L'hygiène et la santé publique

Jusqu'à la fin du XIXe siècle, le Maroc fut périodiquement la proie de graves épidémies que l'absence d'une hygiène élémentaire et de tout équipement sanitaire rudimentaire rendait particulièrement dévastatrices, telles la peste, le choléra, la typhoïde et la syphilis en particulier y régnait presque à l'état endémique (J.L. Miège, 1962, p.59)[1]. Il n'en demeure pas moins qu'un conseil sanitaire avait fait son apparition à la fin du XIXe siècle, à Tanger, sous la supervision des consuls pour coordonner la distribution des patentes de santé aux navires. Cette structure étrangère se verra même confier, par le Sultan Moulay Abderrahmane suite à la meurtrière épidémie du choléra de 1834-35, la charge de veiller au maintien de la santé publique dans les ports du pays en autorisant l'entrée des navires sur avis d'un agent sanitaire habilité à signer la patente requise. Des bateaux transportant des pèlerins de retour de la Mecque furent depuis fréquemment assignés à des quarantaines au port de Tanger, et l'action de ce conseil sanitaire s'exerça même à l'intérieur des villes portuaires en cas de besoin, réduisant la suspicion pesant sur les navires marocains dans les ports européens.

La mise en place d'un réseau de soins médicaux publics modernes progressivement accessible également aux populations marocaines, menée également en parallèle aux opérations de « pacification » et combinée à des campagnes d'hygiène souvent autoritaires, a été au nombre des réalisations sociales évidentes du Protectorat. Les autorités souhaitaient disposer d'une « surveillance médicale intégrale du pays » pour prévenir les propagations des diverses épidémies encore endémiques aux Européens, ce qui sous-entendait une sorte de

[1] Selon l'auteur, en 1920, les trois quarts de la population marocaine étaient considérés comme atteints par la syphilis.

quadrillage et un organisme de surveillance et de suivi selon des méthodes empruntées aux techniques utilisées par l'armée[1].

Toutes les questions concernant la protection de la santé des populations au Maroc allaient être désormais du ressort de la Direction de la Santé Publique et de la Famille, créée lors de la mise en place des nouvelles institutions, pour prévenir les maladies et épidémies de nature à nuire à la santé des immigrés européens venant au Maroc[2]. Elle devint le siège du Conseil Central et de la Commission permanente d'hygiène et de salubrité publiques ainsi que du Conseil de Santé. Deux établissements généraux, la Pharmacie Centrale et l'Institut d'Hygiène du Maroc ont été rattachés au service central dont ils étaient des annexes techniques. Outre le service central à Rabat, groupant les organismes de direction, il y eut sept services situés aux chefs-lieux des régions administratives et dirigés par un médecin-chef de région coiffant sous son autorité tous les services extérieurs.

Les services régionaux d'hygiène et d'épidémiologie étaient chargés, sous l'autorité d'un médecin-chef, de diriger la lutte contre les maladies épidémiques et endémiques, sans omettre les groupes sanitaires mobiles chargés de la prophylaxie régulière en milieu tribal. L'organisation sanitaire a été complétée par les bureaux municipaux d'hygiène des villes érigées en municipalités, les formations sanitaires municipales et les services sanitaires maritimes dans les ports, en particulier à Casablanca où sont installés des moyens importants de prophylaxie (dératisation et désinfection) et de traitement.

Les services d'assistance consacraient principalement leurs ressources à l'entretien de malades indigents, de vieillards, d'incurables et d'enfants dans des établissements spécialisés ainsi qu'aux premières œuvres de bienfaisance subventionnées, tant françaises que marocaines comme les gouttes de lait, les maternités, les crèches et garderies d'enfants, les jardins de soleil et les colonies de vacances.

---

[1] Discours du maréchal Lyautey du 26 Juin 1926, lors d'une exposition en France, alors qu'il n'était plus Résident.

[2] Cette Direction, une fois créée, allait jouer le rôle d'un véritable Ministère de la Santé.

Les services techniques relevant de la Direction de la santé publique et de la famille étaient assurés par un personnel comprenant des médecins et des pharmaciens fonctionnaires ou conventionnés, des internes, des infirmiers tant français que marocains, des assistantes sociales, des officiers de la santé maritime provenant de l'armée pour l'essentiel.
Les médecins-militaires étaient plus facilement recrutés que leurs confrères civils aux habitudes sédentaires et cherchant surtout des avantages plutôt matériels. Ces médecins fonctionnaires attachés à l'Administration, ne pouvaient avoir une clientèle privée que dans les centres où n'existait pas de médecin privé et en milieu musulman, hors des unités hospitalières. On est passé par exemple de trente-huit médecins fonctionnaires au début du Protectorat à deux cent soixante-seize, quarante ans plus tard, assistés de quelque mille infirmiers et aides-soignants dont déjà plusieurs dizaines de Marocains[1].

Il n'existait encore aucune école de médecine jusqu'à la fin du Protectorat, et les médecins alors recrutés étaient diplômés d'une faculté de médecine de la métropole ou de celle d'Alger. Seul un cours pour l'obtention du certificat d'études physiques, chimiques, biologiques (P.C.B.) était préparé à Rabat. Par ailleurs, une école d'infirmiers marocains a été ouverte à l'hôpital Moulay-Youssef de Rabat dont les candidats étaient intégrés dans les cadres en qualité d'infirmiers titulaires, de même qu'une école d'infirmières à Casablanca.

L'assistance médicale a orienté son action vers une médecine dite « sociale » initiant davantage aux règles de la simple hygiène élémentaires et tendant à sensibiliser quelque peu les individus à mieux se préserver des fléaux de cette époque, la misère et les épidémies qu'endurait une large partie de la population marocaine jusqu'au lendemain de la Deuxième Guerre. Cette action associait la médecine individuelle à la médecine dite de masse. Elle a été assurée par vingt-trois hôpitaux couvrant des chefs-lieux de Région ou de territoire, et parmi lesquels se détachaient des établissements qui rendront des services appréciés par les populations souvent indigentes, tels les services des hôpitaux « Cocard » et « Mural » de Fès, de ceux

---

[1] Notice sur l'organisation et le fonctionnement des Services de Santé au Maroc, Rabat, 14 Août 1921, p.3. Rapport général sur le Protectorat, 1921.

de l'hôpital « Mauchamp » de Marrakech, de ceux des hôpitaux Colombani de Casablanca et celui du Souissi de Rabat, ainsi que ceux de Mogador, de Mazagan, de Safi et de Meknès. Près de cinquante-neuf infirmeries seront ouvertes dans des petites villes ou dans les centres de colonisation en voie d'élargissement. Les services du Protectorat ont aménagé dans diverses petites bourgades des infirmeries, mis en place des groupes sanitaires mobiles et des dispensaires spécialisés ainsi qu'un ensemble ophtalmologique mobile. Cette réorganisation des moyens devait permettre de contenir les grandes épidémies sévissant au pays de façon cyclique comme la lèpre, la syphilis, la tuberculose et le trachome, avec le souci constant de préserver la santé des populations françaises du Maroc en premier.

C'est une véritable initiation des populations à des gestes élémentaires d'hygiène publique notamment au sein des grandes agglomérations urbaines, en menant de véritables actions ciblées contre les mouches, les rats, les moustiques du paludisme et contre les poux. Des cordons sanitaires furent dressés, des déplacements forcés de populations rurales et des enfermements dans des camps ont été effectués comme autant de mécanismes de défense contre des fléaux habituels.

À titre d'illustration, le typhus avait de tout temps sévi au Maroc sous une forme endémique avec de sévères poussées épidémiques déterminées par les sécheresses, les disettes, les famines et le grave déficit d'hygiène. La succession du déploiement de nombreuses troupes lors de l'occupation du territoire, puis de la Première Guerre, ensuite celle du Rif, la poursuite de l'occupation militaire et les retours des troupes des divers champs de bataille ont souvent favorisé l'aggravation et l'expansion des germes de typhus au sein des populations. Déjà, par exemple, durant les guerres napoléoniennes du XIXe siècle, cette plaie était connue et désignée alors sous l'appellation de « fièvre de la bataille », mais l'épidémie était encore mal comprise. Les germes du typhus collaient aux corps sales des soldats. Le manque de propreté et la rareté du savon surtout sur les champs de bataille ont rendu ceux-ci autant de foyers propices à l'apparition et à la propagation du typhus et son transfert aux populations civiles les plus démunies en particulier (W.Root, p.584).

Au cours de la période de deux décennies, allant de 1926 à 1946, cinq fortes poussées épidémiques ont été enregistrées dont la plus grave survint au cours de la Deuxième Guerre, affectant plus de trente-huit mille personnes recensées, coïncidant avec une diminution des moyens de lutte en raison de la pénurie de personnel et de moyens de transport alors réduits[1]. La lutte était menée à l'origine par les moyens ordinaires prenant la forme de dépistage, d'isolement des malades, de désinsectisation par l'ébouillantage ou l'étuvage des effets, auxquels s'ajoutaient les mesures habituelles de quarantaines.

La peste fut plus meurtrière que le typhus, et les mesures de prophylaxie d'usage qui furent les mêmes que celles appliquées pour le typhus ne suffisaient pas toujours à juguler rapidement une poussée parfois importante. Dans le même ordre d'idée, la lutte contre le paludisme était le fait du service antipaludique siégeant à l'Institut d'hygiène qui se chargeait des recherches sur l'insecte vecteur, sur les traitements médicamenteux et, en général toutes les questions qui se rattachaient à la prophylaxie antipaludique. L'exécution des mesures d'ordre sanitaire relevait des sections antipaludiques des services régionaux d'hygiène et d'épidémiologie. Enfin, la variole était une autre maladie qui faisait des ravages au Maroc avec des incidences variables selon les années, et les vaccinations avaient pu atteindre quelque deux millions par an.

En dépit de leur caractère souvent vexatoire, les populations urbaines comprenaient progressivement l'importance et l'utilité de ces mesures médicales, de ces campagnes d'hygiène et de vaccination adoptées et mises en œuvre de façon autoritaire par les services médicaux, les considérant comme un mal nécessaire. L'ensemble du réseau sanitaire était alimenté en médicaments par la Pharmacie Centrale et de l'Hygiène Publique, devenant depuis 1922 un véritable centre stratégique. Six dispensaires antituberculeux purent à leur tour fonctionner à Casablanca, Rabat, Fès, Marrakech, Meknès et Mogador, et des sanatoriums ont été construits à Casablanca et à Ben Smime dans la région d'Azrou.

[1] Les principales poussées eûrent lieu en 1927,1937, 1942 et en 1945.

L'action bénéfique de la médecine moderne a été davantage reconnue pour avoir aidé à affronter les maladies endémiques et les graves épidémies qui avaient fortement marqué la mémoire des contemporains avant le Protectorat. Le triplement du nombre des consultations en plus de trois décennies comme celui des patients hospitalisés permet de comprendre l'effort significatif entrepris en faveur des populations marocaines notamment les moins nanties qui ne pouvaient bénéficier des soins d'une médecine onéreuse européenne privée qui s'est développée dans les principales villes[1].
La régression notable de la syphilis et des lésions mutilantes qu'elle entraînait à la veille du Protectorat était un des apports probants de la médecine moderne, car les malades vénériens représentaient près du cinquième des patients en consultation encore au lendemain de la Deuxième Guerre. Les résultats obtenus indiquaient également une régression de la mortalité infantile, du paludisme, des complications oculaires, une baisse des maladies cutanées, parasitaires ou infectieuses telle la teigne.

Dans les villes érigées en municipalités, c'est le médecin du Bureau d'Hygiène qui était officiellement le chef de la prophylaxie, en liaison étroite avec les représentants des divers services municipaux. Il centralisait toutes les déclarations de maladies épidémiques, dirigeait et surveillait le personnel des équipes sanitaires urbaines, des stations de désinfection et d'épouillage, et organisait les camps d'isolement ou de ségrégation aux portes des villes. Dans les secteurs dits de modernisation rurale, la cellule de l'action médicale et sociale était le centre de santé de la localité. Dans chaque secteur était constitué un bureau d'hygiène rural, chargé de la surveillance des eaux potables. La lutte contre les insectes vecteurs du paludisme, des maladies oculaires, des maladies intestinales, des maladies épidémiques genre typhus et peste (puces, poux) était encore menée avec des moyens insuffisants, et passait surtout par une épuration des eaux usées.

Les premières œuvres d'assistance à l'enfance remonteraient à l'établissement du Protectorat, avec l'ouverture de plusieurs centres de goutte de lait à travers les villes du pays, de même que la réorganisation de la police sanitaire maritime en vue de protéger les

[1] Rapport général sur le Protectorat, 1950.

frontières prenant la relève de celle assurée précédemment par les services consulaires dans certains ports.

Il y avait lieu de noter par ailleurs que l'activité des laboratoires de l'Institut d'Hygiène était aussi orientée vers un début d'enseignement et d'analyses sur le terrain. À côté du laboratoire de microbiologie générale existaient les laboratoires de parasitologie, d'hématologie, d'histopathologie et de chimie. Mais la complexité des phénomènes biologiques et l'importance des problèmes mis à l'étude exigeaient une collaboration étroite entre les différents laboratoires. L'enseignement s'adressait aux personnes susceptibles de collaborer à l'œuvre d'hygiène et plus particulièrement au personnel médical qui s'initiait aux problèmes de la pathologie marocaine. La recherche menée à l'Institut d'Hygiène était orientée vers les grands problèmes concernant l'épidémiologie et l'hygiène marocaines qui étaient étudiés en collaboration avec les chefs de service.

Enfin, en liaison étroite avec la Direction de la Santé Publique, l'Institut Pasteur allait apporter une contribution réelle à la solution des questions épidémiologiques qui sévissaient alors au Maroc. Il fut le dernier né des instituts nord-africains, ouvert et siégeant à Casablanca[1]. Trois ans plus tard, l'Institut entra en fonctionnement rendant des services pratiques nécessaires aux organismes d'hygiène et vétérinaires, comme la préparation du vaccin antivariolique, du traitement antirabique, de la fourniture des vaccins, sérums et produits biologiques préparés par les services de Paris.

Les campagnes et actions relativement efficaces des services sanitaires et d'hygiène du Protectorat, en vue d'éviter la propagation des épidémies aux populations européennes d'abord, eurent des effets positifs non volontairement planifiés sur la forte croissance démographique et un certain allongement de l'espérance moyenne de vie que le pays allait enregistrer positivement au lendemain de la Deuxième Guerre.

---

[1] Par un contrat passé, en 1929, entre le Résident général, Lucien Saint, et le directeur de l'Institut Pasteur de Paris, le docteur Emile Roux.

Section 8 : L'Instruction Publique

En dépit de l'orientation élitiste et hésitante de Lyautey qui n'était guère acquise à quelque généralisation de l'instruction de type européen et encore moins de former une « intelligentsia difficilement contrôlable », les efforts demeurant sélectifs et ciblés selon les catégories de la société dans l'ensemble. Néanmoins, l'école française a pu agir en profondeur et en quelques décennies, sur l'ensemble de l'environnement économique et social du Maroc (C.A.Julien, 1978, pp.101-102)[1].

Paragraphe 1 : L'enseignement avant le Protectorat

Avant l'établissement du Protectorat, le Maroc n'avait pu compter pour mémoire que quelques petites écoles d'enseignement moderne ouvertes par l'Alliance Israélite internationale. C'est une intéressante et singulière histoire que celle de cette association défendant les intérêts d'une minorité de la population soit à l'origine du premier type d'enseignement public moderne au Maroc. De tels efforts favorisèrent les juifs marocains pour être les premiers bénéficiaires d'un enseignement moderne et dispensé en français bien avant le traité de Fès. Les écoles de Tétouan et de Tanger remontaient en effet à 1862 et 1864, celles de Safi et de Mogador en 1866 et de Fès en 1883. Au début du Protectorat, le réseau d'établissements ainsi déjà répandu dans les villes de la côte comptait alors plus de cinq mille élèves[2]. Elles furent subventionnées par le Protectorat à partir de 1915, tout en laissant l'Alliance libre même de recruter seule l'ensemble de son personnel. Les diverses protections dont bénéficiaient plusieurs israélites marocains et leur proximité historique des services consulaires et diplomatiques de différentes puissances purent faciliter ce statut particulier et avantageux en vue de dispenser une éducation de qualité aux enfants de cette communauté.

L'Acte d'Algésiras garantissait aux États signataires un droit égal à ouvrir des écoles primaires au Maroc, un pays qui en était dépourvu à

---

[1] George Hardy, le deuxième directeur à l'enseignement nommé par Lyautey, devait empêcher l'apparition d'une « intelligentsia » difficile à contrôler. Une sorte d'instruction comme moyen d'apartheid, selon Julien.

[2] Environ 5.237 élèves (dont 2.023 filles).

ce moment et n'avait rien prévu en la matière. Sous le Protectorat, dans la zone française, la nouvelle administration aura le monopole de l'enseignement secondaire et supérieur, cohabitant avec un enseignement primaire libre de type français et étranger. L'évolution démontrera la relative pertinence d'une telle décision permettant ainsi d'éviter un chaos d'influences opposées par enseignements interposés. Le Maroc connaissait un enseignement rudimentaire et archaïque qui sera suppléé progressivement par la mise en place d'un système français de scolarisation, mais conçu seulement pour une partie des jeunes Marocains.

Avant le Protectorat, l'enseignement marocain à proprement parler ne connaissait que l'école coranique, le « m'sid », où du jour naissant au crépuscule, presque sans interruption, assis sur une natte, l'élève apprenait à lire, à écrire, à réciter par cœur des chapitres du Coran qu'il ne comprenait guère, étant donné l'écart entre l'arabe classique et celle parlée. Ces écoles étaient nombreuses dans les villes et les bourgades de sédentaires, mais de petite taille. Les douars de transhumants et de nomades possédaient souvent aussi une « tente-école coranique ». La qualification des maîtres, sauf quelques exceptions dans les villes, était réellement limitée. Ils étaient encore rétribués par les parents, souvent en nature en forme de repas et de denrées alimentaires, et leur pédagogie se ramenait à quelques procédés mnémotechniques, qui utilisaient la psalmodie pour apprendre par cœur.

Les élèves ayant accompli leur temps au m'sid, entre trois et cinq ans pour apprendre le coran par cœur, pouvaient suivre l'enseignement surtout théologique dispensé par l'une de deux médersas de Fès ou de Marrakech, offrant un abri aux élèves venant de l'extérieur, des secours aux plus pauvres comme ceux vivant dans des conditions matérielles précaires. Dans ce cadre, ils pouvaient suivre les cours donnés dans les mosquées par les juristes et les théologiens musulmans. Ils s'imprégnaient d'un savoir traditionnel, qui ne reposait plus que sur des commentaires de commentateurs de la vie du prophète. Ceux-ci formaient à une sorte d'ergotage théologique ou grammatical, dans un pays fermé, sans échanges avec le monde extérieur, sans industrie, ni commerce extérieur significatif. Une part de ses élèves sera déversée, selon disponibilités, vers l'enseignement de type musulman ou du système des écoles de fils de notables nouvellement créés par le Protectorat.

Mais en fait, la vie intellectuelle au Maroc n'avait pas de véritable organisation depuis que les fondations pieuses des écoles traditionnelles, les médersas, ont été presque toutes dilapidées après les dynasties des Saadiens et des Ouattas, et celles qui étaient encore ouvertes n'étaient plus que des logements pour « étudiants ». La fondation de la Quaraouiyine de Fès resta seule en mesure de rétribuer les enseignants et distribuer du pain à ceux qui suivent la série de cours dispensés dans sa mosquée. Le pays ne connut plus une organisation équivalente à celle des universités européennes du moyen âge, avec un corps professoral hiérarchisé ou une communauté estudiantine organisée selon ses origines, des cycles d'études ordonnés, ni de diplômes suffisamment reconnus dans la vie réelle du pays (H.Terrasse, pp.374-375).

Rares étaient les enseignements dispensés dans les autres mosquées, et les sanctuaires, « zaouïas », n'étaient plus des centres d'enseignement actifs comme par le passé. Ce n'est qu'à la fin du XIXe siècle qu'une impression de manuscrits eut lieu réactivant les études islamiques grâce à une plus grande diffusion. D'ailleurs, le droit musulman, le fiqh, demeura l'activité essentielle des lettrés marocains pendant les derniers siècles précédant le Protectorat. La littérature scientifique était limitée par exemple à quelques anciens ouvrages de médecine, alors que tout enseignement théorique ou clinique avait pris fin. Les enseignements mathématiques ou astronomiques se limitaient aux notions nécessitées par l'usage ou la construction d'appareils élémentaires indiquant les heures des prières.

À cet égard, l'instruction littéraire classique donnait évidemment une satisfaction pour elle-même, mais de peu d'utilité dans la pratique hors les manifestations religieuses. La formation professionnelle consistait en un long apprentissage, sans soin pédagogique, et dans des conditions proches du servage auprès d'un maitre-artisan souvent autoritaire. C'était encore le procédé en usage dans beaucoup de métiers traditionnels comme le tissage, la menuiserie, la dinanderie, la baboucheries par exemple.

Paragraphe 2 : Le premier système scolaire moderne

Les grandes lignes du futur système scolaire introduit ont été exposées officiellement après trois ans de Protectorat, à l'occasion de l'Exposition franco-marocaine de Casablanca de 1915 par Gaston Loth, l'un des premiers directeurs de l'enseignement au Maroc[1]. Elles consistaient, selon les instructions de Lyautey en « la création d'écoles pour jeunes musulmans, recherchant les moyens propres à maintenir les écoliers dans leurs traditions religieuses, leurs coutumes familiales, leurs séculaires habitudes de hiérarchie sociale, mais en s'efforçant aussi de les amener à la compréhension des phénomènes économiques qui se poursuivent autour d'eux et de rénover dans une certaine mesure les méthodes de commerce, les procédés de métiers » (G.Loth).

Conformément à ce « respect de la hiérarchie » avancé par le Protectorat, pourtant dans un pays qui n'a connu ni féodalité, ni titres nobiliaires, ni corps ecclésiastiques de l'ancienne France par exemple, les écoles des villes se voulaient ainsi de recrutement différencié. Des écoles dites de « fils de notables » devaient donner à leurs élèves « une éducation générale d'un degré supérieur, les préparant à l'entrée dans les collèges où ils pourraient achever leurs études pour concourir ensuite aux divers emplois administratifs que le Makhzen peut réserver aux fils de famille ».

Un tel enseignement intéressera les fils de commerçants, d'artisans et d'ouvriers agricoles afin qu'ils renforcent la vie économique du pays, et sera le fruit du programme conçu par la France républicaine, assignant à chacun sa place selon la condition de ses parents. Les options de cet enseignement « sur mesure » sont restées identiques jusqu'à la Seconde Guerre mondiale, utilisant pratiquement les mêmes manuels dans les établissements musulmans que ceux de France. L'histoire et la géographie du Maroc ont été progressivement introduites dans l'enseignement primaire européen et à tous les degrés de l'enseignement musulman. Des cours pratiques de politesse appropriée étaient dispensés aux élèves musulmans et français du

[1] Il sera remplacé en 1920 par Georges Hardy, plus au fait des questions coloniales, et ami de Lyautey, disposant d'une expérience accomplie au Sénégal et Madagascar.

primaire, ainsi que des notions d'arabe parlé ont donné aux élèves européens des villes.

L'enseignement devait connaitre une importante évolution en raison des nouveaux besoins et de la situation environnante, à mesure que le Maroc s'industrialisait, et que les effectifs scolaires se multipliaient, l'enseignement technique s'imposa. Car à la fin du cycle primaire, les élèves pouvaient accéder seulement à des études secondaires, qui ne correspondaient pas toujours à leur vocation, ou recevoir un vague apprentissage dans des ateliers locaux, sans aucune garantie de formation effective. Si la ville de Casablanca avait été seule dotée d'une École industrielle et commerciale qui allait connaitre une certaine notoriété pendant quelques décennies, la direction de l'enseignement technique n'a vu le jour quant à elle qu'à la fin de la Deuxième Guerre, en 1919.

La lente évolution des effectifs des élèves musulmans fréquentant la nouvelle école ouverte par les autorités du Protectorat, au cours de la première décennie, atteste des difficultés qu'une opération scolarisation du genre comportait dans un pays nouvellement occupé. Ils ont progressé de deux mille élèves en 1915 à quelque six mille dix ans plus tard. En doublant quelques années après, ces effectifs scolarisés ont concerné surtout les villes et de grosses bourgades rurales importantes, en contact direct et ancien avec le monde occidental comme dans les ports de l'Atlantique, avec un préjugé favorable quant à l'utilité d'une formation moderne, les campagnes étaient encore récalcitrantes.

Le rythme d'une telle scolarisation suivait, forcément avec un certain retard, les « progrès de la pacification » par l'armée française qui a duré jusqu' en 1934 dans les régions et contre les tribus du haut Atlas. L'école, en effet, ne pouvait s'ouvrir que dans celles des régions jugées sûres du point de vue militaire. On se heurtait aussi à l'esprit paysan, très semblable, en cette matière comme en d'autres, à ce qu'il a été longtemps même en Europe, récalcitrant en général à l'école. Le paysan préférait garder ses enfants pour travailler avec lui, à la façon traditionnelle, sans envisager une transformation radicale. Ou, s'il se décidait à se séparer de l'un d'entre eux, c'était avec l'intention qu'il s'élève au-dessus du dur travail ingrat de son père, ces métiers utilisant « la plume » (adel, maitre de m'sid ou fonctionnaire du Makhzen) entourés dans les pays musulmans d'un prestige ancestral « sur mesure », d'autant, car censés assurer une vie tranquille et plus longue, grâce à un petit traitement administratif. Dans les campagnes, le but du Protectorat a toujours été de former des paysans plus habiles, sans créer des « chômeurs instruits » déjà pour l'époque.

Ainsi, au nombre des premières décisions prises par les autorités du Protectorat, il y eut la création d'un service de l'enseignement juste quelques mois après la signature du traité du Protectorat. Les premiers établissements européens virent progressivement le jour à Casablanca et à Rabat d'abord, ensuite Oujda, Meknès et Fès avant la fin de la Première Guerre. Les premiers établissements dits pour musulmans à Fès et à Rabat furent ouverts à leur tour ainsi que l'École Supérieure de langue arabe et de dialectes berbères et l'Institut de Recherche Scientifique (A.Le Révérend, p.52)[1]. En dépit du contexte d'un pays encore neuf et de moyens encore limités dans une période de tension internationale, puis de guerre, l'école garda sa priorité dans les choix de l'administration de Lyautey.

Le premier Résident général a du éprouver certaines appréhensions étant confronté à une école républicaine, égalitaire et centralisée, qui tendait, par la force même des choses, à l'uniformité en France, alors qu'au Maroc il fallait « accorder l'intérêt surtout au particulier ». Par nature, tenant à la hiérarchie sociale, le Général en trouvait une au Maroc qu'il ne souhaitait pas occulter pour mieux asseoir son action (A.Le Révérend, p.53)[2]. Dès que l'on sortait de la tâche connue et pressante, d'assurer aux jeunes Français les écoles auxquelles les lois leur donnaient droit, tout portait donc à procéder avec lenteur et prudence, par tâtonnements successifs, à l'égard d'une société marocaine qui demeurait, elle, encore mal connue dans l'ensemble et non aisée à pénétrer.

D'ailleurs, l'impression qui se dégageait au premier contact avec le Maroc de cette période, partagée par plusieurs observateurs, était que le nouvel arrivant d'Europe au Maroc trouvait devant lui un « monde

[1] Entre 1912 et 1915, ces décisions prîrent effet.

[2] « Le général Lyautey ne s'en cachait pas d'appartenir à un milieu conservateur, voire aristocratique, auquel il appartenait ».

extrêmement ancien ». Les villes impériales étaient comparées aux cités orientales du moyen âge, les populations nomades semblaient sortir d'une sorte de période préislamique, avec des paysans peu différents du cultivateur de l'ancienne vallée du Nil ou presque. Il devait certainement y avoir de l'incertitude de la part des nouveaux décideurs du Protectorat et collaborateurs de Lyautey, et certains pouvaient se demander s'il était réellement possible de mettre en mouvement une société qui fut longtemps quasi-immobile. Certains mêmes, qui se souciaient aussi d'esthétique dans leurs écrits et discours comme Lyautey, se demandaient parfois parait-il si l'implantation du monde moderne au Maroc n'allait pas tout enlaidir, pour un bénéfice moral très incertain.

Avec ses caractéristiques ethnique et linguistique, berbère et arabe, avec une bourgeoisie citadine et des tribus bédouines ou berbères, des cultivateurs et des pasteurs, des sédentaires et des nomades complets ou partiels, et avec sa minorité juive, le pays offrait une relative complexité humaine. L'immigration européenne y ajoutait tout à coup un peuplement nouveau, lui-même composite, en provenance d'Espagne, auquel s'ajoutaient ceux venant de France et d'Algérie. Surtout, elle introduisait des conditions économiques, des modes de vie, des idéaux, qui différaient de ceux prévalant dans le pays. Des univers différents se rencontraient de façon brusque et même violente, se juxtaposaient, mais sans se pénétrer encore. Les autorités du protectorat inspirées par Lyautey attendaient de l'enseignement qu'il accélérât ce rapprochement.

Paragraphe 3 : L'enseignement français à proprement parler

À la fin du Protectorat, toutes les agglomérations européennes importantes du Maroc disposaient d'une école primaire recevant ainsi plus de trente mille élèves, dont près d'un demi-millier de musulmans marocains.

Les enfants de colons ou de fonctionnaires, dispersés sur le territoire, disposaient de vingt internats primaires, établis dans des centres ruraux et dans les villes. Les écoles destinées aux Israélites marocains ont été rattachées au service de l'enseignement primaire français dont une petite partie relevait des établissements franco-israélites de l'État. Dans leur majorité, elles étaient plutôt encore insérées dans le vaste et ancien réseau de l'Alliance Israélite, comptant quelque douze mille élèves filles et garçons, presque autant que les effectifs d'élèves musulmans. On pouvait noter que concernant les petites communautés juives des campagnes, relativement nombreuses dans l'Atlas et sur les confins sahariens, près de huit cents de leurs enfants furent reçus dans des écoles musulmanes. Au total, plus de vingt mille élèves israélites furent instruits par ces divers moyens.

La langue française avait pénétré dans une population désireuse de s'instruire et de se moderniser qu'il était alors devenu, dans les grandes villes, une langue de plus en plus courante des jeunes générations parmi même certaines familles d'un niveau social moyen. Après les études primaires, les Israélites marocains entraient dans les établissements secondaires ou techniques français.

L'enseignement secondaire allait enregistrer l'ouverture de quatorze établissements secondaires, en forme de lycées et de collèges, qui reçurent jusqu'à onze mille élèves, à la veille de la Deuxième Guerre, en y comptant parmi eux un demi-millier de jeunes musulmans dont une soixantaine de filles, et quelque neuf cents jeunes Israélites marocains, ainsi que deux cents jeunes étrangers, la dominante étant française. Cinq de ces établissements deviendront même de véritables petites « institutions » prestigieuses de formation, dont sortirent même quelques futurs responsables du mouvement national, en raison de la qualité de leurs enseignements respectifs[1]. Le diplôme du baccalauréat a commencé à avoir un écho certain depuis la fin de la Deuxième Guerre.

L'enseignement technique disposait d'un établissement du second degré représenté par l'École commerciale et industrielle de Casablanca, qui groupait près d'un millier d'élèves. Des sections techniques existaient par ailleurs dans certains lycées et collèges français et intéressaient près de deux mille élèves du secondaire à orientation technique. Au premier cycle du secondaire, la formation professionnelle était donnée dans onze établissements français et neuf israélites, d'une

[1] Comme le Lycée Lyautey à Casablanca, le Lycée de jeunes filles de la même ville, Lycée Gouraud à Rabat, le Lycée mixte Poeymirau de Meknès, le Lycée de jeunes filles de Rabat, le Lycée Mangin de Marrakech et le Lycée Regnault de Tanger en Zone internationale.

part, et dans vingt-six écoles musulmanes d'autre part. Certaines, en effet, se trouvaient les seules dans leur ville à posséder l'outillage nécessaire comme à Fès, Marrakech, Meknès, Oujda. L'école de Béni Mellal, à caractère agricole avait atteint un effectif de plus de deux cents, et les dix autres dépassèrent la centaine. Il y avait aussi une école nautique à Casablanca.

Paragraphe 4 : Un enseignement socialement différencié

L'enseignement donné aux musulmans a dû subir quelques aménagements successifs. Dans les villes, s'il subsistait une différence nette de programmes entre écoles professionnelles et écoles ordinaires, il n'en existait plus entre ces dernières et les anciennes écoles de « fils de notables ». L'orientation première donnée aux collèges musulmans dut aussi être modifiée. Ils préparaient tout d'abord uniquement à un diplôme d'études secondaires musulmanes, non au baccalauréat français, ne permettant donc d'accéder qu'à l'enseignement supérieur local, aux études d'arabe en particulier. Les universités de la métropole seraient donc restées fermées aux jeunes Marocains instruits, dont un très petit nombre seulement entrait alors dans les lycées français.

La petite « élite » marocaine n'aurait donc en fait accédé qu'aux carrières administratives du Makhzen ou serait retournée à la gestion des affaires familiales sans vraies connaissances techniques. Le souci de la « protéger » contre les déformations inévitables dans une évolution trop rapide, de lui laisser le respect de son caractère traditionnel, sentiments qui semblent avoir surtout inspiré Lyautey, aurait abouti, en fait, à la garder en marge du monde moderne, à la fois inefficace et insatisfaite.

Un collège berbère, dont la création fut fort controversée, mais dont l'enseignement a été de qualité, sera ouvert par le Protectorat dans le Moyen Atlas, accueillant à Azrou les fils de notables des tribus berbères, pour faire ressortir et favoriser la différence « Arabes-Berbères ». Mais déjà cinq écoles dites berbères avaient été ouvertes dès 1923, devenant une trentaine en moins de dix ans, aux cursus surtout en français, dont certains élèves furent destinés à ce collège pour fils de notables berbères[1].

Il a fallu sauvegarder une place suffisante aux connaissances générales au niveau de l'enseignement professionnel, artisanal ou agricole et, par ailleurs, tenir compte de certaines répugnances parfois difficiles à modifier, celles des jeunes berbères pour le travail de forge, ou des bourgeois citadins pour celui des tapis. Même dans les campagnes, le travail de la terre n'intéressait pas pareillement toutes les populations. Les transhumants du Moyen Atlas, par exemple, les fils de famille ne se souciaient pas de remuer le sol de leurs propres mains. Ainsi, de région en région, l'administration dirigée par les chefs de régions chercha à adapter l'enseignement à des conditions locales variées (G.Hardy, 1921).

Les collèges musulmans de Rabat et de Fès, objet d'attention pour devenir une « avant-garde civilisatrice » depuis Lyautey, furent autorisés en 1930, à préparer au baccalauréat, tout en conservant, à côté, une section dite traditionnelle, où la part des études arabes était plus grande[2]. On donna même le choix aux élèves marocains entre une section avec latin et une section moderne, choix périlleux, car pour appréhender le latin à travers le français, langue française déjà étrangère et difficile, un effort tout particulier devenait indispensable. L'expérience a conduit à restreindre cet enseignement classique, qui ne se donnait plus qu'au collège de Fès. Depuis, le baccalauréat, sous sa forme moderne, attira de plus en plus les élèves des collèges et c'est ainsi que de nombreux futurs dirigeants du mouvement national ont pu en bénéficier.

Sous la pression des réalités locales et internationales surtout, l'enseignement secondaire dispensé donné aux jeunes musulmans s'est mis à ressembler progressivement à celui dispensé aux jeunes

[1] Il s'agit de la thèse de doctorat de R. Godefroy-Demombynes, « L'œuvre française en matière d'enseignement au Maroc », Paris, 1928. p.119. Un responsable au sein de la Résidence, du courant des « ultra », avait soutenu dans un travail académique que « l'utilisation d'une éducation séparée des jeunes berbères, « diviser pour régner, favorisera et servira la cause française à contrecarrer l'influence arabe, voire celle du Makhzen lui-même ».

[2] P. Marty, conseiller du Protectorat et directeur du Collège Moulay Idriss de Fès, avait pris part à cette politique de formation des élites marocaines.

Français. L'enseignement supérieur français commençait à recevoir chaque année de plus en plus de jeunes bacheliers marocains, dont un certain nombre de boursiers. En raison des difficultés de transport au cours de la Deuxième Guerre, la séparation avec la France occupée par les Allemands, les difficultés de voyage et de séjour qui leur ont fait suite même avec l'Algérie française, en plus de l'accès d'un plus grand nombre de jeunes musulmans aux études post baccalauréat ont posé le problème de l'urgence d'un enseignement supérieur dispensé sur place. Il n'y avait alors que l'Institut des Hautes Études Marocaines, à partir de l'ancienne École supérieure de langue arabe et de dialectes berbères, mais qui était centré sur les seules questions locales, créé en 1920. Le besoin d'une université marocaine commençait à se faire sentir, que le retour de la paix dans le monde allait renvoyer à plus tard.

Les autres jeunes Marocains musulmans dont les parents n'étaient pas considérés comme notables soit la grande majorité, relevaient d'une autre filière consistant en une adaptation du système traditionnel aux besoins de la vie pratique et moderne. Le Coran était enseigné à la campagne aussi bien qu'en ville et langue française et langue arabe se partageaient le reste des études. Le français, par une méthode qui a été codifiée au Maroc d'une façon intéressante, était abordé dès le premier jour. Les élèves s'y trouvaient plongés constamment et acquirent une pratique suffisante de la langue pour qu'elle puisse servir de véhicule aux connaissances usuelles.

Le cycle complet des études primaires était couronné par un certificat d'études primaires musulmanes qui demandait aux candidats un effort sérieux dans les deux langues. Des internats primaires ont permis à ces écoles rurales de recevoir quelque cinq cents enfants au début des années 1950, recevant les meilleurs candidats dans ces centres mieux équipés, conduisant à un certificat d'apprentissage. Les écoles primaires musulmanes étaient au nombre de trois cent quatre-vingt-six, un an après, la première tranche décennale prévue avait été entièrement réalisée, les effectifs avaient augmenté d'une dizaine de milliers, et deux ans plus tard, ils dépassaient même les soixante mille élèves[1].

[1] Dont 256 rurales, 45 écoles urbaines, 16 écoles d'apprentissages, sises également dans les villes, et 63 écoles de filles. Le Plan décennal date de 1944.

Les écoles coraniques commençaient à être visitées par des inspecteurs musulmans, mais ne dépendaient pas de l'Instruction Publique. Leur entretien matériel était assuré par le service des Habous du Makhzen (fondations pieuses). L'enseignement dispensé aux Musulmans par les établissements publics était coordonné dans une direction du gouvernement de la résidence. Cet enseignement comportait une forte orientation pratique, non seulement dans les écoles proprement professionnelles, mais dans toutes les écoles rurales et, pour les travaux ménagers ou certains arts de l'aiguille, dans les écoles de filles.

L'école rurale possédait systématiquement un jardin, souvent un petit troupeau, et organisée en mutuelle de façon à intéresser les élèves à sa marche et à leur apprendre l'association. La tâche du maître n'était pas facile, les conditions de l'agriculture variant selon les régions et la nature des populations paysannes. Pour l'aider, si son école a dépassé la phase des premiers contacts et a pris quelque développement, il pouvait recevoir un moniteur agricole musulman, formé dans les centres ruraux importants que l'on a pu doter de fermes-écoles.

Ce n'est d'ailleurs que sur des domaines d'une certaine importance que l'on pouvait pratiquer la culture à l'échelle d'une exploitation moderne. Le problème de la modernisation du paysannat marocain ne pouvait être résolu par les jardins scolaires, mais ils contribuaient à répandre des connaissances utiles tels l'usage d'un petit outillage, le choix des animaux et soins à leur donner, l'introduction d'arbres fruitiers nouveaux, la pratique des tailles et des greffes, les cultures maraîchères. Le choix du maître rural revêtait une extrême importance qui sera oubliée après le Protectorat.

À la même période, près de six cent cinquante et un jeunes musulmans dans les écoles primaires européennes et cinq cents soixante-six fréquentaient les lycées. On arrivait ainsi à un total de près de soixante-quatre mille jeunes musulmans scolarisés, soit un doublement, depuis octobre 1944.

L'enseignement secondaire était donné dans les collèges de Rabat, Fès, Marrakech et Azrou. Par un partage que la nécessité imposait, le français y restait la langue des connaissances modernes, l'arabe celle de la tradition et de la religion. L'acquisition d'une double culture posait naturellement aux élèves bien des difficultés. Le certificat d'études secondaires musulmanes, passé au niveau de la troisième, et le diplôme, à la fin de la Première, créés à l'origine de l'enseignement secondaire musulman, subsistaient à côté du baccalauréat pour ceux qui ne pouvaient pas tenter cette option[1].

Paragraphe 5 : Formation d'instituteurs et enseignement post-secondaire

Dès les premières années du Protectorat, il a été jugé important de disposer d'enseignants sur place pour les écoles et collèges français, en les y préparant, leur recrutement en France n'était pas une tâche toujours aisée surtout, et encore plus en période de conflits. La première initiative fut l'ouverture d'une école pour les institutrices stagiaires à Rabat. La fin de la Première Guerre avait rendu plus facile le recrutement de quelques enseignants en France, progressivement l'occasion de trouver au Maroc des jeunes gens ayant fini leurs études secondaires et pour lesquels l'enseignement offrait un débouché intéressant. D'autre part, les jeunes Marocains ne pouvaient s'y préparer ailleurs qu'au pays. Le nombre total des maîtres était de cent cinquante-six pour les collèges et de mille quatre cent douze pour le primaire, corps important, mais qui laissait encore, pour chacun de ses membres, une moyenne d'une quarantaine d'élèves au moins.

La solution choisie fut celle d'exiger que les futurs instituteurs soient formés en sections normales et de leur laisser suivre les cours de l'enseignement secondaire pour tout ce qui concernait leur formation générale. Après la suppression du Brevet supérieur, le baccalauréat était exigé des candidats français. Au cours d'une quatrième année normale, les futurs maîtres recevaient ensuite la formation proprement pédagogique, complétée, pour ceux qui se destinaient à l'enseignement musulman, d'une culture marocaine donnée par l'Institut des Hautes Études. Ce système entra en fonctionnement d'abord pour les sections masculine, féminine et professionnelle, ensuite fut étendu à l'enseignement européen[2]. Si en

---

[1] Dont 7.782 filles.

[2] En 1921 et 1926, pour européens puis pour musulmans.

1945, la création d'écoles normales avait été décidée en principe, seule l'école normale de jeunes filles était en fonctionnement.

Au contraire des cycles précédents, l'enseignement supérieur local ne présentait pas encore une organisation parallèle à celle de la métropole. Pendant longtemps le faible nombre des étudiants n'aurait d'ailleurs pas justifié les dépenses qu'entraîneraient l'équipement et le fonctionnement de vraies facultés. Les élèves marocains ont donc continué leurs études en France ou à Alger. Pour les conseiller dans le choix d'une carrière, les aider à trouver dans la métropole le type d'enseignement qui leur convenait, les assister tant au Maroc qu'en France, un Centre de Documentation et d'Orientation, comportant aussi un Service Social universitaire, a été créé après la fin de la guerre. À Paris, par ailleurs le Protectorat avait acquis un hôtel, pour loger un certain nombre d'entre eux, avant qu'un pavillon marocain ne soit ouvert dans la Cite Universitaire internationale.

Au Maroc, dans l'ordre de la théologie et du droit musulman, l'ancienne université de la Quaraouiyine à Fès et la médersa Ben Youssef à Marrakech, réorganisées, continuaient leur mission traditionnelle. Mais ces deux fondations ne dépendaient pas de la Direction de l'Instruction Publique, mais de l'administration des habous et du Makhzen.

L'Institut des Hautes Études Marocaines dispensait un enseignement des langues, de la préhistoire, de l'histoire, de la géographie, de la sociologie marocaines, sanctionné par des Certificats, Brevets et Diplômes divers. Il répondait ainsi, à la fois, à des nécessités pratiques, de formation d'interprètes et de professeurs de langue arabe, et à un but désintéressé en répandant la connaissance profonde du pays et de ses habitants, en publiant sa revue Hespéris. Durant l'année scolaire 1946-1947 par exemple, ses cours ont été suivis par un millier d'étudiants, tant à Rabat que dans ses centres régionaux de langues locales. C'est ainsi que peu à peu se constitua sous ses auspices et dans ses locaux un Centre d'études juridiques, parti de la simple préparation à un certificat d'études juridiques et administratives marocaines pour conduire à la licence complète en droit. Les règles de droit musulman y étaient naturellement l'objet d'études spécialement poussées, et avant la fin du Protectorat, ce Centre a pu enregistrer quelque mille inscrits.

Il en a été de même avec le Centre d'Études Supérieures Scientifiques qui venait d'être créé suite à l'ancien Institut Scientifique Chérifien, jusqu'alors consacré uniquement à la recherche. Il donna la première formation scientifique, sanctionnée par des examens, ainsi que le certificat de mathématiques générales, comptant quelques dizaines d'étudiants[1]. Des classes spéciales des lycées de Casablanca et de Rabat permettaient de préparer les concours des grandes Écoles françaises et des certificats de licence littéraires. Il est à rappeler enfin que les examens du baccalauréat étaient organisés sous la responsabilité de l'Université de Bordeaux, par celle d'Alger durant la Dernière Guerre, qui détachait au Maroc les présidents de jury nécessaires.

À la veille de la Deuxième Guerre, la création de nombreuses écoles et le recrutement d'un personnel plus important devenaient indispensables pour prendre en charge un engouement réel pour l'école de type moderne par les familles marocaines. Deux hypothèses continuaient de s'opposer à la fin de la Deuxième Guerre à la Direction de l'enseignement du Protectorat, notamment suite aux importants changements s'opérant sur la scène internationale, en particulier les conséquences du débarquement de l'armée américaine dans les ports marocains.

Une première, d'allure conservatrice, voulait que Maroc restât dans sa grande masse un pays de manœuvres et de petits paysans, alors condamné à la misère perpétuelle en raison de leurs faibles rendements et revenus. La seconde, qu'on peut qualifier de réformiste, avançait qu'il fallait entreprendre une œuvre d'une ampleur considérable, rendue d'autant plus difficile que les progrès de la natalité, l'hygiène, la pacification pouvaient entrainer une croissance rapide de la population. Le poids financier d'un tel effort de généralisation allait faire hésiter quant à la prise d'une décision réaliste en la matière. Les difficultés humaines n'étaient pas moins négligeables à leur façon, car le pays lui-même fournissait relativement peu de maîtres pleinement qualifiés, surtout du côté musulman pour diverses raisons. Le nombre d'enseignants que l'on pouvait convaincre en France de s'expatrier au Maroc n'a jamais été élevé par ailleurs.

[1] Connus sous les sigles : S.P.C.N., P.C.B.et M.P.C.

Pourtant le conflit mondial n'avait pas manqué d'accélérer la prise de conscience des peuples et, dans sa conférence tenue en 1944à Brazzaville, le Gouvernement provisoire français s'attachait enfin à encourager le « développement scolaire de l'Afrique noire »[1]. Parallèlement, et en raison de la libération de la France grâce à la part prise par les « colonies », les autorités coloniales ont été conduites partout, en Afrique du Nord, à élaborer des plans de scolarisation d'un plus grand nombre de jeunes musulmans, mais déjà difficilement réalisables. C'est ainsi qu'un exposé de la situation, joint au plan de réformes scolaires difficilement réalisables, sera transmis au Sultan Mohamed V, en 1944, estimant à un million le nombre des Marocains, garçons et filles, en âge de fréquenter l'école[2].

Entre temps, des Marocains seront admis à partir de la rentrée scolaire de 1946, pour la première fois dans les écoles primaires européennes où, jusqu'alors, seuls les musulmans algériens pouvaient y accéder, dans la mesure des places disponibles et quand les enfants se montraient capables de suivre un enseignement français[3]. Par ailleurs, utilisant la liberté laissée à l'enseignement primaire, des écoles dites « libres » et dues à des initiatives et fondations variées, surtout d'individualités proches des nationalistes, se sont créées en divers endroits du pays avec des succès divers, enclenchant ainsi le début de « l'enseignement libre » marocain, les services de l'Instruction Publique du Protectorat se cantonnant aux conseils pédagogiques à un personnel relativement improvisé dans plusieurs de ces établissements qui préparaient au certificat d'études primaires et permettaient l'entrée en sixième des collèges.

---

[1] Sous la présidence du Général De Gaulle.

[2] Document transmis au Sultan Mohamed V, le 14 octobre, soit environ dix mois après la présentation du « Manifeste de l'indépendance » du Parti de l'Istiqlal. Il s'agissait d'un plan décennal prévoyant la scolarisation annuelle de dix mille nouveaux élèves « musulmans », ce qui aurait exigé quatre générations ou l'équivalent d'un siècle pour effectuer une telle généralisation et avec une population stable ! L'exposé des réformes précisait que « l'enseignement professionnel serait développé sous son double aspect agricole et industriel » renforcés par « des cours complémentaires pour accentuer leur caractère pratique ».

[3] C'est l'ancêtre du futur enseignement dispensé par « la Mission Française » depuis l'Indépendance du Maroc.

La réalisation éventuelle d'un tel programme de généralisation, selon les cadences jusque-là suivies par le système en place, relevait tout simplement de la pure chimère, comme les services du Protectorat le redoutaient avec réalisme, car il faudra quelques décennies pour scolariser la seule première cohorte recensée.

Chapitre VI

La croissance démographique

Quelques comptages partiels, sommaires et souvent superficiels, étaient certes effectués par le passé par les services du Makhzen, pour des besoins surtout fiscaux ou militaires, en imitant quelques méthodes ottomanes utilisées dans l'Algérie voisine jadis sous tutelle de la « Grande porte » depuis le XVIe siècle. Ils étaient de ce fait irréguliers et généralement conçus comme un dénombrement autoritaire approximatif de tentes tribales ou de familles citadines, mal acceptés par les concernés, et ne couvrant que les endroits et tribus accessibles.

Recenser officiellement une population est une opération d'administration moderne qui requiert un pouvoir politique centralisé et des structures régionales opérationnelles dans une société pacifiée, une combinaison d'éléments qui ont longtemps fait défaut au Maroc au cours des derniers siècles. C'est une sorte d'entrée dans la modernité démographique et autant dire que les recensements n'allaient acquérir quelque fiabilité et intérêt qu'au lendemain de la longue campagne de « pacification » du pays menée par les troupes françaises, soit plus de deux décennies après la signature du Traité du Protectorat. Les données avancées avant cette période étaient plutôt des ordres de grandeur offrant des indications de grandes tendances d'une population en augmentation. De façon générale, celle-ci s'effectuait par voie naturelle et par l'apport d'une immigration officielle de français et souvent clandestine en provenance de l'Algérie française.

Section 1 : Données globales

L'élément démographique est important à saisir de tout temps pour cerner l'évolution générale d'un pays ou d'une région, et un recensement était de nature à renseigner de façon générale sur l'aspect quantitatif de la population concernée. Ce n'est pas un hasard d'ailleurs que les États modernes aient décidé, au cours du XXe siècle, un peu partout dans le monde, de rendre les recensements de leurs populations plus réguliers et souvent obligatoires, car outre les classiques informations utiles pour les besoins de la conscription militaire et pour des raisons de sécurité générale, les renseignements économiques et sociaux recueillis pouvaient mieux guider la prise de certaines décisions, contribuer à orienter les efforts à entreprendre et permettre de prévoir les dépenses publiques à engager, en parallèle avec une planification en développement.

L'introduction de la technique du recensement sera au nombre des apports nouveaux du système administratif du Protectorat qui sera alors perçu comme une intrusion de l'étranger dans la vie privée des gens par une population surtout foncièrement illettrée et peu ouverte encore aux innovations occidentales. En raison de la grande frayeur causée aux communautés européennes nouvellement arrivées notamment par les épidémies et les maladies endémiques qui prévalaient, les premiers dénombrements seront partiels, à usage davantage sécuritaire et militaire, et vont contribuer à assurer, entre autres, un premier suivi de l'état général sanitaire d'une population locale fort réticente. Ils allaient cependant progressivement permettre de planifier des campagnes d'hygiène, de propreté et de désinfection menées dans certaines régions du pays par les nouvelles autorités sanitaires du Protectorat. D'ailleurs, d'un point de vue pratique aucune action de modernisation élémentaire ne pouvait se concevoir ni voir le jour, sans une connaissance même approximative du nombre et de la localisation des populations des premières zones pacifiées du pays (L.Chevalier, 1947, p.35 ; J.Breil, 1947, p.135 ; C.F.Stewart, pp.57-58).

Les résultats des premiers comptages allaient éclairer également un secteur privé européen en voie de constitution et à dominante française, de même que le milieu dit des affaires, particulièrement concerné par les données relatives à la population, en vue de décider de leurs futures opérations économiques et financières dans ce pays en cours d'occupation. En un sens, le recensement aura à sa manière été un outil de pénétration « pacifique » cette fois-ci d'une société et d'une population locales encore mal connues dans l'ensemble. Cependant, de façon générale, quelque soin que l'on accorde à la préparation et à l'exécution d'un recensement, des erreurs entachent inévitablement les résultats statistiques de cette opération. Un recensement en général, aussi nécessaire soit-il de par son but qui est de saisir comme un « instantané » d'une population, ne suffit pas à en donner une connaissance parfaite. D'autres éléments statistiques additionnels sont indispensables à l'information, notamment ceux qui mesurent les mouvements affectant la population dans un sens ou dans l'autre entre les états successifs définis par les dénombrements.

Une forte natalité caractérisait déjà la croissance naturelle de la population marocaine tant musulmane que juive contrebalancée, il est vrai par une non moins élevée mortalité aussi, et ceci expliquant cela. Celle-ci sera réduite sous les effets d'un essai de généralisation de règles élémentaires d'hygiène notamment et en favorisant l'apparition de lieux plus surs et d'endroits une plus propres que naguère limitant ainsi la mortalité dite naturelle de ces périodes[1].

Les résultats de cinq recensements officiels successifs réalisés au Maroc par les services de l'administration du Protectorat s'avéreront difficilement comparables, car ils ne portaient pas sur les mêmes superficies du territoire ou mêmes populations, et n'étaient pas conduits selon des méthodes similaires (R.Escalier, 1984[2]. Les données chiffrées obtenues demeuraient sujet à caution pour donner une image quelque peu fidèle des réalités démographiques. Outre l'insuffisance en moyens techniques et un personnel qualifié, les services chargés de ces opérations procédaient, surtout lors des premières d'entre elles, à de larges extrapolations sans fondement réaliste au niveau des régions hors contrôle. Le recensement des populations juives se basait par ailleurs essentiellement sur les seules données fournies par les rabbins, avec des confusions faites sur le statut d'Européens de plusieurs d'entre eux (V.Halperin, 1952, p.476).

Si en 1921, le recensement n'avait concerné que la « zone pacifiée », aux chiffres obtenus en 1926 et 1931 pour les lieux pacifiés, une estimation grossière des populations vivant encore en zones non encore contrôlées allait être ajoutée selon des critères peu

---

[1] Service Central des Statistiques. Annuaire Statistique de la Zone Française du Maroc, 1952. Ces chiffres n'incluent pas la population de la Zone espagnole bien entendu.

[2] Estimations similaires à celles de R. Escalier cité dans « Rapport du Cinquantenaire », publications de L'Économiste, 2005, Casablanca.

évidents. En fait, le recensement de 1936 a été le premier à concerner la totalité du territoire marocain sous Protectorat français. Il semble cependant que, pour des raisons techniques, ce dernier recensement ait fourni des résultats probablement légèrement en dessous de la réalité.

La base du décompte de 1947 parait moins sujette à discussion que les opérations précédentes, n'intégrant que les populations civiles résidentes, car il y eut un contrôle minutieux du fichier permanent de la population non marocaine. Pour les Marocains, on eut recours à une mise à jour et un contrôle des statistiques tenues régulièrement dans les fichiers des affaires indigènes servant de base au ravitaillement de la population. Les chiffres obtenus par cette voie ont été vérifiés et précisés à leur tour à l'aide d'un certain nombre de sondages réalisés dans plusieurs régions.

Les résultats obtenus auraient été légèrement supérieurs aux chiffres de la population marocaine véritable et des corrections techniques ont été ainsi apportées aux deux dénombrements des années 1936 et de 1947. Un coefficient d'augmentation de la population marocaine a pu être ainsi calculé, comparable aux coefficients constatés dans des pays de même structure ethnique et sociale comme l'Algérie ou la Tunisie. La population civile totale de la zone française du Maroc a donc pu être enfin estimée à un peu plus de huit millions d'habitants, à l'issue du dernier recensement sous le Protectorat effectuée en 1952. Chacune des catégories de la population était connue de façon approximative. Par des statistiques de mouvements (état-civil, entrées et des sorties aux frontières), il aurait été non seulement possible de contrôler l'exactitude des dénombrements, mais surtout de préciser les tendances de la population au-delà du dernier d'entre eux. Mais, en leur absence pour la plus grande partie de la population du pays, car l'état civil n'est devenu obligatoire qu'en 1953, cela était de nature à restreindre ainsi la portée des résultats du dénombrement et des appréciations qu'ils autorisaient sur la situation démographique durant la période concernée.

Section 2 : Les populations marocaines

En effet, il convenait de parler de deux populations au moins, car elles étaient constituées de musulmans et d'israélites, des catégories pouvant être considérées comme relativement fermées, et signifiant qu'elles n'étaient influencées en principe par aucune cause extérieure de variation, comme des mouvements migratoires, sinon qu'elles ne s'accroissaient que par le mouvement naturel. Les facteurs d'un tel mouvement étaient encore peu connus, surtout que l'enregistrement des naissances et des décès n'était pas encore rendu obligatoire.

Paragraphe 1 : La population musulmane

La population musulmane, dans une société marocaine alors fort conservatrice, était de loin la plus importante, et aurait plus que doublé en un quart de siècle, passant de plus de trois millions de personnes en 1921 à près de huit millions en 1947. Les taux de croissance démographique calculés ne sont guère significatifs, étant simplement le résultat de données chiffrées peu homogènes, peu comparables en raison de facteurs politiques et militaires caractérisant les périodes concernées, tout au moins jusqu'en 1936.

Les défauts de comparaison apparaissent effectivement lorsqu'on calcule les taux annuels d'accroissement sur la base des résultats de deux dénombrements. Ainsi, le recensement de 1931 paraît avoir sous-estimé la population dans une proportion non négligeable, mais difficilement chiffrable. Les résultats seraient largement en deçà de la réalité, car en effet, dans les zones de soumission récente la population encore instable n'a pu être facilement dénombrée. En outre, on a pu relever d'importantes omissions dans tout le pays comme certaines tribus entières non recensées. C'est pourquoi les données de 1936 étaient inférieures à la réalité, dans une proportion non négligeable, constituant de simples ordres de grandeur.

Pour une période de guerre caractérisée de disettes, de famines et d'épidémies et qui ont fortement affecté la population, et entrainant une mortalité importante à la fin d du conflit mondial, le taux annuel obtenu paraît relativement élevé[1]. Les données collectées en 1947 et 1952, obtenues en des périodes relativement pacifiques et selon des méthodes différentes, permirent de parvenir à des résultats

[1] Le taux calculé était de 2,94%. Il y a lieu de noter que pendant la même période les populations musulmanes d'Algérie et de Tunisie s'étaient accrues au rythme annuel respectifs de 1,60% et 2,25%, lesquels appliqués à la population marocaine auraient donné entre sept et sept millions et demi de musulmans marocains en 1947, en se fondant sur les résultats du recensement de 1936.

sensiblement supérieurs de la population réelle totale, aussi bien d'ailleurs pour les musulmans que pour les israélites. En effet, des sondages effectués par exemple dans six régions montraient que l'erreur aurait été de l'ordre de 2% pour le « bled » et 8% pour les villes.

En faisant dès lors l'hypothèse d'un taux d'accroissement plausible pour cette période (2 à 2,3 %), on peut avoir une idée d'un niveau réaliste de la population, autour de six millions de personnes. À titre de comparaison, le taux d'accroissement (1,9 %) de la population israélite telle qu'observée, alors mieux connue et dotée d'une vitalité analogue, a été en fait un peu plus faible. Aussi, les ordres de grandeur correspondant à près de six millions trois cent mille musulmans marocains en 1936, puis de sept millions sept cent mille onze ans plus tard, peuvent être considérés a posteriori comme relativement probables. La structure moyenne par âge reflétait celle d'une population encore jeune, en raison d'une fécondité et d'une mortalité alors élevées, car quatre Marocains sur dix avaient moins de 15 ans, la moitié constituée d'adultes et moins d'un dixième au-delà de 60 ans.

Estimée à quelque deux millions de musulmans, la population dite active, en 1947, représentait à peine le quart de l'effectif total, se répartissant ainsi entre les principales activités de production de cette période. Il convient de noter qu'en dehors de l'agriculture qui en occupait plus des trois quarts, celle employée dans l'industrie, s'est portée plus particulièrement vers les nouvelles entreprises d'alimentation, du vêtement, des cuirs et de la construction.

Paragraphe 2 : La population israélite

Dans l'ensemble, les dénombrements la saisissaient avec plus de précision, mais comme pour les musulmans certaines insuffisances évidentes relevées auparavant, firent que le recensement de 1936, effectué par fiche individuelle, a pu aboutir à des résultats jugés plus proches de la réalité. Celui de 1947 surestimait la population israélite, presque exclusivement urbaine, de quelques milliers d'habitants, mais le nombre approchant les deux cent mille paraît probable en définitive, compte tenu d'une forte natalité et d'une faible mortalité caractéristisant aussi cette communauté (V.Halperin, p.476).

La population active israélite marocaine, multipliée par près de trois, après la Deuxième Guerre était plus présente dans le secteur moderne de la production, renforcée avec l'arrivée d'israélites d'Algérie et de Tunisie, fuyant les premières lois anti-juives appliquées en France et ses dépendances, était impliquée pour près des quatre cinquièmes dans le commerce et l'industrie modernes.
Cette communauté, dont le passé se confond avec une partie de l'histoire du pays, depuis l'arrivée de « populations berbères judaïsées » d'orient, aux origines supposées yéménites qui remonteraient à la période biblique, en passant par les vagues d'immigration successives suite aux conquêtes de Rome notamment, aurait occupé une grande frange de l'Afrique septentrionale (Ibn Khaldoun, 1852). Contrôlant diverses régions du Sud saharien du pays, les peuplades juives installées y ont été fort remarquées comme nomades ou sédentaires au cours de nombreux siècles bien avant la conquête arabo- musulmane (J.Mazel, 1971, p.157)[1].

Malgré un statut social de minorité religieuse en pays d'islam jusqu'à l'indépendance, la population israélite développa une vitalité réelle dans le tissu social des diverses époques, sensiblement plus avancée que celle de la population musulmane. Bien que demeurant considéré comme des « protégés » du Sultan sous le Protectorat, ce nouveau régime avait ouvert incontestablement aux juifs du Maroc de perspectives et des opportunités qu'ils exploiteront intelligemment et souvent avec succès (M.Jobert, 1996, p.637)[2]. Disposant d'un niveau d'éducation relativement élevé par rapport à leurs compatriotes musulmans, ils parviendront à se faire une place dans le commerce et la finance, constituant une sorte de pont indispensable et des intermédiaires incontournables entre les Européens installés au Maroc et le reste de la population. Parlant arabe et même berbère, au fait des spécificités du marché local tout en maitrisant les techniques commerciales occidentales, plusieurs membres de la communauté israélite marocaine deviendront de remarquables et riches hommes d'affaires. D'autres furent employés des grandes sociétés et banques nouvellement installées au Maroc, à Casablanca en particulier, en

[1] L'auteur rapporte le contenu d'intéressants anciens manuscrits historiques juifs provenant de synagogues du sud marocain.
[2] L'auteur y présente un exemple de l'évolution et des succès d'un des membres d'une famille juive du mellah de Meknès de l'après guerre.

raison d'une grande mobilité professionnelle et géographique. Ils abandonneront progressivement les villes de l'intérieur et celles du sud ainsi que les anciens quartiers juifs et « mellahs » qu'ils occupaient, et plusieurs parmi eux déménageront vers les quartiers européens au lendemain de la Deuxième Guerre.

Une fraction non négligeable de cette communauté s'était identifiée aux projets du Protectorat et souhaitait bénéficier des droits et des avantages liés à la citoyenneté dans la République française, souvent avec un statut de seconde zone même au lendemain de la libération de la métropole. Ils deviendront aussi officiellement citoyens marocains à part entière, au retour d'exil du roi Mohamed V et suite à la proclamation de l'indépendance, corrigeant quelque peu les avatars d'une longue histoire commune[1].

Paragraphe 3 : La population urbaine

La population urbaine marocaine est passée d'un demi-million d'habitants environ en 1921 à près d'un million et demi en 1947, corrigée cinq ans plus tard à près d'un million trois cent soixante-seize mille. On assistait ainsi au Maroc à la naissance d'un phénomène de concentration urbaine tout à fait conforme d'ailleurs à la ligne normale de l'évolution économique d'un pays neuf, entamant une industrialisation. Si dans les années 1940, un marocain musulman sur six était citadin, douze ans plus tard, on en comptait presque un sur cinq montrant l'accélération du phénomène.

Si en 1917, le Maroc ne comprenait que Fès, comme ville de plus de cent mille habitants, rejointe par Marrakech dix ans plus tard, puis dépassée par Casablanca en 1930, à la fin du Protectorat ce sont cinq villes comptant un nombre dépassant déjà ce nombre d'habitants. La ville de Casablanca était peuplée d'un demi-million de personnes provenant de toutes les régions du pays, suivies de Marrakech, Fès, Meknès et de Rabat. Les vieilles cités concentraient encore environ les neuf dixièmes du total d'une population urbaine qui s'est accrue de manière régulière également dans les autres villes moyennes du pays

[1] Le premier gouvernement marocain de l'indépendance comprendra une personnalité de la communauté juive, en la personne du Docteur Benzaquen, témoignant de l'important changement intervenu.

durant les quatre décennies du Protectorat, en particulier suite au phénomène nouveau d'exode des paysans sans terres ainsi que du mouvement de migration interne amplifiée par les effets des disettes et des épidémies qui persistaient.

Un tel développement urbain devint un des indicateurs de la transformation profonde du pays et de la société. Les trois composantes de la population urbaine étaient à dominante jeune qui seront progressivement renforcées par une immigration française encouragée depuis l'arrivée du nouveau Résident général Steeg. En effet à l'inverse de son prédécesseur, ce dernier va faciliter la venue de nouveaux petits colons et surtout nombre de fonctionnaires, de petits entrepreneurs en provenance d'Algérie, en vue d'apporter une technicité et une expertise encore rares au Maroc, augmentant en particulier les effectifs citadins.
La population rurale, de l'ordre des quatre cinquièmes dans l'ensemble, tendait à rappeler la place essentielle que celle-ci occupait encore dans les structures sociales et dans la vie économique du pays.

Section 3 : La population non marocaine

Dès les débuts du Protectorat, il y eut un fort engouement des Français pour l'immigration vers le Maroc relevé par divers observateurs, mais sans que le phénomène soit semblable au flux européen à destination de l'Argentine ou du Canada, surtout depuis que les É-U. avaient instauré un système de quotas à l'entrée de leur territoire.
La population non marocaine aura été paradoxalement mieux appréhendée, en raison surtout de l'obligation qui lui était faite de se faire enregistrer depuis son entrée, de déclarer ses naissances et décès qui intervenaient au commissariat, à l'immigration et aux consulats. En fait, les résultats des dénombrements de cette population pouvaient être acceptés sans trop de réserves. Son augmentation a été la conséquence de l'immigration pour la plus grande part. Le nombre d'étrangers a été multiplié par près de dix les quinze premières années du Protectorat, en passant de quelque dix mille à cent mille personnes (A.Bernard, 1932, p .439). Des flux et reflux dus à la Première Guerre, suivis d'une reprise sous forme d'une vague enregistrée au lendemain du conflit mondial.

Lyautey avait voulu contenir ces flux pour éviter la ruée ayant caractérisé le phénomène algérien au XIXe siècle, refusant de recevoir le « prolétariat » européen chassé par la misère dans les pays méditerranéens voisins. La guerre du Rif à son tour avait amplifié les retours vers la métropole, à la suite des premières récessions économiques du Maroc moderne.

Si les Français constituaient la moitié des effectifs de l'immigration en moyenne au début du Protectorat, trois étrangers sur cinq étaient français dix ans après, puis trois sur quatre en 1936, pour devenir neuf sur dix entre les deux derniers recensements du Protectorat. Les villes de la côte atlantique, Casablanca en premier, celles de l'intérieur plus tard seront les destinations de cette immigration souvent à dominante masculine. La part de l'élément français tendait par ailleurs à augmenter notamment par l'attribution de la nationalité française aux juifs tout particulièrement depuis l'avènement du gouvernement du Front Populaire. Des musulmans et des juifs d'Algérie, ceux-ci venus après la mise en place des lois raciales du gouvernement de Vichy, seront ainsi inclus dans la population française, soit quelque quinze mille personnes enregistrées en 1936 et près de trente mille onze plus tard (J.Orieux, 1981, pp.78-79)[1].

Une reprise de l'immigration aura lieu ainsi entre les Deux Guerres, au gré de l'évolution économique et politique de la région. Des Grecs, des Espagnols et des Italiens allaient constituer les futures catégories des « petits blancs », ouvriers et manœuvres du bâtiment d'abord, puis de la nouvelle industrie, avec des conditions de logement encore fort précaires, et certains de ces nouveaux arrivants n'excluaient pas d'habiter non loin des Marocains dans les médinas, donnant lieu à des rues qui portant leurs marques d'origine des décennies plus tard[2].

D'autres flux d'arrivées sont également notés à la veille et pendant la Deuxième Guerre, des immigrants fuyant les privations et difficultés des zones occupées en France ou celles de combat en

[1] L'auteur décrit le départ de familles de « juifs et citoyens français » fuyant l'Algérie par le train d'Oujda, en 1942, vers le Maroc, pour éviter les lois de Vichy.
[2] A Casablanca, même après l'indépendance, par exemple, certains quartiers (Derb) comme celui des « Italiens, des Espagnols ou des Anglais », au sein de l'ancienne médina, continuaient d'être dénommés ainsi par les riverains.

Europe. Après les quelques milliers de petits colons, il y aura aussi des arrivées de représentants de professions libérales ainsi que de diverses activités de services.

Section 4 : La migration interne et l'émigration

Lyautey était tout autant aussi réticent concernant les migrations internes de Marocains non autorisées qu'il le fut à l'égard d'une immigration massive d'Européens, effrayé à la perspective de formation d'un noyau de prolétariat révolutionnaire à leur retour au Maroc (A.Chevrillion, 1919 ; D.Rivet, t.2, p.250)[1].

Cette approche faite de réticence généralisée concernait même la migration interne des Marocains venant du Sud, au moment des graves sécheresses des années 1935-37, en quête d'eau, d'herbe ou de terres qui était filtrée et endiguée par les services s'occupant des « indigènes ».Les populations du Sous se fixaient en nombre sans cesse plus grand dans les villes du nord allant jusqu'à évincer une partie de la petite bourgeoisie urbaine du petit commerce à Rabat, à Salé, à Tanger et même à Fès. Ils concurrencèrent les commerçants de ces villes en créant des sortes de « compagnies » tribales et informelles contrôlant des épiceries surtout et des lignes d'autocars pour rester en liaison avec leurs régions d'origine (R.Montagne, 1986, p.62). Certains originaires et membres de la tribu des Ammeln par exemple, proches de Tafraout dans l'Anti Atlas, comme celle des Ait Souab, des Ait Mzal ou des Ida Ou Gnidif se spécialiseront dans certaines activités commerciales également, en créant une sorte de petites chaines d'épiceries gérées par rotation périodique entre eux, et localisées le long de la côte Atlantique jusqu'à Tanger, en développant en premier la relation patriarcale familiale et tribale[2].Reposant sur un système familial de financement sans recours externe au crédit, la pression des liens de clan et des alliances anciennes demeurera vivante et réelle, et le Soussi restera frugal, économe et épargnant une fois citadin. Le Rif et le Sous deviennent pour la France des réservoirs de main-d'œuvre pour ses chantiers et usines en métropole (A.Adam,

---

[1] Ce proche de Lyautey pressentait de façon alarmante quelques-unes de ces transformations sociales en cours.

[2] Ainsi, à Tanger, plus de deux cents petites boutiques de commerce alimentaire étaient ouvertes dès 1935.

1950, p.22). Les chantiers ouverts au Maroc manquaient également de main-d'œuvre et une forte demande ne pouvait ainsi être satisfaite entrainant une collecte presque autoritaire dans les régions de disette du Tafilalet et du Sous pour les besoins des grands travaux de voirie et d'édilité en certaines périodes (R.Dorgelès, 1996, pp.877-883)[1].

Depuis l'établissement du Protectorat et la réalisation de voies de circulation routière rapide et sécurisée, d'importants mouvements migratoires internes s'étaient opérés avec la fin de l'occupation, en plus des flux de paysans ne disposant pas de terres ou d'artisans ayant subi la concurrence massive des nouveaux produits industriels et d'importation venant grossir les effectifs humains des villes. Il en a été ainsi des premières vagues de migration du Sud vers les villes du Nord, de la région du Sous en particulier. Selon des estimations, jusqu'aux quatre cinquièmes des populations masculines de certains villages de cette région entre les deux guerres avaient déjà migré au Nord (R.Montagne, 1952 ; G.Marquez1935, p.231)[2]. Si l'exode rural s'est effectué aussi par vagues vers les villes et notamment Casablanca pour une installation permanente créant les premiers grands bidonvilles du Maroc sous Protectorat, les mouvements migratoires des populations du Sous sont demeurés le plus souvent temporaires jusqu' à la fin de la Deuxième Guerre.

La migration a également touché les familles fortunées et aisées des anciennes villes de l'intérieur, de Fès et de Marrakech en particulier, qui migrèrent à leur tour vers les nouveaux centres d'activités économiques de Port Lyautey et de Casablanca notamment pour faire prospérer encore davantage leurs affaires commerciales et immobilières, et de profiter des possibilités offertes par la politique de rationnement imposée durant la Deuxième Guerre (R.Montagne, 1953, p.83). Elles rejoignaient ainsi une petite communauté de marchands

---

[1] Prix Goncourt 1919, l'auteur, qui fut un des conteurs de la 1ère Guerre, avait visité le Maroc et suivi la détresse des migrants du Souss qu'il décrit de façon saisissante. « Le colonialisme a ses fautes, même ses crimes. Il faut à l'occasion proclamer sa grandeur, en parlant des gestes humanitaires des soldats et de l'armée française pour venir en aide à ces cohortes de gens du sud voulant aller au nord au lendemain de la guerre. »

[2] Montagne y explique notamment l'origine des nouveaux migrants vers les villes du Maroc.

fassis déjà établie depuis le milieu du XIXe siècle, à Casablanca (J.Waterbury, p.152).

Par ailleurs, la plupart des hommes alors valides semblaient demander à l'émigration temporaire un supplément de travail et de ressources que leur refusait leur sol. Ceci donnera également lieu par ailleurs, comme pour l'immigration en France, à des recrutements quasi exclusifs en provenance en particulier de certaines communautés berbères du Maroc destinés aux activités minières et industrielles. Les premiers Marocains ayant quitté le pays pour la France furent les tirailleurs et les spahis, quarante-six mille engagés, qui avaient été enrôlés durant la Première Guerre, en plus des « travailleurs » forcés. Ils étaient envoyés pour remplacer les mobilisés ou pour effectuer des creusements de tranchées, la construction de bâtiments pour l'armée, ou pour travailler dans les mines du Nord-Pas-de-Calais. Quelque vint cinq mille travailleurs ont été envoyés en Métropole, choisis dans les tribus berbères de façon quasi militaire, renouvelables semestriellement, et concentrés dans des usines de matériel de guerre. Leur nombre était de l'ordre du sixième de celui drainé depuis l'Algérie, et la moitié de celui en provenance de Tunisie. Les deux guerres mondiales réduisirent à chaque fois les pressions de l'administration et des services de sécurité habituellement exercées sur les déplacements des populations musulmanes notamment. L'occupation française et les besoins des nouvelles industries créèrent autant d'occasions d'emploi et de mobilisation.

D'autres contingents marocains devaient être enrôlés après le débarquement des troupes américaines dans les ports marocains de l'atlantique. Quelques années avant la fin du Protectorat, Il y aura aussi des envois de soldats marocains en Indochine française pour l'épauler à contrecarrer la lutte de libération du futur Vietnam, tout en chargeant des troupes venues du Sénégal pour assurer la paix dans les quartiers musulmans des villes marocaines. Au lendemain de la Deuxième Guerre, le nombre des Marocains travaillant en France était estimé à douze mille personnes employées dans les usines de la région de Paris, de Lyon ou de Lille en particulier, vivant souvent alors dans des logements précaires, sans pouvoir bénéficier des avantages sociaux réservés alors aux seuls français et algériens. Considérés comme des étrangers, ils étaient employés selon la conjoncture et en fonction des besoins de la métropole, et retournant au pays une fois le travail fini ou mis au chômage. Les faibles épargnes de ces émigrés étaient destinées à la subsistance de leurs familles restées dans le sud du pays, une sorte de vivier alors de cette émigration saisonnière, car ils étaient recrutés en particulier dans les tribus et dans les régions pacifiées comme celles environnant Marrakech et Mogador.

L'autre mouvement d'émigration significatif enregistré au lendemain de la Deuxième Guerre était celui des premières populations juives marocaines encouragées par des organisations sionistes actives depuis la création de l'État d'Israël. Quelque quinze mille d'entre eux devaient ainsi inaugurer cette première vague de départs d'une communauté constitutive et dynamique de la population historique du pays depuis les anciens temps (V.Halperin, 1952).

Une des principales conséquences positives de la période du Protectorat aura été la relative baisse du taux de mortalité et l'amélioration de l'espérance de vie en moyenne du marocain. L'accroissement de la population et sa relative urbanisation, toutes communautés confondues, ont favorisé l'apparition d'activités commerciales, industrielles et immobilières nouvelles à travers le pays en moins de deux générations.

Enfin, à titre de simple comparaison, la Zone sous Protectorat espagnol aurait dénombré, au dernier recensement datant de la veille de l'indépendance, une population équivalant au huitième de celle de la Zone française, soit un effectif de l'ordre d'un million d'habitants, donnant ainsi, au début des années 1950, une population totale de neuf millions de personnes sur l'ensemble du territoire des deux Protectorats(J.L. Miège, 1962, p.52)[1].

[1] Les résultats du recensement de 1950-51 dans la Zone Nord faisaient état de la présence de 84700 européens et de 7800 marocains de confession juive.

Chapitre VII

Le décollage d'une économie moderne

Allergique qu'il était à l'apparition de quelque « prolétariat » contestataire, le Résident général Lyautey aurait été plutôt accaparé par les secteurs des mines et du commerce et accordait peu d'importance à l'amélioration de l'agriculture existante ou aux activités industrielles (S.Roberts, 1963, p.582). Jusqu'à son départ et son remplacement par Steeg, les œufs, l'orge, le blé dur et les amandes, productions alors contrôlées par les Marocains, continuaient de représenter encore les quatre cinquièmes des exportations, alors que les principales importations étaient constituées dans la même proportion de sucre, de thé , de cotonnades et de bougies, soit des niveaux similaires à ceux relevés à la veille du Protectorat[1].

Cette caractéristique se maintînt, en dépit de la première vague de colonisation, de « l'effort de guerre » et des effets de l'introduction de l'impôt du « tertib ». À l'exception de la dure année de 1913, caractérisée par une disette et une famine, la première période du Protectorat aura été dans l'ensemble relativement prospère, suivie de cycles d'arrêts et de reprises économiques liés successivement aux conséquences de la dépression économique mondiale puis de ceux de la Deuxième Guerre notamment.

Le décollage économique qui s'enclencha, suite à l'achèvement des premières infrastructures du Protectorat, prendra sa source essentiellement dans l'agriculture dite moderne, dans le secteur des activités minières et dans celui des nouvelles manufactures. Il a nécessairement favorisé une croissance de type dualiste, l'arriération des structures économiques et sociales était une réalité évidente qui persista et s'aggrava jusqu'après le Protectorat (A.Belal, 1968).

[1] Lyautey fut remplacé en 1925, après sa défaite face aux troupes de Ben Abdelkrim.

Schématiquement, deux secteurs, deux économies, deux sociétés, et deux populations se sont fait face, coopérant et communiquant peu dans l'ensemble, sinon indirectement à travers des intermédiaires. La création d'entreprises franco-marocaines en commun demeura une pratique rare contrairement à la période précédant le Protectorat, l'environnement sociopolitique résultant de la succession de deux grandes guerres, d'une crise économique mondiale et d'événements politiques internes majeurs a limité l'intensité des effets de croissance dans un pays encore neuf. Les rapports de forces inégaux suite à la défaite de Ben Abdelkrim dans le Rif par deux armées coalisées, la cassure sociale du fait des conséquences du « dahir Berbère », la politique économique interventionniste de la métropole comme les effets des guerres successives ont marqué de leur empreinte une croissance économique fluctuante et l'apparition de quelques ilots de prospérité (J.Orieux, 1981, pp.264-266)[1]. Ni la volonté d'agir ni les moyens techniques n'ont manqué au Protectorat pour réaliser ses objectifs de développer un secteur moderne, alors que sa capacité de décision, en vue d'améliorer les structures traditionnelles de la société marocaine et pour relever le niveau de vie dans les villes et les campagnes, aura été en comparaison faible dans l'ensemble. Ces décisions par exemple auront été même nulles ou ayant eu des effets négligeables dans le cadre du régime du plan quadriennal d'équipement (1949-1952). La tendance s'inversera légèrement lors du second plan quadriennal (1954-1957), dans la mesure où les investissements sociaux intéressant les populations marocaines s'étaient accrus suite aux prêts de la métropole.

[1] L'auteur, enseignant français respectueux de la souveraineté marocaine et fin observateur des hommes, accueilli dans des familles de Fès en 1942, rapporte que les affaires des grands bourgeois de cette ville rencontrés comme leur mode de vie prospéraient sans difficultés particulières. Ceux-ci étaient actifs sur le « marché noir », profitant des restrictions de la Guerre, et bénéficiaient « de l'ordre, de la sécurité, de l'hygiène, des équipements..., du respect absolu de leur religion... » apportés cependant par cette occupation française que l'auteur reprouvait au même titre que ses hôtes et amis marocains.

Section 1 : Le secteur agricole

Au cours des premières années du Protectorat, les nouvelles autorités se seraient peu préoccupées des changements à introduire au niveau d'une agriculture marocaine encore arriérée et où la culture de l'orge dominait. Ce qui prévalait au moment de ce processus de démarrage de l'occupation par les premiers colons était une agriculture traditionnelle, essentiellement d'autoconsommation, entrainant la succession de périodes de disettes et de famines puis de bonnes récoltes selon les régions. La plupart des riches marchands citadins marocains étaient aussi des propriétaires terriens qui faisaient travailler des métayers sur leurs propriétés selon des formules ancestrales de partage de récoltes, intéressant ces derniers à une certaine portion des récoltes. Il n'y avait pas encore une agriculture pouvant être appréciée selon des normes quantitatives de type moderne (J.Couleau, 1968, p.178).

L'arrivée progressive des colons français, quand ils étaient réellement agriculteurs au vu de la spéculation immobilière ambiante et effrénée qui avait sévi, permit cependant un examen plus détaillé des régions pour en faire un inventaire, en vue du choix de l'éventuel lieu de fixation. Sans être un pays à « vocation agricole », genre Californie ou Argentine, comme cela avait été présenté par certains et espéré par plusieurs d'autres, le Maroc était alors rural et encore surtout en retard. L'agriculture, qui était d'abord un mode de vie et occupait une place essentielle chez plus des neuf dixièmes de la population au début du Protectorat, n'était cependant jamais sûre de pouvoir lui offrir de la nourriture et en quantité suffisante, et l'équipement rural y était encore archaïque et rudimentaire de façon générale[1]. Les surplus de certaines bonnes années agricoles destinés à l'exportation, reflétaient plutôt un faible pouvoir d'achat de la grande masse des ruraux (C.F.Stewart, pp.101-103).

Durant le Protectorat également, une année agricole sur huit pouvait être considérée comme critique du point de vue de la production et certaines années comme 1913 ou 1935 furent effroyables

[1] Plusieurs études agronomiques, géographiques et géologiques pertinentes relatives au cadre physique des sols de la végétation, sans compter le sous-sol, avaient été élaborées par des équipes françaises, et ce, bien avant le protectorat.

avec leur lot de sécheresse, de disette et de famine surtout. Lyautey avait créé le « Service de l'Agriculture, du Commerce et de la Colonisation » dès la deuxième année de sa désignation comme Résident général et y nomma un technicien qui avait sa confiance et sera considéré comme le « père de la colonisation » à développer[1]. Cette structure ainsi désignée deviendra quelques années plus tard, une grande direction générale, l'équivalent d'un département ministériel qui aura en charge et supervisera en fait l'ensemble de l'activité économique.

Paragraphe 1 : La problématique agricole

Bien avant l'occupation française, les Européens avaient étendu le champ de leur activité une fois libérés de la plupart des entraves mises par le Makhzen à leur séjour et à leur déplacement, se sentant plus assurés de l'avenir (J.L.Miège, p.492). Ils sont devenus également actifs hors des cités. Ainsi plusieurs Espagnols s'établirent dans leurs environs comme jardiniers ravitaillant les populations des villes en légumes, entrainant une hausse des terrains. Souhaitant disposer de livraisons de produits agricoles de façon régulière, les négociants européens eurent recours au système d'avances aux paysans marocains, introduisant ainsi le système de prêt à la production incluant des taux d'intérêt implicites élevés dans le cadre de contrats devant "adouls", favorisant l'achat des productions aux meilleurs prix.

Des garanties réelles, constituées par des terrains en cas de défaillance, étaient exigées, assimilant souvent cette forme de crédits à un simple « commerce d'argent », différent de l'usure classique, une sorte de vente à réméré (F.Nataf, 1929). Par ailleurs, la garantie offerte par le commerçant européen, bénéficiant de l'immunité fiscale et juridique, encourageait les paysans dans diverses régions du pays à leur confier jusqu'à leurs épargnes puis investies en troupeaux en association, autant de pratiques dans le monde rural que le Makhzen ne parviendra guère à contrôler ni à endiguer[2]. À cet égard, les premières banques du Maroc seront ainsi progressivement mises en place par des Marocains négociants et agents de la finance de

---

[1] François Mall en restera directeur jusqu'en 1930.

[2] La légation française de Tanger avait recensé à près d'un demi-million de moutons le nombre appartenant à la seule colonie française vers 1870, témoignant que ce cheptel même exagéré était important.

confession israélite réfugiés à Gibraltar et à Tanger dans les années suivant la défaite de l'armée marocaine à Tétouan.

Les avantages du système de contrats étaient importants, et plusieurs paysans aisés marocains en ont profité en plaçant par exemple leurs troupeaux sous la propriété nominale d'un Européen, échappant ainsi aux taxes et réquisitions. Par ailleurs, la liste serait longue de propriétés immobilières et foncières acquises dans les dernières décennies du XIXe siècle par des Européens, l'achat s'effectuant fréquemment soit par la protection des fermiers concernés, soit par l'association, par des prête-noms algériens ou juifs locaux, soit par prêts hypothécaires, surtout qu'en théorie que tout le territoire devait appartenir au Sultan au moins jusqu'aux décisions prises par les Conférences de Madrid puis d'Algésiras. Même les négociants de Gibraltar trouvaient avantageux de placer des capitaux dans des propriétés immobilières dans les ports et leurs environs, encourageant la culture de denrées assurées d'un marché en Europe, le « négoce européen » influant le choix des cultures, tels les pois chiches, le murier ou le coton (J.L. Miège, p.498).

Pour les observateurs étrangers bien avertis des débuts du Protectorat, le trait remarquable et le plus frappant du Maroc rural, c'était la « pauvreté du paysage végétal », diffuse et discontinue, tant une incohérence paraissait caractériser le pays et constituait ainsi une réelle problématique à affronter.

Contre une sécheresse structurelle, une sorte de stratégie culturale devait être déployée par l'administration de l'agriculture, et qui allait porter sur deux aspects essentiels, à savoir le choix des plantes à cultiver et l'ordonnancement des travaux agricoles. Le choix des plantes constituait évidemment pour la colonisation un point essentiel, car il s'agissait de cultiver celles dont le cycle végétatif pouvait s'insérer dans les conditions imposées par le climat. Ainsi, pour le blé dur, au cycle végétatif relativement long, il termine normalement son grain dans les régions du nord du Maroc, aux étés tardifs. Dans celles du sud, par contre, les étés précoces le surprennent avant maturité, et seule l'orge au cycle végétatif beaucoup plus court semblait pouvoir réussir.

En second lieu, les colons voulaient tirer le meilleur parti du délai climatique, dans le cadre des conditions d'évolution des cultures. Le point de départ de la période agricole était marqué par le retour des pluies, à l'automne ou en hiver, et il fallait donc ensemencer les terres dès cet instant, ce que le paysan marocain ne savait pas encore faire. Avec une charrue archaïque, ce dernier ne pouvait labourer qu'après les pluies et il ensemençait la terre, sitôt retournée, pour perdre le moins de temps possible, mais déjà les délais s'avançaient et il lui fallait abandonner en entreprenant alors une autre culture au cycle végétatif plus court, puis une autre à croissance plus rapide encore. Ainsi se présentait la physionomie culturale observée par les agronomes français de passage, entre blé dur, orge, pois chiches, fèves, maïs ou sorgho. Si les pluies étaient tardives, les emblavures de blé, d'orge, diminuaient, et en compensation, on augmentait au printemps la proportion des légumineuses, du sorgho et du maïs. Si les pluies étaient précoces, le paysan préférait semer un maximum de céréales, et autres plantes cultivées selon l'étendue l'imitée des surfaces restantes.

Par ailleurs, dès que le problème de l'eau avait commencé à recevoir un début de solution méthodique pour les terres de colonisation d'abord et surtout, tout a été remis en cause. La physionomie du paysage s'en trouva aussitôt modifiée, permettant au « Maroc utile » de s'apparenter à un pays dont l'agriculture « manœuvrait contre la sécheresse » dans certaines régions, en particulier celles jugées les meilleures et mises en valeur par le Protectorat pour les besoins prioritairement des colons français, et accidentellement de ceux des paysans marocains (C.F.Stewart, p.58)[1].

Paragraphe 2 : La lancinante question des terres

La propriété des terres, sa répartition et son statut juridique s'imposèrent dès lors très tôt comme des aspects cruciaux, en raison des nombreux contentieux opposant étrangers et Marocains en particulier, depuis la rencontre de Madrid, puis surtout de celle d'Algésiras qui avait notamment déclaré la totale liberté des transactions les concernant. Lyautey a essayé d'éviter autant que

[1] Lyautey insistait sur le coût de la pacification pour justifier le Protectorat, et ce que « chaque grain de blé doit au sang du soldat français ».

possible le genre d'accaparement effectué par la colonisation en Algérie au XIXe siècle, surtout que l'établissement du Protectorat a accentué l'intérêt de certains groupes européens bien présents dans les colonies pour l'appropriation de terres également au Maroc.

La perspective des futures zones urbaines, selon les schémas tracés par les nouvelles autorités, augurait aussi des premières grosses fortunes du pays, en particulier celles de quelques intermédiaires marocains « initiés » et bien informés qui recherchaient les terres sur place et en facilitaient les transactions (A.Benhaddou, 2010, p.89)[1]. L'équivalent du titre foncier, dans le cadre de la procédure traditionnelle d'immatriculation des biens immobiliers en vigueur, était une pièce aisément falsifiable, car le transfert de propriété à l'occasion de transactions sur les terres donnait lieu souvent à de vraies et fausses contestations du ressort des seuls juges musulmans, les cadis, notamment en une période de forte spéculation immobilière exercée par divers groupes et sociétés français constitués souvent spécialement à cet effet (D.Rivet,t.3,pp.82-83).

En général, l'instabilité politique et les confiscations souvent arbitraires avaient découragé l'accumulation de terres et biens fonciers, encore moins une mise en valeur permanente. Les Marocains n'auraient commencé à apprécier les capacités productives de la terre qu'avec l'arrivée des premiers colons, et que de grands «notables » ruraux lieront leur sort à celui de l'occupation française en commençant à se constituer des « latifundia », c'est-à-dire de grands domaines (V.Monteil, 1962, p.142 ;G.Lazarev, 1966, pp.41-42)[2]. Petit à petit, avec le retour de la stabilité et d'une certaine sécurité, la terre exercera un fort attrait sur les nantis et nouveaux fortunés des cités.

Les fraudes sur les titres et documents juridiques des terres mises en vente n'étaient pas rares, la vente du même bien à plusieurs acheteurs ou portant sur des terrains non aliénables rendirent nécessaire la mise en place d'un système d'immatriculation moderne à la fois efficace et éprouvé, donnant lieu aux premiers dahirs adoptés

---

[1] L'auteur retrace la saga des Tazi, des Benjelloun, des Sebti…spéculant sur tout, depuis les denrées de base jusqu'aux terres des paysans démunis.

[2] Ces nouveaux latifundiaires comme Laâyadi, Amhroq et Glaoui deviendront tous de grands caïds, et disposant de propriétés dépassant les 20 000 hectares.

par le Protectorat (C.F.Stewart, pp.71-73)[1]. Ils seront suivis d'un décret réglementant le statut des terres non aliénables, celles des Habous, des Guich comme celles dites collectives ou relevant désormais du domaine public requérant l'avis et l'accord préalables des gouverneurs et cadis pour tout changement éventuel.

Aussi, s'il n'y a pas eu au Maroc de grandes distributions gratuites de terres aux Européens ,sur le modèle suivi naguère en Algérie par exemple sous le Second Empire et sans indemnisation pour les propriétaires expropriés pour les besoins desdits colons, les autorités du Protectorat cédèrent néanmoins à ces derniers plusieurs terrains formant le domaine public, donnant lieu aux premiers lots de colonisation dite officielle pour compléter celles des propriétés déjà acquises par achats (R.E.Passeron, 1925). À la fin de la Première Guerre, et suite à l'arrivée de nouveaux flux d'immigrants européens, les terres disponibles pour la colonisation se faisant rares et chères, un dahir autorisa en 1919 un début de processus de démantèlement des « terres collectives » qui étaient sous la responsabilité de la « Direction des affaires indigènes », au profit des membres des tribus qui pouvaient dès lors les vendre, ouvrant ainsi surtout une opportunité de nouvelles terres pour colons à des prix peu élevés souvent déterminés par les services administratifs du Protectorat[2].

Parallèlement, les mêmes services spécialisés du Protectorat se sont attelé à définir les contours techniques d'une propriété moyenne et économiquement viable, selon les catégories de populations concernées (A.Bondis, pp.17-23). Il fut ainsi établi de façon inégale qu'une exploitation marocaine désignée par une « tente » serait de douze hectares pour quatre cents hectares dans le cas d'une ferme de colon européen, répondant à une localisation et à une fertilité du sol moyennes. Dès lors, en confinant l'agriculture marocaine progressivement dans des zones éloignées et de moindre fertilité ,on tendait à confirmer un choix délibéré du Protectorat en faveur de fermes extensives de colons aux dépens de petites exploitations d' autochtones aggravant ainsi d'autant un dualisme déjà bien réel . La recherche administrative de nouvelles bonnes terres et à bas prix concernera également celles appartenant aux tribus militaires,

---

[1] Dahirs de 1913 et de 1915 relatifs à l'immatriculation des terres.

[2] L'ancêtre du ministère de l'Intérieur du Maroc de l'indépendance.

« Guich », comme celles des œuvres pieuses musulmanes, « Habous ». Il en a été de même de certaines grandes propriétés privées, également démembrées pour des raisons dites « d'utilité publique » par décision des services du Protectorat, pour disposer de « lots de colonisation » au profit des nouveaux arrivants français (C.F.Stewart, p.74).

La plupart des étrangers qui se sont établis, après le départ de Lyautey, dans le cadre de la colonisation officielle, étaient de petits colons venant surtout d'Algérie et de Corse en particulier, manquant de capitaux et autres ressources, et plusieurs parmi eux ne purent faire face aux difficiles conséquences de surproduction durant la grande dépression mondiale. Ils bénéficièrent néanmoins de l'assistance de l'administration en place qui prendra en charge le remboursement de leurs dettes, mais non celles des paysans marocains comme cela lui sera alors reproché par les premiers nationalistes marocains ne prônant encore que de simples réformes. Un tel traitement préférentiel d'une minorité de colons depuis les expropriations effectuées en leur faveur jusqu'à leur assistance financière par des ressources publiques a exacerbé les premières réactions et oppositions nationalistes à la politique menée par les nouvelles autorités du Protectorat.

Par ailleurs, la même discrimination a pu être observée au sujet des crédits accordés, de la commercialisation ou du stockage des récoltes des uns et des autres, réduisant d'autant la portée et la place réelles des « Sociétés de Prévoyance » créées à l'initiative du Protectorat, pour apporter conseils techniques, concours financiers et semences aux paysans marocains ayant peu de terres et dans le besoin. Ainsi, en 1932, les aides financières accordées à ces derniers, au nombre de huit cent cinquante mille environ, n'auraient représenté que le vingtième de celles reçues par les trois mille colons de l'époque (O.Benabdeljalil, 1934)[1]. Il en fut de même du « tertib », impôt agricole dont les colons européens contrairement aux Marocains étaient exonérés de moitié en guise d'encouragement à leurs efforts de modernisation.

[1] L'auteur, un des premiers nationalistes marocains, relatait que 765 millions de francs avaient accordés aux colons contre à peine 35 millions de francs aux paysans musulmans en 1933, eu égard aux effectifs en cause.

À la fin du Protectorat, la superficie occupée par la colonisation privée et officielle correspondait à environ un million d'hectares et intéressait près de cinq mille neuf cents fermes, alors qu'en 1913, seuls soixante-treize mille hectares étaient alors cultivés par des Européens (H.Fazy, 1948, p.62). Le secteur dit moderne de l'agriculture, représenté essentiellement par la colonisation et soutenu par le Protectorat, aura contribué en moyenne au quart de la production de céréales, aux quatre cinquièmes de la production vinicole et des fruits, au tiers des légumes et primeurs, et au sixième de la production céréalière (A.Waterston, 1962, p.4 et 106).

Outre les distinctions aisées et générales entre secteur moderne et secteur traditionnel, il y avait dans les faits divers types d'associations de production agricole associant aussi des Marocains et des Européens, allant de la location au métayage avec participation au produit récolté. Au total, la proportion de paysans sans terre, de métayers et de salariés agricoles correspondait aux trois cinquièmes en moyenne de la population rurale marocaine. L'apparition d'un « prolétariat rural», a fait suite aux cessions intervenues par acquisition ou expropriation forcée de certaines terres agricoles et mises en culture par les colons, transformant plusieurs milliers de paysans en simples journaliers au service de ces derniers selon des conditions de travail et de salaires généralement mal définies (R.Schaefer, 1953, p.122)[1].

Sans accaparer pour autant toutes les meilleures terres, les colons ont bénéficié de dotations privilégiées en eau, de conditions intéressantes de crédit et de possibilités de conditionnement et commercialisation rémunératrices de leurs productions. En l'espace ainsi de quelques décennies, le développement du capitalisme, par le biais des exploitations des colons, a fortement imprégné l'activité agricole du pays (P.Pascon, t.2, p.526). Il faudra attendre la Deuxième Guerre pour que le gouvernement français impose des cartes de travail et des salaires minima, conditions qui seront remises aussitôt en question sur le terrain avec un retour à un comportement laxiste et « paternaliste ». En observant que dans la pratique le colon était peu concerné par la formation et les conditions de travail des paysans en

[1] L'auteur faisait état de près 60000 personnes travaillant en moyenne pour le compte des colons.

général, les autorités du Protectorat ont cherché alors à compenser par des efforts avec plus ou moins de succès en faveur de ces derniers sous forme d'aides sanitaires, de petits crédits, et en dispensant ici et là quelques techniques de vulgarisation agricole, sans réel impact dans l'ensemble.

Paragraphe 3 : Les débuts de diversification de l'agriculture

L'agriculture allait certes enregistrer un début de diversification avec les premières vagues de colonisation ,au lendemain de la Première Guerre, sous forme de blé tendre, d'arbres fruitiers, de citronniers, de vignes, même si la monoculture à base d'orge continuera de régner sur près des quatre cinquièmes des surfaces cultivées, avec quelques espaces pour le blé dur. Ce processus ne fut guère spontané ou dû à la pression du marché, mais plutôt le résultat d'incitations de la part d'autorités dirigistes intervenant par une politique des prix, une fiscalité variable et des subventions ciblées à l'instar des politiques mises en œuvre en métropole.

Les surfaces occupées par les céréales passeront du simple au double durant la période du Protectorat, de deux millions à quatre millions d'hectares environ, marquée par un net recul lors de la grande sécheresse au cours de la Deuxième Guerre. La production connaissait de fortes fluctuations avec une moyenne de vingt deux millions de quintaux, plafonnant à trente huit millions de quintaux comme en 1941 et une baisse de l'ordre des neuf dixièmes quatre ans plus tard, ces variations étant moins prononcées dans le cas de la production relevant des colons français (C.F.Stewart, pp.86-87)[1].

La production de blé tendre, une spécialité française, connaitra une réelle expansion en raison du contingent libre de droits accordés à partir de l'année 1923 par la France aux colons du Maroc et qui fit la prospérité de plusieurs d'entre eux, en dépit de l'état de la conjoncture économique, voire de surplus lors de périodes de crise ultérieures. Le dualisme céréalier entre fermes de colons et exploitations marocaines, par exemple, doit son développement davantage à une assistance multiforme exercée par les autorités du Protectorat favorisant la

---

[1] Gouvernement chérifien, Service Central des Statistiques. Annuaire Statistique de la zone française du Maroc, 1945.

réalisation de profits par des colons surtout électeurs, en défiant souvent le jeu de l'offre et de la demande.

L'essentiel de l'arboriculture traditionnelle concernait une production utilitaire satisfaisant les besoins locaux notamment en huile d'olive, en amandes, et l'introduction de variétés d'oranges par quelques colons vers les années 1930, destinées surtout à l'exportation, et longtemps de leur seul fait, constituera une importante nouveauté dans la production agricole du pays De vingt-sept mille tonnes à la veille de la Deuxième Guerre, la production d'agrumes allait être multipliée par près de dix fois à la fin du Protectorat, bénéficiant encore d'un quota, de l'ordre de 219 000 tonnes à l'importation en France comme dans le cas du blé tendre. Cette politique permanente et évolutive des quotas encouragea à son tour plusieurs colons à s'intéresser également aux légumes primeurs dans la zone côtière atlantique, moins d'une décennie après la signature du traité du Protectorat.

La vigne offre une autre illustration de diversification agricole à partir de la fin des années mille neuf cent vingt avec l'arrivée de vignerons d'Algérie et du midi de la France, mais dont les productions qui ne bénéficieront de quotas d'exportation sur la France qu'au moment de la Deuxième Guerre mondiale. Connaissant des coûts et des prix et des profits élevés, l'activité vinicole n'a pu survivre que grâce au début d'ouverture du marché français, les ventes sur le marché local ayant plafonné. En un sens cette tentative de diversification agricole nécessitant des quotas d'exportation avait ainsi fait la démonstration que les spéculations choisies étaient concurrentes et non complémentaires des productions réalisées en France, à l'exception des primeurs.
Quant à l'élevage, avec un cheptel d'une vingtaine de millions de têtes, avec une dominante ovine, il demeura une activité dominée surtout par les paysans marocains.

Les modes de travail et de production de ces derniers n'ont enregistré au cours du Protectorat que des modifications limitées, en raison de terres de médiocre qualité, mal irriguées et insuffisamment équipées, disposant de peu de capitaux ,mais également d'un conservatisme certain. Les disettes, voire des famines régionales, certes en moins grand nombre que par le passé, n'étaient pas rares, tant les conditions du monde paysan marocain demeuraient précaires et stagnaient dans l'ensemble, entrainant un fort exode rural des populations du sud vers le nord et vers les villes en voie d'expansion le long de la côte atlantique (R.Montagne, 1952).

Paragraphe 4 : L'agriculture dans les régions

Dès les premières années du Protectorat, les nombreuses observations spatiales, économiques et humaines collectées par ses divers services amenèrent Lyautey à centrer son intérêt sur celles des régions soit les plus accessibles, soit et surtout les plus aisées à « pacifier » en les englobant dans une formule programme connue sous l'appellation de « Maroc utile ». D'autant que les montagnes de l'Atlas et les déserts, encore « insoumis » pour l'essentiel, n'offraient guère les conditions idéales pour un établissement approprié aux futurs colons français que le premier Résident général cherchait déjà contenir. Aussi, l'activité agricole moderne sera introduite et concernera progressivement d'abord celles s'inscrivant dans ce périmètre utile en langage politique et militaire des responsables du Protectorat, sans avoir pu exercer pour autant de modifications significatives sur les conditions de production et de subsistance de l'importante population rurale autochtone, sinon de façon accessoire et souvent marginale, selon l'importance des huit grandes régions telles que définies par les services techniques du Protectorat assurant le suivi du secteur agricole (M.M.Knight, 1953, p.365).

Les plaines atlantiques

Depuis la période romaine, les plaines atlantiques se sont imposées à l'ensemble géographique, la vie de l'arrière-pays s'organisant en fonction et derrière elles. Par leur proximité des côtes et la relative sécurité qui y existait, ces plaines présentaient un incomparable intérêt agricole pour la colonisation, rappelant aux Français une sorte de plaines de« la Brie » ou de la « Beauce », mais sous des cieux généralement secs et clairs. Parmi les terroirs agricoles les plus typiques de ces plaines, celui de « la Chaouia », venait en premier, avec ses terres noires, « Tirs ». La mise en valeur agricole y sera fort poussée, avec une propriété morcelée, une culture annuelle, des lois d'assolement respectées. C'est également un terroir à lin et à oignons cultivés en sec, et la richesse agricole régionale est parachevée par de nombreuses « norias », manèges à ânes ou chameaux qui montaient l'eau d'une nappe alors abondante à la veille du Protectorat. Les maraîchages qui prévalaient présentaient alors l'aspect de jardins, aux nombreux figuiers, entourant généralement les habitations cubiques des gros propriétaires marocains (H.Fazy, 1948, p.76)[1].

Cette région avait reçu la première vague de colonisation avant la lettre pourrait-on écrire, en raison d'une occupation militaire française antérieure au Protectorat datant de 1907. Les Européens n'ont pu occuper qu'une place relativement restreinte dans la spéculation, n'ayant pu se substituer à des Marocains bien implantés et qui tiraient de leur patrimoine un profit jugé alors substantiel (C.F.Stewart, p.75)[2].

Le pays des « Doukkala » qui est mitoyens au précédent, au delà de la principale rivière, l'Oum Er'rabia, descendant de l'Atlas, avec de grandes étendues aussi de «Tirs », d'une monotonie encore accrue par l'élimination de certains jardins du fait du tarissement de la nappe phréatique[3]. La propriété se trouvait là plus morcelée encore qu'en Chaouïa, la densité de la population agricole dans les Doukkala étant alors une des plus élevées du Maroc. Le problème de l'augmentation de la production en raison de l'accroissement de la population se trouvait ici posé avec acuité nécessitant l'apport de l'irrigation. La colonisation européenne posséda dans cette région près de cinquante-cinq mille hectares de terres de qualité variable.
La plaine des « Abda » autour de Safi ne constitua pas vraiment un ensemble différent des Doukkala pour les colons éventuels, mais en était une continuation, avec des terres encore plus noires peut-être encore que celles de la région précédente. D'ailleurs, en raison de sa forte relative densité démographique, l'ensemble n'aura permis l'implantation de nouveaux colons de disposer que de près de vingt mille hectares.

Enfin un terroir relativement typique des plaines atlantiques était celui des sables à maraîchage remarqué, comme dans le cas des « Zenata » de Fedala, qui allait devenir par excellence le pays des

---

[1] Gouvernement Chérifien, Service central des statistiques, Rabat, 1953 : « la conjoncture économique marocaine, année 1953 ».
[2] Selon l'auteur, la colonisation prit le chemin du Gharb, après la signature du traité du Protectorat. 130.000 hectares environ de terres de colonisation à cette époque, d'après les Archives du Protectorat.
[3] Les « Tirs » sont les terres noires.

primeurs d'exportation, en raison de la douceur du climat et particulièrement celui de la tomate. Le pendant des Zenata tendait à se constituer au sud de Casablanca, entre Casablanca et Mazagan. Entre cette dernière ville et Safi, tout au long d'une dépression côtière, se développa à une cadence accélérée un véritable concurrent de primeurs des Zenata du nord de Casablanca, domaine des tomates également. Entre les deux Guerres, les surfaces appartenant à la colonisation sur ces plaines longeant l'atlantique étaient aux deux tiers consacrés aux céréales, le reste reparti entre maraichage, féculents et vignes, alors que les neuf dixièmes des superficies des terres appartenant aux Marocains, de l'ordre du million et deux cent mille hectares, produisaient des céréales et des féculents.

Les plateaux et hautes plaines

À la veille de la Deuxième Guerre, la colonisation s'étendait sur quelque vingt-cinq mille hectares dans cette région couvrant les plateaux et hautes plaines, consacrés pour l'essentiel au blé tendre et à l'orge à l'instar des cultures des exploitations marocaines lesquelles couvraient alors une superficie de l'ordre de quatre cent soixante mille hectares environ. Les récoltes observées dans cette région n'étaient pas systématiquement inférieures à celles des plaines atlantiques, car certains colons avaient même pu obtenir quelques fois d'excellents résultats comparables aux productions de celles-ci. Mais c'est en mauvaise année, en période de pluviométrie déficitaire, que les nouveaux arrivants allaient réaliser la différence, en remplaçant le blé par l'orge et de nombreuses légumineuses et c'est probablement là le trait le plus important, avec une grande culture du maïs sans irrigation. Cette céréale relativement essentielle pour les populations marocaines ne se trouvait alors que dans de petites parcelles irriguées dispersées dans la zone d'Oued Zem-Boujâad.

La colonisation introduira les jachères culturales étendues, zones de retour au pacage pour de longues périodes, en même temps qu'elle se doublera de vaine pâture des chaumes dans les aires culturales. En outre, les cultures sur les plateaux ne constitueront plus de grandes étendues, mais des sortes de « plaques en marqueterie ». Les terres allaient offrir à nouveau de grandes possibilités culturales, d'autant plus qu'en certains points (Tadla Nord), la pluviométrie diminuait. Mais la véritable richesse du pays, tel qu'elle sera enregistrée par les nouveaux colons français, était celle qui naissait de l'eau des rivières pérennes qui descendaient des grandes montagnes et de celle au pied des montagnes, donnant lieu alors à de véritables oasis de fraîcheur et de verdure, dont la couverture avait été l'olivier, jouant le rôle du palmier des oasis sahariennes.

Le massif montagneux du Centre

Le premier et le plus réputé emplacement pour la colonisation sans conteste a été le plateau d'Oulmès. Il a pu attirer plusieurs colons européens au fait des techniques du fourrage. Le massif du « Ment » ensuite, moins connu peut-être que celui d'Oulmès, parce que lointain et peu accessible, mais plus étendu et plus humide, était le fief des grands éleveurs Zaïans, transhumants aux grandes tentes en poil de chèvre et aux imposants troupeaux de moutons et de bœufs. Il y avait ensuite plusieurs petits plateaux, où les cultures, en général resserrées dans des dépressions fort étroites ou sporadiquement disséminées sur les plateaux, ne donnaient pas vraiment lieu à des terroirs agricoles.

Au-delà de ce massif montagneux, notamment dans le Nord, progressivement, l'agriculture commençait à l'emporter sur l'élevage, annonçant la région de Meknès, qui a capté le plus de colons sous l'occupation française. La colonisation française s'y est ainsi déployée sur vingt-cinq mille hectares environ, consacrés aux céréales pour les neuf dixièmes. En relation avec la plaine de Rabat, ces terres créaient quelques terroirs qui devinrent réputés pour leurs blés. Peu valorisés jadis par les tribus Zaers qui, du fait de l'insécurité ambiante du pays, préféraient l'élevage et la mobilité, ils ont constitué à la fin du Protectorat des périmètres représentatifs de l'agriculture coloniale.

Le bassin du Sebou

Tel que délimité par les agronomes français du Protectorat, le bassin du Sebou apparaissait en définitive comme une région hautement agricole, dont la valorisation avait atteint déjà entre les deux Guerres un stade avancé de production pour les plantations d'orangers, les cultures industrielles riches, complétées par la grande culture des céréales et des légumineuses. S'étendant du nord des plateaux et des montagnes du Maroc central et jusqu'au Rif, la région englobait visiblement différentes zones liées entre elles par le fait qu'elles étaient toutes drainées par le fleuve Sebou. Elles allaient constituer une sorte d'entité économique et appelée le bassin du Sebou se confondant avec la plaine du Gharb dans le cadre des projets du protectorat.

Il s'agissait de terres extrêmement argileuses dites « compactes » qui allaient retenir l'attention de la colonisation. De couleur noire, aussi dénommée « tirs », soit la dénomination commune de toutes les terres noires, de quelque région qu'elles soient. En fait, ce sont des terres difficiles à travailler, exigeant un équipement agricole des plus lourds, donc des plus coûteux, mais susceptibles de donner d'importants rendements, si un excès de pluie ou d'inondation ne vient s'y opposer. C'est également une région des principales céréales du pays, blé, maïs et sorgho. Les exploitations ont été surtout développées le long des deux principales rivières, du Sebou et du Beht, portant un long « chapelet de fermes de colons » devenues réputées notamment pour leurs plantations d'agrumes. Le premier important barrage du Protectorat sera érigé sur le Beht créant une zone essentielle de colonisation.
Dans les zones non inondables, il y avait de grandes étendues de sable d'origine côtière, des terres d'une maigre fertilité, mais remarquablement douées pour l'activité pastorale parce que conservant leur fraîcheur en été plus qu'aucun autre terroir de plaine au Maroc. D'importants troupeaux de bovins appartenant soit à l'élevage local, soit aux emboucheurs d'autres régions lointaines.

Ces mêmes sables portaient également la plus grande forêt du Maroc en plaine, la « Maâmora », presque une forêt au sens technique européen du mot, mais exclusivement peuplée de chênes-lièges qui fournissaient jusque là la presque totalité du liège marocain. Les services techniques du Protectorat allaient parvenir à mettre à profit les aptitudes sylvicoles de ces sables en créant de grandes plantations forestières d'acacias et d'eucalyptus pour leurs écorces tannantes et leur bois. Les terres en bordure de la cote étaient aussi des terres à blé dur (qu'on mélange souvent, là également, d'alpiste), portant aussi diverses légumineuses. Les vallées des deux principales rivières, le Sebou et son grand affluent rifain l'Ouergha, drainaient de leur cours moyen toutes ces collines argileuses du Prérif, dont les vallées étaient constituées d'alluvions de grande valeur qui dans ces vallées abritées offraient pour les futurs colons qui se sont établis un exceptionnel terroir à arbres fruitiers, particulièrement les orangers. Tout au long des cours moyens de l'Ouergha et du Sebou, ce ne seront que des plantations de colons d'orangers forts productifs. Ces vergers venaient donc ainsi compléter en amont le chapelet observé ininterrompu de plantations de la plaine.

Par là s'explique cet adage colporté par les paysans du Maroc que les mauvaises années agricoles, celles de sécheresse, sont précisément les années du Gharb, une expression qui s'avéra justifiée par la suite dans le milieu agricole européen. De grands travaux d'assainissement ont été ainsi entrepris sur la rive droite du Sebou et d'autres sont projetés sur la rive gauche du même fleuve, toujours pour éliminer vers l'océan l'excès d'eau de pluie et les quelques inondations du Sebou.

L'agriculture de plaine s'était rassemblée dans une bande s'étendant de Petit-Jean à Si Allal Tazi, dont les terres portaient alors les plus importantes plantations d'orangers du pays et cette nouvelle richesse était promue à une plus grande extension encore, le périmètre d'irrigation devant englober ultérieurement d'autres superficies. De nombreuses et imposantes exploitations de colons français, qui toutes affichaient les gros moyens financiers et crédits qui les avaient lancées, en même temps qu'un talent certain qui a présidé à leur mise en valeur[1].

Les grandes cultures de céréales et de légumineuses allaient occuper le restant des autres terres, tout en assistant même également à des résultats intéressants obtenus dans l'essai de culture de la betterave à sucre ,bien qu'aucune « politique sucrière », officielle ou privée, n'avait été encore retenue par les services techniques du Protectorat, des projets qui seront repris surtout au lendemain de l'indépendance. Ce terroir, au défrichement remontant à des temps fort anciens, avait depuis longtemps poussé sa mise en valeur à un point tel que la propriété s'y trouvait extrêmement morcelée, une sorte de Doukkala vallonnée, plus argileuse et plus humide. Aussi bien donc qu'en celle-ci, la colonisation n'a pu s'y infiltrer, d'autant plus que les vallonnements sans fin du pays ne se prêtaient guère au déploiement du matériel mécanique européen.

---

[1]Quelque deux cent mille hectares étaient occupés par les colons.

En revanche, dans les vallées de l'Ouergha et du Sebou, les vastes espaces se trouvaient, à l'arrivée des Français, couverts d'un impénétrable maquis de jujubiers, de pâturage à chèvres et de « refuge à brigands »[1]. C'est dans ces espaces, que nul n'avait alors encore défriché, que les colons purent créer des domaines plantés d'orangers de Khénichet à M'jara. Oranges de Sidi Slimane, celles de Si Allal Tazi ou de Khénichet, car les premières rivalités entraient en jeu, chaque terroir ayant ses avantages et ses inconvénients et les candidats planteurs venant de France étaient relativement nombreux. Mais, de chaque côté de ces riches vallées, seuls les Marocains cultivaient alors les terres noires du coteau, pays des blés durs mélangés d'alpiste, du sorgho d'été, du « chqualia », héritage de la période romaine, avec une sorte de blé à un rang, dont on mangeait quelquefois le grain et dont on utilisait surtout le chaume pour couvrir maisons et huttes[2].

Les terroirs à élevage extensif offraient moins de groupement, moins d'homogénéité aussi, que ceux à usage agricole. Ce sont les sables de Souk El Arbaa et d'Arbaoua qui se prolongent au sud en une bande côtière, et ceux de Sidi Yahia du Gharb. Les sables, bien plus rapidement que tout autre sol, reverdissent aux premières pluies d'hiver. Ils attirent ainsi les troupeaux et attirant les troupeaux. Ces sables enfin sont ceux des plantations forestières.

Le Plateau de Meknès-Fès

Ces terres, quelque variées qu'elles soient, présentaient toutes le caractère commun d'être appropriées pour la grande culture et en particulier celle des céréales, car des précipitations relativement importantes et régulières ont tout particulièrement conféré à cette région au moment de l'arrivée des colons français certaines caractéristiques agricoles attrayantes. Toutes les cultures habituelles du Maroc, céréales, légumineuses, grandes céréales d'été y réussissaient, et les arbres fruitiers des pays méditerranéens et des climats tempérés s'y adaptèrent aussi et depuis longtemps comme l'olivier ou l'oranger par exemple.

---

[1] Selon les Archives de l'administration française du Protectorat.

[2] Désigné par « Triticum monococcum ».

C'est dans cette région relativement privilégiée que se sont concentrées les plus importantes fermes de la colonisation française[1]. Ainsi, ce n'était le long des nouvelles routes construites de Meknès à Fès, de Meknès à El Hajeb, de Fès à Sefrou, qu'un chapelet ininterrompu de fermes modèles, offrant la plus grande variété d'exploitations de céréales, de légumineuses, d'assolement blé tendre, de petits pois, de plantations de vignes et d'oliviers, quelquefois en mélange, périmètres irrigables couverts de maraîchage et de plantations d'orangers. Quelques zones agricoles furent particulièrement connues et appréciées, comme Sebaâ-Aïoun entre Meknès et Fès, secteur favorisé peu délimité, se prolongeant vers el Hajeb et Boufkrane (M.Jobert, 1996)[2]. Les plantations fruitières particulièrement d'orangers, d'abricotiers, d'oliviers occupant les sols les plus profonds, les autres terres hébergeant la grande culture céréalière, comme dans la zone de Guerrouane-Sud. Sur les terres légères de cette même tribu, vers Agouraï, elles furent couvertes de vignes et les colons, groupés en coopérative des Ait Soualah, y ont édifié sur la route de Meknès une cave de vinification qui deviendra à la fois l'une des plus modernes et des plus importantes du Maroc.

Ce terroir à vigne s'étendait également vers le nord, sur Meknès et Aïn Lorma, mais avec moins de valeur, les sols accentuant leur tendance sablonneuse. Du Zerhoun on entrait dans la grande plaine de Fès, dont l'ensemble porte le nom de Saïs, et s'étendant d'autre part au pied d'El Hajeb, aussi bien que les secteurs de Boufekrane et de Sebaâ Aïoun dont il constitue le prolongement vers Fès, et qui était déjà célèbre pour les sources abondantes qui l'alimentaient en eau d'irrigation. Les orangers, et fruits divers, oliviers, vignes, céréales, légumineuses et maraîchage ont été le fait de plusieurs fermes européennes qui s'y étaient établies. Cette colonisation publique et privée, y abondait en effet plus que partout ailleurs au Maroc, même si la majorité des terres était encore propriétés marocaines dont les modes de culture se trouvaient à l'arrivée des Français bien en retard dans ce terroir agricole des mieux dotés du Maroc, tant pour les méthodes culturales que pour les surfaces emblavées.

[1] Estimée à 210.000 ha, environ, selon Archives de l'Administration française du Protectorat.

[2] M. Jobert fait une description instructive de la région Zerhoune-Boufekrane, région d'implantation de la ferme familiale.

Le Moyen Atlas

Cet ensemble montagneux, par ses plateaux et ses plissements élevés, par quelques forêts, verts pâturages, lacs aux eaux claires souvent bleues, évoquait une sorte de Jura méditerranéen pour les géographes français. La comparaison a ses limites évidentes entre les cèdres de l'Atlas et les sapins du Jura, cèdres, qui n'étaient déjà plus que les répliques d'une immense et lourde chape végétale qui couvrait jadis toutes ces montagnes. Des destructions inconsidérées furent opérées tout au long des siècles depuis les Romains, ainsi que pour bâtir notamment les villes de Fès et de Meknès, et le feu a fait le reste. Suite à l'établissement du Protectorat, la dualité forêt-pâturage allait se traduire en une exploitation forestière combinée à l'élevage. Les arbres tronçonnés sur place en billes sont quelquefois aussi en montagne débités en planches, mais le plus souvent cette deuxième opération se faisait dans les deux petits centres urbains d'Azrou et de Khénifra, qui allaient devoir leur expansion aux scieries. En plus du cèdre, il y avait le chêne dont certains peuplements privilégiés reproduisaient exactement la « futaie » de France à Ifrane et à Azrou, et donc de plus en plus d'arbres de grande dimension.

La construction de vastes unités frigorifiques régionales à Fès et à Meknès devait permettre de tirer le meilleur profit de l'élevage par la congélation de carcasses aux périodes les plus favorables de l'année (mai à août). Lors de cette première tranche, les établissements avaient permis de congeler vingt tonnes de viande par jour et d'entreposer jusqu'à cinquante fois plus.

Le Maroc Oriental

La plaine des Triffas, serrée entre les montagnes des Béni-Snassen et le rivage de la Méditerranée où on faisait pratiquement des récoltes de céréales et de légumineuses dans la partie centrale autour de Berkane, d'autant plus qu'un important noyau de colonisation privée, venue de longue date de l'Algérie, avait su dès son installation mettre à profit l'expérience acquise de l'agriculture nord-africaine[1]. La partie ouest aux bordures de la Moulouya, aux terres cependant identiques à celles de Berkane, ne bénéficiait pas de la même pluviométrie et n'offrait que des conditions plus hasardeuses à la culture des céréales. Le destin de cette zone allait être lié à l'irrigation, car les fermes

[1] Sur 50.000 hectares environ.

françaises ou marocaines puisaient déjà dans la nappe phréatique l'eau qui leur permettait d'irriguer une partie de leurs terres et de les couvrir de cultures maraîchères et de plantations d'orangers.
Le facteur humain de la région semble avoir résidé dans l'acquit expérimental de la population du terroir en relation avec les colons de l'Algérie française. En effet nulle part ailleurs, selon les observateurs, on ne trouvait une population rurale marocaine aussi douée et aussi capable de mener, selon les techniques européennes, une exploitation maraîchère. Le canal principal, dont les travaux ont été exécutés, a permis de dériver vers la plaine un débit maximum à partir d'un premier barrage de dérivation. Par la suite, cet ouvrage devait être complété par la construction d'un grand barrage-réservoir de retenue, avec usine hydro-électrique puissante.

Aucun autre périmètre de grande irrigation n'offrait, en raison même dudit facteur humain, autant de chances de réussite du colon français. Les exportations de denrées périssables vers l'Europe se faisaient par Oran et par le port algérien de Nemours. La destinée de l'immense espace restant était de servir de parcours d'élevage extensif du mouton. C'est là en effet qu'on rencontrait les grands transhumants, les seuls d'ailleurs du Maroc, ceux qui ne connaissaient aucune limite de tribu, presque aucune coutume de pacage, si ce n'est, parait-il la loi de l'herbe et de l'abreuvement. Les immensités des Hauts Plateaux succèdent sans transition à ces montagnes et s'étendent alors jusqu'aux limites du Sahara. C'est le pays de l'alfa et du mouton transhumant, deux richesses loin d'être négligeable. L'alfa était largement exploité, simplement mis en balles pour l'exportation, dont en faisait une pâte à papier de qualité spéciale. Quant au mouton, c'est celui qui, de longue date, quittait l'Afrique du Nord par le port d'Oran, en carcasse, ou sur pied, afin de parachever son engraissement dans les alpages de Provence et que les chevillards connaissaient sous le nom d'Oranais.

L'importance du troupeau était très variable suivant les années, les périodes sèches causaient de véritables catastrophes[1]. Le Protectorat déploya un effort réel de création de points d'eau permanents, complétés par des centres fourragers de sauvegarde et par de rationnelles mises en défense des meilleures zones de parcours.

---

[1] Le cheptel fut estimé à un million de têtes environ entre les Deux Guerres.

Le Souss

En bordure de l'Atlantique, le Souss, une grande dépression ouverte à l'Ouest sur l'Océan et bordée de tous autres côtés des hautes cimes de l'Atlas et de l'Anti-Atlas, est une de ces régions cependant qui ne peut être comparée aux autres zones agricoles du Maroc. L'hiver y est inexistant et les cultures des primeurs les plus appréciées dans les capitales européennes, pommes de terre nouvelles, haricots verts, petits bois, tomates, etc. s'y sont développées. L'eau allait prendre ici une valeur supérieure à celle de la terre et c'est elle qui limitera les superficies cultivables en irrigué ainsi que les possibilités d'établissement de colons, selon le débit des sources ou des possibilités de pompages dans la nappe aquifère, ou en sec selon que les pluies orageuses d'hiver auront plus ou moins inondé les zones dépressionnaires.

Les cultures en sec n'offraient néanmoins qu'un intérêt limité du fait même de leurs aléas, car n'ayant jamais pu constituer une production régulière, les agriculteurs du Souss en limitaient l'utilisation à la seule nourriture des populations locales. Mais l'intérêt de la région allait se porter évidemment sur l'irrigation. Dans les années mille neuf cent trente de nombreux périmètres irrigables ont été échelonnés le long de l'Oued Sous, exploités par des autochtones et quelques colons. Ces périmètres se sont développés en aval de sources qui résultaient de l'effleurement en certains points privilégiés. C'est dire les réserves limitées en eau, car tout accroissement de l'irrigation d'un périmètre de l'amont viendrait aussitôt en diminution des possibilités de celui à l'aval.

De nombreuses fermes de colonisation s'étaient ainsi installées sur les terres qui bordaient la rivière, et la véritable richesse du Sous allait dépendre sous le Protectorat d'une politique organisée de l'eau, appuyée sur d'importants travaux d'aménagement[1]. Le complément indispensable devait être l'organisation d'une production dite « riche », comme celle de la primeur d'exportation pendant les mois d'hiver et des légumes à conserves pendant les autres mois de l'année, productions seules capables de justifier l'emploi d'une eau d'irrigation au coût aussi élevé. Par ailleurs, pour consolider cet effort de mise en

[1] Quelque mille hectares.

valeur, l'aménagement d'un port moderne à Agadir et la construction un grand entrepôt frigorifique à double fin (primeurs, poissons) devenait indispensable au lendemain de la Deuxième Guerre.

En raison de la pauvreté générale de la région, l'arganier, qui couvrait d'immenses espaces tant en plaine qu'en montagne, a pu jouer le rôle d'une véritable richesse régionale. D'importantes forêts d'arganiers couvraient la région, dont l'arbre toujours vert qui nourrit toute l'année d'innombrables chèvres[1].

Paragraphe 5 : L'activité agricole entre les deux grandes guerres

Entre les Deux Guerres, une grande partie de la planète ne paraissait redouter que la surabondance de la production de la production agricole en particulier, tant la Crise économique mondiale s'aggravait[2]. La principale question alors à l'ordre du jour était de savoir comment l'on parviendrait à contenir l'activité agricole et industrielle dans le cadre étroit d'une consommation stationnaire et parfois déclinante en raison du faible pouvoir d'achat des Marocains. Les fermiers français ainsi que quelques riches exploitants marocains réclamaient l'intervention des autorités pour les aider à résorber leurs excédents.

L'administration du Protectorat préconisait l'arrachage des vignes, la réduction des emblavures, l'emploi des huiles végétales comme carburants ou lubrifiants. Les industriels formaient des ententes pour éliminer entre eux toute concurrence, et la réglementation douanière contingentait les importations et aidait les exportations aux « prix dumping ». Il n'existait alors d'autres remèdes aux maux de l'époque que le « protectionnisme » à tous les stades de la vie économique.

La grande crise économique sera mise à profit par l'administration du Protectorat à son tour pour revoir ses plans pour le secteur de l'agriculture moderne d'abord, s'intéressa ensuite aux techniques, aux modalités d'exploitation des ressources et à la faible productivité sur

---

[1] Près de 500.000 hectares environ. Le fruit de l'arganier ressemble à une grosse amande dont la partie charnue est consommée par les animaux, et la coque intérieure, par contre, contient une graine plate dont on tire une huile comestible encore artisanale avec un goût de noisette fort appréciée.

[2] Les années de crise ont duré de 1929 à 1936.

l'essentiel des terres des paysans marocains. Il y avait d'une part, une population qui croissait régulièrement en nombre, et d'autre part, des terres exploitées par les petits agriculteurs qui produisaient mal et surtout trop peu pour satisfaire leurs besoins. Si le Protectorat avait certes mis fin aux diverses exactions, pillages, crimes, auxquels les paysans étaient exposés en permanence, en ramenant l'ordre, la tranquillité, la sécurité des biens et des personnes, il n'avait pas encore amélioré le sort de la paysannerie marocaine. La faiblesse du rendement des terres cultivées par la paysannerie marocaine dont la récolte moyenne des bonnes années ne dépassait guère les six quintaux de blé en moyenne par hectare, contre un rendement de dix en blé tendre réalisé par les colons, s'imposait comme une constatation évidente (J.Couleau, p.177)[1].

L'extrême irrégularité de la production agricole du Maroc, en particulier celle des exploitants autochtones était un autre fait qui pesait. On ne connaissait que les causes liées au climat, tant les caprices redoutés par les cultivateurs dans tous les pays du monde, se jouaient au Maroc dans une amplitude de variations qui pouvait aller d'une saison à l'autre de la pléthore à la pénurie, et une année sur deux le pays n'était pas loin de la disette, voire de la famine. Cependant, la production des terres cultivées par les colons, si elle reflétait elle aussi les incertitudes du climat, ne présentait pas des variations de même ampleur que celles que l'on constatait en matière de récoltes des paysans marocains. Ainsi durant la Deuxième Guerre, la moins bonne récolte céréalière des colons n'a été inférieure que d'un quart à la meilleure observée jusqu'ici, alors que celles réalisées par des Marocains enregistraient des reculs de trois cinquièmes, donnant une idée de la possible performance apportée par la technicité et l'équipement mécanique (C.F.Stewart, p.106).

Aussi, le Maroc ne pouvait être qu'exceptionnellement un pays exportateur de céréales, une conclusion se dégageant des statistiques mêmes grossières de production et autres estimations fiscales relatives aux principales régions pour la période de l'entre-deux-guerres. Cette observation aussi évidente n'était généralement pas reconnue jusque là, et plusieurs responsables et colons répugnaient à l'admettre. Il

---

[1] « Une agriculture rudimentaire, avec trop peu de bons labours pour qu'on récolte beaucoup de grains ».

fallut pourtant s'en convaincre. En effet, la marge dont le pays a disposé avant la Deuxième Guerre pour ses ventes à l'étranger n'a dépassé que rarement ses propres besoins de consommation. Elle a été, en moyenne, de l'ordre de deux millions de quintaux, représentant trente à quarante-cinq jours de pain dans un pays où une grande partie de la population ne mangeait pas à sa faim. En réalité, les paysans marocains n'ont pu céder à cette époque une partie de leurs grains pour l'exportation que parce que ceux qui en produisaient n'avaient pas les moyens d'en conserver suffisamment pour leur propre subsistance. Jusqu'à la fin du Protectorat, la population rurale se serait accrue au moins d'un million de personnes, mais sans que les conditions de subsistance aient suivi.

Paragraphe 6 : Du dualisme agricole

C'est d'une terre équitablement répartie que le Protectorat aurait dû essayer d'aider les paysans marocains à tirer l'essentiel de leur subsistance, quelles que soient les perspectives d'une industrialisation du pays devenue nécessaire, la richesse des gisements de phosphates ou la variété des minerais métalliques. L'urgence sociopolitique imposait alors de s'organiser réellement, en vue de résoudre une nouvelle problématique, à savoir que sous le même climat et sur des terres mitoyennes, colons et paysans marocains obtenaient des rendements qui représentaient pour les premiers le double ou même le triple de ce que les seconds atteignaient sur leurs terres.

Face à ce premier type de dualisme de plus en plus évident, et pour que l'agriculture marocaine accroisse davantage sa production, les services techniques pensaient qu'il fallait donc qu'elle adopte les méthodes techniques des colons[1]. Cependant, le problème de fond volontairement encore occulté, par les responsables du Protectorat

---

[1] Henri Bosco, enseignant et écrivain français de l'entre-Deux-Guerres, a pu décrire par exemple le spectacle courant des campagnes, reflétant la situation qu'il observait alors en parcourant les routes du Maroc. « On voit souvent, le long de la chaussée, dans une plaine plate, rousse, illimitée, de petits attelages disparates. Il y a un chameau et un âne côte à côte. Un énorme chameau, pelé, poussiéreux, triste. Un âne minuscule, non moins pelé, non moins poussiéreux, non moins triste. Que font-ils ? Tantôt ils se dressent, immobiles, sur cet horizon immense. Tantôt ils ont l'air de tirer. Que tirent-ils ? …Pas d'eau, ou peu. Parfois un puits. Rarement une rigole d'eau courante. … ».

responsable du secteur, était celui de la faible consistance des lopins de terre des paysans marocains, leur mauvaise localisation et leur faible fertilité, les meilleurs auront été cédés aux colons quand elles ne l'auront pas été tout simplement réservés.

La seule coexistence de deux agricultures inégales et différentes ne pouvait suffire à enclencher par mimétisme un quelconque progrès, et la démonstration d'un outil efficace n'avait pas en elle-même la vertu d'en provoquer spontanément l'emploi généralisé. L'exemple est certes un stimulant dans des milieux similaires en général, mais à l'intersection de deux types de sociétés différentes qui coexistaient sans se mêler, ne réussissait qu'à souligner des contrastes et à creuser des incompatibilités. Les méthodes de vulgarisation ne valaient, dans la pratique, qu'en se combinant à d'autres modes d'action qu'elles préparaient ou confirmaient et dans des conditions de superficies de terres similaires. Les efforts des moniteurs, les stations d'essai, les fermes-écoles avaient certes produit quelques résultats, mais ils n'ont pas changé la figure des campagnes ni les ressources des paysans.

D'ailleurs, contrairement à ce qu'on pouvait supposer en pure logique, il était relativement plus aisé d'introduire la motoculture dans un terroir non évolué que d'y faire adopter des formes intermédiaires, comme celles qui se pratiquaient alors encore dans les campagnes européennes. L'agronomie à la Française était en réalité un véritable « artisanat » qui demandait peu à l'outil, si perfectionné soit-il, et beaucoup à l'homme, au savoir, à sa sagacité et à son ingéniosité dont la paysannerie marocaine ne disposait point encore (R.Dumont, 1949). Au Maroc, il fallait labourer vite, pour profiter des pluies, et récolter vite, pour éviter le chergui. Le moteur contre la traction animale n'était qu'un aspect du problème.

Les communautés rurales qui étaient alors propriétaires des terres collectives étaient traditionnellement attachées à de telles formes de propriété et de gestion, et disposaient en leur sein de structures certes rudimentaires, mais qui s'apparentaient à de véritables conseils, où les idées, les tendances, les intérêts se confrontaient et s'affrontaient dans l'enceinte des« Jemâa »[1].

---

[1] Certains sociologues francais firent la comparaison avec les tribus gauloises, qui avaient, elles aussi, leurs conseils, souvent tumultueux. Sous le règne de Rome,

Les experts agricoles qui eurent à suivre le dossier croyaient trouver là un terrain favorable pour modifier l'ensemble, par le biais de ces conseils de tribus, comme le chemin le plus court. Ainsi, la nécessité d'assurer la subsistance de populations rurales marocaines a été utilisée par les autorités du protectorat en vue d'un contrôle progressif de ces terres et fort loin de déboucher sur une perspective de transformer les membres en petits exploitants individuels, car souvent deux politiques apparemment contradictoires étaient mises en œuvre, un regroupement d'un côté préparant surtout un partage, et de l'autre les rendre surtout disponibles à des colons en attente d'opportunités. La modernisation recherchée des techniques agricoles à travers le regroupement des paysans sur certaines terres possédées en commun, en vue de servir d'instrument de réduction d'un dualisme croissant, ne pouvait qu'enregistrer un échec en raison de la pression des convoitises.

Par ailleurs, et c'est un aspect important, avant comme après l'établissement du Protectorat, l'usure sévissait réellement au Maroc à l'état endémique, favorisée par l'irrégularité des récoltes, par la faiblesse des ressources des paysans et l'absence de structures de crédit adaptées en zones rurales. L'intervention de la nouvelle administration en ce domaine crucial a essayé de prendre en compte les conditions de vie propres des populations, de leurs coutumes, de leurs croyances, du statut des personnes et de leurs biens. Elle s'était attachée à faire disparaître l'essentiel de cette usure en soutenant les petits producteurs marocains par le canal d'organismes appelés « Sociétés Indigènes de Prévoyance » devenues, des « Sociétés Marocaines de Prévoyance »[1].

Un dahir en 1917 créa ces nouvelles structures et embryons de la « modernisation du paysannat », dont le texte, en raison de nécessités d'adaptation à des circonstances nouvelles, a du être modifié

César ne craignait point de les nommer « civitales » et de leur appliquer ainsi le terme le plus noble du vocabulaire politique romain, celui qui était l'image même de l'Etat : la cité. C'est par une inspiration analogue que Robert Montagne, dans un ouvrage qui a fait du bruit à l'époque, avait désigné du nom de « républiques » les conseils des tribus berbères du Haut-Atlas. « Dès que des hommes se rassemblent pour essayer de se mettre d'accord sur des sujets qui les intéressent tous, la démocratie est en oeuvre », selon cet auteur.

[1] En 1954. Connus sous les sigles de SIP ou SOMAP.

plusieurs fois. Les résultats ne furent pas concluants dans l'ensemble, en dépit de quelques décennies d'une mise en œuvre qui est demeurée d'ordre quasi philanthropique. Ces structures allaient être à la fois des organes de crédit, des mutualités et des établissements charitables intervenant par le crédit et la vulgarisation agricole, visant à moderniser le mode de travail et de vie dans le monde rural. Par de petits prêts en argent ou en nature, elles encourageaient à perfectionner les moyens de production, parvenant à soustraire les sociétaires au règne de l'usure et l'accaparement des terres qui guettaient ceux des plus démunis, essayant de se substituer aux usuriers par toutes actions tendant à faire annuler ou réduire les engagements souscrits par des paysans au profit de tiers ayant abusé de leurs conditions, de leur faiblesse ou de leur inexpérience, et à faire rejeter comme indues les sommes qu'ils auraient payées (R.Dumont, 1948).

Un effort relativement persévérant a été poursuivi par ces organismes sur plusieurs années dans le domaine de l'élevage par exemple, en collaboration étroite avec les techniciens des services centraux de l'administration de l'agriculture, ou par la constitution de pépinières régionales permettant de distribuer périodiquement aux arboriculteurs membres à des conditions symboliques des milliers de plants greffés[1].

Chaque structure locale était composée de sections et pourvue d'un conseil selon une base ethnique, comme la tribu ou fraction de tribu, suivant l'importance des effectifs concernés, et l'ensemble sous contrôle de l'administration centrale et régionale. Elles furent appelées également à effectuer divers types d'opérations, en consentant par exemple des prêts en forme de semences, des prêts en argent et des secours parfois remboursables. Elles ont tenté enfin d'encourager à améliorer et à diversifier la production, et dans certains cas celles du sud de l'Atlas avaient fait l'objet d'un statut spécial, pouvant disposer de trois sortes de stocks de céréales[2].

---

[1] D'orangers, de citronniers, d'oliviers, de figuiers…et noyers.

[2] Un stock de semences, renouvelé d'année en année par le mode de remboursement en nature, un stock de sécurité, constitué de grains achetés par les S.I.P. sur leurs fonds propres et distribués au titre d'avances pour le ravitaillement ; des stocks de lutte contre la misère ont étéconstitués à l'aide de fonds de la Caisse Centrale de

Ces organisations ont été l'objet de critiques parfois recevables, mais souvent infondées ou excessives, sans doute, en raison de la complexité du milieu où elles étaient appelées à intervenir et où l'esprit coopératif faisait encore grandement défaut, tant leur « formalisme et leur autoritarisme » furent jugés parfois excessifs. Certaines des réelles tentatives de « modernisation rurale » effectuées à l'initiative des autorités du Protectorat, qui s'étaient développées entre les Deux Guerres sur quelques milliers d'hectares, avaient suscité dans l'ensemble peu d'intérêt, provoqué parfois la curiosité, mais surtout donné lieu à des controverses dans les milieux de la colonisation en particulier, en raison de leur approche économique et sociale (J.Couleau, p.87)[1]. Opposés aux transformations, certains colons avaient comparé ironiquement ces modestes essais au modèle des « phalanstères », en référence aux ensembles mis en place au XIXe siècle par un des pères du socialisme français, Charles Fourier, ou invoquaient l'exemple communiste des «kolkhozes soviétiques » alors en développement (C.Fourrier, 1968)[2]. Elles avaient suscité en définitive plus de bruit, mais entrainé de faibles impacts dans l'ensemble sur les populations rurales concernées et n'en ont pas moins cependant contribué à une première sensibilisation à leurs problèmes humains et techniques.

Un tel rôle positif de prévoyance et de gestion particulièrement attentive et serrée en employant des mesures faisant éviter les gaspillages de fonds et les pertes de substance a été cependant fortement contrecarré par une grande partie des colons installés, des commerçants et usuriers, selon les rapports administratifs[3].

Crédit Indigène et furent distribués gratuitement aux démunis, à Inezgane, Taroudant, Tiznit, Ouarzazate, Zagora, Boumalne, Tafilalet.

[1] Ancien ingénieur agronome sous le Protectorat, Couleau pensait que la tentative de modernisation fut une expérience de « détribalisation », mais en faisant de la « Jemaâ » le conseil d'administration des entités de modernisation, relancait en fait la tribu avec un contenu nouveau.

[2] Reconnu par K.Marx comme l'un des précurseurs du socialisme moderne, Fourrier avait notamment encouragé la création de lieux de vie et de travail agricole en commun partagés librement entre ses sociétaires, endroits qu'il a appelés « phalanstères » pour servir de base au futur nouvel Etat. Certains ont été réalisés en France et en Amérique au milieu du XIXe siècle.

[3] Annuaire du Maroc 1947.

Si les autorités du Protectorat avaient déployé de nombreux efforts en faveur des colons retenus pour s'établir dans les diverses régions recommandées selon la progression de la pacification, en facilitant l'accès aux terres, à l'eau et aux crédits, à l'inverse l'amélioration des conditions générales des paysans marocains n'a pas toujours fait partie des priorités des mêmes décideurs. La pression démographique, faisant suite aux premiers effets positifs des campagnes d'hygiène et de luttes contre les principales épidémies, allait encore aggraver les disettes dans diverses régions, notamment celles du sud obligeant à s'en soucier surtout pour des raisons de sécurité et pour éviter de larges migrations vers le nord.

À la veille de la Deuxième Guerre, les subventions publiques accordées à ces entités étaient destinées surtout au ravitaillement des personnes en détresse, au fonctionnement des centres d'hébergement et des cantines scolaires ainsi qu'à la lutte contre les épidémies. Des structures de crédit visaient à faire évoluer l'agriculture traditionnelle, et les prêts distribués ne donnaient pas lieu à la perception d'intérêts, sinon à des frais de gestion symboliques. Des caisses régionales à compétence plus élargie et mobilisant plus de ressources avaient été ouvertes à leur tour, s'adressant spécialement aux agriculteurs, artisans ou commerçants d'importance moyenne, exploitant directement ou groupés en coopératives. Enfin, une Caisse Centrale de Crédit et de Prévoyance avait vu le jour en 1937, chargée de coordonner les opérations des entités locales et régionales ainsi que d'autres organismes de crédit ou de coopération.

Suite à l'arrivée du gouvernement du Front Populaire en France, l'approche sociale allait essayer d'élargir la sphère des secteurs devant être soutenus par le Protectorat. C'est ainsi qu'en vue de compléter et de faciliter l'action des organismes de crédit proprement dits, des coopératives agricoles et artisanales furent créées en assez grand nombre à partir de cette période, en application de nouveaux textes sur la coopération qui ont été spécialement adaptés au contexte marocain. Il y eut d'abord, les treize coopératives agricoles autochtones qui allaient s'occuper de l'achat, du conditionnement, de la vente des récoltes et des produits agricoles divers des membres des « Sociétés de Prévoyance » concernées, ainsi que de l'approvisionnement de ces groupements en semences, matériels, engrais, marchandises pour les besoins de la culture et de la consommation. En dépit de leur modestie, ces nouveaux organismes auraient joué un rôle relativement positif dans la commercialisation des récoltes de quelques petits et moyens paysans marocains, le soutien des cours, l'approvisionnement des populations rurales en semences ou en grains de consommation.

La réussite remarquée de quelques « pionniers » de la colonisation française, obtenue en trente années d'efforts et d'ingéniosité, aurait démontré quelles étaient les méthodes, les techniques et les façons culturales les mieux adaptées à une agriculture avancée selon les services techniques. Ensuite, la plupart des terres en possession des Marocains ne pouvaient effectivement être mises en valeur sans des défrichements préalables qu'il était impossible de réaliser sans les nouveaux équipements techniques. Enfin, parce que les machines portaient en elles la mécanisation reflet de la révolution industrielle et donc des changements devant être opérés au préalable. Cependant que la question des terres à cultivables demeurait lancinante dans le monde rural, poussant une bonne partie des petits paysans au salariat ou au métayage dans les fermes des colons. D'autres préféreront grossir les bidonvilles et les rangs du nouveau « prolétariat » des bourgs en constitution un peu partout à proximité des grandes villes (R.Montagne, 1952)[1].

Les vulgarisateurs impliqués dans ces opérations pensaient que le tracteur allait seul libérer le paysan, alors que la vie à la campagne était un tout, et « le vêtement, la nourriture, l'habitat, l'outillage, le régime de la propriété ont entre eux d'étroits rapports, selon ceux qui prônaient un changement de fond des méthodes[2]. Cela allait être aussi vérifié dès les premières années de l'indépendance avec le lancement officiel de l' « Opération-Labour » avec des tracteurs et dont les résultats seront peu encourageants.

Au total, ces expériences limitées de modernisation du monde paysan permirent néanmoins de tirer quelques enseignements quant à un éventuel accompagnement du dualisme grandissant au lendemain de l'indépendance notamment. Pendant les premières décennies, la modernisation souhaitée aura été davantage de l'ordre du simple

[1] Il fut le premier chercheur en sciences sociales du Protectorat à éclairer les décideurs sur l'apparition d'une catégorie sociale nouvelle au Maroc, le prolétariat.
[2] L'approche méthodologique de l'historien français Marc Bloch sur la société féodale a inspiré le sociologue Montagne.

discours des occasions officielles. Après la Deuxième Guerre, elle devient une forme d'encadrement et d'assistance aux anciens soldats marocains ayant combattu pour la libération de la France (P.Pascon, t.2, p.532)[1]. Elles s'effectuaient sur des étendues de l'ordre d'un grand domaine de colonisation ou plus généralement d'une grande ferme ou une terre collective, susceptible d'être cultivée par des moyens modernes sous une direction unique[2]. En même temps, les structures de prévoyance existantes évoluaient dans un cadre juridique leur donnant la personnalité d'un établissement public et se procuraient par achat ou location le gros outillage, tout en se superposant, sans les absorber, aux collectivités de type ancien qui disposaient de la pleine propriété du sol, à savoir les tribus, fractions ou groupements volontaires des petits propriétaires indépendants[3]. Ces entités se voulaient aussi un instrument de gestion, dotées d'une double tutelle, celle de l'autorité locale française et celle du caïd, au sein d'un conseil d'administration et d'une maîtrise assurée par un chef d'exploitation assisté de techniciens et de contremaîtres.

En outre, elles pouvaient offrir un cadre de développement social où l'instituteur, le médecin, l'infirmier, la sage-femme, l'assistante sociale, le secrétaire d'État-civil, l'architecte devaient y avoir leur place. L'instruction et l'hygiène des hommes devaient progresser de pair avec la mise en valeur du sol. Ce même principe d'unité d'action et de concentration des moyens tel qu'il fut retenu, à la base de chaque structure prise individuellement, devait conduire à fonder la centrale d'équipement agricole du paysannat. L'acquisition du matériel moderne de défrichement, de mise en valeur et d'exploitation supposait, en effet, des moyens de trésorerie qui dépassaient de beaucoup les possibilités des groupements paysans devant s'en servir. Il était indispensable qu'un organisme unique, ayant à sa disposition des spécialistes de qualité, devait se charger d'acheter ce matériel, d'en régler l'utilisation au mieux de l'intérêt des concernés, d'en assurer le bon entretien et la réparation. Des économies sensibles auraient été ainsi réalisées sur l'achat et plus encore, sur l'amortissement des tracteurs et machines, qui entraient pour une très

[1] L'auteur a pu faire des observations pertinentes qui concernaient également plusieurs autres régions du pays.
[2] 500 hectares à Tamchachat, 600 hectares à Madagh, 1.400 hectares et 3800 ha aux Oulad Gnaou.
[3] Dahir du 5 juin 1945.

large part dans le calcul des prix de revient d'une exploitation agricole moderne.

La centrale d'équipement agricole du paysannat devait fournir aux organisations les moyens techniques nécessaires à leur programme de culture, soit sous forme de location pour celui qui n'est utilisé que temporairement, à des fins déterminées, ce qui est le cas, par exemple, du matériel de défrichement voire même du matériel de labour ou de récolte.

Si la formule était jugée générale pour s'accommoder des diverses formes de propriété de la terre, et si rien ne s'opposait à ce qu'elle soit appliquée à des groupements coopératifs de petits propriétaires, il n'en était pas moins vrai qu'elle convenait surtout à la mise en valeur des domaines collectifs appartenant à des tribus ou fractions de tribus. On savait combien le morcellement des champs, des pâturages, des vignes et des vergers, aggravé à chaque succession, avait entravé dans les pays d'Europe toutes les tentatives d'amélioration des méthodes ou des cultures. Les collectivités autochtones possédaient théoriquement en indivis au moins quatre millions d'hectares et demeuraient sous la pression des besoins de l'administration et des colons. Surtout que les terres cultivées ne représentaient encore qu'un huitième environ de l'ensemble, et le reste se composant de terrains de parcours pour le bétail et de friches, dont une grande partie, était ainsi susceptible d'une utilisation potentielle pour la colonisation. Certains hauts responsables du Protectorat estimaient même que les réserves alimentaires du Maroc futur résideraient dans une modernisation de ces terres par des « mains expertes européennes ».

Par ailleurs, quelques coopératives agricoles et artisanales de fait avaient déjà existé d'autre part depuis les premières années du Protectorat, et les autorités françaises s'étaient efforcées de favoriser leur légalisation en établissant une réglementation plus souple que celle en vigueur pour les coopératives européennes de production et de transformation pour lesquelles elles avaient été conçues. Intéressant d'abord et surtout le monde rural de manière générale, la formule allait être étendue ultérieurement aussi l'activité artisanale par la création par exemple du « Comptoir Artisanal Marocain », chargé d'écouler sur les marchés intérieur et extérieur les productions de cuirs, de tapis et de couvertures, ou celles des unités traitantes des olives avec quelque quinze coopératives d'importance moyenne ainsi que de certaines activités comme celles des charbonniers, des pêcheurs ou des maraîchers. Les autorités locales de contrôle, en collaboration avec les caïds, intervenaient d'une manière directe dans leur gestion, laissant en définitive peu d'initiative aux concernés.

En conclusion, la modernisation du paysannat, telle que tentée, aura succombé en définitive sous l'action opposée d'une coalition objective sur le terrain entre chefs de tribus jaloux de leur autorité, des grands caïds latifundiaires, de colons ne souhaitant partager ni terre ni eau, et même des autorités politiques du Protectorat, appréhendant un éventuel « éveil des consciences » au sein de telles structures mises en place pour surmonter un dualisme qui s'aggravait progressivement (J.Couleau, p.87)[1].

Section 2 : L'activité minière

Le Maroc devint un double Protectorat, partagé entre la France et l'Espagne à une période caractérisée par une lutte exacerbée entre les grandes puissances notamment pour les matières premières de base, à la veille du premier conflit mondial[2]. La France était déjà une des branches fort actives de ce qu'on a désigné alors par le développement du phénomène de « l'impérialisme international » par l'école marxiste du XXe siècle (R.Hilferding, 1910 ; V.Lénine, 1917). Néanmoins, une fois occupé, le pays s'avéra ne pas être la région minière tant convoitée.

Plusieurs prospections officieuses ou secrètement menées, en dépit de la politique d'isolement alors choisie par le Makhzen, ont eu lieu bien avant l'occupation française et avaient mis à contribution quelques « géographes-touristes » notamment, et ce, depuis l'annexion de l'Algérie[3].

---

[1] Plusieurs intervenants tiraient profit de la situation précaire de la petite paysannerie.

[2] Ce sont ces grandes puissances alors présentes depuis la conférence de Berlin et se partageant les zones d'influence en Afrique, en1876, soit quelques années après la défaite française et l'annexion de l'Alsace Lorraine par l'Allemagne.

[3] Tel le cas de Louis Gentil, de formation de géographe, se rendra au Maroc venant d'Algérie en 1904-1905, « camouflé en indigène » faisant partie de la mission géologique du marquis de Segonzac, et en rapportera des échantillons de roches. Il esquissera l'une des premières cartes des régions parcourues. Il reviendra pour poursuivre ses « explorations » sous la protection de l'armée française à partir de

Autant dire que la composition et la structure du sous-sol marocain devaient garder en principe peu de secrets pour les futures grandes entreprises minières de France. Le pays semblait posséder des gisements sédimentaires de fer, de charbon, de phosphate, ainsi que de cobalt, d'étain, de molybdènes, de plomb et de zinc, pour ne citer que les principaux. Enfin, le dépôt de certains minerais de manganèse, dernier trait qui, à lui seul, aurait également distingué le Maroc du reste de l'Empire français, sans que cela en fasse un pays minier apte à développer une industrie lourde (C.F.Stewart, p.122). La forme d'exploitation du phosphate, principale ressource minière du pays, suscitera par ailleurs des contestations vives de la part de plusieurs signataires de l'Acte d'Algésiras.

Paragraphe 1 : La prépondérance des phosphates

Au lendemain de la mise en place du Protectorat, les prévisions antérieurement établies vont apparaitre avoir été pour le moins surestimées, suite à des études géologiques plus rigoureuses, surtout que la lutte entre les grandes puissances avait concerné le contrôle dudit potentiel minier notamment. La conférence d'Algésiras avait d'ailleurs, dans une disposition spéciale du traité négocié par les puissances signataires, exigé que le Sultan fasse promulguer une loi instituant un droit minier selon les conditions prévalant en Europe, et qu' aucune concession minière ne pouvait intervenir entretemps. La nouvelle réglementation, totalement proche des vues françaises, ne vit le jour en fait qu'après l'établissement du Protectorat, et sans avoir pu empêcher le Sultan Moulay Hafid par exemple d'accorder une concession minière aux frères allemands Mannesmann dans le sud du Maroc voire également dans le Rif, à la veille d'une abdication âprement négociée avec la France (E.Staley, 1932, pp.52-72)[1].

1907, et supervisera l'Institut Scientifique qui sera créé par le Protectorat. Un bourg naissant autour de l'exploitation des phosphates, non loin de la ville de Safi, portera son nom jusqu'à l'indépendance, en souvenir de son apport à l'occupation. C'est l'actuelle ville de Youssoufia.

[1] Les six frères Mannesmann, ressortissants et riches héritiers allemands, avaient proposé leurs services aux Sultans, depuis la Conférence d'Algésiras. Ils ont sillonné le pays et soutenu l'accession au trône de Moulay Hafid, en échange de droits miniers dans le Souss et des concessions agricoles dans la Chaouïa.Egalement pour les besoins de leur industrie en plein développement, ils avaient négocié des droits d'exploitation dans le Rif avec le caïd Raissouli. Lyautey les aurait harcelés pour quitter le Maroc.

Les nouvelles autorités françaises prépareront et mettront en œuvre, six années après ladite conférence, les textes réglementant le secteur minier en essayant de respecter dans un premier temps globalement l'esprit d'Algésiras. Depuis, la propriété et l'exploitation du sous-sol allaient devenir légalement un privilège réservé exclusivement à l'État, c'est-à-dire aux autorités du Protectorat. Un autre décret viendra préciser spécialement le statut des futures mines de phosphate dont les concessions devraient être en principe organisées à travers des adjudications publiques, alors que les permis d'exploitation des autres minerais seront délivrés selon l'ordre d'arrivée des demandes au « Bureau des mines », renouvelables tous les trois à quatre années. De tels permis relativement faciles à obtenir et à peu de frais administratifs allaient encourager une réelle spéculation dans le secteur. Au cas où une mine s'avérait réellement viable, les nouvelles dispositions réglementaires autorisaient l'octroi d'une concession de soixante-quinze ans, la propriété du sol revenant à l'État à l'expiration du délai prescrit.

Cette première loi, sous forme de dahir, reprenait globalement les vues européennes, en particulier françaises, distinguant que les droits de propriété minière revenaient à l'État contrairement à ceux en surface, à moins que le minerai ne puisse être exploité à ciel ouvert. Un des nouveaux décrets intervint pour réglementer le régime des concessions minières, les phosphates et les nitrates soumis aux enchères publiques, les permis de prospection pour les autres minerais seront accordés selon l'ordre d'arrivée. Leur conversion en concessions d'exploitation de quatre ans renouvelables, et dans certains cas étendus si l'importance de la mine le justifiait. Plusieurs modifications et exceptions allaient intervenir par la suite et donnant un pouvoir d'arbitrage au Bureau des Mines, en cas de contestation, selon des critères financiers et techniques pouvant aller jusqu'à l'annulation du permis.

La politique sous-jacente à cette législation visait de réserver l'activité d'exploitation minière d'abord aux intérêts français (R.Hoffherr, p.201). Le cas des phosphates allait illustrer cette stratégie du Protectorat. La découverte d'importantes réserves de phosphates au sud-est de Casablanca par le service des mines encouragea le maréchal Lyautey à « nationaliser » en janvier 1920 l'exploitation de cette ressource, afin qu'elle ne tombe pas entre « des mains et intérêts étrangers ». En créant l'Office Chérifien des Phosphates (OCP), une des premières sociétés d'État, il écartait tous les étrangers tout en assurant au Protectorat, des ressources hors de tout contrôle du parlement français[1]. Cette décision hautement politique, ainsi que d'autres similaires dans le secteur de l'industrie minière, semblent avoir relativement préservé une importante ressource minière de tomber dans le domaine du secteur privé et des spéculations commerciales. De telles décisions unilatérales du premier Résident n'ont pas manqué de donner lieu à des procédures juridiques devant la Cour Internationale de Justice (CIJ) ,contestant leur légitimité dans le cadre du régime de la « Porte ouverte », de la part du gouvernement italien en particulier défendant les intérêts d'un de ses ressortissants détenteurs de permis d'exploitation de mines de phosphate (Y.Famchon, p.258)[2].

L'interventionnisme du Protectorat ne s'arrêtera pas là, puisqu'une autre société publique, le Bureau de Recherches et Participations Minières (BRPM), sera à son tour créée en 1928, avec des fonds provenant de l'OCP, dans un premier temps pour suivre l'exploration et l'exploitation du charbon et du pétrole, avant d'englober ultérieurement les autres minerais à l'exception des phosphates. Cet organisme prendra des participations aux côtés de holdings et de groupes industriels dans des sociétés minières de charbon, de pétrole et de manganèse, l'État se réservant le droit de subventionner les opérations de prospection et d'exploitation d'entreprises exclusivement françaises. Une nouvelle réglementation sera plus restrictive en matière de propriété minière en en donnant l'exclusivité cette fois-ci à l'État, moyennant indemnisation des propriétaires en cas de besoin, remettant ainsi en question les dispositions « libérales » convenues à Algésiras[3].

---

[1] En contradiction avec les dispositions libérales de la convention d'Algésiras. L'appellation « nationalisation » pour le compte de l'État marocain sous tutelle de la France pour être plus précis, la nation marocaine était encore en gestation.

[2] La société italienne « Miniere fosfati » de M. Constantin Tassara détenait vingt huit permis de recherche en bonne et due forme.

[3] Datant de 1951.

Paragraphe 2 : Le développement d'une industrie minière

Une douzaine de mines et quelques puits de pétrole furent opérationnels durant la période du Protectorat, en plus des principales exploitations de phosphate localisées à Khouribga au sud-est de Casablanca et à Louis Gentil (Youssoufia) à l'est de Safi relevant de l'OCP. Les puits pétroliers de la région de Sidi Kacem étaient du ressort du BRPM, associé à des intérêts privés belges. Une autre association se nouera entre le même organisme, avec l'État français et un autre groupe privé belge pour exploiter la mine d'anthracite de Jérada dans la région d'Oujda.

La Banque de Paribas était fortement présente dans le secteur minier, comme dans les autres régions du Monde sous contrôle français, à travers la société Pennaroya, aux côtés des Rothschild, engagée dans les mines de plomb du Maroc oriental. Elle était également impliquée dans les mines contrôlées par la Compagnie Générale du Maroc qui participait aux côtés des groupes privés Epinat-Herschell et à l'Omnium Nord Africain (ONA) qui venait d'être créé par un opérateur dans le secteur des transports routiers et gérant notamment la mine de cobalt de Bouazer[1]. Il en a été de même de l'exploitation des mines de manganèse d'Imini où la Banque et la holding ONA étaient engagées. Un groupe belge, à savoir la Compagnie Royale Asturienne des Mines, était responsable de l'exploitation du fer d'Ait Amar et de Touissit dans la région d'Oujda, alors que celle du plomb et du zinc de Boubeker était sous le contrôle du groupe Walter. En somme, un secteur minier contrôlé par quelques groupes privés triés sur le volet par les intérêts français adossés aux autorités du Protectorat qui accordaient les permis miniers de façon sélective.

Des signes d'existence de minerais avaient longtemps surestimé les possibles réserves faisant ainsi passer le Maroc pour un pays minier, attirant fortement notamment des sidérurgistes européens de premier plan, car certaines rumeurs des premiers explorateurs avaient exagéré l'importance par exemple de mines de fer ou de charbon. Dans la

[1] Avec l'association de Thami Glaoui, pacha de Marrakech et grand latifundiaire, désigné comme « conseiller ». L'ONA poursuivra, quant à lui, son expansion et son élargissement devenant une grande holding après le Protectorat, avec l'arrivée de la famille royale comme nouvel actionnaire progressivement majoritaire.

pratique, le charbon de Jérada était un simple anthracite peu utilisable en sidérurgie, quant au fer il était de basse teneur et avec beaucoup d'impuretés dont l'exploitation exigeait des coûts élevés et surtout peu concurrentiels, à moins de l'enrichir.
L'introduction d'un tarif douanier protectionniste pour permettre de recourir localement à ces matières premières puis de subventions pour leur utilisation industrielle éventuelle fut en contradiction avec la lettre et l'esprit des dispositions du libre commerce adoptées à Algésiras. Les minerais seront aussi exportés vers la France à l'état brut, imposant des coûts de transport élevés à travers le port algérien de Nemours, et il en a été de même du transport du manganèse depuis les hauteurs des montagnes de l'Atlas, par camions puis convoyeurs aériens, jusqu' à Marrakech avant d'être transbordé dans le train pour Casablanca.

Le caractère prohibitif de telles charges du transport des minerais et leur rigidité rendaient les prix des ressources minérales locales peu concurrentiels dans l'ensemble. Ces ventes de produits miniers à l'extérieur purent représenter près des deux cinquièmes des exportations en moyenne durant le Protectorat, destinées à satisfaire des besoins français en armement dans le cadre des préparatifs des guerres successives. Elles avaient enregistré une forte baisse au cours de la période de l'entre-deux-guerres et durant la crise économique mondiale (G.Spillman, p.39).

La production de phosphate a été de ce fait réduite de moitié en 1931, et certaines mines ont été même contraintes de fermer, et ce n'est qu'à la veille de la Deuxième Guerre, qu'une reprise des exportations a pu être observée, relayée par la suite par les besoins de la guerre de Corée[1]. L'aide financière américaine à travers le « Plan Marshall » avait permis de moderniser un équipement minier et de

---

1

Production et consommation de phosphates.

	Production OCP (1) En 1000 tonnes	Consommation mondiale(2)	1/2 (en %)
1925	721	9.085	7,9
1929	1.608	10.526	15,2
1935	1.303	9.300	14,0
1939	1.492	11.763	12,6

Source : Statistiques du Protectorat

transport qui était devenu obsolète et d'améliorer la productivité de certains gisements.

La demande locale se limitait au charbon et au pétrole, et l'essentiel de la production minière était destiné à l'exportation vers les pays européens, la France en particulier. Moins de cinq pour cent de la production de phosphate étaient utilisés localement, soit quelque cent mille tonnes transformées en hyper-phosphate. Bien que de teneur identique aux phosphates de Floride par exemple, leur commercialisation demeura liée à la politique des prix pratiquée par le Cartel nord-africain initié par des intérêts français, auquel l'OCP s'était naturellement rallié et en est devenu membre officiel, en 1942 sous le régime de Vichy. Cette entente était dirigée par des intérêts privés de la métropole qui géraient les sociétés algérienne et tunisienne dont les minerais étaient notoirement de faible teneur et difficiles à commercialiser en comparaison avec ceux du Maroc. La production et les ventes marocaines auraient pu être plus élevées, n'eurent été les quotas, les calendriers et pénalités prescrits par ledit Cartel. Les exportations de ce minerai, liées aux évolutions et besoins de fertilisants de l'agriculture des pays européens notamment, avaient représenté, par exemple à la veille de la Deuxième Guerre, plus du dixième de la consommation mondiale. Des accords non publics de répartition de marchés existaient entre le cartel et des producteurs égyptiens et ceux de l'Océanie.

L'exploitation publique des phosphates aura été globalement un succès financier, l'OCP ayant versé au Protectorat pour environ six cent trente cinq millions de francs à la fin des années mille neuf cent trente, dont l'équivalent de la moitié sous forme d'impôts et taxes, tout en entrainant l'activité de divers secteurs et entreprises industrielles et commerciales. Au début de la Crise mondiale, les ventes annuelles de l'OCP avaient pu représenter, exceptionnellement, près du sixième de la consommation mondiale. La production des phosphates sera multipliée par deux vers la fin du Protectorat, mais faiblement pour les autres minerais comme le zinc, le manganèse ou le fer.

Par ailleurs, la nouvelle activité minière développée sous le Protectorat sera relativement mécanisée utilisant peu d'employés salariés, soit en moyenne moins de 1% de la population active de la période concernée, notamment après les modernisations tentées depuis la fin de la Deuxième Guerre. Comparativement, en dehors des phosphates, le rendement financier et la contribution aux recettes du Budget du Protectorat des autres minerais induisant des profits aux sociétés privées propriétaires et relevant du BRPM, demeurèrent plutôt symboliques. La légende d'un pays recelant d'importants gisements en divers minerais, propagée par le groupe de pression « Comité du Maroc » actif en France en faveur d'une annexion du pays au début du XXe siècle, a été battue ainsi en brèche.

Section 3 : Le nouveau secteur des manufactures

Les dotations limitées du Maroc en ressources minérales et énergétiques ont très tôt déterminé le type d'activités industrielles qui allaient s'y implanter. L'anthracite ne pouvait remplacer la houille, et la capacité pétrolière ne couvrait au mieux que le sixième des besoins, alors que l'énergie électrique demeurait encore à ses premiers stades. L'autre élément non moins déterminant en la matière fut la politique qui sera suivie dans les faits par les autorités du Protectorat tendant à faire de l'industrie locale un simple complément de celle de la métropole, notamment par les successeurs d'un Lyautey qui, lui, n'en a jamais fait une priorité redoutant la constitution d'une classe ouvrière contestataire.

Les effets négatifs de la grande dépression économique mondiale, sous forme d'une généralisation du dumping notamment, renforcèrent à leur tour l'orientation préconisée et suivie par l'administration des Résidents Steeg et Lucien Saint, faisant écho aux milieux d'affaires de la puissante Chambre de Commerce de Casablanca (R.Hoffherr, 1932)[1].

La création et le développement d'un secteur manufacturier au Maroc sont le fait d'entrepreneurs étrangers. Avant le Protectorat, des négociants s'étaient lancés, dès les années 1860, dans quelques activités à caractère industriel, comme cette première machine à vapeur actionnant un moulin de Tanger, ou cette briqueterie installée à Larache, quelques machines pour égrener le coton montées à Mazagan, et la minoterie (Grand Socco) à Casablanca, qui ravitaillait

---

[1] L'auteur, qui fut un assistant des deux Résidents successifs, défendra la complémentarité avec l'industrie française dans ses écrits.

l'armée française en farines et les populations marocaines en semoule. Avec l'afflux des colons français, la question alimentaire des nouveaux venus fut résolue par l'utilisation des produits du pays et aussi, et surtout, en recourant aux produits d'importation. À quelques rares exceptions, il s'agira au total surtout d'industries dites légères orientées davantage vers les biens de consommation pour le marché local, et une faible part destinée aux exportations, et qui bénéficieront souvent de facilités de crédits, de subventions, et surtout de contingents à l'exportation vers la France (J.L. Miège, p.500).

L'apparition des principales branches constitutives de ce nouveau secteur illustre un intéressant exemple de l'enchainement d'un processus de décollage d'activités nouvelles utilisant des techniques, des procédés et des équipements jusque là méconnus dans un « pays neuf » qui s'effectuera surtout durant et après la Deuxième Guerre. Il n'y a eu en fait une urgence vitale à créer des unités industrielles que depuis les périodes de crises ou d'occupation de la métropole par les armées allemandes durant le deuxième conflit mondial, puis de ceux de Corée et d'Indochine. Ainsi, il s'est même dessiné un mouvement de transfert de capitaux et d'activités industrielles de France vers l'Afrique du Nord encouragé par des groupes financiers franco-allemands commençant à perdre espoir dans la domination du IIIe Reich. La Banque Worms et la Trans-Africa Company ont soutenu un tel mouvement, au Maroc en particulier, comme base de repli et d'expansion éventuelle vers l'Afrique, puis l'Amérique du Sud par un chemin de fer jusqu'au Nigéria (L.Hall, p.952 ; W.Root, t.2, p.429).

Paragraphe 1 : L'industrie du bâtiment

Durant la première décennie du Protectorat, l'activité économique locale a connu une période de forte expansion dans le sillage du développement de la construction d'immeubles de logement pour les Européens et autres bâtiments administratifs ou militaires, favorisant l'apparition des diverses activités industrielles qui lui étaient liées. L'adage selon lequel « quand le bâtiment va, tout va » a pu être vérifié en assurant l'essor des premières industries du pays. Encouragée en cela par une forte spéculation foncière et immobilière en rapport avec les schémas directeurs préparés par les équipes d'urbanistes et d'architectes lors du mandat de Lyautey, celle-ci concernera la plupart des villes marocaines entre les deux grandes guerres.

L'industrie de la construction au Maroc allait enregistrer rapidement un rythme de croisière en ces premières décennies du Protectorat, atteignant jusqu'à douze mille appartements nouveaux réalisés dans la seule ville de Casablanca. Le chiffre d'affaires des constructions privées était estimé au milieu des années 1930 à environ deux cent cinquante-sept millions de francs. Cet élan n'a été arrêté que par la Deuxième Guerre. D'autre part, il y avait eu parallèlement l'urgence de construire des routes, des ponts, des égouts, des canalisations, utilisant une dizaine de grandes entreprises, de divers sous-traitants et d'équipementiers surtout français, suscitant une utilisation accrue des matériaux nécessaires.
Les carreaux furent les premiers à être fabriqués, puis les tuyaux et agglomérés en partant de ciments importés. Le nombre de petites installations s'accrut surtout au moment où une usine importante, la « Société des Chaux et Ciments » fut montée à Casablanca par le groupe français Lafarge contrôlé par la Banque Paribas. Dans le sillage de cette importante implantation, le nombre des fabricants de carreaux et agglomérés enregistra une progression, portant leur nombre à plus de cinquante à travers le Maroc.

La production moyenne de ciment au démarrage avait atteint quelque cent soixante mille tonnes par an, et pouvait être doublée, et celle de la chaux oscillait entre dix et seize mille tonnes, répartie entre deux grandes usines et trois unités secondaires. Cette production ne satisfaisait encore qu'une partie des usages et diverses quantités de ciment étaient importées, mais la construction de quatre nouvelles usines était envisagée à Casablanca, Safi, Kenitra et une autre à Nemours en territoire algérien, ainsi qu'une dernière installée à Agadir après la Deuxième Guerre. Celle de Safi ne le sera en définitive qu'après le Protectorat.

La production de ciment dépassa les six cent mille tonnes à la fin du Protectorat, satisfaisant ainsi les quatre cinquièmes des besoins locaux. En même temps que les fabriques de carreaux et d'agglomérés, plusieurs briqueteries et tuileries firent leur apparition, dont de très importantes usines modernes, munies de fours « Hoffmann », qui ont été ainsi implantées à Fédala et à Rabat.
Si certaines usines moins importantes s'occupaient également de céramiques, la production de l'ensemble de ces usines avait atteint une moyenne de cent dix mille tonnes de produits par an, utilisant

seulement les quatre cinquièmes de la capacité installée. Les produits fabriqués étaient variés, sous forme de tuiles diverses, de briques multiples et briques simples, etc., sans oublier la création à Casablanca d'une usine de briques et de produits réfractaires spéciaux. Pour parachever les constructions, il fallait alors disposer de plâtre, favorisant l'apparition de plusieurs usines de production de plâtre dans la région de Casablanca, de Safi et de Taroudant, avec une production toutefois encore faible, de l'ordre des trois mille tonnes.

De nombreuses carrières furent également ouvertes en différents points du Maroc pour assurer les besoins des gros œuvres et autres constructions de bâtiments, dont plusieurs d'importantes dimensions à Casablanca, à Safi, à Port-Lyautey et à Marrakech. L'ouverture et la recherche de carrières permirent aussi la découverte d'importants gisements de marbre de qualité, au point que plusieurs immeubles importants de cette période du Maroc eurent des revêtements intérieurs et extérieurs en cette matière de différentes couleurs introduisant un bel effet sur certaines des réalisations immobilières. L'extraction de cette masse importante de matériaux, ainsi que la mise en exploitation des mines, devait susciter la création de trois unités d'explosifs qui allaient produire environ six cents tonnes d'explosifs nitratés.

Avant la fin du Protectorat, plus de trois cents entreprises de bâtiments et de travaux publics de toutes catégories pouvaient être dénombrées, et parmi celles-ci une trentaine seulement susceptibles de réaliser des travaux de construction de grande importance. Les estimations prudentes signalaient qu'entre les Deux Guerres près trois milliards et demi de francs auraient été investis dans la seule construction de logements. Dans le sillage de cette expansion, la charpente métallique, la menuiserie industrielle et la fabrication de meubles firent leur apparition. De nombreux ateliers furent ainsi montés dans différentes villes en utilisant des bois d'importation, des bois coloniaux en particulier pour les meubles, et des bois locaux. Dans la seule ville de Casablanca, quatre usines importantes de meubles, ainsi que plusieurs unités de menuiserie industrielle, auxquelles se sont ajoutées trois usines de fabrication de caisse d'emballage en bois ont été installées à leur tour.

La progression des besoins des travaux publics et du bâtiment favorisa la création de plusieurs ateliers métallurgiques pouvant produire jusqu'à dix mille tonnes de charpentes au lendemain de la Deuxième Guerre. Des ateliers de chaudronnerie et de fonderie avaient vu le jour, donnant lieu à plus d'une dizaine de fonderies de fer, et quelques unes spécialisées dans la fonte de cuivre.

Paragraphe 2 : Les industries alimentaires

Une panoplie d'unités industrielles destinées à satisfaire les besoins d'alimentation, qui l'étaient encore par le secteur artisanal pour l'essentiel, devaient progressivement s'implanter notamment à Casablanca. En effet, dès le début de la colonisation, des minoteries s'installèrent rapidement sur une vaste échelle pour l'approvisionnement en farine boulangères pour les troupes françaises et des besoins des premiers immigrés français, ainsi que des unités de fabrication de pâtes alimentaires et de semoule. Plus d'une trentaine minoteries industrielles s'implantèrent à travers les diverses régions du Maroc durant le Protectorat ainsi qu'une dizaine de boulangeries de type industriel, dont plusieurs furent conçues et montées selon les dernières techniques modernes exigeant des investissements relativement importants pour l'époque. La capacité de production totale de l'ensemble de ces unités a pu atteindre l'équivalent de trois millions de quintaux de blé tendre.

En dehors de ces unités industrielles, il y avait plus de trente ateliers de mouture et un nombre considérable de moulins de type artisanal disséminés dans tout le pays. Les minoteries permirent la création aussi de trois biscuiteries et près d'une vingtaine d'ateliers semi-artisanaux produisant des pâtes alimentaires et des semoules.

Au nombre également des premières industries alimentaires établies, des unités de fabrication de limonades et de glace, pouvant produire respectivement quelque deux cent mille hectolitres de sodas, et trente mille à cinquante mille tonnes de glace pour les cafés et restaurants, satisfaisant les besoins frigorifiques divers dont ceux des particuliers. Ces productions furent le fait d'une trentaine de fabriques de glace et une vingtaine d'usines produisant des limonades, sans omettre une qui sera spécialisée dans la mise en bouteilles d'eau minérale contenant des gaz ouverte à Oulmès.

Dans l'industrie de la boisson, trois brasseries modernes de bière ont été installées à Casablanca d'abord, puis dans les grandes villes, et dont la production totale était de l'ordre de quatre cent mille hectolitres, traitant des orges marocaines fort appréciées à cet égard même par les consommateurs français au vu des premières exportations.

Quatre vinaigreries d'allure semi-artisanale ont vu le jour successivement avec une production totale de vingt mille hectolitres environ. De même, traitant des cacaos importés, deux usines installées à Casablanca étaient équipées pour produire quelque trois cents tonnes de produits chocolatés, comme le groupe Aiguebelle notamment[1].

La consommation locale de sucre encouragée par la Grande-Bretagne impériale dès le XIXe siècle, qui était devenue parmi les plus élevées du monde bien avant l'établissement du Protectorat, constituant désormais un des trois produits de première nécessité satisfaits intégralement par les importations[2]. Deux usines allaient être construites à Casablanca, fonctionnant à plein rendement avec une production annuelle de quatre-vingt mille tonnes traitant des sucres bruts importés, et une première raffinerie, la société COSUMA, sera édifiée, à la fin des années 1920, par le groupe de Saint Louis de Marseille avec la participation de la Banque de Paris et des Pays-Bas. Des mesures protectionnistes seront adoptées au lendemain de la Grande Crise recourant aux premières techniques de taxe compensatoire frappant les importations de sucres brut et raffiné pour maintenir les prix élevés de l'entreprise, au vu de l'abondance des sucres importés à bas prix en cette période. À la fin du Protectorat, une seconde raffinerie avait vu le jour et s'était spécialisée dans la fabrication de sucre en pain, produit fort prisé par les consommateurs marocains pour accompagner leur thé rituel. Les premiers essais agricoles de culture de la betterave et de canne à sucre allaient être entrepris en vue de pourvoir aux besoins locaux futurs au lendemain de la Deuxième Guerre.

---

[1] Le premier grand quartier industriel du Maroc sera constitué par celui des « Roches Noires » de Casablanca, non loin du port, suite à l'installation de Lafarge, puis de Cosuma notamment.

[2] Cf. infra sur le Commerce extérieur.

L'industrie alimentaire la plus représentative fut sans conteste celle des conserves dont le nombre de ses usines a été de l'ordre de deux cents, avec plus de la moitié était spécialisée dans la conserve de la sardine fort liée aux besoins des troupes des campagnes militaires et des guerres successives menées par la France, ainsi qu' une vingtaine d'usines spécialisées dans le traitement de légumes et deux pour les viandes, quelques-unes se consacrant à la production de confitures ou de pulpes de fruits.

Les usines de conserves de poisson étaient installées tout au long de la côte atlantique, allant de Port-Lyautey jusqu'à Agadir et surtout à Safi, en même temps qu'une centaine d'ateliers de salaison et de fumaison. Entre 1938 et 1950, leur nombre était passé de quarante-quatre à près de cent quatre-vingt-treize, créées par des Européens et quelques Marocains, d'une capacité totale installée de traitement de l'ordre de cinquante-sept mille tonnes, employant un effectif ouvrier de quinze mille salariés, dont plus de la moitié étaient des femmes sans qualification. Des femmes employées avec de bas salaires constituaient un phénomène social nouveau dans l'industrie, au cours de la guerre de Corée puis de celle de l'Indochine, qui approvisionnait les armées dans le cadre de contingents garantis vers la France. Les quantités traitées étaient importantes pour l'époque, car plus de trente mille tonnes étaient livrées aux usines dont les deux tiers étaient mis en conserve, le reste allait aux usines de sous produits et guanos pour fertilisants.

Si par exemple, à la veille de la Deuxième Guerre, dix-neuf mille tonnes de sardines étaient annuellement traitées, dix ans plus tard la production sera de l'ordre de cinquante mille tonnes. Cette industrie avait tendance à se développer, surtout autour de Safi, générant un chiffre d'affaires de quatre-vingt-dix millions de francs, devenant alors l'égale de celle du Portugal voisin, qui était alors une des premières du monde de l'époque. Les exportations de conserves de sardines allèrent occuper le deuxième rang, derrière celles des phosphates et avant celles des textiles, représentant un septième des revenus totaux d'exportations. À la veille du Protectorat, les produits des conserveries de sardines marocaines ont pu satisfaire l'équivalent du tiers de la consommation française en ce type de denrée. Cette industrie a pu enregistrer un grand élan grâce au développement d'entreprises européennes et marocaines de construction navale de bateaux sardiniers et de palangriers selon un mode semi-artisanal dans les enceintes portuaires de Casablanca, Agadir, Essaouira, Larache et des chantiers navals de Safi qui était devenu le premier port sardinier mondial[1].

Par ailleurs, les usines se consacrant à la production de confitures et de pulpes de fruit étaient installées de préférence dans les environs et sur les lieux mêmes de cueillette de fruits comme Marrakech, Béni-Mellal ou Meknès, traitant surtout l'orange et l'abricot.

Enfin, la production vinicole avait commencé une décennie après l'établissement du Protectorat, atteignant quelques années plus tard six cent dix mille hectolitres. Celle-ci allait enregistrer une baisse de deux tiers au moment de la Grande Crise, et ne retrouvera son niveau initial qu'au lendemain de la Deuxième Guerre. Les vins étaient fabriqués dans des caves modernes, avec un outillage perfectionné qui fut particulièrement apprécié sur divers marchés, grâce à leur arôme et à leur saveur qui en faisait des vins dits de qualité. La transformation du raisin s'effectuait au Maroc dans de véritables usines qui furent des caves, individuelles ou coopératives, et les grands vignobles en disposaient tous. Les petits producteurs s'étaient regroupés pour constituer de grandes caves coopératives dont il existait deux à Casablanca, deux à Meknès, une à Fez, une à Oujda, et elles pouvaient traiter près de cinquante mille hectolitres de vin par an. L'exportation allait connaitre un succès avec quatre-vingt mille hectolitres en 1936, et trois fois plus dix ans plus tard, grâce aux subventions accordées par le Protectorat aux vignerons venus pour l'essentiel d'Algérie et aux facilités d'accès au marché français.

Également dans la branche de l'industrie alimentaire, on pouvait noter la présence d'une vingtaine d'entreprises de torréfaction de café, une fabrique de chicorée et autant de condiments divers. Enfin, trois importantes usines spécialisées dans la fabrication d'emballages et de boîtes métalliques, dont notamment celle de Carnaud, pour accompagner la production et les exportations de conserves alimentaires et végétales avaient vu le jour à Casablanca. Ces usines étaient fort modernes pour la période et furent installées avec les

[1] Gérard de la Borie de la Batut, « L'industrie de la sardine à Safi », Mémoire soutenu à L'Ecole Nationale d'Administration, France, 1951.

derniers équipements techniques d'après-guerre, demeurant opérationnelles encore plus de deux décennies après la fin du Protectorat.

Paragraphe 3 : L'Industrie du textile

Outre l'importation de tissus et articles confectionnés, l'activité textile a consisté au départ et démarré avec l'introduction de machines introduites par des entrepreneurs français en vue de la préparation et du traitement de ressources locales comme le crin végétal, le coton, le lin, le chanvre ou la laine concurrençant ainsi une partie d'un artisanat alors fort actif. Les importations en provenance de France seront aussi à leur tour mises en difficulté par les articles japonais dans les années précédant la Deuxième Guerre, puis par les articles américains au lendemain du conflit (Y.Famchon, pp.457-472)[1].

Le traitement du crin végétal a concerné la fabrication d'une fibre faite avec la feuille du palmier nain, et a débuté au Maroc dès la deuxième décennie du Protectorat. Depuis, et en raison de la demande provenant de l'Europe, cette industrie a pris une extension non négligeable. Quelques dizaines d'unités de taille diverse d'effilochage de feuilles de palmier nain ont été construites un peu partout, à proximité des peuplements de palmier. Le processus industriel comprenait la cueillette, l'effilochage, la teinture et la mise en tresses et ballots. L'effectif employé à la préparation des opérations industrielles a dépassé les quarante mille de personnes. C'était une activité plutôt semi-industrielle qui a utilisé une main-d'œuvre sans qualification répartie entre des unités principales établies un peu partout à travers le pays à proximité des plantations. La capacité de fabrication de cette industrie aura été importante puisque, à titre d'exemple, en 1937, six cent soixante tonnes de crins d'une valeur de trente-huit millions de francs environ auraient été exportées, soit un montant dépassant parfois les premières exportations de phosphates d'une année moyenne.

---

[1] L'auteur y explique les litiges commerciaux entre les USA et la France, dont ceux concernant les produits textiles au cours du Protectorat et portés devant la Cour de Justice internationale.

L'alfa était aussi très disponible et poussait sur les hauts plateaux et dont la récolte annuelle dépassait les quatre cents tonnes. Son utilisation industrielle n'a pas été concluante, en raison de l'évolution des besoins en qualité de confort de la literie et du mobilier des usagers citadins.

Jusqu'à la Grande Crise, deux usines de rouissage-teillage du lin fonctionnaient puis allaient disparaitre en raison de la surproduction internationale. L'initiative a été reprise par les autorités du Protectorat, qui ont créé à Casablanca une usine d'expérimentation pouvant traiter la récolte de quatre cents à cinq cents hectares de lin qui a pu fournir des lins teillés, des étoupes, exportés directement vers la France. L'usine pouvait traiter environ mille cinq cents tonnes donnant lieu à cent cinquante tonnes de filasse.

Il n'y a pas eu à proprement parler d'industrie du chanvre, car ce textile se traitait chez le cultivateur marocain même, qui opérait son rouissage et très souvent son teillage. Les deux principaux centres étaient situés à Marrakech et Fez. Les chanvres étaient généralement mal travaillés, en raison des connaissances techniques limitées des paysans marocains, l'extraction de la filasse se faisait encore à la main par battage avec un instrument de bois qui traitait la filasse. Aussi, beaucoup de filasses se trouvaient inutilisables par ce traitement et diverses ficelleries à caractère artisanal étaient opérationnelles jusqu' après la Guerre. Dix-huit ficelleries avaient été construites en quelques années, mais l'importation de cordages de plus en plus résistants et à bas prix annihilera ces initiatives industrielles. Des essais avaient été tentés auparavant, mais n'eurent pas de résultat probant, parce qu'ils ont connu leur fin avec la Crise économique mondiale.

Le démarrage de la culture du coton a favorisé l'activité de l'égrenage dans deux usines, l'une à Casablanca, l'autre à Sidi-Slimane. Des essais de culture en préparation dans le Sous portaient sur deux mille hectares. Le déclenchement de la Deuxième Guerre mondiale, et la difficulté à importer des produits à base de coton favoriseront la mise en place des premières unités de filature et de tissage de coton à Casablanca et à Fédala qui connaitront une remarquable expansion en raison de coûts salariaux et énergétiques relativement peu élevés. La reprise des importations après guerre, et notamment sous forme d'articles usagés par des entreprises américaines précédemment spécialisées dans l'introduction de produits américains suite au débarquement des Alliés au cours de la Guerre sera peu appréciée par l'important lobby d' importateurs et industriels français[1].

Cela donnera lieu à une longue controverse diplomatique suivie d'un procès retentissant intenté par le gouvernement américain aux autorités françaises auprès de la Cour Internationale de Justice (CIJ) pour faire respecter les intérêts de ses ressortissants selon l'esprit de liberté de commerce de l'Acte d'Algésiras (Y.Famchon,pp.131-133)[2]. La contestation américaine a porté sur la « politique protectionniste et de discriminatoire » du Protectorat et son instauration d'un contrôle des changes créant des obstacles aux entreprises non françaises. Les importations d'articles de confection non française progresseront ainsi jusqu'à la fin du Protectorat, représentant près des trois quarts des besoins locaux, créant de ce fait une concurrence réelle aux quelque trente entreprises textiles françaises installées au Maroc, comme le groupe Boussac par exemple, animant une association professionnelle devenue influente aussi à Paris (L.G.Cowan, 1958, p.36). La branche comptait aussi six filatures avec tissage, traitant une partie de la production de la laine marocaine et destinée à satisfaire les besoins locaux pour vêtements, tapis, couvertures et matelas en particulier à Casablanca, Rabat, Salé et Meknès, comme les sociétés des « Laines du Maroc » et « Sefita ».

Paragraphe 4 : L'industrie chimique

L'abondance du minerai des phosphates devait encourager une première fabrication de superphosphates pour les besoins locaux d'engrais des terres de l'agriculture coloniale notamment. À cet effet, une importante usine, la Société Chérifienne des Engrais (SCE), fut érigée à Casablanca en 1923 avec la participation du groupe Saint-Gobain-Ugine Kuhlmann, une importante entreprise de produits chimiques française. Cela répondait aux préoccupations de la

---

[1] I.C.J. Reports, Case Concerning the Rights of Nationals of The United States of America in Morocco, Judgment of August 27, 1952, p.185.

[2] Ce procès dura de 1950 à 1952 et la décision de la Cour de La Haye acceptera l'argumentaire des Etats-Unis, jugeant les transactions de leurs ressortissants conformes aux traités signés avec le Maroc d'avant le Protectorat.

Direction de l'agriculture du Protectorat d'améliorer le rendement de la culture du blé par l'introduction de méthodes rationnelles de culture et l'emploi d'engrais notamment. L'analyse des sols du Maroc avait montré que, malgré les richesses du sous-sol de certaines régions en phosphate de chaux, la plupart de ceux en culture manquaient d'acide phosphorique alors que l'azote et la potasse existaient souvent en quantité appréciable. L'usine a été construite en bordure de mer, au quartier des Roches Noires à Casablanca, et fut reliée au port par voie ferrée, recevant directement le phosphate des mines de Khouribga et les pyrites par navires complets, et expédiant ses produits vers l'intérieur et par mer pour l'exportation. Elle a disposé d'une capacité de traitement de cent mille tonnes de phosphates, comme elle a également assuré, pour les besoins des industries, de l'agriculture en particulier, la distribution de la plupart des produits chimiques élémentaires nécessaires au pays, dont certains acides, notamment[1].

En association avec l'État, deux grandes usines destinées à traiter les tabacs importés ont été construites, l'une Tanger et l'autre à Casablanca, noyau de la future Régie des Tabacs, en forme de monopole public, la production florissante du Kif dans la région nord du Maroc fut aussi concernée par le monopole depuis l'Acte d'Algésiras. La fabrication marocaine de tabacs, cigares et cigarettes, portait sur une quantité encore limitée de quinze à seize tonnes en moyenne au lendemain de la Deuxième Guerre, la consommation encore limitée et en partie satisfaite par une forte contrebande de cigarettes américaines en voie d'élargissement.

L'industrie du savon s'était rapidement développée en raison d'une demande élevée, avec cinq usines pouvant fabriquer quelque vingt mille tonnes au total et représentaient surtout des marques françaises, comme Savons de Marseille, Savons Gouin et Cadum en particulier.

Relevant longtemps de l'importation, la fabrication locale de bougies de paraffine encore assez utilisées par les populations rurales et celles à faibles revenus dans les villes, avait atteint près de deux

[1] Du bisulfite de soude, de l'hyposulfite de soude industriel et photographique, des silicates de soude, du sulfure de sodium, du sulfure de carbone, de l'ammoniac liquéfié, du méthanol, du chlore furent produits par la SCE.

cents tonnes, dans le cadre de sept petites unités qui s'étaient installées, et connaitra une stagnation au fur et mesure que l'électricité atteignait les lieux de résidence des grandes villes et quelques grands bourgs.
Une usine de verrerie a été montée à Casablanca pour fabriquer, en particulier des verres à thé, produisant jusqu'à six millions de verres par an en moyenne.

Dans la large panoplie des produits issus de la chimie, de petites unités produisant de l'acide carbonique liquide, de l'oxygène comprimé et liquéfié, du sel marin , du sel gemme, des couleurs , du vernis, ou de l'eau de Javel, etc. s'installèrent également dans les quartiers industriels des Roches Noires et d'Ain Sebaa, ainsi que quelques distilleries à caractère familial de parfum à base de fleurs.

Paragraphe 5 : L'Industrie des oléagineux

L'olive, l'oléagineux principal du Maroc pendant fort longtemps, mais traitée et conservée d'une façon encore archaïque dans les centaines de petits pressoirs artisanaux qui existaient dans les centres de production de Marrakech, Fez, et Meknès notamment. Constitués d'une meule entière actionnée par un animal, ces nombreux pressoirs étaient d'un faible rendement. Les cultivateurs et les particuliers étaient obligés de stocker les olives et de les conserver en silos plusieurs mois pendant lesquels elles s'abîmaient, rancissaient et s'acidifiaient le plus souvent.

De petits pressoirs modernes allaient commencer à remplacer les moulins traditionnels et ont été installés souvent par des Marocains. Au lendemain de la Deuxième Guerre, on en comptait près d'une centaine traitant une grande partie de la production des planteurs marocains, ainsi que deux dizaines d'huileries coopératives et quelque six usines spécialisées dans le raffinage. D'ailleurs, dès l'occupation française, les services techniques de la direction de l'agriculture se sont préoccupés de faciliter la création d'huileries modernes à Marrakech, Meknès et Fès, qui commencèrent à produire des huiles jugées de bonne qualité, les olives traitées étaient dans un meilleur état de fraicheur. À la veille de la Deuxième Guerre, les exportations d'huile d'olive ont été d'une valeur de près de soixante millions de francs, les Marocains commençant à utiliser et consommer des huiles de graines importées et à bon marché, permettant ainsi de vendre une huile d'olive plus chère sur le marché extérieur.

En effet, la période de la Guerre allait favoriser la création d'huileries nouvelles pour produire au Maroc l'huile nécessaire à la consommation jusque là importée de France jusqu'à son occupation par l'Allemagne. La consommation était d'environ vingt mille tonnes par an et devait être assurée par des huiles d'arachides, de colza, de lin et d'olives, et la possibilité d'écrasement des différents moulins-pressoirs marocains et français n'excédait pas dix à douze mille tonnes. La capacité additionnelle d'huile alimentaire sera portée ainsi entre temps à cinquante mille tonnes environ avec l'implantation de l'usine Lesieur dans le quartier industriel de Casablanca par le transfert du matériel d'une unité française au Maroc par un industriel associé à de prospères commerçants marocains proches du parti de l'Istiqlal[1]. Cette industrie des oléagineux comptait aussi cinq ateliers et usines produisant de l'huile de ricin ainsi qu'une production de soixante-dix tonnes d'huile de poisson annuellement.

D'autres industries installées également durant la période du Protectorat, comme le traitement du chêne-liège fort disponible dans la forêt de Maamora qui a suscité la création d'une douzaine d'ateliers de fabrication des bouchons de bouteilles et de divers articles en liège et d'agglomérés destinés à la construction dans la région de Bouznika. Par ailleurs, trois tanneries de cuirs et peaux s'étaient installées à Casablanca, Mogador et Marrakech, et on y traitait surtout des peaux de chèvre et de mouton, permettant ainsi à plusieurs maroquineries industrielles de s'établir, surtout à Casablanca et à Marrakech.

---

[1] Lemaigre Dubreuil, industriel qui s'associa aux frères Sebti, était aussi directeur du Journal « Maroc Presse », et « opposé » à la présence française au Maroc. Il a appartenu à des groupes financiers de la « Droite française » de Vichy, anti-gaullistes et proches des cercles nazis allemands lors du débarquement américain. Il sera victime d'un obscur règlement de comptes en 1955, à Casablanca où il s'était « exilé » après la Guerre. Il aurait été même « faiseur » de Résident, comme dans le cas de la nomination de Lacoste et le rappel du maréchal Juin, en jouant les libéraux contre les ultras du Protectorat, et avec des appuis chez certains riches et nouveaux notables marocains proches du parti de l'Istiqlal.

Enfin, si quelques usines de fabrication de carton et de sacs en papier ont été installées avant la Deuxième Guerre, lors de période du gouvernement du Front Populaire en France assouplissant les conditions de publication, c'est surtout l'activité de l'imprimerie qui a pris un certain essor, entrainant l'apparition d'une vingtaine d'unités confectionnant surtout des journaux quotidiens, des périodiques et effectuant des travaux graphiques.

À la fin du Protectorat, un véritable secteur manufacturier a ainsi vu le jour, intéressant des activités centrées sur des besoins pressants de consommation et accessoirement d'exportation, localisée essentiellement à Casablanca qui était devenu un pôle industriel et commercial attirant les capitaux français recherchant des marges de profit élevées et un marché souvent protégé de la concurrence étrangère, tout en bénéficiant d'une fiscalité modérée.

Paragraphe 6 : Quelques caractéristiques générales

L'apparition d'un secteur manufacturier aura constitué un changement économique réel dans le pays par rapport au passé.
Les nouvelles productions, genre farines, pâtes, huiles, vins, conserves de poissons et légumes, peaux, laines, viandes n'intéressèrent que la consommation locale encore peu développée, mais restèrent limitées dans l'ensemble, accompagnant l'augmentation des revenus. L'exportation et les nouveaux débouchés externes, en particulier pour les conserves, les huiles, les fibres ou les vins auront fort stimulé l'activité industrielle. Le pays a pu aussi s'exercer aux métiers de la filature et du tissage industriels de la laine et du coton, en traitant ainsi tout ou partie les laines qui étaient devenues un peu plus abondantes et de meilleure qualité, au fur et à mesure d'un développement rationnel de l'élevage du mouton, permettant une augmentation de la fabrication de tissus, de couvertures et de tapis à base de laine.

L'importante consommation locale de sucre, depuis la découverte récente de cette denrée accompagnant la boisson du thé par les Marocains introduite par les commerçants anglais au XIXe siècle, une partie de l'approvisionnement du marché local allait être facilitée par voie de raffinage sur place de sucres bruts importés. Les autorités du Protectorat commencèrent à s'intéresser a leur substituer des produits locaux, en encourageant la culture de la betterave et de la canne à sucre, sachant que cette dernière avait été déjà un article d'exportation marocaine par le passé sous le règne des Saâdiens. D'autres industries, comme le traitement des peaux et des cuirs ou celui des bois dès que le domaine forestier du Maroc fut en plein rapport, allaient faire leur apparition. C'est ainsi qu'il a été possible de concevoir qu'à un certain moment le Maroc ait pris place parmi les fabricants de cellulose, en partant du bois.

Quant à l'industrie minière, son développement était intimement lié aux besoins de l'industrie mondiale pour l'essentiel. Comme toute activité minière à son démarrage, celle du Maroc a enregistré une évolution similaire. Un aménagement approprié des mines importantes, un développement révisé des voies de communication et plus encore une énergie à bon marché, allaient permettre ultérieurement au Maroc de surmonter les stades cycliques du marasme minier. Cependant, pays minier n'a pas nécessairement signifié devenir un pays d'industrie métallurgique, car en possédant du minerai de fer, du charbon et de la force électrique, cela pouvait ouvrir quelques perspectives d'en traiter modérément une partie sur place, en vue d'exporter des produits semi-finis ou même finis. Le Maroc avait la possibilité de procéder à la création d'industries métallurgiques, à la fabrication de ferro-alliages, et même l'éventualité de la création d'une unité complexe de traitement de cobalt était envisageable à moyen terme. Une industrie métallurgique centrée sur la fabrication de mattes cuivreuses et de cuivre électrolytique était aussi à l'étude grâce à l'utilisation de l'énergie électrique.
En dépit de nombreux forages, l'industrie pétrolière était demeurée à ses débuts et une raffinerie de pétrole de petite taille, traitant le pétrole extrait à proximité, a été construite à Petit-Jean, constituant une sorte d'usine-laboratoire pour le devenir d'une branche qui n'a pas pu s'élargir.

De façon générale, l'activité industrielle sous ses diverses formes, a pu acquérir un droit de cité en quelques décennies en représentant avec les produits miniers deux cinquièmes des exportations totales. Par ailleurs, à la veille de la Deuxième Guerre, une estimation nécessairement approximative des capitaux investis dans l'industrie au sens large au Maroc, donnait un investissement cumulé réalisé de l'ordre de quatre milliards et demi de francs, contre à peine un million au tout début du Protectorat, employant quelque cent mille ouvriers dans près de mille établissements, et un montant du même ordre pour les infrastructures.[1]

Par ailleurs, la fabrication sur place des produits fragiles, comme la verrerie, la faïencerie ou la porcelaine avait été également envisagée. Cependant, de telles industries nouvelles ne pouvaient apparaitre que si elles pouvaient être en mesure de disposer notamment de la main-d'œuvre technique spécialisée requise.Enfin, certaines concurrences devenaient financièrement inefficaces entre Marocains et étrangers et apparurent dans quelques industries, posant concrètement la question des rôles respectifs et de l'opportunité d'association des capitaux locaux, français et marocains, pouvant bénéficier de l'apport de ceux provenant de la métropole à partir de la Deuxième Guerre. La question paraissait de moins en moins relever du tabou, comme dans le cas de la pêche maritime ou de la conserve de poisson qui verra plusieurs associations de capitaux. Par ailleurs, les frères Sebti, des commençants ayant réussi dans l'importation de tissus et la spéculation immobilière, et étant également des proches des dirigeants nationalistes, s'associeront par exemple au groupe bancaire Worms lors de l'implantation de la société Lesieur produisant des huiles de table, par déménagement d'une usine fonctionnant précédemment à Rouen, suite à l'occupation de la France par l'armée allemande.

Section 4 : La pêche maritime

On ne comptait aucun navire significatif ni engin de pêche marocain au début du XXe siècle, si ce n'est quelques petites barques de pêche dans certaines rades et régions de la côte atlantique. On peut considérer de façon résumée que les Marocains n'ont pratiqué qu'une navigation maritime épisodique et une pêche encore rudimentaire (J.L.Miège, pp.30-35)[2]. L'océan et la mer en général étaient demeurés des lieux potentiellement entourés de « mystères », et surtout aux

---

[1] Le Franc francais 1939, converti en euro de 2014, donnant un total de 4 milliards d'euros environ pour la période 1912-1939, entre Infrastructures, Industrie et Mines.

[2] L'aveu de cette absence historique de disposition en matière nautique, en comparaison aux autres puissances maitrisant les mers, se trouve exprimé en termes non-équivoques dans une lettre que Moulay Ismaïl adressa au roi d'Angleterre, Jacques II, en 1698 : « Par Dieu, écrivait le Sultan, si nous n'étions pas des Arabes, ignorant tout de la navigation, ou si nous avions chez nous quelqu'un qui excelle dans cet art, nous vous enverrions des troupes qui vous permettraient de rentrer en Angleterre… ».

origines des attaques et invasions étrangères chrétiennes ayant réussi à persuader le Makhzen que le salut résiderait dans l'isolement et la fermeture des rades et abris servant de ports pendant une longue période[1].

Paragraphe 1 : Une activité nouvelle

En dehors de la région d'Agadir, et de l'embouchure de certains oueds comme Larache, où se pratiquait la pêche des aloses par des barques, seule la pêche à pied était pratiquée le long du littoral par quelques Marocains. Cependant, une activité de pêche maritime significative était encore peu développée avant l'établissement du Protectorat, et était le fait de quelques bateaux espagnols et portugais. Les principaux navires qui ont longtemps sillonné par le passé les eaux des côtes marocaines étaient montés surtout par des marins européens. Bien avant l'Acte d'Algésiras, l'Espagne s'était en effet fait reconnaître par les sultans le droit d'envoyer ses marins-pêcheurs sur les côtes du Maroc, et ce fut là l'un des objets des traités de « paix, d'amitié, de navigation, de commerce et de pêche », de 1799, puis celui de commerce de 1861. Il en fut de même du Portugal qui signa une convention en 1823 pour protéger l'activité de ses marins-pécheurs sur les côtes marocaines du nord notamment (J.L.Miège, p.32).

Avec l'avènement du Protectorat, la pêche devait enregistrer un essor rapide et réel dans la façade atlantique, surtout que les eaux marocaines jouissaient d'une réputation de richesses en poissons, selon les navigateurs fréquentant ces eaux, les bateaux français en premier. Les fonds de pêche étaient toujours exploités par un nombre important de bateaux qui venaient de l'étranger pour capturer du poisson qu'ils écoulaient généralement dans leur pays d'origine. Mais ils le furent également et de manière progressive par des bateaux attachés aux ports de cette zone qui seront construits de façon artisanale et qui débarquaient régulièrement dans les nouveaux ports d'importantes quantités de produits de la mer, approvisionnant des marchés locaux, puis ravitaillant ravitaillement des conserveries nouvellement implantées sur ces cotes et aussi pour les besoins de l'exportation.

[1] Voir Chapitre 1 supra.

Les quantités de poissons débarquées étaient en augmentation régulière en raison du nombre de bateaux qui s'y consacraient dès la réalisation d'abris appropriés dans les ports construits par le Protectorat. Ainsi, les apports constatés sont passés pour l'ensemble des ports atlantiques, de deux mille tonnes à plus de trente mille à la veille de la Deuxième Guerre. La pêche industrielle a pu employer alors directement quelque quatre mille marins, ainsi qu'une dizaine de milliers de saisonniers travaillant dans les usines de traitement de sardines en particulier.

Cette question du recrutement et de la formation d'une main-d'œuvre maritime expérimentée paraissait d'autant plus difficile à résoudre que, à tort ou à raison, les Marocains passaient pour être dépourvus d'aptitude nautique selon les observateurs français. Ceux habitant le littoral étaient relativement indifférents aux choses de la mer qui étaient peu valorisées encore, et les quelques pêcheurs d'aloses que l'on trouvait à l'embouchure de certains oueds et ceux qui, dans la région d'Agadir, allaient jeter leurs lignes en mer, sans s'écarter d'ailleurs du rivage, et ne savaient presque rien en dehors de la propulsion de leurs barques à rames. De même, le savoir des barcassiers se ramenait à la manœuvre de leurs lourdes embarcations et ils ignoraient tout en matière de navigation à voile ou à vapeur.

À la veille de la Deuxième Guerre mondiale, quelque huit cents Européens occupèrent les fonctions de capitaines et de mécaniciens, aux neuf dixièmes Portugais et Espagnols, sur les bateaux de pêche nouvellement construits pour les besoins d'armateurs surtout européens, et utilisant quelque deux à trois milliers de marins marocains sous leurs commandements[1].

Il n'en reste pas moins que, surtout dans les débuts de cette activité, les armateurs auraient pu difficilement constituer leurs équipages s'ils avaient dû compter seulement avec l'élément local. La partie qualifiée de ces équipages a été constituée, durant le Protectorat dans une mesure importante, avec des marins européens, en majorité de la péninsule ibérique et souvent bien intégrés socialement.

---

[1] Stastiques des Quartiers Maritimes des ports sous le Protectorat.

Enfin, dès que le nombre des marins marocains aptes à rendre des services à bord eût pris une importance en rapport avec les besoins de l'armement, l'administration essaya de leur réserver un certain quota des emplois sur des navires battant pavillon marocain. C'est pourquoi il fut décidé que ces unités de pêche devraient avoir leurs équipages constitués avec des marins de nationalité marocaine dans une proportion déterminée, variable suivant le genre de navigation considéré et qui, pour la pêche maritime, a été fixée à la moitié.

Paragraphe 2 : Une expansion remarquable

Supérieures aux trente mille tonnes au moins pour les dernières années avant la Deuxième Guerre, les pêches réalisées au Maroc pouvaient soutenir la comparaison avec les dix mille tonnes de Tunisie ou les vingt-cinq milles de l'Algérie. Le centre de pêche le plus actif fut celui de Casablanca, qui a compté à lui seul environ cent quarante bateaux, et avec plus de dix mille tonnes de poisson débarquées, soit près du tiers des apports totaux, plaçant ce port par exemple juste après La Rochelle et avant Fécamp en France. À son tour, le port de Safi, qui a pris une importance rapide dans la pêche de la sardine, se plaçait au septième rang, précédant ceux d'Arcachon et de Saint-Jean-de-Luz. La quantité des apports a permis non seulement d'approvisionner d'une manière régulière en espèces variées les marchés locaux et de fournir des sardines et maquereaux aux nombreuses usines, mais aussi d'exporter hors de la zone française. La pêche s'effectuait également en utilisant des madragues en plus des bateaux.

Le développement continu de la pêche maritime a eu pour conséquence de susciter la création d'une industrie dynamique de la conserve de la sardine notamment, qui a connu une relative forte croissance. Alors qu'au début du Protectorat, on ne trouvait encore que quelques ateliers de salaisons pourvus d'un outillage rudimentaire et qui ne traitaient que de petites quantités de poisson, en deux décennies onze ateliers ou fabriques de salaisons et trente-sept conserveries étaient déjà en état de fonctionner dans des conditions normales, et dont certaines soutenaient la comparaison avec des conserveries de Bretagne en France par exemple[1].

---

[1] Voir supra Section relative aux Industries alimentaires.

De tels établissements se répartissaient entre les divers ports. D'abord du nord au sud, le port de Fedala disposait de deux ateliers de salaison et un entrepôt frigorifique utilisé par les armateurs et par les usiniers, en cas de pêche surabondante, afin de régulariser la fabrication. En second lieu, deux autres ateliers de salaison en plus de celui existant ainsi que quinze conserveries s'installeront à Casablanca[1]. La ville de Mazagan possédait aussi une des plus anciennes usines, alors implantées non loin au sud[2]. À Safi fonctionnaient déjà douze usines de conserves et cinq ateliers de salaisons, alors qu'à Mehdia s'était créée en 1937 une usine où étaient traités principalement les produits de l'exploitation des madragues. Quelques-uns de ces établissements utilisaient les déchets du poisson, comme le guano, pour en extraire de l'huile ou en faire de la farine de poisson.

Cette croissance relativement rapide de la pêche et de ses livraisons à l'industrie de la conserve, en partant presque de rien, s'expliquait par la facilité d'investissement dans de telles petites entreprises privées françaises soutenues par les autorités du Protectorat. Par ailleurs, quelques abris de pêche furent aménagés en divers points du littoral qui étaient ou pouvaient être fréquentés par des pêcheurs. Des barques et des engins de pêche ont été mis parfois à leur disposition, avec une aide à écouler le produit des captures par l'amélioration des procédés de conservation du poisson utilisés jusque là. Un essai de création de coopératives maritimes indigènes a été également tenté dans la région d'Agadir. Cependant, le gros armement était presque entièrement entre les mains d'entrepreneurs français, ayant bénéficié de mesures d'encouragement exceptionnelles.

Des allocations compensatrices à la construction des bâtiments de mer en remplacement des anciens avec des droits de douane et des taxes réduits sur les matériaux employés pour la construction ont été complétées par l'institution du crédit maritime, dans des conditions qui ont été fixées de façon souple[3]. Un autre système, sous forme de primes à la motorisation de la flottille de pêche, a été également

---

[1] A partir de 1925.

[2] A 17 kilomètres de cette ville, au Cap Blanc, a été installée en 1929 une autre usine qui, par suite de difficultés internes, n'a fonctionné que d'une manière intermittente.

[3] Par dahir en 1930.

instauré. Par ailleurs, et en attendant que des sociétés mutuelles aient pu se constituer dans le milieu des pêcheurs, le Trésor versait des indemnités aux patrons et armateurs qui avaient subi, à la suite d'accidents de mer, des pertes ou avaries de matériel de pêche. Enfin, dans le but de faciliter l'exploitation des fonds marins, les autorités du Protectorat ont fait entreprendre la prospection depuis la fin de la Première Guerre. Des recherches d'ordre scientifique se sont poursuivies à cet effet tout le long de la côte dont le résultat était publié, pour certaines parties du littoral, et des cartes de pêche étaient mises à la disposition des pêcheurs français.

Le Parlement français ne fit pas de difficulté pour admettre en 1923 dans la limite d'un certain contingent, qui serait fixée chaque année par décret, les produits de la pêche marocaine admis en franchise de droits de douane à l'entrée en France et en Algérie. Par ailleurs, en vertu du principe de l'égalité économique de l'acte d'Algésiras, les pêcheurs étrangers avaient eu toujours la possibilité de pêcher dans les eaux territoriales du Maroc, dans les mêmes conditions par exemple que les bateaux français. Il n'a donc pas été possible de réserver par le passé, comme cela était le cas presque partout ailleurs, l'exploitation de la zone maritime devant relever naturellement de la « souveraineté marocaine ». C'est en constatant cette situation spéciale et en vue de la modifier, qu'une loi règlementa la pêche maritime, en stipulant un principe que le droit de « pêcher dans les eaux territoriales de la zone française sera comme en France »[1].

L'exercice d'un tel droit sera subordonné au paiement d'une licence annuelle par les bateaux étrangers, lorsque le Protectorat ne tire aucun profit de leur activité[2]. Les conditions d'exercice de pêche dans les eaux territoriales, devant être respectées par les bâtiments de toutes nationalités, furent fixées par voie de règlement dont les

[1] Dahir du 31 mars 1919, annexe 3. Une Zone qui s'étendait jusqu'à six miles à partir de la laisse de basse-mer et non pas seulement jusqu'à trois miles,

[2] Basé sur le tonnage des navires et dont le taux a été fixé de telle sorte que les bateaux de pêche de toutes nationalités qui ont pour port d'attache, en droit ou en fait, l'un des ports de la zone française et y débarquent régulièrement le produit de leur pêche, ne paient que la part du droit exigé des unités qui viennent seulement faire une campagne de plus ou moins longue durée et s'en retournent dans leur pays d'origine.

dispositions relevaient du contrôle exercé par les bâtiments de la marine française[1].

La pêche de type industriel a pu faire un essor remarqué ex nihilo, favorisant l'émergence de plusieurs activités connexes inexistantes par le passé. La mise en place d'infrastructures notamment portuaires a permis une telle émergence, offrant ainsi à une population à travers un apprentissage de se concilier avec des éléments maritimes longtemps considérés comme hors du territoire et de contrôle.

Section 5 : Un artisanat en déclin

Dès le début du XXe siècle, soit avant l'occupation française, le sort des artisans était déjà mis en jeu par l'assaut même encore limité des produits manufacturés en Europe du genre cotonnades anglaises, soieries de Lyon, draps allemands et autrichiens, moquettes mécaniques belges, carreaux en faïence espagnols, verreries bohémiennes, tapisseries tchèques, vaisselle et ustensiles de fer battu ou de tôle émaillée de partout. Entre les Deux Guerres, l'importation de tissus, de chaussures, d'ustensiles divers ainsi que de la bimbeloterie de fabrication japonaise à bas prix connut par moments un flux relativement massif.

L'apport de matières nouvelles de basse qualité et de teintures instables, suscitant l'application de procédés hâtifs, devait à son tour favoriser une anarchie de la production, une décadence des métiers, un oubli des méthodes traditionnelles, et entrainant une désagrégation des anciennes corporations artisanales qu'une large enquête officielle confirmera[2] (A.Le Révérend). Une révolution industrielle s'était ainsi introduite avec l'établissement du Protectorat, dont les effets et méfaits sur un tissu économique encore rudimentaire, n'avaient pas été suffisamment prévues et sans mesures d'accompagnement appropriées. La « pacification » demeurait la priorité des autorités responsables. La

[1]Annexé au dahir du 31 mars 1919.
[2] Le sauvetage d'une bonne partie des arts et de l'artisanat au Maroc et sa rénovation seraient l'œuvre du Service des Arts Indigènes supervisé par Prosper Ricard, venu d'Algerie à la demande de Lyautey. Il en devint directeur honoraire de ce Service, qui, pendant quinze années, en a dirigé les destinées avec « une rare » connaissance des choses, une compréhension des hommes de l'artisanat et une « ferveur de missionnaire », selon les observateurs. (A.Le Réverend).

Crise économique mondiale, à son tour, n'a pas épargné ces structures artisanales fragiles en particulier.

Paragraphe 1 : État des lieux

Les importantes transformations apportées par le Protectorat, dans divers secteurs de l'activité économique d'un Maroc encore en retard, ont certes permis notamment l'embauche de milliers de travailleurs sur les chantiers de construction des routes, des voies ferrées, des ports, des immeubles, des usines ou sur les terres de colonisation et peut-être aussi provoqué l'initiation à quelques nouveaux métiers et à de nouveaux emplois. Cependant, elles n'ont pu freiner l'apparition d'un « prolétariat » amplifiant alors un mouvement en cours et jusque-là inexistant. On assista à l'émergence d'une nouvelle catégorie sociale de personnes sans ressources et sans emploi fixe, en lieu et place de nombreux artisans et de leurs apprentis dans les villes et les campagnes, dissociant ces artisans de leurs corporations d'origine et les soustrayant au contrôle ancestral (R.Montagne, 1952).

Cependant, dès 1913, une enquête sur les activités économiques, artistiques et sociales locales fut ordonnée par le Général Lyautey, menée même durant la Grande Guerre, témoignant d'une préoccupation certaine des autorités du Protectorat d'une situation économique et sociale alors en plein bouleversement. L'inventaire et les conclusions qu'elle livrera seront exhaustifs et précis, préconisant des mesures d'urgence à adopter. Autrement dit, un tableau relativement détaillé de la production artisanale marocaine sera ainsi présenté pour la première fois, lors d'une exposition franco-marocaine tenue deux ans plus tard à Casablanca. Il a fait ressortir une suprématie des modèles anciens, signalant la gravité de la situation des métiers et soulignant les signes d'une décadence déjà bien réelle.

À la suite de cette première étude sectorielle, deux Musées d'Art indigène ont été ouverts la même année, l'un à Fès, l'autre à Rabat, et les modèles jugés les plus beaux et les plus caractéristiques y furent réunis, constituant par leur présence une sorte de « dictionnaire des métiers » qui permettra notamment de valoriser la notion d'origine et en particulier de la « tribu », conférant à celle-ci une sorte de vie nouvelle. Créé en 1918 à l'initiative du Résident général, l'« Office des Industries d'Art indigène », prendra sa forme définitive deux ans plus tard sous l'appellation d'un « Service » rattaché à la direction de l'Instruction Publique des Beaux-arts et des Antiquités, pour assurer le suivi du secteur de l'artisanat selon un programme méthodique[1].

La perte du marché local et externe était due non seulement au niveau des prix élevés, mais aussi à la concurrence des produits de substitution surtout que les goûts changeaient et cela concernait aussi les articles marocains. Non seulement certains marchés furent accaparés par des artisans d'autres pays, alors que d'autres continuaient de baisser préférant des produits de fabrication industrielle occidentale. Les marchés traditionnels des produits de l'artisanat marocain étaient en Égypte et en Extrême-Orient dont la concurrence japonaise s'emparera en raison de prix défiant toute concurrence. Les mêmes « babouches » marocaines fabriquées par exemple au Japon étaient vendues à six francs la paire en 1934 aux Marocains, un prix inférieur à celui du même article produit par les artisans du pays. Une telle concurrence s'est élargie aussi à la chaussure, des articles chaussants japonais en caoutchouc étaient vendus entre trois et quatre francs, soit le quart du prix des chaussures produites localement (G.Lucas, 1937 ; J.Mothes, 1945 ; P.Ricard, 1946). L'ouverture même limitée du marché français aux articles de l'artisanat marocain, hors douane et selon un quota annuel, comme dans le cas du tapis, à partir de 1921, permettra d'atténuer sensiblement les effets d'un recul inexorable. La procédure d'estampillage sera élargie dix ans plus tard à d'autres articles vendus en France, mais sans quotas.

Le Protectorat introduira une réglementation protectionniste, enviolation de l'Acte d'Algésiras, contre les produits japonais concurrençant non seulement l'artisanat marocain, mais d'abord et surtout les biens fabriqués par des usines françaises installées au Maroc. La pression exercée par ce type de concurrence asiatique continuera jusqu'à la Deuxième Guerre et sera relayée depuis par celles d'importateurs américains introduisant divers articles de confection et des surplus de fabrication à des prix jugés « trop compétitifs » même pour l'industrie textile française nouvellement installée au Maroc.

---

[1] Sa réalisation fut alors confiée à Prosper Ricard, précédemment en charge en Algérie où il avait prospecté les ressources artistiques et réorganisé l'apprentissage dans les écoles.

Seuls les activités d'art et les métiers qui s'y rapportaient ont bénéficié du soutien d'un organisme régulateur qui, tout en s'attachant au maintien des corporations, s'est substitué à leur autorité défaillante en essayant de prendre la défense de leurs intérêts. Dans le cas du Maroc, en comparaison avec l'artisanat algérien par exemple, selon les recommandations faites, il ne s'agissait plus d'écoles professionnelles à orienter, mais d'ateliers à ranimer, ni d'apprentissage à guider, mais de corporations à ramener si possibles dans leurs cadres. L'idée directrice de la nouvelle politique décidée était de « centraliser toutes les questions concernant la production artistique « indigène », d'en surveiller la fabrication et d'en faciliter l'écoulement.

Avant le Protectorat, les ressources artistiques et artisanales du pays étaient mal connues même du public marocain avisé. En 1917, en pleine guerre, deux manifestations furent initiées par Lyautey qui en avait déjà organisé lors de son séjour à Oran, l'une à Rabat, l'autre à Paris qui avaient contribué à mettre ces ressources en valeur, à en faire ressortir les caractéristiques et la diversité[1]. Il y était apparu que chaque ville, que chaque tribu, possédait ses spécialités, et on put dénombrer la technique en usage. On commença surtout à distinguer, à défaut d'un enchaînement des styles du passé, la persistance de deux arts aux origines différentes, l'un de tradition à dominante arabe et andalouse, exercée dans les villes et utilisant souvent des matières précieuses, l'autre d'inspiration berbère, remontant fréquemment à la période antérieure à l'Islam, exercé dans les campagnes et s'accommodant de matières frustes. Le premier a subi, au cours des âges, des influences diverses et s'est enrichi d'éléments floraux empruntés au Proche Orient ou à l'Andalousie. L'autre, apparemment immuable, limité à des combinaisons géométriques assez sommaires et traitées avec une certaine liberté. Une deuxième exposition, tenue au Musée des Arts Décoratifs à Paris, en 1919, avait confirmé le succès de la première et suscita un certain intérêt pour les produits de l'artisanat marocain.

Les artisans marocains ne connaissaient encore d'autre méthode d'écoulement que l'enchère publique sur le souk ou la vente directe

[1] Lyautey a été nommé brièvement ministre de la Guerre tout en demeurant Résident général, avant de revenir au Maroc aussitôt. Il organisera une « Exposition d'Art Marocain » au Musée des Arts Décoratifs à Paris, en 1925.

dans de petites échoppes où les marchandises se trouvaient empilées sans aucun souci de présentation. Les revendeurs étaient souvent mal préparés aux transactions de grande envergure, et s'avéraient surtout peu aptes à établir des prix de revient, à exécuter des commandes, à observer des délais et à assurer des expéditions, selon les conclusions de l'étude élaborée. Les ateliers nouveaux qui ont été ouverts hors des quartiers spécialisés, où ils se trouvaient groupés depuis des siècles, se disputaient une main-d'œuvre habile encore rare. On lui faisait exécuter des modèles choisis sans discernement et souvent adaptés au goût du seul client, détournant les arts locaux de leurs fins traditionnelles.

Paragraphe 2 : Une politique de soutien

Quatre nouveaux musées furent fondés successivement à Meknès, à Marrakech, à Casablanca et à Tanger, entre 1926 et 1937. Alors que ceux de l'intérieur avaient un caractère régional, ceux de la côte s'efforçaient de présenter une synthèse de toute la production marocaine. Aménagés dans des maisons impériales ou des demeures seigneuriales de grand style ou, comme à Casablanca, dans un immeuble moderne, clair et spacieux, ils constituaient un centre d'attraction pour les habitants aussi bien que pour les voyageurs de passage, mais ils furent également un lieu de mémoire et de rééducation pour les artisans locaux en leur permettant de revoir des modèles réels dont certains en avaient perdu le souvenir.

La politique suivie alors consistait, entre autres, à persuader ces derniers de s'égaler à leurs ancêtres, par la connaissance du métier et par le respect de la tradition. Chaque ville possédant sous le Protectorat, sa documentation, la mise en œuvre de celle-ci étant facilitée par les travaux d'un cabinet de dessin chargé de l'établissement de croquis, dessins, photographies, maquettes, mises en carte, par exemple dans le cas des tapis et qui étaient distribués gratuitement aux ateliers privés. Des ouvrages catalogués ou monographies, non moins complets, étaient prêts pour la publication ou en cours d'exécution, sur les tissus, la broderie, la reliure, la céramique, les bijoux, les armes, le fer forgé, les bois peints ou sculptés, les tatouages notamment.

Les inspecteurs du Service créé assuraient eux-mêmes l'exécution de ces modèles par une présence régulière auprès des artisans à qui ils prodiguaient leurs conseils et encouragements. Grâce à cette méthode, des activités sur le point de sombrer avaient été renflouées, certaines, telle la reliure de Fès, ont été entièrement ressuscitées. Les objets neufs exécutés sous cette surveillance étaient présentés, au siège de chaque inspection ou agence, dans des salles d'exposition permanente, puis diffusés dans le commerce. Une publicité constante leur était faite par les services de tutelle technique du Protectorat au moyen de publications nombreuses et d'articles de presse fréquents. Des possibilités d'extension leur furent ouvertes par des expositions et par des foires, au Maroc, en France ou à l'Étranger[1].

Certaines de ces manifestations comportaient l'organisation d'un « souk » où marchands et artisans marocains présentaient eux-mêmes les produits. En dix ans, la condition des uns et des autres se serait relativement un peu améliorée. Ce furent là des résultats modestes, mais qui avaient attiré l'attention et même valu aux méthodes du Service en question de faire école ailleurs pour ranimer l'activité artisanale en particulier[2].

Un essor nouveau de l'artisanat était ainsi recherché, à condition que celui-ci adapte ses techniques et épure son esthétique pour toucher ainsi une clientèle de plus en plus diversifiée. S'il n'avait pas à suivre toutes les évolutions de la mode, l'art marocain n'en devait pas moins prendre concrètement en considération les changements dans la demande, comme certains genres de tissus et tapis l'avaient déjà laissé percevoir. Les arts ancestraux se trouvaient à un tournant esthétique et les artisans atteignaient alors le moment crucial de leur sort professionnel et social. Les actions de l'Office Chérifien d'Exportation, créé par le Protectorat par exemple, responsable du

---

[1] Expositions Coloniales de Marseille (1922), de Strasbourg (1924), Exposition des Arts Décoratifs de Paris, du Tourisme et de la Houille Blanche de Grenoble (1925), Exposition Coloniale de Paris (1931), Exposition de Chicago (1933), Exposition Internationale de Bruxelles (1935), Exposition des Arts et Techniques de Paris (1937).

[2] C'est ainsi que l'Italie aurait adopté ces méthodes pour la Tripolitaine en 1924, et le Protectorat en Tunisie aurait recruté un jeune inspecteur des Arts Indigènes de Meknès pour réorganiser ses industries nationales, et que la Syrie comme l'Egypte se seraient inspirées à leur tour des mêmes principes.

contrôle à l'exportation et de la recherche de débouchés pour les principaux articles à vendre, s'inséraient dans cette orientation.

L'importance du tapis

Ayant été l'objet d'un intérêt particulier, les tapis n'encouraient que plus de risques, les chefs d'ateliers s'inquiétant bien moins de leur conserver leur originalité réelle que de les maintenir à bas prix en économisant sur les matières premières, se heurtant à des intérêts commerciaux. En 1919, une estampille d'État a été instituée pour garantir l'authenticité d'origine, la bonne fabrication comme la texture et la teinture. Cette mesure a eu, par suite de la promulgation d'une loi française, l'avantage d'exonérer les exportateurs des droits de douane à l'entrée en France dans les limites d'un contingent fixé annuellement par décret. Tout en contribuant à améliorer la qualité des laines et du tissage, et prescrivant en outre un retour aux vieilles teintures végétales, l'estampille devait accroître considérablement la production par paliers successifs. Il est à noter que cette activité avait atteint un certain apogée.

Le relatif succès de la production de tapis, même durant la grande Crise, a suscité l'installation, dans les principales villes du Maroc, d'ateliers organisés plus ou moins importants, dont certains ont pu occuper deux à trois cents ouvrières. Sans pouvoir prétendre à la finesse, à la préciosité des tapis d'Orient, les tapis du Maroc se signalaient en tout cas par une extrême variété, une rusticité. Ils ont ainsi bénéficié d'un contingent de cinquante mille mètres carrés admis annuellement en France en franchise de droits de douane, soit l'équivalent de la moitié de la production d'une année normale, permettant des exportations de l'ordre de dix millions de francs.

Si le centre de Rabat-Salé était le plus important lieu de fabrication de tapis du Maroc, comptant pour moitié environ de la production totale, les autres catégories concernaient les principales régions du pays. En dépit de leur infinie diversité, les tapis du Moyen Atlas se ramenaient à deux genres, celui des tapis de couleurs, localisés dans le Moyen Atlas Occidental comme la région de Meknès et celui des tapis blancs à dessins noirs ou bruns, concentré dans le Moyen Atlas Oriental dans la région de Taza. Des tapis de type intermédiaire à fond blanc, mais dont les dessins sont agrémentés de quelques touches de couleur, étaient réalisés dans le Moyen Atlas central portant les marques des principales tribus productrices d'origine[1]. On a pu comparer certains des tapis du haut Atlas à ceux tissés en Finlande, car de dimensions beaucoup plus réduites, d'épaisseur moindre, ils semblent être davantage appelés à une fonction plutôt décorative. Il y avait aussi ceux de l'Oriental. Le contingent, fixé à trente mille mètres carrés jusqu'en 1936, a pu être augmenté par la suite, à hauteur du tiers de la production, selon les genres concernés.

Les autres articles artisanaux

En dehors du tapis, l'artisanat traditionnel recélait d'une diversité d'autres articles utilitaires. À considérer le nombre des gens qui en vivaient, et l'importance des affaires traitées, le travail du cuir pouvait se placer sur le même plan que celui des tapis, à cette différence près que les conditions nouvelles de vie l'ont presque entièrement détourné de ses fins premières. Avant le Protectorat, les travailleurs du cuir n'avaient guère à produire que les babouches, les sacoches, les selles et les accessoires de harnachement. À côté de ces articles et de ces techniques diverses, un art remontant au XIIIe siècle avait aussi fleuri dans les vieilles cités marocaines et principalement à Fès, comme celui de la reliure dorée au petit fer. Tombée presque en décadence au point d'être pratiquement abandonnée par les derniers artisans qui en connaissaient les secrets, la reliure, par exemple, a pu être revivifiée avec le soutien des autorités du Protectorat et a occupé une vingtaine d'artisans équivalents à tous égards aux maîtres d'autrefois.

L'ameublement des demeures marocaines était resté sommaire, ne comportant guère que des divans bas, des coffrets, des étagères et des placards, nécessitant les métiers du bois, des bois sculptés ou peints, et plus généralement ceux appelés à concourir à l'architecture extérieure ou intérieure, sous forme de portes, d'auvents, de moucharabiehs ou de plafonds.

[1] Quelques exemples. La dominante rouge foncé, sont les Zemmour, les Guerrouane, les Béni M'Tir, les Béni M'Guild, les Aït Sgougou et les Zayane. Les tapis à fond blanc proviennent des Aït Alaham, des Aït Youssi, des Béni Ouaraïne. Les tapis des Marmoucha sont également à fond blanc, mais leur décor plus chargé et riche en brun, en rouge, en orangé, en jaune qui en font de véritables pelages aux reflets fauves.

Qu'ils répondissent aux besoins quotidiens de la société musulmane ou qu'ils concouraient à son agrément, ces articles gardaient l'empreinte d'une destination précise. Par là, ils étaient sincères et dénués d'artifice. Des pièces plus rares, telles que les lustres de mosquée et les marteaux de porte, étaient coulées en bronze, ajourées et gravées dans la masse. On comptait à Fès, dans les années trente du XXe siècle, quelques dizaines de patrons et des centaines d'apprentis dans la corporation des dinandiers et artisans, ainsi qu'à Marrakech. Pour être surtout localisé dans ces deux villes, le travail du cuivre n'en était pas moins connu sur tout le territoire, en particulier à Taroudant.

À son tour, la poterie marocaine tendait à refléter les caractéristiques respectives de deux cultures, l'une berbère, et une autre arabo-andalouse. Certes dérivée de la céramique de Fès, celle de Safi ,qui allait se développer entre les deux guerres en bénéficiant de l'enseignement et de l'exemple d'un artisan formé à l'Ecole Nationale de Sèvres et devenu maître, a permis de contribuer à faire de cette activité un art de luxe en plus de son caractère utilitaire.
Les efforts de sensibilisation générale des artisans à surveiller en particulier le niveau de leurs coûts de production, tout en demeurant exigeant sur la qualité, visaient à les aider à préserver notamment des parts de marché. Quelques crédits ont pu être accordés aux artisans pour leurs besoins de restructuration et de développement par la Caisse Centrale de Prévoyance et les Caisses Régionales d'Épargne et de Crédit Artisanal, mais il y eut dans la pratique peu de fonds qui furent mis en place pour y faire face.

Avec la disparition des corporations jadis puissantes, les centres artisanaux traditionnels de Fès et de Marrakech avaient perdu leur rôle stabilisateur de l'économie locale, et les artisans contraints à faire face de façon inégale à divers concurrents.Les marchands de Fès en particulier furent en définitive plus réactifs aux évolutions et aux opportunités commerciales que les artisans, migrant pour une bonne part vers les nouveaux centres économiques qui s'ouvraient sur la côte atlantique profitant des nouvelles routes et voies ferrées, notamment vers Casablanca, Kenitra (Port Lyautey) et Tanger.

Disposant de capitaux et de mobilité, ils se convertirent au commerce de tout article, ceux produits par les nouvelles industries que ceux provenant d'Europe en dépit de la place dominante des entreprises commerciales françaises. Les marchands de Fès ont réduit de ce fait progressivement leurs liens avec la commercialisation des articles d'un artisanat local de plus en plus en perte de parts de marché, ainsi que leur appui financier habituel sous forme d'avances. Ces nouveaux changements du comportement des commerçants marocains ont à leur manière démantelé le réseau traditionnel de distribution et de financement de tels produits sans l'émergence concrète d'un nouveau circuit efficace de remplacement malgré les efforts reconnus des services spécialisés du Protectorat.

Section 6 : Commerce intérieur et échanges extérieurs

Avant le Protectorat, l'activité commerciale était localisée soit dans des « kissaria », marchés se fermant le soir et comprenant plusieurs petites échoppes dans les vieilles cités, soit dans les souks hebdomadaires en province et dans les diverses régions du pays. Elle persistera sans grand changement après l'occupation française. Les échanges extérieurs ne deviendront significatifs qu'au lendemain de la réalisation des importants travaux de construction de ports et d'infrastructures de communication.

Paragraphe 1 : Le Commerce intérieur

Le système commercial intérieur prévalant même après l'établissement du Protectorat reflétait les structures traditionnelles de l'ensemble de la société, et avait connu peu de modifications en raison du cadre fermé de l'économie et du caractère dominant de l'autoconsommation. Le commerce intérieur demeurait assez réduit, et la médiocrité des moyens de transport limitait les échanges internes (H.Terrasse, p.369). Celle-ci signifiant que les ménages et familles marocains satisfaisaient l'essentiel de leurs besoins de consommation essentielle par le produit du travail familial à la campagne comme dans les villes, en stockant les denrées alimentaires courantes pour des durées relativement longues. Elle pouvait concerner la totalité des besoins dans le cas des habitants des montagnes et des régions rurales éloignées.

Les familles emmagasinaient les denrées principales, eau, céréales, charbon, huiles, viandes séchées, etc. Le souk hebdomadaire de la région pourvoyait à l'occasion aux besoins pressants d'achats de thé, de sucre, de bougies ou de tissus, et les contacts avec le monde de la ville du voisinage étaient rares dont les entrées étaient souvent contrôlées avec paiement de droits de portes. Aussi l'activité commerciale se limitait-elle aux nombreux petits marchands sous la tente des souks hebdomadaires dans les différentes régions du pays qui vendent des denrées souvent locales et de première nécessité à des prix abordables pour les ruraux de la région, sauf en période de disette ou de famine. Le commerce du grain en ces périodes était du ressort de céréalistes musulmans et juifs des villes et des campagnes qui achetaient à bas prix bien avant les moissons pour spéculer dessus, et ceci s'appliquait aux diverses denrées selon leur degré de rareté.

Le commerce du thé et du sucre était concédé par le Makhzen à quelques individualités, qui lui étaient liées et disposaient de fonds appropriés, en leur accordant le monopole d'importer et de vendre, qui manifestaient leur « gratitude » par des « cadeaux » appropriés et réguliers s'apparentant à une sorte de partage de rente, comme cela était la tradition. Contrôlant aussi le trafic caravanier, et travaillant avec leurs courtiers habituels, généralement des juifs marocains en bons rapports avec des maisons de négoce européennes, ils disposaient d'entrepôts de stockage, appelés fondouks, ainsi qu'une filière de grossistes revendeurs à travers les régions (H.Terrasse, p.370).

Par ailleurs, il existait également des systèmes locaux de collecte et de ventes itinérantes organisées par certains marchands qui déambulaient dans les campagnes à dos d'ânes ou de mulets, approvisionnant et achetant sur les souks. Sur les souks à travers les régions, ils ramassaient les produits au moment des récoltes, les concentraient dans des entrepôts, pour leur faire subir un premier nettoyage et conditionnement, avant de les revendre localement ou les diriger vers les ports d'embarquement en vue d'une éventuelle exportation. Étant donné la faiblesse relative des échanges et des moyens de communication, c'étaient les mêmes courtiers et grossistes, musulmans, mais également des juifs, qui assuraient les opérations d'importation et d'exportation avec un circuit de collecte. Jusqu'à l'occupation française, plusieurs intermédiaires et courtiers étaient devenus des représentants de maisons commerciales étrangères fréquemment sous la protection négociée des consuls respectifs, car celle-ci finira par s'étendre aussi à diverses catégories du personnel commercial musulman et juif présents sur les quelques sites portuaires laissés ouverts par le Makhzen[1]. L'occupation française va introduire progressivement une sécurité des transports et des échanges sur des routes ou des voies ferrées, permettant de gagner du temps et réduisant les charges de transport des denrées.

À l'intérieur des enceintes des villes, il existait une place centrale où se tenait le marché plus ou moins quotidien ou hebdomadaire, à endroit fixe avec des échoppes en dur parfois attribuées à des marchands permanents comme à Fès, Meknès, Salé, Rabat ou Marrakech, spécialisés par denrées et produits de première nécessité permettant aux citadins de « faire leur marché ». Des corporations fermées se partageaient cette activité commerciale avec l'accord des agents du Makhzen local et sous le contrôle parfois de prévôts nommés par Palais. En l'absence de salaires réguliers payés au personnel du Makhzen, celui-ci vivait sur des « gratifications et cadeaux » devenus réguliers et « négociés » en fonction de l'importance de l'activité exercée, une corruption courante organisée par quelques intermédiaires initiés et bien introduits (D.Bensoussan, p.16). La distribution au détail s'effectuait de plus en plus par un grand nombre de boutiquiers qui occupaient les petites échoppes des médinas et même des quartiers en vendant, en même temps les articles venus de l'extérieur et ceux de fabrication artisanale locale. L'entreposage des produits fabriqués ou importés s'effectuait sur place avant leur distribution par des marchands ambulants dans le pays, et toute raréfaction même brève favorisait spéculation et instabilité de cours (H.Terrasse, p.370).

À l'extérieur des villes, les autorités du Protectorat ont maintenu le système des souks de groupement et de distribution, répartis d'une façon uniforme sur l'ensemble du territoire, rassemblant des commerçants forains, des bouchers, des céréalistes et des éleveurs exposant leurs marchandises à une clientèle régionale arrivée à pied, ou à dos d'ânes ou de mulet. Ces souks étaient d'importance variable selon les centres, les régions et les saisons. Il y avait de grands souks hebdomadaires où les transactions étaient très étendues et très actives,

---

[1] Voir supra, Chapitre 1 - Le Maroc avant le Protectorat.

et de petits souks secondaires où on ne faisait que de l'approvisionnement alimentaire courant. Il y avait des souks spécialisés, certains réputés pour les grains, d'autres pour le bétail ainsi que de grandes foires annuelles.

Depuis l'occupation française, de nouvelles initiatives commerciales sont apparues, telles les foires encouragées par Lyautey dans les grandes villes, ainsi que celles plus spécialisées comme certaines consacrées aux produits de l'artisanat qui se tenaient à Fès, Meknès, Marrakech et Rabat s'intéressant plus spécialement aux articles réalisés par les artisans marocains. Les autres villes avaient également pris l'habitude de réunir dans une foire annuelle tous les commerçants européens et marocains « indigènes » pour exposer à la clientèle des possibilités du commerce local. La ville de Casablanca en s'élargissant, a créé une grande foire internationale annuelle dont le but était de mettre en relation les producteurs et importateurs étrangers avec les acheteurs locaux.

Touchant plus directement la population des colons, les chambres d'Agriculture organisaient par exemple des foires régionales de moutons qui connurent un certain succès et avaient pour but d'apprendre aux fellahs à préparer les animaux pour l'exportation et de concentrer sur un même point, dans un moment donné, le plus d'acheteurs possibles. Les foires aux moutons, qui se tenaient dans toutes les régions avaient débuté par la celle d'Azrou, et enregistraient des transactions importantes et rendant ainsi de réels services aux éleveurs dans les autres régions.

Paragraphe 3 : Échanges extérieurs

Le commerce extérieur par voie maritime, importations et exportations totales, avant l'établissement du Protectorat s'était développé, en raison d'un plus grand contrôle anglo-espagnol exercé sur les transactions, suite à la défaite du Maroc face à l'Espagne et la négociation de l'emprunt anglais, en dépit de conditions de circulation locales habituellement éprouvantes et onéreuses, il représentait quelque cinquante millions de francs au total, en moyenne annuelle

(J.L. Miège, p.501)[1]. Les laines, les grains, les amandes, l'huile d'olive représentaient une grande partie des exportations, les cotonnades, puis le sucre et le thé commençaient à prendre beaucoup d'importance au niveau des importations. Bien que c'étaient des denrées considérées de « luxe », très prisées, thé et sucre, introduits par les négociants anglais, en voie de progression dans la consommation des catégories d'abord aisées exerçant des effets de démonstration sur le reste de la population, elles allaient jusqu'à introduire progressivement une sorte de rituel dans le mode de vie des Marocains avec une place particulière pour le thé bien sucré[2].

Le retour d'une certaine sécurité dans les différentes régions a généralement facilité le mouvement des échanges locaux et externes. Le commerçant itinérant pouvait parcourir en camions plus aisément les zones pacifiées, offrir des marchandises et créer par là même le besoin ou la tentation d'acheter. Enfin, elle consolidé l'installation des premiers colons, et a conduit à une relative disponibilité de marchandises, de grains divers, de bétail, qui s'est traduite elle-même en transactions et en ressources financières favorisant des opérations d'importation. Dans le même temps, des industries de transformation se sont créées, des ressources minières ont été exploitées contribuant à une large progression du mouvement des échanges avec l'extérieur. Celui-ci avait été constamment soumis à des facteurs exogènes, dont le premier était le phénomène de l'importance des récoltes de certaines années exceptionnelles et le besoin momentané d'exporter alors que les besoins de consommation des populations n'étaient guère assurés en raison de prix prohibitifs des céréales. Car à l'instar des autres pays méditerranéens, le Maroc connaissait des écarts de récoltes considérables, selon les années. En prenant, par exemple, le blé dur ou l'orge qui étaient des cultures types, les productions pouvaient fluctuer du simple au triple d'une année à l'autre[3]. La population marocaine vivait pour une grande partie de ce qu'elle produisait sur le sol, et une

---

[1] En 1865 par exmple, les importations ont représenté 27 millions de francs contre 26 millions pour les exportations.

[2] Sir Drummond Hay notait dans un memorandum du 27-3-1855, que « le thé et le sucre, ce sont là leur luxe... », devenant ainsi petit à petit le cadeau socialement apprécié. Entre 1850 et 1860, les importations de sucre avaient progressé de 60%, progressant même au cours des mauvaises conjonctures.

[3] Entre 2.500.000 et 7.500.000 quintaux selon les années.

année de faible récolte signifiait que les transactions commerciales et la consommation interne s'en trouvaient en conséquence réduites d'autant.

En deuxième lieu, un Protectorat né avec la Première Guerre, dans un monde et à une époque de grands bouleversements économiques et techniques en particulier, l'équipement moderne et accéléré du pays protégé allait nécessiter des capitaux relativement considérables qui seront financés par voie d'emprunts et d'impôts, et entrainant notamment des importations massives de biens et de services pour les besoins des divers chantiers.

Par ailleurs, un autre aspect expliquant l'importance des importations résidait dans les besoins d'un corps d'armée d'occupation pendant les trois décennies que la pacification a duré et conduit avec méthode à partir de 1907. Ceci rappelant le phénomène similaire ultérieur de l'occupation de la Corée du Sud par l'armée américaine, suite au conflit international enregistré dans cette péninsule quelques années après la fin de la Deuxième Guerre, suscitant de massifs investissements à l'origine d'un décollage économique de la région.

Enfin, l'accroissement des exportations trouvait également une de ses origines dans l'augmentation de la productivité générale rendue possible grâce aux nouveaux équipements et à une organisation mieux étudiée du travail. Les surfaces cultivées avaient fortement augmenté dans l'ensemble, et au cours de l'entre-deux-guerres, elles ont été même multipliées par deux, passant à quatre millions d'hectares, alors que la population n'augmentait pas dans la même proportion. Les exploitations européennes avaient des rendements moyens plus élevés que ceux réalisés sur les surfaces cultivées par les paysans marocains. La mise en exploitation de plus de quatre mille exploitations agricoles de la colonisation française a nécessité des investissements et des dépenses de fonctionnement (défrichement, mise en valeur, constructions, matériel, de matériaux de construction, engrais, engins de transport, etc.) qui ont entrainé de nouvelles importations à chaque vague d'arrivées massives de colons. Parallèlement, il y avait aussi les importations requises par les besoins de construction des unités d'une industrie qui se développait à un rythme régulier et qui entrait progressivement en production.

La balance commerciale de la période entre les deux guerres mondiales s'était ainsi caractérisée par un déficit relativement normal et croissant, correspondant à la phase d'édification et d'équipement d'un pays encore neuf, passant de quarante-trois millions de francs au début du Protectorat à un milliard et demi, au cours de la période de la Grande crise de 1929 qui avait secoué l'économie de la plupart des pays du monde, dont celle du Maroc.

La France intervenait pour moitié dans le total du commerce extérieur du pays à la fin du mandat de Lyautey, et à l'intérieur de l'empire français d'alors, arrivant derrière l'Algérie et talonnant l'Indochine, le Maroc serait devenu le troisième partenaire colonial précédant le Sénégal et la Tunisie. Ses échanges extérieurs avec la métropole représentaient à la même période près du dixième du commerce international de celle-ci.

Au lendemain de la Grande Crise, ce déficit se réduisit presque de moitié en moyenne jusqu'à la veille de la Deuxième Guerre, avec une alternance de mauvaises récoltes céréalières, de prix bas et des diverses difficultés d'exportation. Les importations enregistrèrent une baisse, pour se stabiliser légèrement à la fin de la Guerre, car celles-ci avaient diminué en raison d'une production industrielle locale qui a enregistré une réelle expansion et diversification, réussissant à suppléer aux produits naguère fournis habituellement par une métropole désormais occupée par l'Allemagne, tout en devant satisfaire une demande locale devenue pressante. Il en a été ainsi des huiles, du sucre, des textiles, du ciment, de matériaux de construction ou de produits métallurgiques et chimiques dont les usines utilisèrent une grande partie de leur capacité installée. Les exportations allaient par contre progresser avec la paix mondiale retrouvée et les nouveaux besoins de reconstruction des pays européens.

Cependant, en valeur, le déficit commercial allait tendre à devenir structurel et permanent, avec un phénomène de termes de l'échange défavorables, la valeur tonne exportée ne permettant de couvrir que la moitié de celle importée. Ce faible taux de couverture du commerce extérieur constituera désormais une caractéristique de la nouvelle économie du Maroc, et au-delà de la période du Protectorat.

L'ensemble des échanges extérieurs du Maroc était passé de près d'un milliard de francs en 1923 à quelque deux cent soixante-cinq milliards de francs trente ans plus tard, avec une forte inflation des prix enregistrée entre temps. En raison de la forte dépréciation du franc durant les années de crise économique puis de la Deuxième Guerre, les volumes échangés peuvent s'avérer un indicateur plus pertinent, les quantités exportées et importées avaient progressé de près de dix fois durant les trois décennies concernées. Constitués aux deux tiers en moyenne de phosphate et autres minerais exportés, ces tonnages globaux du commerce extérieur marocain étaient destinés pour l'essentiel à la métropole. Celle-ci recevait au cours des dernières années du Protectorat environ la moitié des exportations du Maroc et lui fournissait près des trois cinquièmes de ses importations en valeur. Le taux de couverture des importations était ainsi passé de moins d'un tiers en 1930, année du plus gros déficit commercial, à près de la moitié vingt ans après, soit une correction non négligeable[1].

L'explication tiendrait à une hausse de prix des phosphates encore modérée et de celle de nombreux produits exportables qui n'avaient pas encore tous retrouvé leur place sur les marchés étrangers d'avant la Guerre. L'affaiblissement considérable du franc avait provoqué un déséquilibre prononcé, en alourdissant le coût des importations, exigeant plus de francs pour la même tonne importée. Il s'agissait en fait d'une dévaluation involontaire qui pénalisait les achats du Maroc à l'extérieur, mais sans exercer l'effet de relance sur les exportations, en raison notamment de la politique d'un cartel phosphatier maintenant des prix mondiaux alors anormalement élevés au profit des autres parties, Algérienne et Tunisienne, prenantes à cette entente[2].

Vis-à-vis de la métropole, le déficit a été multiplié par près de trois, au cours des années d'après-guerre, et il en a été de même à l'égard des autres régions constituant l'Union française, en raison en particulier des importations massives d'oléagineux et de sucres en provenance exclusivement de celles-ci. Le déficit avait dépassé les sept milliards de francs avec les USA, en dépit des efforts déployés pour le réduire, car les exportations furent difficiles, en raison d'une

[1] Statistiques du mouvement commercial et maritime du Maroc, année 1953, pp.9-14.

[2] Cf. supra, Chapitre 7 « Décollage d'une économie moderne », Section 2, Activité minière. Le cartel phosphatier y est abordé.

part des prix élevés des phosphates du cartel, et d'autre part, de besoins généralement réduits de ce partenaire en produits marocains[1]. Avec la zone sterling enfin, comprenant en plus de la Grande-Bretagne, l'Afrique du Sud, l'Australie, voire l'Inde et la Nouvelle-Zélande, le Maroc enregistrait plutôt un modeste excédent commercial[2].

Les autorités du Protectorat avaient mis en place, dès les années mille neuf cent trente, un organisme de promotion des exportations représenté par l'Office chérifien d'exportation (OCE) dont les attributions furent renforcées et étendues au contrôle technique des produits d'origine marocaine. Une mission qui s'avérera ambitieuse, lourde et complexe pour un seul organisme qui allait progressivement être perçu comme intrusif dans l'organisation des entreprises privées de production agricole et industrielle ou artisanale sous couvert de contrôle technique de la qualité des produits.

Paragraphe 4 : La question de la flotte marchande

Il ne pouvait y avoir de commerce international significatif en principe qu'avec des moyens de transport maritime notamment. Jusqu'au traité du Protectorat, le Maroc ne disposait ni de ports appropriés aux échanges ni de navires pour les acheminer vers les pays acheteurs. Cela revenait à des bateaux de transport étrangers qui passaient irrégulièrement non loin des côtes marocaines, pour décharger par un système de barques la cargaison destinée à un acheteur marocain ou de charger des laines, huiles ou amandes locales destinées à des acheteurs étrangers. Jusqu'au milieu du XIXe siècle.

C'est la navigation de bateaux à voile qui régnait encore le long des côtes marocaines, sous forme de briks et de goélettes provenant de Marseille, de Londres ou de Liverpool. D'autres petites embarcations

---

[1] Cela recouvrait en plus l'Amérique du nord, les pays d'Amérique centrale et du Sud ainsi que le Portugal, l'Allemagne, la Chine et le Japon.

[2] Il en est de même avec des pays européens comme l'Italie, la Belgique ou la Suède, les exportations ont été plus développées également. Ainsi, par exemple, le Maroc avait reçu de la Suède des quantités importantes de bois de sapin, des machines pour industries alimentaires et autres biens d'équipement industriel après la Guerre. Il convient enfin de signaler que la rupture des relations avec l'Espagne après 1945, en raison de son rôle jugé ambigu lors du conflit par les Alliés vainqueurs, devait priver le Maroc de quelques opportunités d'échanges.

assuraient les liaisons avec Gibraltar (J.L. Miège, p.413)[1]. Depuis 1858, cette ville portuaire enregistrait quinze lignes de navigation à vapeur la desservant, réduisant le coût de transport et faisant de cette place un grand entrepôt des produits à destination ou en provenance du Maroc. Aux communications incertaines et lentes des voiliers, la vapeur et l'hélice allaient progressivement les remplacer dans le transport des biens et des personnes entre le Maroc et l'Europe, exigeant quelques stations et dépôts de charbon le long de la côte et furent généralement mal acceptées par le Makhzen.

En même temps que l'administration du Protectorat allait se préoccuper de doter le Maroc de ports véritables et d'abris sûrs pour les navires, elle s'efforça également de lui assurer les moyens d'entretenir des relations commerciales. Mais la Première Guerre et la pénurie de tonnage qui en résulta ne furent pas sans apporter un certain trouble dans les premières communications qui s'étaient établies avec l'extérieur. Pour pallier ces difficultés et faciliter le ravitaillement de l'armée française impliquée dans la pacification, les autorités du Protectorat décidèrent à la fin du conflit mondial de se constituer une flotte marchande, en se rendant acquéreur de deux navires argentins de mille deux cents tonnes chacun qui furent utilisés de manière à développer les relations du Maroc avec certains ports français qui ne recevaient jamais directement leurs produits importés[2]. Mais les résultats de cette exploitation ne tardèrent pas à s'avérer déficitaires, et quelques années plus tard, le Protectorat mit fin à cette expérience[3]. On avait ainsi pu se rendre compte qu'il n'était pas nécessaire que le Maroc, qui ne pouvait alimenter qu'un trafic limité et qui, quoi qu'on fasse, resterait toujours sous la dépendance du pavillon français pour ses relations avec l'extérieur, possédât une flotte marchande prohibitive qui lui soit propre. L'existence de cette flotte ne pouvait qu'aller par ailleurs à l'encontre des intérêts d'un armement métropolitain, qui était en situation d'assurer dans des conditions plus profitables la liaison entre la France et le Maroc.

---

[1] Ce fut l'origine en particulier de Compagnies maritimes se spécialisant dans le Maroc, comme la Générale ou la Cie Paquet par exemple.

[2] Le Protectorat réquisitionna un petit bateau de quatre cents tonnes, rebaptisé le « Fedala », qui appartenait à une entreprise privée, la Compagnie Plisson. Par ailleurs, un vapeur allemand, aussi rebaptisé « Mogador », saisi durant la guerre, placé sous séquestre, et fut armé par la suite.

[3] Tels les ports du Havre, de Dunkerque et de Bayonne,

Les mêmes autorités décidèrent qu'un armement marocain ne se justifiait que pour la navigation à caractère restreint et qu'il suffisait de se cantonner à des bateaux marocains pour le cabotage et pour la pêche. C'est ce qui explique pourquoi la flotte commerciale marocaine ne se composait plus à la veille de l'indépendance que de cinq unités, demeurant ainsi à l'état embryonnaire.

En même temps que le pavillon marocain faisait son apparition sur mer, il fallut lui donner un statut juridique (en 1917). Un premier dahir fixa le régime de la navigation maritime au Maroc d'une manière toute provisoire, puisque ce texte fut bientôt remplacé par trois règlements, promulgués par un autre texte de loi deux ans plus tard, formant respectivement le premier Code de Commerce maritime, un Code disciplinaire et un Règlement de la Pêche maritime. Ces règlements, qui ont été seulement retouchés sur certains points de détail, ont constitué la Charte de la Marine marchande du pays protégé. Ces textes ont été établis en tenant compte des projets de réforme du droit maritime les plus récemment élaborés en France. Certains de ses titres reflétaient les travaux des conférences internationales qui s'étaient réunies au cours des années précédentes et aussi du projet de refonte du Code de Commerce français qui venait d'être mis au point.

Cela explique pourquoi les dispositions du Code marocain se seraient trouvées, dans les années entre les Deux Guerres, relativement en avance par rapport même aux dispositions de la législation maritime française. Ainsi, à l'origine, les armateurs ne subissaient aucune restriction en ce qui concernait le recrutement de leurs équipages et qu'ils n'étaient assujettis qu'à des obligations restreintes pour ce qui se rapportait à la composition des effectifs, à l'embarquement des officiers, à la durée du travail et même au contrôle de la sécurité à bord. L'attribution du pavillon marocain se trouvait d'ailleurs elle-même soumise à des règles libérales, à savoir que le navire dont la nationalité marocaine était demandée devait appartenir à un français, à un marocain ou à une société formée pour les trois quarts, soit d'associés, soit de capitaux français ou marocains. Cette condition a été assouplie ensuite, et le parlement français avait accueilli avec faveur la naissance du pavillon marocain.

Au lendemain de la Deuxième Guerre, sans doute pour bien marquer l'importance des liens qui unissaient la France à ses possessions de l'Afrique du Nord, on a même assimilé les navires marocains aux Français. Mais la facilité avec laquelle le pavillon marocain pouvait être obtenu ne tarda pas à produire des conséquences négatives, car certaines entreprises cherchèrent en effet à faire passer leur navire sous pavillon marocain uniquement pour bénéficier des avantages d'une législation maritime moins exigeante, s'apparentant à une sorte de pavillon de complaisance. D'ailleurs, à cet égard, plusieurs unités auxquelles la marocanisation était ainsi accordée ne touchaient jamais les ports de la zone française, faisant que l'attribution de la nationalité marocaine apparut ainsi comme un moyen commode pour certains armateurs français d'éluder les obligations étroites de la réglementation métropolitaine dont les armateurs étrangers profitèrent également en constituant des sociétés qui, en fait, n'avaient rien de marocain. L'administration du Protectorat ne fit pas de difficulté pour reconnaître le bien-fondé des doléances dont elle fut saisie à ce sujet, et la nationalité marocaine ne sera plus accordée ou maintenue qu'aux bâtiments effectuant ordinairement une navigation qui intéresse d'une manière directe et principale le trafic entre des ports de la zone française. Le nombre d'armateurs susceptibles de demander utilement le passage ou le maintien de leur navire sous pavillon marocain se trouva en conséquence considérablement réduit.
Au total, un pays, encore quelques décennies auparavant sans infrastructures et sans flotte, qui disposait désormais de ports opérationnels, d'une flotte marchande même modeste et d'une réglementation évoluée qui serviront ultérieurement.

La croissance du Produit National Brut par habitant aura été en moyenne de l'ordre de 1,7 % par an, durant la période du Protectorat. Certes, faible, mais néanmoins régulière et réelle, à l'opposé de la stagnation antérieure qui prévalait, reflétant un processus d'accumulation de richesse fortement concentré sur quelques catégories de la population et surtout d'allure inégalitaire. Par ailleurs, ces « dividendes du progrès » ont été le résultat d'une économie essentiellement extravertie et fondée sur la production-exportation des phosphates, du plomb, des sardines, des vins et des agrumes (R.Gallissot, 1964)[1].

Les transformations intervenues dans le secteur agricole, mais surtout manufacturier durant la période du Protectorat, suite aux importants investissements, ont favorisé l'apparition d'un processus significatif de croissance économique reflétant ce qui s'apparente au décollage d'un pays neuf (W.W.Rostow, 1962)[2]. D'une société traditionnelle, diverses réformes et la réalisation d'importantes infrastructures effectuées à l'initiative des autorités du Protectorat ont contribué à introduire les conditions requises pour le passage du Maroc au stade d'une économie en voie de modernisation.

De 1912 à la création du parti de l'Istiqlal en 1943, le Protectorat a connu un développement selon des modalités qui étaient sensiblement analogues à celles d'autres régions du même type, sous tutelle ou colonisées (S.Bernard, 1963, pp.195-197). En dépit des premiers signes de l'apparition d'un « nationalisme séparatiste », le système de croissance poursuivit néanmoins son évolution sans que le conflit politique en voie d'aggravation entre le mouvement national et la Résidence ait handicapé la croissance outre mesure.

Certaines modalités du processus auraient été vraisemblablement différentes si la crise ne s'était pas amplifiée, car il est évident que si le pays n'avait pas enregistré un développement certain, il n'y aurait pas de conflit entre la France et son Protectorat marocain. La situation des groupes musulmans et européens dans le pays avait subi des transformations « irréversibles » et des acquis rendant la confrontation inévitable, la communauté musulmane étant venue au nationalisme sous l'effet de pressions politiques réussies des groupes les plus sensibles à destination du nouveau prolétariat urbain, puis des villes vers les campagnes.

---

[1] Un taux de croissance économique aussi limité, calculé sur une période de 35 années, semble conforter l'idée de production annuelle régulière de richesse générale même modeste, un phénomène nouveau.

[2] Ancien conseiller économique du président américain John Kennedy, Rostow a interrogé l'histoire de la croissance économique et a avancé un modèle d'analyse théorique de l'évolution d'une société en général en cinq étapes suscitant un large débat depuis : société traditionnelle, phase des conditions préparation au décollage, le décollage, la maturité, et la société de consommation.

Chapitre VIII

Du Protectorat à l'Indépendance, entre continuité et rupture

La décolonisation puis le développement économique se sont avérés être des processus extrêmement aussi complexes que la construction d'un État moderne, initiée d'abord avec le Résident général Lyautey et ses successeurs, puis poursuivie par les administrations successives d'un Maroc indépendant.

Du fait de liens politiques étroits qui ont uni le pays à la France, leur sereine redéfinition fut difficile en raison de la situation de guerre de libération qui prévalait encore en Algérie et des armées française, espagnole et américaine encore stationnées sur le territoire, avec des bases militaires étrangères encore actives[1]. Dans une période sensible, qualifiée de « guerre froide entre l'Est et l'Ouest » que se livrait alors les deux grandes puissances nucléaires, la réalisation de l'unité territoriale des Zones Nord et Sud, le rattachement des présides en méditerranée, de la zone internationale de Tanger, de la région saharienne et la question des frontières avec l'Algérie, celles-ci tracées unilatéralement par la France, allaient requérir l'essentiel des efforts des premières années pour y parvenir partiellement. Devant négocier avec les puissances concernées, les nouvelles autorités politiques du Maroc paraissaient préparées aux longues et difficiles négociations bilatérales. D'autres facteurs non économiques allaient aussi concourir à rendre la transition encore peu aisée, une sortie de capitaux incontrôlée et incontrôlable, suivie du séisme de la ville d'Agadir et la disparition prématurée du premier roi de l'ère de l'indépendance. Les luttes politiques pour le pouvoir, le difficile consensus quant aux choix de développement de l'économie et de la société post

[1] Les Etats-Unis en particulier ont disposé officiellement de quatre bases aériennes et de transmission sur le sol marocain depuis le début de la Guerre Froide, autorisées par le gouvernement français.

Protectorat favoriseront l'avènement d'une ère de Plans indicatifs privilégiant les activités et secteurs qui avaient cours avant l'indépendance.

Section 1 : Les politiques publiques de la transition

Le système économique et administratif au lendemain de l'indépendance était encore contrôlé par un encadrement à dominante française, avec une assistance de quelques Marocains souvent de confession juive. Les politiques générales suivies auront été dans l'ensemble dans la continuité, même une fois la transition institutionnelle effectuée. Après une période de protectionnisme et de planification économique souple, l'objectif de réduction des déséquilibres externe et interne accumulés depuis la fin du Protectorat encouragera la tentative d'une plus grande insertion dans l'échange mondial, rappelant dans la pratique une sorte de retour au modèle privilégiant le modèle du libre échange ,comme par le passé, mais cette fois-ci de l'avis et à la demande des organismes internationaux[1].

Paragraphe 1 : Données générales sur la période de transition

Avec les départs massifs de français, suite aux tragiques événements de Meknès en 1956, le Maroc disposait de peu de techniciens et de cadres aptes à occuper les postes de responsabilité devenus vacants. Jusque-là responsables des services techniques des entreprises ou de l'administration, les anciens cadres étaient peu désireux de jouer aux simples adjoints. Alertées par les conséquences négatives de ces départs, les autorités marocaines offriront des contrats lucratifs pour ceux des postes ne pouvant être remplacés à court terme.

L'occasion de rationalisation en particulier d'une administration relativement alors pléthorique se présentait, mais ne sera pas exploitée par les nouveaux décideurs. Des « récompenses et des promotions »

[1] La Banque mondiale, le Fonds Monétaire International, l'Union Européenne et l'Organisation Mondiale du Commerce notamment ont de façon complémentaire assisté le Maroc dans la prise de ses principales décisons à caractère socio économique, et ce, depuis la première décénnie de l'indépendance pour les organismes financiers internationaux.

avaient été promises par les partis au pouvoir et attendues par une nombreuse clientèle, ainsi que la surenchère qui se développait au sein du parti dominant les premiers gouvernements allait laisser ses traces au niveau d'une difficile gouvernance tant centrale que locale, et à l'origine de divers dérapages ultérieurs. En effet, une pénurie de cadres, d'experts, d'ingénieurs et de techniciens expérimentés n'a pu être surmontée, entrainant des faiblesses dans les décisions techniques prises, comme cela s'était produit au niveau des contrôles des banques, des changes, des douanes ou de la sécurité tout court. De tels contrôles se son avérés souvent tardifs, lents et inefficaces. L'épisode de la gestion monétaire et financière de ces premières années, et peu abordée depuis de façon objective, laissera le pays exsangue. D'ailleurs, peu de ministres en poste disposaient d'une quelconque expertise de gestion administrative et technique et s'entouraient de rares spécialistes souvent étrangers.

Quelque dix-neuf mille des hauts cadres français, soit les deux tiers de cette catégorie qui dirigeait les rouages essentiels du pays, avaient quitté le Maroc avant 1960. De même, la population européenne, de quatre cent mille personnes à la fin du Protectorat, se réduisit des trois quarts au cours de la première décennie de la libération du pays. Les départs touchèrent aussi, souvent discrètement, la communauté juive marocaine la réduisant de l'ordre du quart de ses effectifs, dont des cadres et hommes d'affaires qui émigrèrent également en grand nombre suite à la crise du canal de Suez, menée par la France, la Grande-Bretagne et Israël contre l'Égypte qui voulait récupérer son territoire. Ceci compliquait un peu plus encore une transition technique et économique du pays.

En dépit de la déclaration d'indépendance, l'unification effective de la Zone nord et de Tanger au reste du pays sera également lente et compliquée, en raison notamment de la lenteur des négociations avec l'Espagne les concernant. Les modes de vie ne s'arrêtent pas suite à de simples décisions administratives, la peseta est alors encore la monnaie d'échange fort répandue bien des années après le rattachement officiel des zones. À son tour, le soulèvement du Rif contestant les choix des nouvelles autorités centrales a été violemment maté par une armée marocaine nouvellement constituée, qui laissera des marques d'incompréhension et de rancœur à l'égard du pouvoir central durant des générations.

La « charte royale de Tanger », proposée par le nouveau gouvernement marocain de coalition, était en principe soucieuse d'assurer la continuité des activités de libre échange de cette ville sans grandes restrictions générales, avec cependant une disposition ambigüe qui a effrayé et créé une incertitude dans la communauté des banquiers et financiers de cette ville[1]. Une page importante de l'histoire du dynamisme commercial qui lui était jadis attribuée allait être close ainsi, confinant cette cité à une fonction marginale dans l'économie du pays nouvellement unifié. Ce fut un exemple d'un important dossier qui a fait les frais d'une surenchère nationaliste opportuniste et relativement excessive.

L'autre écueil de cette période de transition, peut être le plus insidieux, sera constitué par la forte croissance démographique confirmée par le premier recensement de l'indépendance. Le problème sensible n'a pas reçu une réponse appropriée, réaliste et adaptée pour les fondements et la stabilité du cadre économique et social du pays. Tout au contraire, la progression de la population sera même encouragée par des allocations familiales calculées sur le nombre d'enfants, constituant davantage des compléments de salaire, sous la pression du seul syndicat des travailleurs, l'Union Marocaine des Travailleurs (UMT) qui avait des visées politiques (R.Landau, 1961, p.75-90).

Les principales politiques mises en place par les pouvoirs publics français puis marocains qui se sont succédé, concernant une période portant sur près d'un siècle, paraissent traduire dans l'ensemble une relative continuité visant l'édification d'une économie moderne qui avait démarré avec les premières mesures des autorités du Protectorat. La construction d'une infrastructure portuaire, de transport, d'irrigation et d'électricité, suivie de l'apparition des premières unités minières et manufacturières allait tracer quelques-uns des sillons qui, rappelant les lendemains de la révolution industrielle européenne certes à une modeste échelle, deviendront autant de chantiers que les

[1] L'article V de la Charte de Tanger du 26 Août 1957, signée par le premier ministre Bekkaï, stipulant que des changements pouvant intervenir à l'initiative du gouvernement avec un delai de préavis de six mois aurait créé des doutes chez les investisseurs quant aux intentions réelles du gouvernement. L'introduction d'une nouvelle monnaie, le Dirham, et la surenchère politique trois ans après, allaient entrainer effectivement l'abrogation de la Charte.

nouvelles autorités du Maroc indépendant ont cherché à leur tour à élargir au gré des conjonctures économiques, des politiques internes ainsi que du contexte international.

Dans la pratique, et avec le recul par rapport à cette relative longue période, les grandes options privilégiant une activité agricole et minière d'exportation, une industrie privée fondée surtout sur les biens de consommation, en bénéficiant du soutien multiforme des diverses structures de l'administration centrale, seront peu remises en question. Certes, le faible degré de satisfaction des besoins, liés notamment à une croissance démographique élevée enregistrée depuis l'indépendance, en raison de ressources locales fort limitées et mal reparties, a imposé aux pouvoirs publics successifs de constants et délicats arbitrages budgétaires pour la préservation de la simple paix sociale érigée depuis en priorité constante.

Après plus d'un demi-siècle d'indépendance, et à l'exception de quelques courtes périodes, l'économie marocaine a connu une croissance plutôt modérée dans l'ensemble et surtout irrégulière. Ainsi, et dans un premier temps, couvrant l'équivalent des trois premières décennies postérieures au Protectorat, les tentatives de construction d'une économie nationale ont débouché sur une industrialisation limitée pour compenser notamment les faibles performances aléatoires d'une agriculture globalement défaillante, et moins encore pour entrainer le reste des activités offrant des opportunités d'emploi à une population active en forte augmentation.

Dans un deuxième temps, et correspondant à la phase démarrant à la veille du XXIe, des essais ont été menés depuis, mais avec des résultats mitigés, en vue d'une insertion encore plus grande du Maroc dans l'économie mondiale conçue comme moyen pour contrecarrer la baisse structurelle affectant la croissance locale. La partie nord du Maroc sous occupation espagnole n'a, quant à elle, guère bénéficié de certains apports positifs relativement reçus dans la zone sud, comme en témoigne par exemple le faible niveau développement de ses infrastructures au lendemain de l'indépendance, hypothéquant une réelle intégration au reste du pays (J.Wolf, 1986).

Paragraphe 2 : Phase de l'économie nationale

Cette étape s'ouvre avec les premiers départs relativement massifs, dont ceux d'entrepreneurs, de cadres français et européens à la fin du Protectorat et s'est poursuivie pratiquement jusqu'aux transferts intervenus avec la « marocanisation » de plusieurs entreprises étrangères, sans oublier l'exode constant d'une grande partie de la communauté israélite entretemps.

La mise en place d'une économie nationale, relativement moins dépendante de l'extérieur que par le passé, s'est effectuée au moyen d'une planification souple, des entreprises d'État, une protection douanière des structures naissantes et un encouragement financier et fiscal de l'initiative privée.

Les Plans "indicatifs"

La planification était dite indicative, car elle était appelée à indiquer la direction vers laquelle orienter l'économie nationale à moyen terme. C'est l'aspect particulier de cette forme de planification qui était inspirée du modèle français conçu à la même période, combinant volontarisme et une sorte de libéralisme social.

Le Maroc indépendant a inscrit ses premières options dans le cadre des évolutions politiques de ce type d'économie mixte se développant alors dans le monde industrialisé de l'après-guerre et de la reconstruction. Suite à des changements mineurs dans l'appareil et les instruments de politique publique au lendemain de la fin du Protectorat, une nouvelle stratégie économique a pu être mise en œuvre, dans un premier temps et brièvement, surtout en faveur de la création de banques et d'unités industrielles contrôlées par les pouvoirs publics notamment, conduisant et orientant l'évolution du reste de l'économie, à l'image d'une locomotive tirant un train et selon un processus centralement planifié[1].

Les choix des secteurs de la sidérurgie, de l'industrie chimique des phosphates consignés dans les premiers Plans reprenaient quelques-unes des activités industrielles ayant contribué ou accéléré le développement des principales puissances économiques de l'époque, en recourant aux méthodes de planification de l'ancienne puissance

[1] « Plan quinquennal 1960-1964 ». Voir Orientations et Stratégie.

coloniale, avec le soutien technique de quelques experts français, tout en s'intéressant aux modèles de développement suivis par la Russie soviétique, l'Inde et même la Chine. Une croissance planifiée fondée sur des entreprises d'État s'inspirant de l'environnement culturel caractérisant la période postérieure à la Deuxième Guerre, qui était alors influencé par les courants européens de pensée issus de la résistance au fascisme en Europe, par un mouvement de décolonisation ensuite, enfin par un contexte de confrontation « Est-Ouest », ou de façon moins schématique ce qu'on a appelé la « Guerre Froide » entre le « monde libre et le communisme ». Ce fut aussi une période de poursuite des luttes de libération nationale de plusieurs pays, dans la mouvance dite des pays alors dits « non alignés » appartenant au futur « Tiers Monde », groupement ayant pris naissance suite à la Conférence de Bandoeng et qui avait soutenu notamment l'indépendance du Maroc, ce dernier nouera des liens avec les deux camps opposés et au gré des conjonctures[1].

Plusieurs de ces nouveaux pays ont ainsi découvert leur état de sous-développement en comparaison à celui des anciennes puissances coloniales, entrainant des confrontations et des choix politiques souvent à caractère idéologique au niveau de la direction des États nouvellement indépendants, sur les buts et les moyens pour « accélérer » la croissance économique en particulier (J.Lacouture, 1961, pp.180-262)[2]. Sans échapper à ces débats, le Maroc allait privilégier une voie médiane d'un processus incitatif de planification, après une courte période de centralisation, chaque plan définissant surtout les options d'investissement de la puissance publique pour l'étape à venir (M.Rocard, 2010, p.110)[3]. Les premiers Plans adoptés, biennal puis quinquennal, entre 1958 et 1964, ou celui de 1973 à 1977, ont été marqués par un volontarisme soucieux de favoriser une croissance de la production, grâce à de massifs investissements

---

[1] La Conférence s'est tenue en avril 1955, en Indonésie,convoquée par la Chine, l'Inde, la Yougoslavie, l'Indonésie et l'Egypte, soutenant aussi la demande d'indépendance du Maroc, a réuni des pays africains, asiatiques et latino-américains s'opposant au colonialisme et favorables à une neutrallité dans la Guerre froide entre les USA et l'URSS.

[2] L'auteur décrit, en parlant du roi Mohammed V, l'atmosphère prévalant au Maroc durant la période postérieure à la Deuxième Guerre puis celle de l'indépendance.

[3] L'expression « planification incitative », telle que formulée par Michel Rocard dans le cas de la France, parait plus suggestive et pourrait s'appliquer au Maroc.

publics, et dans certains cas en faveur d'une « industrie lourde » qui figuraient déjà dans les « fiches projets » du Protectorat, marquant dans la pratique une relative continuité par rapport à ce dernier (Belaïd, Belal, De Bernis et autres, 1964)[1].

Divers projets industriels structurants ont vu le jour au cours de cette première phase de planification soucieuse de créer les bases d'une économie nationale, avec la première implantation d'une unité de transformation des phosphates à Safi, d'une raffinerie de pétrole à Mohammedia, d'une chaine de montage de véhicules de tourisme, et des tentatives non abouties d'une unité sidérurgique à Nador, ou encore la construction de tracteurs en collaboration avec une petite entreprise française pour moderniser le secteur traditionnel de l'agriculture (M.Lahbabi, 1967)[2].

Le déficit budgétaire annuel moyen de cette première tentative a atteint près de 8,5% du PIB, et ce n'est qu'en 1972, qu'il a pu être ramené à un niveau en rapport avec les capacités financières limitées du pays.

Néanmoins, l'insuffisance de ressources financières n'explique que partiellement la médiocrité des résultats des objectifs planifiés, leur non-aboutissement faisant figure depuis de symbole de l'échec du type de planification suivi et ayant favorisé une orientation économique jugée inadaptée pour le Maroc, responsabilité imputée à tort à la fraction de gauche du mouvement national qui était devenue l'opposition officielle du régime. Cependant, l'échec intervenu tient d'abord à la faiblesse de la structure technique et administrative en charge alors de la prévision et de la planification[3]. Dans la pratique,

[1] Cette rencontre a examiné l'aspiration à accélérer le développement exprimée par plusieurs pays nouvellement indépendants. L'expression « industrie lourde » a été empruntée au modèle soviétique de planification et désignait une industrie produisant prioritairement des biens d'équipement et des machines avec de gros investissements, par opposition à l'industrie légère ne nécessitant que de faibles capitaux pour produire des biens de consommation.

[2] L'auteur a été le premier directeur général du Bureau d'Études et de Participations Industrielles (BEPI) à la fin des années 1950.

[3] Après avoir relevé du ministère de l'économie et des finances, cette structure administrative sera rattachée au Cabinet royal, le Roi étant devenu chef de gouvernement. La création d'un Secrétariat d'Etat chargé du plan en 1967 témoignera d'une consolidation de l'administration du plan relevant désormais du premier ministre.

les objectifs initiaux du premier plan quinquennal devaient connaître un faible taux de réalisation en raison des luttes de pouvoir. La planification des investissements et la position dominante du secteur public sont certes demeurées le cadre de référence des interventions des pouvoirs publics, mais les objectifs et les modalités de la croissance économique seront repensés en concertation avec le groupe de la Banque mondiale après le premier voyage officiel de Hassan II aux É-U., au cours duquel il sollicitera officiellement l'assistance de celle-ci pour faire face aux premiers graves déséquilibres enregistrés par le budget et la balance des paiements[1].

L'agriculture irriguée et d'exportation, le tourisme et des industries légères relevant du secteur privé seront les nouvelles priorités économiques arrêtées par les plans successifs entre 1965 et 1972. Celle aussi accordée à la construction de nouveaux barrages et au développement des cultures d'exportation a certes entrainé une expansion de la production, aggravant un dualisme qui prévalait déjà du temps du Protectorat entre secteur traditionnel et secteur moderne, cantonnant l'essentiel de la population rurale dans des activités de subsistance sur de petites surfaces de terre non irriguées avec un maigre élevage[2].

Les grandes lignes d'un éventuel développement planifié de l'agriculture traditionnelle étaient loin d'être claires, tant la stagnation caractérisant ses productions. La mécanisation des labours et des récoltes, l'introduction de forage de puits pour stabiliser les petites exploitations combinant agriculture et élevage n'étaient que des palliatifs. Les premières réalités dressées par la nouvelle administration marocaine indiqueront que le quart des paysans n'avaient pas de terres, et la moitié des exploitants avaient une superficie égale ou inférieure à trois hectares. Autrement dit, seul un quart des exploitations pouvait être considéré comme viable. Déjà fragmentées et minuscules du temps du Protectorat, la plupart des exploitations avaient plutôt besoin d'un élargissement de leurs superficies suivie

---

[1] «The economic development », op. cit, p.1. Le déficit budgétaire a été multiplié par trois passant de 325 millions de dirhams à 1060 millions de dirhams, entre 1960 et 1964, avec des réserves en devises pour effectuer moins de six semaines d'importations au cours de l'année 1964.

[2] Le Maroc a construit près d'une trentaine de barrages au cours des cinq premières décennies d'indépendance.

d'une coopération entre exploitants, et une distribution de quelques terres de colons en forme de petits lots aux « sans terres » ne pouvait se substituer à une réelle reforme agraire devenue urgente pour améliorer des revenus bas. Des traitements différenciés selon le statut juridique des terres, collectives ou domaniales, constitueront des formules transitoires et déguisées de transfert à de nouveaux propriétaires certes marocains, mais déjà nantis, rappelant les colons du passé.

Certains nouveaux responsables de l'administration de l'agriculture continuaient de préconiser le maintien et la multiplication des expériences des soixante-deux « Secteurs de Modernisation du Paysannat » que les fellahs ne semblaient guère accepter, même avec des moniteurs cette fois-ci marocains. L'exonération du vieil impôt agricole « tertib » concernera les riches comme les petits exploitants, paradoxalement à la demande des premiers, menés par l'Union Marocaine de l'Agriculture, avant qu'il ne soit aboli purement et simplement[1]. De façon globale, la production agricole a progressé de manière irrégulière, lors de la deuxième décennie suivant l'indépendance, en raison de l'enchainement d'un cycle de sécheresses affectant les principales activités agricoles et causant de fortes baisses des productions de céréales et de primeurs notamment. Les rendements des principales spéculations sont demeurés au même faible niveau enregistré durant le Protectorat, en prenant en considération la période 1931-1960, avec une moyenne de cinq quintaux par hectare pour le blé dur, six pour le blé tendre, sept pour l'orge et cinq pour le maïs[2]. En somme, une stagnation de rendements au cours d'une période trois décennies qui a enregistré un doublement de la population marocaine. Il en fut de même de l'élevage, et très tôt s'imposa la devise marocaine que « sans une agriculture viable, aucune économie viable ».

Le lancement de l'« Opération Labour », des « Centres de Travaux », s'inspirant des expériences d'essai de modernisation de l'agriculture traditionnelle durant Protectorat, ou la création d'un organisme nouveau de Crédit Agricole, entre autres, ne parviendront

[1] Le tertib fut aboli au cours de l'été 1961 par Hassan II devenu Roi, et au moment où sévissait une grande sécheresse.

[2] Annuaire Statistique du Maroc 1957 et La Vie Economique du 13-01-1961.

que faiblement à modifier de manière significative le niveau de développement du secteur rural en général et de la petite agriculture en particulier. Renouant ainsi en grande partie avec les activités antérieures du temps du Protectorat, les nouvelles options « planifiées » ont peu contribué à enclencher une croissance économique à même de soutenir les besoins d'une progression démographique devenue préoccupante[1].

Les nouveaux décideurs politiques et responsables économiques présidant aux orientations de l'indépendance, avec ou sans étiquette politique déclarée, qui ont constitué les équipes ministérielles et dirigeantes de l'appareil économique, ont été pour la plupart des hommes du cercle rapproché du pouvoir, encourageant et partageant des options dont plusieurs bénéficiaient (J.Waterbury, 1975)[2]. De nouvelles opportunités seront ainsi ouvertes à l'extension et à la consolidation du secteur privé. Les structures économiques et instruments financiers créés pour consolider l'État national, dont la Banque Centrale, une monnaie nationale, et quelques institutions financières spécialisées, seront mis à contribution pour réaliser ce dessein.

Le système de planification, comme les politiques économiques qu'il essayait de mettre en œuvre, a fluctué ainsi entre quelques brèves poussées de volontarisme suivies systématiquement de longues périodes d'actions de stabilisation et d'ajustement des structures. L'essentiel de l'économie organisée, comprenant les secteurs de l'industrie, du commerce, de l'agriculture et des services, a relevé dans un premier temps d'entreprises pour la plupart encore françaises

---

[1] Le PNB par habitant était de 950 dirhams, soit 188 dollars en 1964, similaire à celui de la Tunisie. D'après « The economic development.. », op.cit. p.16.
- Najib Akesbi, cité dans « Rapport du Cinquantenaire », Section croissance et développement humain, p.77. La progression de l'agriculture s'est effectuée à raison d'un rythme de 6% en moyenne, entre 1961 et 1972, pour enregistrer un net recul (1,86 %) de 1973 à 1981.

[2] Quelques individualités, proches des composantes du mouvement national, l'Istiqlal et l'UNFP, étaient également associées aux gouvernements désignés par Hassan II, permettant à ce dernier de garder un contact constant avec les opposants. Un essai d'explication du fonctionnement du pouvoir politique marocain selon cet auteur.

qui occupaient encore une place de premier plan[1]. Les divergences devenaient profondes au sein de la classe dirigeante quant aux politiques publiques devant être mises en place, aux secteurs et aux activités pouvant constituer les bases de la croissance économique du pays nouvellement indépendant.

Les options étatistes, planificatrices relativement avancées, avec une dominante socialisante d'une partie du mouvement national, n'étaient partagées ni par la monarchie ni par l'arrière-garde d'un parti de l'Istiqlal, plutôt favorables au maintien de l'existant et autant que possible sans grandes modifications des structures léguées par l'ancien régime du Protectorat. Cette absence de consensus politique se traduira dans les faits par une révision progressive par la nouvelle équipe gouvernementale conduite par le Roi, dirigeant lui-même le gouvernement cette fois-ci, en faveur d'orientations économiques davantage en rapport avec les conditions du marché et moins dictées par l'État central. Ces modifications convenaient paradoxalement au parti conservateur de l'Istiqlal et répondaient aux souhaits des propriétaires fonciers et du monde des affaires que des paysans riches, entrainant dans la pratique une sorte de retour progressif aux choix économiques et sectoriels qui avaient prévalu avant l'indépendance[2].

Cherchant à renforcer surtout la place du marché, cette politique allait dans les faits renouer avec un certain « volontarisme planificateur » pour des raisons de politique interne, au lendemain des deux tentatives de coups d'État militaires successifs contre la monarchie, quinze après la fin du Protectorat. Le retour remarqué à une planification concertée des investissements publics a trouvé son origine dans un contexte économique dépressif, lui-même résultat d'un environnement politique instable, voire incertain. Contrecarrant les conséquences économiques de l'instabilité politique à la suite des

[1] L'expression « marocanisation » dans ce contexte, signifiant en particulier que la nationalité marocaine était devenue la condition légale désormais nécessaire pour être présent au capital d'entreprises dans certaines activités occupées naguère exclusivement par des non marocains ; voir décrets de marocanisation en 1973. Historiquement, l'expression avait été déjà utilisée par le mouvemenet national au moment de l'indépendance.

[2] « The economic development of Morocco », The International Bank for Reconstruction and Development, by John Hopkins Press, Baltimore, 1966, op.cit. p.15: « The administration of the economy was carried along by the momentum of the methods of organization established in the early 1950s ».

coups d'État manqués, comme au lendemain de l'indépendance, le Roi a ainsi pris l'initiative d'une sorte d'union nationale formelle avec les partis de l'opposition autour de la récupération du Sahara encore sous contrôle espagnol, rejoignant ainsi une des revendications de certaines des organisations politiques en présence.

Dans le sillage de cette « concertation », des décisions en forme de décrets royaux ont réservé la majorité dans le capital de plusieurs entreprises appartenant divers secteurs d'activité aux seuls intérêts privés marocains, tout en les faisant bénéficier par ailleurs de conditions fiscales et de divers financements adaptés (P.Vermeren, pp ; 64-65)[1]. Un tel regain du « national » dans le fonctionnement de l'économie, doit être placé à son tour dans un contexte international perturbé par les conséquences de la guerre israélo-arabe d'octobre 1973, la guerre dite du « Kippour », sur les cours et les conditions d'approvisionnement des sources d'énergie, ainsi que sur les prix des diverses matières premières. Un tel conflit avait enclenché un mouvement général de renchérissement à des niveaux historiques de la plupart des produits du sous-sol. Le phénomène avait donné lieu à une flambée généralisée des cours et des prix sur le marché international, suite au quadruplement du prix du pétrole par le Cartel des principaux pays exportateurs que l'Organisation de Pays Exportateurs de Pétrole (OPEP) incarnait.

La nouvelle conjoncture économique internationale a encouragé les pouvoirs publics marocains à tripler le prix du phosphate, prévoyant de façon fort optimiste d'importantes recettes additionnelles pour le pays, une décision qui s'avérera avoir été hâtivement étudiée. Dans cette optique, le gouvernement a ainsi révisé à la hausse les investissements publics initialement inscrits dans le Plan en cours, en en doublant le montant initialement prévu, leur faisant atteindre un niveau jugé record, les portant à l'équivalent des deux cinquièmes du Produit Intérieur Brut, soit un taux d'investissement correspondant au double du niveau annuellement observé.

[1] De nouveaux codes d'investissement prévoyant des subventions en capital et des avantages fiscaux ont soutenu le mouvement d'ensemble. La marocanisation aurait globalement concerné près de 30 % des unités du secteur industriel et 90 % des entreprises de services, selon les ordres de grandeurs rapportés par exemple par P.Vermeren.

Les dépenses massives décidées, tant pour l'investissement en infrastructures que pour l'augmentation des salaires des agents de la fonction publique, ont entrainé une forte inflation à l'origine d'un déficit devenu préoccupant des finances publiques pour une longue période[1]. Le processus de hausse a gagné également les salaires payés dans le secteur privé, encourageant une forte hausse des importations et une profonde détérioration des termes de l'échange avec l'extérieur, avec un déficit externe équivalant au huitième du Produit Intérieur Brut. Le recours à l'endettement international est devenu dès lors inévitable et a progressé pour représenter par exemple en 1982 près de la moitié du PIB, contre moins du quart une décennie auparavant[2]. À son tour, le déficit budgétaire s'est creusé, rendant impératives des mesures de stabilisation suivie de divers ajustements de structures.

Dès lors, les orientations et les objectifs des Plans successifs seront négociés avec les organismes financiers internationaux et les principaux créanciers, le Maroc étant en sérieuse difficulté d'honorer ses engagements financiers[3]. Le pays ne disposait plus par exemple que d'une réserve de change couvrant à peine une semaine d'importations, frôlant l'insolvabilité (B.Horton, 1990, p.10). En parallèle, des négociations devaient être menées à la fois avec les créanciers, États et banques commerciales internationales, au titre de diverses catégories de dettes publiques que privées et garanties par l'État, en vue de procéder aux rééchelonnements nécessaires des remboursements, afin d'éviter une cessation de paiements et enclencher si possible un début de stabilisation pour faciliter un retour progressif aux équilibres[4]. Avec le recul, plusieurs dispositions et objectifs des divers Plans qui se sont succédé furent davantage des éclairages sur de simples souhaits optimistes d'ordre macro-économique, et qui se sont peu réalisés dans l'ensemble.

---

[1] La hausse des prix a été de 12% à 15%.

[2] La dette publique extérieure a représenté 53 % du PIB en 1982 contre 22,4 % en 1974. Le taux d'investissement, mesuré par rapport au PIB a dépassé les 40 %, et les traitements des agents du secteur public avaient augmenté de 26 %.

[3] Il s'agit du Fonds Monétaire International et de la Banque Mondiale qui vont assister le Maroc pour retrouver son équilibre financier et une partie de son crédit sur le plan international notamment.

[4] Ce fut le période des discussions périodiques avec le « Club de Paris » pour les créances vis-à-vis des Etats, et avec le « Club de Londres » pour les dettes commerciales et privées.

Un essai de stabilisation économique et d'ajustementde structure

L'économie marocaine a enregistré à partir de 1976 en particulier des déficits du budget et du compte courant extérieur de plus en plus graves, rappelant à ceux des premières années de l'indépendance. Les pouvoirs publics avaient poursuivi une politique de croissance et d'investissement public au prix d'un considérable endettement international faisant rapidement figurer le pays parmi les plus endettés de leur catégorie.

Ce n'est qu'après deux premiers essais non aboutis, qu'un programme de stabilisation a pu être enfin engagé en septembre 1983, sous la supervision des services du Fonds Monétaire International. Les principales mesures prescrites et adoptées ont consisté essentiellement à réduire la demande globale, en diminuant les subventions ainsi que les investissements publics, tout en arrêtant l'embauche de fonctionnaires et en dévaluant la monnaie nationale, le dirham. Davantage encore que par le passé non lointain, le besoin de parvenir à l'équilibre lors de cette phase a impliqué de profonds aménagements des instruments de dépense et de larges modifications des mécanismes de génération de ressources publiques. Ainsi, une première série de réformes, intéressant le contrôle des dépenses et les appels d'offres relatifs aux marchés publics notamment, a été mise en place pour amorcer un retour progressif à l'équilibre du budget de l'État. Un tel résultat a pu être atteint, suite à une réduction drastique de diverses catégories de dépenses publiques, dont celles consacrées respectivement à l'investissement public et au fonctionnement de secteurs sociaux, comme ceux de l'éducation et de la santé en particulier qui s'en sont fortement ressentis depuis.

Seules les dépenses liées à l'effort de guerre, en rapport avec la récupération du Sahara jadis sous administration espagnole, ne subiront, quant à elles, aucune baisse, en raison d'un accord tacite entre les divers groupes politiques représentés au parlement nouvellement élu et la monarchie, dans le sillage d'une sorte d'« union » consacrée par la décision et l'accomplissement de la « Marche Verte ». Entretemps, une réforme fiscale d'allure globale a été adoptée, la première depuis la fin du Protectorat, révisant la place des impôts directs et indirects, et introduisant une taxe à la valeur ajoutée sur les transactions, et notamment le principe de la déductibilité des taxes que l'entreprise a dû payer à ses fournisseurs.

Tout en cherchant à augmenter le rendement de l'impôt, la même réforme s'est montrée également favorable à l'acte d'investissement et à l'initiative privée en général. Sans oublier l'importante part prise par les remboursements rééchelonnés de la dette extérieure accordés par les « clubs de Paris et de Londres », réduisant d'autant les sorties de capitaux, soit autant de facilités financières qui ont contribué à un retour progressif à la stabilité. À l'issue de cette période économiquement instable et financièrement difficile, le taux de croissance économique a pu néanmoins osciller entre 3 et 4 % par an, en moyenne.

Un vaste et long programme de transformation des structures de l'économie marocaine avait été engagé au début des années 1980, tant celles-ci étaient demeurées peu diversifiées, avec une participation sectorielle faiblement modifiée par rapport par rapport à celle enregistrée au début de l'indépendance. Semi-planifiée, protégée et constituée d'entreprises publiques coexistant avec un secteur privé en voie d'élargissement, au cours de cette première étape post indépendance, l'économie marocaine avait connu une croissance relativement faible dans l'ensemble[1]. Prenant le relais de la stabilisation puis de l'amélioration de l'équilibre des finances publiques, un programme d'ajustement structurel (PAS), soutenu par plusieurs prêts de la Banque Mondiale, a inspiré les orientations de deux à trois Plans successifs qui ont ouvert la voie à la mise en œuvre d'un ensemble de réformes structurelles importantes destinées à stimuler l'offre et la production.

La libéralisation des échanges extérieurs a constitué le début de la réforme essentielle du secteur industriel. Le système des restrictions quantitatives antérieures a été supprimé et les droits de douane ont enregistré une substantielle baisse. L'industrie a ainsi affronté la concurrence étrangère pour la première fois avec une protection réduite (C.Morisson, 1991, p.13). Dans le secteur agricole, l'administration a relevé systématiquement les prix payés aux producteurs, tout en réduisant les distorsions de prix pour l'eau et les engrais. Au préalable, la fourniture d'engrais et de semences a été

[1] « Rapport du Cinquantenaire », la section consacrée à « la croissance économique », Rabat, 2005, p.19. Le PIB a augmenté de l'ordre de 4,92 % entre 1961 et 1972, et de près de 4,76 % entre 1973 à 1981, dont une année de croissance nettement négative.

libéralisée ainsi que la collecte de produits agro-industriels en vue de l'exportation avec la suppression de l'Office de Commercialisation et d'Exportation. Le mouvement de libéralisation s'est progressivement étendu aux restructurations des institutions financières et des révisions des mécanismes de la politique monétaire, en passant par la suppression de la réserve monétaire et le plancher d'effets publics pour les dépôts à terme notamment. En parallèle, le statut et les fonctions de diverses entreprises publiques dans la plupart des secteurs de l'économie ont été revus et révisés, en accordant une prééminence à l'entreprise privée. Suite à quelques dévaluations techniques, le dirham devait retrouver sa valeur d'équilibre. Une vérité partielle des prix a été poursuivie à travers la baisse des subventions aux produits de première nécessité. Cet ensemble de mesures était appelé à accroitre de façon significative la fonction des mécanismes du marché en général.

Si l'objectif de réduire le déséquilibre externe a été progressivement atteint à la fin de la décennie, celui de faire baisser le déficit budgétaire est demeuré encore partiel. Néanmoins, à la différence d'autres pays où l'ajustement a entrainé une réelle baisse de la croissance, le Maroc a pu néanmoins enregistrer une réduction des déséquilibres sans grand ralentissement de l'activité économique dans l'ensemble.

La protection d'une économie en démarrage

Le régime marocain des échanges extérieurs est régi par un nouveau tarif douanier mettant fin au système dit de la « Porte ouverte », introduit par l'Acte d'Algésiras qui sera déclaré caduc en 1957. Les biens d'équipement et les matières premières seront faiblement taxés, les demi-produits moyennement, et les droits les plus élevés devaient frapper les biens de consommation industriels. Ces derniers le seront de plus en plus fortement, notamment pour les produits textiles, à partir de 1962, sous la pression du nouveau lobby des entreprises textiles marocaines qui a poursuivi l'action passée des industriels français du même secteur du Protectorat.

À côté de cette protection douanière, une autre de type contingentaire a été instituée imposant des prohibitions pures et simples, voire des interdictions d'importation de biens à des prix inférieurs à ceux devant être considérés comme des références considérées comme telles par les entreprises locales. Ne faisant que poursuivre d'ailleurs en cela le soutien traditionnel précédemment accordé pratiquement aux entreprises françaises par les autorités du Protectorat, en l'absence d'une politique industrielle, les hauts niveaux des droits de douane ont ainsi orienté les investissements en les attirant vers les branches de la filature du coton, de la laine, des tissages et de la bonneterie[1].

Elle sera pratiquement poursuivie au cours de deux décennies, favorisant de ce fait une industrie par remplacement des importations freinées[2]. Divers projets industriels de cette nature ont pu voir le jour, du simple fait qu'aucune concurrence étrangère et même locale n'était présente pour un temps souvent indéterminé.

En plus du secteur textile, d'autres unités comme des sucreries, des huileries, des minoteries, des semouleries, des savonneries, voire des cimenteries ont pu être progressivement érigées dans des branches à la fois protégées et réglementées, tout au long de cette période d'après indépendance. Une réelle accumulation du capital a été de ce fait encouragée, bénéficiant à l'ensemble de la catégorie de nouveaux entrepreneurs protégés. Les termes d'une telle protection ont été négociés directement avec des services administratifs disposant d'un pouvoir de sélection non sans conséquence sur le devenir de l'ensemble de l'économie nationale.

La plupart des activités industrielles de production de machines et de biens d'équipement ont été écartées par les entrepreneurs, car présentant des risques techniques, des marges de profit jugées inférieures, exigeant beaucoup plus de capitaux et de longs délais de retour sur investissement, en comparaison avec les articles de consommation. Au total une protection sans obligations de résultat et sans limites précise dans le temps qui a débouché sur une industrialisation proche de la demande solvable, orientée de façon

---

[1] Voir Secteur privé supra.
Un groupe français, par exemple comme celui de Marcel Boussac de Lille-Roubaix-Tourcoing, très influent à la métropole après la Deuxième Guerre, avait aussi ses entrées spéciales à la Résidence de France à Rabat.
[2] Mohammed Germouni, « Essai sur les problèmes de l'engineering au Maroc », publications de la Faculté de Droit de Rabat, 1978.

spéculative par les niveaux des prix et des profits (M.Berrada, 1986, p.258). Le tarif douanier a pu contribuer au renforcement progressif de l'entreprise privée marocaine.

La protection du marché local a longtemps constitué la norme, coexistant le plus souvent avec une concurrence locale réduite. Un système des quotas et de licences d'importation, à la discrétion des services du gouvernement, a favorisé la constitution de la catégorie de commerçants puis d'industriels-rentiers. Cependant, les importations en général avaient peu faibli d'une année à l'autre, se portant sur les autres articles non produits localement. Une activité lucrative dont ont bénéficié surtout ceux des hommes d'affaires proches des centres de décision politique (A.Tiano, 1963, pp.116-118)[1]. Ne risquant pratiquement aucune concurrence sur un marché local d'entreprises organisées en forme d'ententes informelles le plus souvent ou de monopoles de fait, en raison de droits de douane élevés et de taxes dissuasives, le remplacement progressif des importations de certains biens de consommation par des productions locales a suscité l'apparition des nouveaux rentiers issus de familles dont certaines déjà enrichies ,dans le négoce et l'activité d'importation depuis la fin de la Deuxième Guerre sous le Protectorat.

De l'encouragement de l'entreprise privée au recul de l'entreprise publique

Au lendemain de l'indépendance, le nombre encore limité de techniciens, d'ingénieurs et de cadres marocains qualifiés, le niveau des risques financiers ont favorisé surtout la création d'entreprises publiques renforçant le poids de l'État. L'adoption puis la mise en œuvre de codes successifs allaient contribuer à l'apparition d'initiatives privées. Les exemptions fiscales, les exonérations douanières, l'accès relativement facile au crédit et aux subventions d'équipement accordées par l'État en réduisant au minimum les risques ont pu bénéficier aux premières générations d'entreprises qui se sont créées dans cette phase de démarrage de l'industrie marocaine à proprement parler. Diverses entités privées, à cheval entre des activités commerciales, immobilières ou agricoles lucratives, se sont progressivement organisées et structurées en bénéficiant des licences

---

[1] L'auteur y décrit le système des licences d'importation et des fraudes l'accompagnant.

et autorisations d'importation à l'abri d'un tarif douanier géré par les services administratifs.

L'origine des entreprises publiques au Maroc se confond avec la période du Protectorat français, pendant laquelle plusieurs établissements du genre furent créés dans les mines, l'agriculture ou les transports. L'augmentation de leur nombre et leur développement depuis l'indépendance se sont inscrits dans le cadre de vides institutionnels liés au degré d'arriération du pays qui devaient être comblés.

En effet, le nombre réduit d'entrepreneurs marocains et l'expertise locale encore fort limitée devaient plaider en faveur de cette forme d'entreprises surtout s'agissant de gérer des ressources appartenant à la collectivité. Il deviendra un instrument qui demeurera privilégié au moins jusqu'à la récession économique mondiale de la fin des années 1970. Aux organismes, en forme d'Offices et de Bureaux datant du Protectorat pour les phosphates, les mines, les vins, les alcools, les tabacs, et les céréales entre autres, déjà opérationnels ,vont s'adjoindre plusieurs nouvelles structures couvrant divers secteurs et activités de l'agriculture, de l'industrie et des services comme celui des institutions financières notamment[1].

De l'ordre de quelques centaines, de tailles diverses, leur multiplication a engendré une réelle prolifération d'unités et une aggravation de dépenses publiques contraignant les pouvoirs publics d'en limiter l'extension, à défaut d'en maitriser le contrôle et la gestion. Les exemples abondent, allant du Bureau d'Études et de Participations Industrielles devenu Office du Développement Industriel, à la Caisse de Dépôt et de Gestion, à la Banque du Maroc, à la Banque Nationale de Développement Économique, la Banque Marocaine du Commerce Extérieur, à l'Office national de l'Irrigation, en passant par la Caisse Nationale de Crédit Agricole, etc. La liste n'est pas limitative et concerna divers secteurs de production de biens et de services. Un tel large secteur public facilitera des situations d'enrichissement d'une partie des dirigeants qui constituait une sorte de « technostructure » apparue avec l'indépendance, le chiffre

[1] Le Bureau d'Études et de Participations Industrielles, la Caisse de Dépôt et de Gestion, la Banque du Maroc, la Banque Nationale de Développement Économique, la Banque Marocaine du Commerce Extérieur, l'Office national de l'Irrigation, la Caisse Nationale de Crédit Agricole,…La liste n'est pas limitative.

d'affaires d'un grand nombre d'entreprises privées dépendait du bon vouloir et des contrats signés avec ces entreprises publiques (O.Marais, 1964, pp.709-713 ; J.Waterbury, p.155).

Un important cabinet international, à la demande de la Banque Mondiale, a été chargé de faire un premier « diagnostic » des entreprises d'État, suivi de recommandations des modalités d'organisation et de contrôle de gestion les concernant[1]. Une mission d'études du secteur public sera confiée à un nouveau ministère créé, quelques années plus tard à cet effet, pour revoir les relations du secteur public avec l'État, dépassant la simple question du déficit budgétaire aggravé par les difficultés financières desdites entreprises[2]. Au cours de cette période, les investissements cumulés de cette catégorie d'entreprises ont été de l'ordre de la moitié de la formation brute annuelle de capital fixe. Le processus de privatisation enclenché depuis a contribué à limiter une hypertrophie parfois anarchique et souvent onéreuse du secteur public.

Dès les premières années de l'indépendance, l'encouragement de l'investissement privé, à travers des « codes » sous forme de lois de plus en plus spécifiques, a cependant constitué depuis une politique relativement constante des pouvoirs publics marocains. La première loi encourageant les investissements, intitulée « Code », fut adoptée dès l'année 1958, puis sera révisée deux années plus tard dans un sens encore plus libéral. Elle prévoyait notamment une exonération des droits de douane pour les équipements, une réduction des droits de constitution de société, des impôts symboliques sur les résultats, des primes d'équipement, des amortissements accélérés, une garantie de retransfert du produit de la liquidation de l'investissement quand il était étranger. Ce texte de loi était implicitement appelé à élargir les bases du secteur privé marocain, particulièrement dans l'industrie légère produisant des biens de consommation pour le marché local. Cette nouvelle orientation renforce l'idée d'une sorte de retour discret aux activités naguère privilégiées au cours du Protectorat, simples à maîtriser, orientées vers les consommateurs solvables, procurant des bénéfices immédiats, sans entamer l'équilibre social traditionnel, dont celui entre les villes et les campagnes.

[1] Mission du Cabinet Mac Kinsey en 1975.

[2] Confiée à un directeur de la Banque Centrale.

Complétant les mesures de protection des activités industrielles locales et de « marocanisation » du capital, les avantages accordés vont à leur tour drainer de nouvelles catégories d'entrepreneurs. En introduisant le principe de l'automaticité des avantages, en incluant également les exportations de biens transformés, les Codes d'investissement de 1973 ont pu réellement favoriser un accroissement de création d'entreprises privées.

En introduisant la dimension régionale et en étant moins discriminants vis-à-vis des initiatives étrangères, les textes d'encouragement adoptés la décennie suivante ont concerné en plus de l'industrie, les services, le tourisme, l'immobilier, les mines et la pêche industrielle. Les dispositions incitatives sous forme d'exemptions fiscales, d'exonérations douanières, un facile accès au crédit, ainsi que des subventions d'équipement accordées par l'État, ont bénéficié surtout à celles des entreprises organisées et structurées. La petite et moyenne entreprise est demeurée le parent pauvre du financement, à défaut des garanties requises par un système bancaire relativement proche des grands groupes qui constituent sa clientèle privilégiée, et surtout soucieux d'éviter une baisse des profits qu'entrainerait un élargissement du nombre d'entreprises (R.Le Tourneau, 1965, p.180 ; P.Vermeren, p.14).

Le retard de développement du secteur privé marocain, hors du négoce et de la spéculation foncière, a été dû en partie à une certaine discrimination du fait de l'administration du Protectorat qui avait concentré ses efforts d'encouragement sur l'entreprise française implantée au Maroc. Si les activités commerciales et les bénéfices qu'elles génèrent avaient accaparé davantage l'attention des entrepreneurs marocains, à l'opposé, les risques liés à l'investissement dans un secteur nouveau et leur non-qualification technique demeuraient dissuasifs.

Par ailleurs, les activités de production du ressort du secteur privé national allaient être élargies par les possibilités nouvelles ouvertes par les cessions d'entreprises toutes faites dues à la « marocanisation » décrétée par les autorités. Dans les faits, cette décision à caractère politique marqué répondait au besoin des pouvoirs publics de recréer alors une unité nationale, au lendemain des tentatives de coup d'État et devant accompagner le processus de récupération du Sahara. Une mesure politique, au service d'un contexte national particulier, destinée à répandre le dynamisme des entreprises étrangères ainsi cédées, françaises principalement, au reste de l'économie.

Dans la pratique, ces cessions se sont transformées en un mouvement de redistribution du patrimoine économique existant, au profit surtout de groupes déjà structurés, et de façon inégale, la part importante ayant bénéficié plutôt à ceux proches des cercles du pouvoir[1]. Le processus de marocanisation a donné lieu davantage à une participation-association dans l'existant plutôt qu'à une relève ou une dépossession, et s'est globalement effectué par consentement, et selon des accords mutuellement profitables aux deux parties. Sur quelque mille quatre cent quatre-vingt-trois entreprises commerciales, industrielles et de services ayant été reprises par des intérêts marocains par exemple, entre 1973 et 1977, la participation étrangère au capital social desdites sociétés est passée de trois quarts aux deux cinquièmes en moyenne (A.Berrada, pp.59-96)[2].

Longtemps présents essentiellement dans le négoce, le foncier ou l'immobilier, et accessoirement dans l'industrie, plusieurs entrepreneurs marocains ont pu ainsi développer dans cette nouvelle conjoncture un patrimoine leur permettant d'être plus visibles que par le passé. Certains d'entre eux, dirigeant des structures commerciales et financières mieux organisées que d'autres et bénéficiant d'une proximité privilégiée avec les niveaux de décision et les circuits d'information économique, ont pu progressivement ainsi créer d'importants groupes et holdings de prise de participations.

L'élargissement du secteur privé s'effectuera en forme de vagues, que les mesures de protection et d'incitation d'abord, de marocanisation

---

[1] Il y eut aussi plusieurs formes de groupes, dont certains éphémères dus à des positions dans le pouvoir politique, et qui ont duré une à deux décennies, comme celui du général Moulay Hafid Alaoui, ministre du Protocole, ou celui de l'aide de camp du roi, le général Ahmed Dlimi. Il y a eu en plus modeste ceux d'anciens premiers ministres et ministres genre ceux de Laraki, Laâmrani, Guessous, Benhima, etc., ayant bénéficié pour la plupart de participations sous des formes diverses dans des sociétés étrangères au Maroc, en particulier françaises. La haute hiérarchie militaire et sécuritaire s'est elle aussi investie dans certaines activités de pêche et disposant d'importants patrimoines fonciers et immobiliers notamment.

[2] Répartition du capital social avant et après marocanisation, selon une étude interne du Ministère de l'Industrie et du Commerce, 1977.

ensuite, ont amplifiées depuis l'indépendance, donnant lieu à la formation progressive d'importants groupes en forme de conglomérats.

Une première catégorie, représentée par des groupes qui pourraient être qualifiés d'historiques, devait faire son apparition, comme ce fut le cas notamment de l'Omnium Nord Africain (ONA), avec la Compagnie de Gestion et de Participation détenue en majorité par la Banque de Paris et des Pays-Bas depuis la période du Protectorat et cédée progressivement à la famille royale. La structure était active dans l'agriculture, le commerce et l'import-export[1]. Dans la même catégorie, on trouve le groupe dit Sogepar, de la famille Kettani originaire de Fès qui a relativement réussi dans les affaires déjà sous l'occupation française. Elle est présente dans le commerce, l'industrie, la banque, le crédit et l'assurance. Avec des origines presque similaires, le groupe formé par Karim Lamrani a longtemps été donné comme le plus important patrimoine du pays. Trois fois premier ministre du Roi Hassan II, en même temps que directeur général de l'Office Chérifien des Phosphates, le chef de file de ce groupe était devenu une illustration de cette interpénétration du politique et du grand capital[2].

Diverses autres individualités, aussi originaires de la capitale spirituelle, bénéficiant d'une expérience commerciale avérée, d'un niveau d'éducation souvent moyen, mais d'une proximité des décideurs politiques, ont été tout aussi performantes à mettre à profit les diverses opportunités économiques et d'accumulation de capitaux qui s'étaient alors présentées[2]. Depuis l'indépendance, l'essentiel du milieu des affaires s'y recrutait et a continué de l'être, et de puissants groupes en forme de conglomérat ont progressivement fait leur apparition, comme ceux des Benjelloun, Sefrioui, Tajamouati, Tazi, Alami, Berrada, Sekkat... sans que la liste soit limitative. Quelques dizaines d'autres ont également prospéré à des niveaux divers dans le négoce, le commerce, la promotion immobilière, avant de s'intéresser aux activités industrielles et financières, parvenant à rassembler des

---

[1] Voir le mensuel « Le Monde diplomatique ». Paris, Août 1991, et le Magazine «Tel Quel », Casablanca, numéro 456 de janvier 2011.

[2] A défaut d'éléments précis et rigoureux, plusieurs observateurs avertis ont avancé l'hypothèse que le groupe Karim Lamrani n'ait été qu'une sorte de « leurre », une simple extension de la véritable première fortune du pays.

actifs relativement importants, oscillant entre deux et trente milliards de dirhams (S.Tangeaoui, 1993)[1].

Une deuxième catégorie de groupes d'égale puissance financière, mais non originaire de la même ville historique, a également émergé depuis la fin du Protectorat, selon un scénario d'accumulation de capitaux presque similaire au premier. Ces entités constituent une autre variante d'importants patrimoines bâtis dans l'agriculture, l'immobilier, le commerce et accessoirement sur l'industrie dès la fin du Protectorat. Un nouvel ensemble, comme celui développé par exemple un Miloud Chaâbi, a cherché à combiner une accumulation de capitaux et une certaine forme de morale, s'est renforcé notamment dans des activités liées à la construction, à l'immobilier et accessoirement à l'industrie au Maroc, dans certains pays africains, ainsi que de ceux du Moyen-Orient[2].

En parallèle à ces groupes d'allure nationale, une large panoplie d'entrepreneurs ayant réussi dans diverses régions du pays avait fait son apparition, aussi depuis l'indépendance, après avoir diversement bénéficié des mesures d'incitation et de protection de l'État. À dominante berbère, avec des actifs dans les domaines de l'artisanat, du commerce, de la construction ou de la pêche, les entrepreneurs régionaux (self-made-men) à succès commençaient déjà à être une réalité au lendemain de la Deuxième Guerre mondiale[3]. De façon

[1] L'auteur en donne une liste non exhaustive dans un travail de thèse en science politique. Il rappelle des estimations déjà avancées par Mohamed Saâdi sur les groupes marocains, et qui restent de simples ordres de grandeur. La propriété foncière et immobilière, généralement importantes, de ces groupes ainsi que les patrimoines détenus à l'étranger, n'ont tout simplement pas été pris en considération. Un Euro, au cours de la première décennie du XXIe siècle, équivalait à 11 dirhams en moyenne.

[2] Voir revue Lamalif, entrevue avec Miloud Chaâbi, numéro 197, mars 1988. Les groupes de Zniber, de Chaâbi, de Bensalah, d'Akhenouche ou de Karrakchou, peuvent être aussi cités à titre d'exemples.

[3] Plusieurs entrepreneurs d'Agadir, de Safi, de Tanger, de Melilla ou de Figuig avaient déjà une certaine notoriété dans le milieu commercial et industriel dépassant le cadre régional. Moins directement liés au parti de l'Istiqlal que les familles de Fès, ils n'en étaient pas moins d'importants contributeurs financiers. Suite à la scission de l'Istiqlal, quelques années après l'indépendance, une fraction de cette catégorie d'entrepreneurs a été brièvement proche de l'aile dissidente et dont certains ont été désignés dans les nouvelles chambres de commerce et d'industrie proches de l'UNFP nouvellement créée .

générale, quand ils ne proviennent pas eux-mêmes de la haute administration centrale pour quelques-uns, et à quelques exceptions près au niveau de l'administration régionale, la proximité et le soutien de celle-ci ou celle-là ont contribué le plus souvent au succès de la plupart des groupes et ensembles économiques postérieurs à l'indépendance[1].

Cependant, le principal groupe devenu emblématique dans cette expansion du secteur privé marocain, qui demeurera observé, copié, imité, et ne laissant pas ses rivaux indifférents, et enviant la facilité de sa trajectoire, a été incontestablement celui de l'ONA. Cet intérêt a duré pratiquement jusqu'à sa discrète sortie et préparée de la cotation boursière, rendant paradoxalement l'information relative au plus important groupe de la Bourse de Casablanca pratiquement inaccessible[2]. À l'issue d'un montage juridico-financier, cette holding de près de cinquante milliards de dirhams d'actifs a été purement et simplement absorbée par une de ses participations, la Société Nationale d'Investissement (SNI), dont le contrôle avait été préalablement verrouillé. Son actionnaire principal lui avait assigné une sorte de fonction implicite de « locomotive » du processus de croissance économique du Maroc. Il a été même dirigé par des personnalités liées à la famille royale[3], ainsi que par une lignée de gestionnaires composée d'anciens ministres et de hauts responsables de l'administration. Au nombre des responsables de la marche quotidienne du groupe, l'ONA a compté, en plus d'anciens ministres récompensés, de hauts représentants de la communauté juive marocaine, comme David Ammar ou Robert Assaraf. Ce dernier est un ancien directeur de cabinet d'A.Réda Guedira, plusieurs fois ministre puis directeur du cabinet royal. Plusieurs hauts fonctionnaires de divers départements administratifs y ont aussi été recrutés avant ou à leur retraite.

Le groupe a pu même compter quelques actionnaires symboliques en son sein, comme certains groupes « mythiques » de l'économie et de la finance internationales tels Paribas, Danone, Axa assurance,

---

[1] Nombreux ont été les ministres et proches des centres de décision, comme membres de petits groupes économiques actifs.

[2] Magazine « Tel Quel », Casablanca, numéro 425, Mai 2010 « holdings royaux ».

[3] Avec la désignation à sa tête d'un des beaux fils du Roi Hassan II et fils de son premier ministre. Il y eut également Moulay Ali, un cousin du Roi qui en avait été aussi président dans les années 1970.

Vincent Bolloré, Alcatel, IBM, Bankers Trust et un des fonds de Soros[1]. D'autres prises de participations traduisant des alliances politiques et de circonstances, comme celles provenant de Lybie ou des Émirats Arabes, avaient été aussi enregistrées par le passé.

Au total, l'ONA a pu posséder directement jusqu'à quarante-trois sociétés et de façon indirecte près de quatre-vingt-six entités, jouissant de marchés protégés. Ses origines remontent au Protectorat français, d'abord dans le secteur du transport routier et des mines, avant de se diversifier après la Deuxième Guerre, en bénéficiant de concessions exclusives de marques de voitures et de mines (G.Hatton, 2009 ; F.Nataf, 1986). Le désengagement partiel de Paribas et négocié, à la veille du processus de privatisation, va permettre ainsi à la famille régnante de devenir l'actionnaire majoritaire de la holding, et le secrétaire particulier du souverain désigné comme membre du conseil d'administration. Depuis, il a connu une succession de changements visant à en élargir l'étendue et à renforcer sa force d'intervention, devenant un quasi-conglomérat présent dans diverses branches d'activités allant de l'agroalimentaire à la banque, en passant par l'assurance, l'immobilier, les mines, l'industrie, les médias et la grande distribution[2]. Il a pu établir aussi une sorte d'alliance informelle avec les autres groupes existants ou naissants, à travers son réseau bancaire et des participations croisées.

Par ailleurs, l'édification du secteur privé a fortement bénéficié du soutien effectif et constant des banques locales, dans leurs diverses composantes, contribuant ainsi au financement des besoins d'expansion du capitalisme de type marocain. Le secteur des petites et moyennes entreprises modernes n'a pas, quant à lui, pu s'élargir réellement ni prendre quelque envergure, malgré certaines tentatives d'encouragements spécifiques les concernant. À l'issue de cette phase de construction d'une économie nationale, la croissance générale n'a enregistré que de faibles moyennes annuelles, à peine plus élevées que le taux moyen de

---

[1] Georges Soros, financier américain d'origine hongroise, ayant fui la Shoah et fait fortune aux USA, a été l'un des responsables de fonds qui ont été, entre autres, à l'origine de la dévaluation de la livre sterling en 1992. La participation symbolique de cette catégorie de patrons de groupes internationaux répondait au vœu du monarque de renforcer son jeu diplomatique par groupes internationaux interposés.

[2] L'ONA a installé par exemple dans la grande distribution les premiers supermarchés « Marjane » et a créé une chaine de télévision privée 2M.

croissance de la population, de l'ordre de 3,6 %. La répartition sectorielle qui en a résulté témoigne d'une insuffisante diversification de l'appareil productif. La dernière période fut particulièrement difficile, car elle a été notamment marquée par une succession d'années de sécheresse et par les effets négatifs de la première guerre du Golfe, tels un cours élevé du pétrole, un faible prix des phosphates, sans omettre les graves mouvements sociaux intervenus au cours des dernières décennies du XXe siècle, comme ceux de Fès et de Casablanca.

La dépendance du climat en particulier, en raison d'une sécheresse cyclique, a entrainé ainsi une contribution agricole de plus en plus réduite, passant du cinquième au sixième du Produit Intérieur Brut (D.Rivet, p.158)[1]. Le secteur industriel ensuite, au sens étroit, est intervenu pour près d'un sixième à la création de la richesse nationale, soit un niveau presque inchangé sur plus d'un demi-siècle, et confiné principalement aux produits de première transformation. La participation des activités minières (3 % à 4 %) et celles du bâtiment (entre 5 % et 7 %), ont varié certes selon la conjoncture, mais à l'intérieur des mêmes fourchettes. Ainsi, la dernière décennie du XXe siècle par exemple, s'est soldée globalement par des performances économiques parmi les plus basses enregistrées depuis la fin du Protectorat. La croissance a enregistré de bas rythmes de progression, certaines années ont même connu des taux négatifs, comme ce fut le cas en 1992 et 1993. Par ailleurs, le désengagement de l'État des activités économiques a eu peu d'effets dans la dynamique d'ensemble, suite au programme de privatisation mis en œuvre[2]. Mais, la nouvelle donnée est représentée par un gonflement du secteur tertiaire et des services, correspondant en fait à un ensemble assez large couvrant les activités aussi diverses allant du tourisme à la banque, et des transports, en passant par l'administration publique. Ce nouveau secteur tertiaire contribue désormais à la production de près de la moitié de la richesse annuelle moyenne du pays. À leur tour, les échanges commerciaux avec l'extérieur, sont demeurés cantonnés aux

[1] On attribue à Théodore Steeg, deuxième Résident général au Maroc, remplaçant de Lyautey, la paternité de l'adage « gouverner au Maroc, c'est pleuvoir », avec une population rurale encore relativement importante (45 %), en comparaison à celle d'autres régions du monde.

[2] Banque mondiale, « Promouvoir.. », vol.2, p.19. « Encadré : une décennie de réformes structurelles ».

produits primaires ou de première transformation des produits du sol, du sous-sol et de la pêche, soit des activités à valeur ajoutée fort limitée[1].

Paragraphe 3 : L'essai d'insertion dans l'économie mondiale

Entre le souhait des pouvoirs publics et les réalités économiques mondiales, les décisions d'amarrer les développements des principaux secteurs aux conditions d'évolution du marché mondial paraissent davantage des paris sans fondements suffisamment établis. Le lent processus de croissance économique qui s'est modestement amorcé au cours de cette nouvelle étape, a été permis par quelques campagnes agricoles plus satisfaisantes, couplée aux recettes du tourisme et aux transferts des Marocains de la diaspora. Ainsi, au cours de la première décennie du XXIe siècle par exemple, la progression de la croissance a été encore limitée, les exportations qui devaient en accélérer le rythme n'ont pu faire preuve de l'amplitude attendue[2].

L'abaissement des tarifs douaniers a certes produit des effets susceptibles d'être ressentis tant du côté de l'offre que de la demande, se traduisant de façon directe par une baisse des prix des intrants importés, mais sans améliorer la pleine compétitivité de la production locale. En comparaison tant avec celle de pays voisins par exemple, comme l'Algérie ou la Tunisie, la performance économique marocaine générale est demeurée faible, et davantage encore par rapport à un autre voisin comme l'Espagne. Les conditions de vie des populations, le taux d'emploi, et l'exode rural à la suite à des sécheresses successives, ont enregistré peu de modifications positives notables. Les pouvoirs publics ont dès lors conçu un nouveau train de réformes touchant les principaux secteurs de production, en vue d'accélérer une insertion de ceux-ci dans l'économie mondiale, une sorte de pari en vue d'un éventuel redécollage global.

Un secteur agricole encore hybride.

L'essentiel de l'activité agricole a été protégé sans discontinuer de toute forme de concurrence étrangère depuis l'indépendance, en raison

---

[1] Cf. Abdelkader Sid Ahmed, « le Maghreb, rencontre avec le 3e millénaire », Annuaire de l'Afrique du Nord, éditions du CNRS, 1996, pp.3-4.

[2] De l'ordre de 2,3 % en moyenne.

de la dominante des activités vivrières et de l'importante population concernée. Les entreprises agricoles modernes comme les grands domaines spécialisés dans l'exportation, qui se sont constitués dans les périmètres irrigués, dans le cadre de la politique de renforcement d'un secteur privé national, ont aussi bénéficié commercialement et financièrement de cette situation de non-concurrence, ainsi qu'à travers une niche fiscale privilégiée[1]. Bien que l'agriculture ait enregistré un processus de libéralisation de certains de ses mécanismes de fonctionnement et entrepris quelques ajustements de ses structures, au cours des années 1980, la dépendance de sa croissance par rapport aux conditions climatiques a peu varié dans l'ensemble, en raison du grand nombre de petites exploitations vivrières non irriguées[2].

Si la croissance induite par l'agriculture demeure toujours essentielle pour le reste de l'économie du pays, son irrégularité et ses larges fluctuations en ont limité au minimum les effets positifs. Les réformes structurelles entreprises jusque-là n'ont eu qu'un impact limité sur l'évolution de la productivité générale des activités agricoles et rurales.

Selon des travaux comparatifs, le produit agricole moyen par personne active dans l'agriculture, calculé au début du XXIe, représentait à peine un vingt-cinquième du rendement d'un travailleur français et un douzième de celui d'un espagnol. Par ailleurs, en prenant en considération les seules céréales qui couvrent près des deux tiers des terres marocaines cultivées par exemple, il ressort que le rendement moyen par hectare est passé de huit quintaux en 1960 à quelque douze quintaux quarante ans plus tard, contre une progression d'un quintal par an pour la France, au cours de la même période. En

---

[1] Suite à une décision du roi, les activités agricoles ont été exemptées depuis le début des années 1980 de tout impôt, mesure bénéficiant notamment aux grands domaines et aux gros propriétaires.

[2] Dans le cadre des programmes d'ajustement structurel établis par le groupe de la Banque Mondiale pour le secteur agricole (PASA 1 et PASA 2).

	Taux de croissance annuel moyen	
Années	**Produit Agricole Brut**	**PIB total**
1961-1972	6,8%	5 %
1973-1981	- 1,8%	4,8%
1982-1992	8,5%	4%
1993-2003	9,4%	3,6%

dépit de son augmentation, la surface irriguée ne représentait encore au cours de ces années, que le huitième des superficies cultivées, limitant les rendements et maintenant la dépendance par rapport à la pluviométrie. Les principaux produits de base (céréales, sucre, huile) figurant dans l'alimentation des Marocains sont le plus souvent pourvus par le marché mondial dont les fluctuations de cours à la hausse ont contraint l'État à assurer un onéreux système de compensation afin de prévenir le mécontentement social[1]. Aussi, l'importation de la plupart des produits alimentaires transformés et de plusieurs autres denrées agricoles a été libérée avec des droits et taxes élevés pour maintenir une protection des productions locales, depuis que le Maroc a intégré l'Organisation Mondiale du Commerce.

Les monopoles publics pour l'importation du thé et du sucre ainsi que celui relatif aux graines oléagineuses, exercés respectivement par l'Office du thé et du sucre et du Bureau de l'approvisionnement, ont été progressivement démantelés. De nouvelles dispositions réglementaires introduisant la liberté de commerce en matière de céréales et de légumineuses, à l'exception de la farine tendre, à l'instar des mesures déjà intervenues pour les produits laitiers et certains intrants comme les engrais et les semences, seraient envisagées. Une plus grande rationalisation de la gestion des ressources en eau selon des critères territoriaux serait désormais mise en application dans l'administration des agences de bassins.

Par ailleurs, divers projets de réformes touchant aux terres non irriguées ainsi que le redéploiement de certains investissements publics en faveur de leur mise en valeur demeurent toujours à l'étude. Ainsi, au terme de près de six décennies d'indépendance, la croissance du Produit Intérieur Brut ne saurait se passer d'une contribution même limitée et irrégulière de la production agricole (B.Billaudot, 2005, p.72). À cet égard, un plan conçu et adopté en 2008 par les pouvoirs publics intitulé « Maroc Vert », consistant à reconvertir certaines activités et à diversifier le secteur, vise à augmenter de 40%

[1] Ainsi, en mai 2011, en plein mouvements sociaux du « printemps arabe », toute la classe politique confondue a réclamé que les hausses des prix des denrées alimentaires et énergétiques soient prises en charge par le budget de l'Etat, autrement dit par les impôts, nécessitant une révision des ressources financières même celles non identifiées.

à moyen terme la production du secteur[1]. Un tel projet cherche à pallier les conséquences du faible rôle d'une insuffisante industrialisation notamment comme pourvoyeur d'emplois. Mais, une insertion de l'agriculture dans l'échange mondial signifierait à terme une plus grande spécialisation par produits et exigerait la mise en place de nombreux filets sociaux au profit de la masse des paysans qui sera ainsi éjectée hors du secteur. Auquel cas, un tel choix pourrait être assimilé à une simple mesure à caractère technocratique et non sans risque sur un équilibre social précaire dans le monde rural en particulier[2].

Un secteur industriel faiblement concurrentiel

Une ouverture au libre échange est intervenue progressivement dans un commerce mondial en pleine mutation. Le secteur industriel ne pouvait se soustraire à cette tendance au risque de se marginaliser davantage. La disparition du régime préférentiel accordé aux produits marocains, par l'ancienne Communauté Européenne (CEE) et pendant une longue période, a nivelé les conditions de la concurrence. Centrées essentiellement sur la production de biens de consommation, les activités industrielles existantes ont longtemps bénéficié à la fois d'une situation de non-compétition sur le marché local au moyen d'une protection tarifaire élevée, de contingents commerciaux garantis par des accords bilatéraux ou des traités internationaux qui ont favorisé surtout l'exportation des conserves végétales ou de poisson et des articles de confection textile. La contribution totale du secteur secondaire est demeurée stable dans l'ensemble, au début des années Deux mille, et représentait moins de 30% de la richesse nationale totale annuellement produite en moyenne, se répartissant entre l'industrie pour les trois cinquièmes, et le reliquat pour les activités minières et le bâtiment.

Face aux nouvelles dispositions du partenariat avec l'Union Européenne, les branches industrielles ont réagi diversement en fonction de leurs atouts, de leurs faiblesses, de leur capacité à s'insérer dans la dynamique des exportations ou à défendre leurs positions sur le marché national. Les préparatifs à la mise place de

---

[1] OCDE, « Examens des politiques d'investissement, Maroc 2010 », publications de l'OCDE, 2010, p.70.

[2] Rappelant par ses aspects humains, l'apparition du prolétariat marocain à la veille de la Deuxième Guerre et l'exode rural massif.

l'accord avec cet important ensemble, qui se sont étalés tout au long des dernières décennies du XXe siècle, ont introduit un processus prioritaire de mise à niveau des structures existantes concernant notamment les activités du textile- habillement, de la transformation de quelques ressources naturelles dont les phosphates, et quelques composants électroniques. Sept entreprises industrielles sur dix environ seraient actives dans la fabrication de vêtements et cuirs (T.Desrue, 2005, p.246)[1]. Le vêtement, à lui seul, a ainsi représenté près de la moitié des exportations marocaines vers l'Union Européenne au début du XXIe siècle, donnant lieu à une spécialisation de fait n'exigeant de plus en plus aucun capital aux donneurs d'ordre européens (S.Palmeroet N.Roux, 2004, p.446)[2].

Un tel avantage comparatif s'est vite avéré éphémère et fragile, en raison de la réelle et forte concurrence de pays d'une autre échelle, comme l'Inde et la Chine, engageant le Maroc dans une logique de production d'articles au lieu de la création de capacités d'intégration et de diffusion de connaissances techniques pouvant favoriser l'apparition d'un système de production domestique. Le démantèlement intervenu de « l'Accord Multifibres » au milieu de la première décennie du nouveau siècle a réduit les ventes marocaines de moitié vers l'Europe. S'apparentant davantage à de la sous-traitance passive et bâtie sur des articles intensifs en travail non qualifié, le système de production n'a pu déboucher sur un élargissement intégré du secteur industriel. Les indices d'évolution de la productivité réelle recueillis dans l'industrie marocaine avaient déjà enregistré d'ailleurs une régression dans onze branches sur quinze, entrainant une baisse de compétitivité des produits textiles en particulier[3].

Le vieillissement des équipements de certaines branches, les sureffectifs et les bas niveaux de salaire expliquaient la baisse de la productivité, ainsi que la faible compétitivité des produits concernés.

---

[1] Banque Mondiale, « Promouvoir la croissance… », vol.2, « Annexe sur l'aperçu du tissu industriel du Maroc », p.194. Cependant, un traité comme celui de libre échange signé avec les USA, relèverait davantage d'une relation politique privilégiée que d'enjeux économiques selon certains observateurs.

[2] Les textiles exportés ont représenté en moyenne 44 % du total.

[3] « Maroc compétitif », Rapport de DRI-FOCS et Creargie Maroc, Comité du secteur privé, vol.1, septembre 1995, p.25.

Malgré la croissance de son potentiel de production au cours des ans, les mutations de l'industrie marocaine sont demeurées limitées et la contribution des activités manufacturières dans le Produit Intérieur est restée identique à celle observée antérieurement.

D'ailleurs à ce propos et durant cette même période, et en prévision d'une plus grande ouverture sur le marché mondial, les activités industrielles avaient enregistré deux mouvements qui se voulaient complémentaires. D'abord, plusieurs essais plus ou moins aboutis de restructuration et de mise à niveau de l'appareil de production existant avaient été effectués avec l'aide et l'assistance de l'Union Européenne. Ils seront suivis ensuite d'une brève tentative de constitution de quelques « grappes d'entreprises » disposant d'un potentiel de concurrence, pour favoriser l'émergence d'unités dynamiques en mesure de tirer le commerce extérieur et partant la croissance économique. Mais au terme d'une série d'examens objectifs, aucune distinction de produits industriels marocains réellement compétitifs sur le marché mondial n'a été jugée officiellement concluante.

En outre, au fréquent remplacement des hauts responsables administratifs en charge des problèmes du secteur a correspondu une série de programmes successifs de réformes inachevées ou à peine entamées. L'un des plus derniers a consisté, par exemple, en 2005, à attirer des investissements étrangers en vue d'activer un programme dit « Emergence », fondé sur une stratégie sectorielle et régionale dont l'objectif principal était de créer de nouveaux pôles de croissance dans les secteurs de l'agroalimentaire, de l'électronique, du montage de véhicules de tourisme, et de la production de pièces de rechange pour l'aéronautique. Quelques années plus tard, un autre programme prît la suite en insistant sur le soutien des technologies bio, micro et des nano, en plus d'un engagement en vue de doubler le chiffre d'affaires des celles de l'information, sous l'appellation de « contrat de progrès pour la période à moyen terme »[1]. Ces changements de programmes et de priorités en un délai aussi court et sans évaluation attestent d'une relative absence de vision cohérente et réaliste pour s'insérer dans une conjoncture économique internationale fluctuante.

---

[1] La succession de trois à quatre ministres, membres des coalitions gouvernementales au cours de la décennie 2000-2010, par exemple, a entrainé autant de nouveaux « Plans et de Programmes » concernant le secteur de l'industrie.

Un large secteur tertiaire en expansion.

Participant pour près de la moitié de la production nationale, les services et se ressentent du faible dynamisme du secteur secondaire et de la stagnation de la production industrielle notamment en créant peu d'emplois notamment. Diverses composantes du secteur dit tertiaire, comme le tourisme, la banque, l'assurance ou les télécommunications ont ainsi fait l'objet de réformes et de mises à niveau les concernant depuis le début du XXIe siècle[1]. Le processus de libéralisation d'ouverture de l'économie sur l'extérieur, déjà entamé dans le sillage des divers ajustements de structures successifs, a remis en selle la prééminence de l'entreprise privée et va aussi bénéficier aux banques, assurances, hôtels.

La loi sur les privatisations adoptée en 1989 va permettre de transformer quelque 47 entreprises publiques et 26 établissements hôteliers en entreprises privées au cours des deux décennies qui vont suivre, offrant des opportunités en particulier au développement de l'investissement étranger jusque là encore récalcitrant depuis le mouvement de marocanisation du capital de la précédente décennie. Il y eut également de nouvelles lois régissant les secteurs de la banque puis celui des assurances, pour en moderniser les activités, en introduisant des normes réglementaires plus en conformité avec les standards internationaux. Plusieurs entreprises financières locales qui, après avoir été de simples filiales étrangères « marocanisées » dans un premier temps, se sont ensuite retrouvées purement et simplement reprises par leurs anciennes maisons mères, suite à des prises de participations majoritaires[2].

Les activités de télécommunication, les établissements touristiques ou la production d'énergie connaitront aussi une « dénationalisation » remarquée couplée à une privatisation effectuée essentiellement par le capital étranger. Le groupe français Vivendi a ainsi pris une participation jusqu'à devenir majoritaire dans le capital de l'opérateur

[1] Banque mondiale, « Promouvoir le … », Vol.2, op.cit., p.19. Le rapport décrit une décennie de réformes structurelles, comme celles du secteur financier, des prix, des privatisations, des secteurs sociaux ou de l'administration publique. Le Maroc y a été qualifié de « réformateur tardif et lent ».

[2] C'est le cas de la BNP-BMCI, de la Société Générale ou du Crédit Lyonnais.

historique, Maroc Telecom[1]. Il en a été de même du groupe franco-espagnol Altadis dans la société de la Régie des tabacs, ou des groupes Telephonica Espagne et Portugal Telecom, principaux acquéreurs de la deuxième licence de téléphonie mobile en créant la société Meditel[2].

Des participations additionnelles ont été prises dans leurs filiales locales respectives par Renault-France dans la Société Marocaine de Construction Automobile (Somaca), par Total, par Morgan Stanley ou par la BNP. Ainsi, sept banques sur dix-huit, représentant près du cinquième de l'actif du secteur, sont redevenues les filiales d'institutions financières étrangères qu'elles étaient auparavant[3]. Ce mouvement de privatisation entrepris par le capital international a pu contribuer à une certaine intégration d'activités avec des partenaires connus sur le plan mondial. Dans le cas des entreprises de télécommunication, le nombre des abonnés au niveau du téléphone fixe a été multiplié par deux à la fin de première décennie du XXIe siècle et un taux de pénétration de près de 73 % pour le mobile ainsi qu'un parc Internet estimé à 800 000 abonnés en augmentation de 10 %, en moyenne, par an. De tels flux d'investissements directs étrangers ont progressé et enregistré un montant exceptionnellement élevé de près de 2,8 milliards de US dollars, soit l'équivalent du cinquième de la Formation Brute de Capital Fixe. Les capitaux français ont représenté la moitié et ceux provenant d'Espagne pour moins d'un cinquième des investissements étrangers cumulés pour la période. Diverses entreprises hôtelières détenues par le secteur public intéresseront certains groupes français et espagnols comme Accor ou

[1] Entre 2000 et 2003, le groupe Vivendi Universal a acquis successivement 35 % et 16 % du capital de Maroc Telecom devenant ainsi majoritaire. Cette entreprise qui détient près des 4/5 du marché des télécommunications, a réalisé par exemple en 2008 un chiffre d'affaires de l'équivalent de 2,5 milliards d'euro et un bénéfice élevé de l'ordre du quart.

[2] En 1999, Telephonica-Espagne a pris la tête du 2ème opérateur, Meditel, formé de Portugal Telecom, de la BNP-Maroc, d'AKWA (privés marocains) et de la Caisse de Dépôt et de Gestion, en payant la licence $ 1140 millions. En 2009, les groupes Finance com (BMCE) et CDG ont racheté les parts de Telephonica et de Portugal Telecom. En 2010, la nouvelle structure provisoire du capital était comme suit : Orange (France Telecom) 40 %, groupe BMCE 30 % et CDG 30 %.Cet opérateur a réalisé un chiffre d'affaires de 5,2 milliards de dirhams et un bénéfice dérisoire de 5,3 millions de dirhams en 2008.

[3] OCDE, « Examens des politiques de l'investissement au Maroc en 2010 », p.18.

Melia, ou de ceux du Moyen-Orient. Devenue de plus en plus un des premiers contributeurs à l'équilibre des comptes externes, et représentant près d'un douzième du Produit Intérieur, en moyenne, l'activité touristique a continué d'offrir certaines opportunités d'investissement pour quelques groupes étrangers.

Un plan touristique préparé par les pouvoirs publics, appelé « Plan Azur», a visé le doublement de la capacité d'hébergement, pour la porter à dix millions de touristes par an en moyenne à la fin de la première décennie du nouveau siècle. À son tour, une récente stratégie, appelée vision 2020, préservant les ressources naturelles, en développant huit « éco territoires», tout en continuant le programme Azur, pour porter la valeur ajoutée des activités touristiques à 140 milliards de dirhams à cet horizon[1]. Un fonds public et des crédits d'institutions financières ont été engagés pour aider à la promotion des investissements requis.

Cependant, le tarissement des privatisations et un contexte de crise financière internationale allaient fortement réduire les investissements envisagés, revenant aux modestes niveaux enregistrés par le passé[2]. Le phénomène de concessions d'activités en forme de gestion déléguée attribuée à des entreprises étrangères a fait une apparition particulièrement remarquée dans des services publics des grandes villes, comme la distribution d'eau, d'électricité, de l'assainissement, du transport urbain de voyageurs et même de la production d'électricité. Ces diverses catégories d'investissements ont pu assurer un relatif transfert de technologie et de savoir-faire, comme dans le cas des télécommunications, de la banque, de l'hôtellerie ou des services collectifs ou dans celui de certaines gestions déléguées. Par ailleurs, ce mouvement a encouragé à son tour une expansion hors frontières, avec des filiales marocaines prenant des participations par exemple dans la Banque en Tunisie, au Sénégal et en Algérie, ou dans les sociétés de télécommunications comme celle du Burkina-Faso, du Mali ou de Mauritanie[3].

---

[1] Ministère du Tourisme et de l'Artisanat, « les grands axes de la vision 2020 », décembre 2010, p.3.

[2] Au cours des années 2008-2010.

[3] Maroc Telecom a pris ainsi diverses participations dans le capital de ces opérateurs. La banque Attijari Wafa Bank est devenue actionnaire dans des banques en Tunisie et au Sénégal, et la BMCE Bank faisait des essais en Algérie.

Une mention particulière doit être faite de l'activité de centres d'appel qui s'est implantée et développée depuis la fin des années 1990, dont le nombre a pu dépasser les cent trente[1]. Fournisseurs d'informations interactives et de services commerciaux pour des sociétés surtout françaises, espagnoles et belges accessoirement qui ont décidé de délocaliser les leurs. Une réelle compétition internationale a caractérisé une telle activité selon les aires linguistiques d'abord, en particulier sur la base des coûts salariaux, par exemple avec des pays comme la Tunisie, le Sénégal, sans parler de l'Inde, du Mexique ou des Philippines. Pourvoyeurs d'emplois aux jeunes citadins marocains, résidents principalement de Casablanca et de Rabat, ayant un niveau d'éducation universitaire, et ne requérant qu'un investissement en formation essentiellement.

Cette activité a été à l'origine de la création de quelque vingt mille postes de « conseillers et d'opérateurs », avec une moyenne de cinquante agents par centre opérationnel. Les conditions de travail et d'horaires jugées éprouvantes seraient à l'origine d'une forte rotation des effectifs, et la fluctuation des contrats entrainant une certaine instabilité dans le fonctionnement de pareils services, avec une durée de vie technique entre trois et cinq ans dans plusieurs cas. Une plateforme d'appels sur quatre était destinée aux télécommunications et aux activités liées à Internet, une sur cinq au commerce et aux ventes à distance, et une sur dix se consacrait aux services d'assurances ou de banque. Les tâches spécialisées ont concerné l'information, le renseignement, le support technique ou le service après-vente.

Un déficit commercial demeuré structurel

Le commerce extérieur a enregistré une importante expansion au cours des dernières décennies, tant en volume qu'en valeur, avec cependant de faibles modifications au niveau des principales caractéristiques, composantes et structures et qui ont été les siennes à

[1] Selon l'Agence Nationale de Réglementation des Télécommunications, en 2006, 137 centres d'appel étaient opérationnels, 19 en arrêt d'activité et 6 en démarrage. Le processus de délocalisation a été encouragé aussi par l'absence d'une législation sociale rigoureuse du secteur et des salaires inférieurs de moitié à deux tiers à ceux de France par exemple.

la fin du protectorat. En prenant en considération l'ensemble des exportations et des importations de marchandises, il ressort que le flux total a représenté près des trois cinquièmes du PIB, au cours des années 2005-2010 par exemple, contre à peine deux cinquièmes quelque dix ans auparavant.

Plusieurs accords de libre-échange ont été ainsi signés et mis en œuvre depuis l'indépendance, notamment avec l'Union Européenne, l'Association de Libre Échange ou avec les États-Unis, ainsi que des accords tarifaires avec divers pays[1]. Ainsi, dans le cas de l'accord entré en vigueur en 2000 par exemple avec l'Union Européenne, principal partenaire du Maroc, la libéralisation a été limitée aux seuls produits industriels, et il ne contient aucune disposition relative aux produits agricoles et aux services. D'autre part, l'accord Euro-Med n'a guère prévu d'harmonisation des normes comme ce qui a été envisagé lors de l'association des pays d'Europe centrale et Orientale (T.Desrue, p.246)[2]. Néanmoins, les échanges commerciaux avec l'extérieur, avec l'Union Européenne en particulier, sont demeurés profondément déséquilibrés. L'augmentation des transactions s'est ainsi réalisée au prix d'un déficit commercial chronique en voie d'aggravation et qui a plus que doublé entre 1996 et 2004[3]. L'importance prise par les importations dans cet élargissement du commerce extérieur est à l'origine de la détérioration progressive, mais effective des termes de l'échange marocains. Les exportations ne couvraient plus que la moitié des importations au cours de la première décennie du XXIe siècle, contre près des trois cinquièmes quelques années auparavant.

Les échanges demeurent orientés pour environ leurs trois quarts surtout vers l'Europe de l'Ouest, la France et l'Espagne en concentrant environ la moitié de l'ensemble. La structure interne de tels échanges dénote d'une modeste modification des produits et articles concernés. Le secteur primaire continue d'exporter

---

[1] Banque Mondiale, « promouvoir.. », vol.2, op.cit., p.119, tableau IX relatif aux principales caractéristiques des accords commerciaux préférentiels conclus par le Maroc.

[2] L'accord de libre échange liant le Maroc et les USA ne serait qu'un « habillage politique » sans enjeux économiques, pour un allié ayant un statut préférentiel, en dehors de l'OTAN, selon cet auteur.

[3] Publications statistiques de l'Office des changes 1995-2004, Rabat, Maroc. Le déficit extérieur a représenté, par exemple, 6 % du PIB en 1996 et 13% en 2004.

principalement des fruits, des légumes, des poissons et des phosphates, et le secteur industriel des articles textiles et d'habillement, des phosphates transformés. Il s'agit globalement de biens traditionnels à faible valeur ajoutée, de plus en plus astreints aux normes techniques, commerciales européennes et mis en compétition avec ceux provenant d'autres régions du monde.
Les échanges avec les pays voisins du Maghreb ont représenté à peine deux pour cent des flux totaux, en raison des tensions politiques puis de la fermeture des frontières en 1994, entre le Maroc et l'Algérie tout particulièrement[1].

Ainsi, la part du Maroc dans les exportations mondiales totales a stagné autour de 0,12 % au début du nouveau siècle, fort en deçà par exemple des accroissements de l'ordre du quadruple connus par la Chine, l'Inde, la Turquie ou la Pologne au cours de la même période[2]. Déjà au milieu des années 1990, la stratégie de développement des exportations était considérée comme peu efficace nécessitant une nouvelle génération de réformes. Les importations progressent deux fois plus vite que les importations, entrainant un déséquilibre tendanciel[3]. Par le niveau atteint ultérieurement et son ampleur, il rappelle les déficits commerciaux enregistrés suite à la récession économique mondiale de 1978 à 1980.

À son tour, la fin de l'Accord Multifibres, avait fragilisé la position de certaines des principales exportations du Maroc, celles des articles textiles et d'habillement, face à la concurrence directe des producteurs à bas coûts des pays d'Europe de l'Est et d'Asie de l'Est, et ce bien qu'il bénéficiait de la proximité habituelle des marchés français et espagnol. Les exportations n'ont pu exercer une action motrice sur la croissance et le reste de l'économie en général. Cette tendance relativement paradoxale s'est accusée, en dépit d'une extraversion élargie de l'économie marocaine, calculée par le rapport du poids du commerce extérieur dans le PIB, renforcée par la signature de

[1] Les relations maroco-algériennes se sont tendues depuis la récupération du Sahara, jusqu'à la fermeture pure et simple des frontières en 1994, suite à l'attentat terroriste contre un hôtel de Marrakech par « des franco- marocains au service de l'Algérie », selon les autorités marocaines.
[2] Selon les données de l'Organisation Mondiale du Commerce (OMC), cité dans « Promouvoir.. », op.cit.p.101.
[3] « Promouvoir… », vol.1, Banque Mondiale, 2006, p.3.

plusieurs accords de libre-échange. La nouvelle série de réformes économiques a été préconisée en vue de remédier à une diversification des produits exportés jugée encore insuffisante sur le marché, à leur faible compétitivité et à leur relative forte concentration géographique sur quelques débouchés traditionnels. Ne bénéficiant pas d'une base industrielle élargie et manquant de produits à forte valeur ajoutée, les exportations n'ont pu induire quelque amélioration notable de la croissance ni atténuer en dernier ressort la vulnérabilité de celle-ci aux conditions climatiques (C.Billaudot, p.75)[1].

Au vu des normes tarifaires internationales pratiquées en général, le marché marocain est demeuré relativement surprotégé, comme au lendemain de l'indépendance, alors que les engagements pris au sein de l'Organisation Mondiale de Commerce l'obligent à une libéralisation encore plus soutenue. Ainsi, certains tarifs atteignant des niveaux maximas, dépassant les trois cents pour cent pour des produits animaux et laitiers, se sont substitués aux prohibitions d'importation pure et simple d'antan. Le choix d'ouvrir davantage le marché intérieur dans le cadre d'accords préférentiels étant désormais la règle centrale du libre échange ratifié par le Maroc. Dans cette configuration, la problématique protection agricole fait planer le risque du maintien d'unités de production faiblement productives, pendant que d'autres continuent de bénéficier d'une rente de situation peu justifiée, à défaut d'une profonde restructuration. Le bénéfice de l'avantage géographique du Maroc par rapport au marché européen est de plus en plus remis en cause par ailleurs par les faibles performances des activités de logistique et de transport locales.

Financièrement aussi importants que les flux normaux, d'autres échanges de nature invisible et informelle se sont parallèlement développés et même renforcés surtout au cours des dernières décennies du XXe siècle, dans le sillage de la relative dépénalisation du cannabis notamment en Europe et dont le Maroc est considéré comme un important producteur, pourvoyeur et distributeur (T.Desrues, p.256)[2]. Une telle activité n'est plus cantonnée à la seule

---

[1] Billaudot, cité in Rapport du Cinquantenaire, op.cit, p.75.

[2] ONUDC/ Maroc : enquête sur le cannabis 2003, déc.2003, cité par l'hebdomadaire « La Vie Économique », Casablanca, 11 décembre 2004, et le Magazine « Tel Quel », du 21 décembre 2004 ». Les montants concernés par ce trafic auraient été

région traditionnelle de Ketama dans les montagnes du Rif occidental des années 1960, où la production et la consommation du Kif demeuraient encore limitées. Elle se serait répandue aux autres régions du pays, sous l'effet de la sécheresse et surtout en raison de revenus attractifs qu'elle génère de manière quasi garantie, en comparaison avec les conditions précaires affectant les spéculations agricoles normales. L'existence d'une demande régionale et internationale en progression, l'appât de gains rapides, l'organisation de réseaux de distribution et de protection ont favorisé le jeu de l'équivalent d'une loi tendancielle, selon laquelle « l'illégale économie du Kif chasserait progressivement l'activité agricole traditionnelle »[1]. En exerçant un réel effet d'éviction sur des activités économiques licites et peu lucratives, « l'économie du Kif » semble apparemment avoir aidé à assurer une sorte de paix sociale, indifférente aux règles éthiques d'un développement économique et social. Son caractère n'est désormais informel que par son aspect encore illicite.

D'autres trafics similaires, puisque travaillant en réseau, s'y imbriquent en s'adjoignant d'autres drogues en association avec des circuits internationaux, de nouvelles activités de contrebande corrompant de plus en plus de structures économiques et centres de décisions. Un tel trafic a généré des recettes annuelles en progression, passant de l'équivalent de quelque quatre milliards de dollars américains durant les années 1990, à près de dix milliards une décennie plus tard, soit l'équivalent du sixième du PIB annuel[2]. La contrebande avait sévi déjà durant le XIXe siècle, puis sous le

---

de l'ordre de dix milliards d'euros au début des années 2000, soit quelque 10 % du PNB, en moyenne.

[1] En 1993, le Roi Hassan II, et plusieurs de ses proches civils et militaires, ont été interpellés par la presse internationale. Dans un discours officiel à Fès, il a fait part de sa détermination d'éradiquer cette activité, en dépêchant une mission d'étude, puis en créant une Agence pour aider au développement de la Zone Nord. Celle-ci s'avérera inefficace quelques années plus tard, pour contenir les importants intérêts en jeu. La production du Kif s'est plutôt banalisée depuis selon plusieurs observateurs, pour ne plus être localisée dans cette seule région comme par le passé.

[2] Les services douaniers marocains avaient officiellement estimé les « opérations de la contrebande » à 4 milliards US dollars en 1995, à la veille de la « campagne d'assainissement ». Les articles de contrebande sont commercialisés dans toutes les régions du pays, et ne sont pas le seul fait des présides de Ceuta et de Melilla mais également de l'Algérie, comme des régions sahariennes bénéficiant d'un régime fiscal spécial. « La Vie Économique », février et mars 1995.

Protectorat entre la zone espagnole et la zone française et s'était encore renforcée durant la période de haute protection tarifaire depuis l'indépendance pour devenir une activité relevant d'organisations structurées non sans liens avec les réseaux de drogues et d'émigration clandestine. Aucun bien économique n'est à priori exclu de la liste de l'activité de contrebande, si son importation peut être lucrative pour les parties concernées.

Depuis la fin du Protectorat, et au vu de la tendance enregistrée par l'évolution de la croissance économique du Maroc, trois caractéristiques semblent ressortir. D'abord, le pays a été progressivement relégué à la dernière place du classement des pays de la région du Maghreb au cours de la dernière décennie, alors que ses réalisations économiques l'avaient rangé comme premier à la fin du Protectorat. Ensuite, cette relative faible performance a été inférieure de moitié à la moyenne enregistrée par quelques pays en voie de développement comparables sur la longue période prise en considération[1]. Enfin, le rythme de la croissance a même connu un certain recul, tant l'économie demeure vulnérable aux sécheresses, aux tensions sociales internes comme aux chocs externes. À cet égard, par exemple, un ralentissement de croissance même de brève durée en Europe, la suppression d'un avantage commercial ou une baisse momentanée des transferts des Marocains de l'extérieur réduisent le rythme global. Une évolution aussi erratique avec un taux relativement faible requiert dès lors la redéfinition d'options plus adaptées à une future croissance économique créatrice d'emplois et de valeurs.

Section 2 : Les modes de gouvernance

Depuis l'indépendance, plusieurs politiques, réformes, initiatives et mesures d'ordre économique ont été adoptées souvent sans large concertation préalable, favorisant de ce fait une évolution incertaine de la croissance économique générale du pays[2]. Diverses insuffisances,

---

[1] « Promouvoir la croissance.. », Vol.2, op.cit, p.5. : Tableau comparatif de la croissance du PIB, entre 1971 et 2005, élaboré par le FMI et la Banque Mondiale.

[2] Depuis 1964, des rapports et des études sectorielles intéressant divers domaines furent effectués régulièrement par des équipes en rapport avec la Banque Mondiale, préparant le terrain à des politiques publiques libérales, et facilitant la voie aux entreprises privées. Cet organisme peut être considéré comme celui qui a accompagné les principales transformations du pays et qui les a souvent inspirées,

incohérences relatives aux politiques mises en œuvre et méthodes mises en place ont été à l'origine de certains handicaps et difficultés rencontrées. Après une gouvernance peu efficace, les pouvoirs publics ont orienté leurs efforts vers davantage de flexibilité, donnant lieu à une recherche systématique du consensus à défaut d'un cadre plus adapté aux évolutions d'un siècle nouveau.

Paragraphe 1 : Une efficacité insuffisante

Certaines mesures et politiques du Maroc indépendant ont mis quelque temps pour en vérifier l'absence d'efficacité éventuelle. D'abord, d'un point de vue simplement historique, le manque de professionnalisme lors des opérations de décrochage du franc, de sa dévaluation et de son remplacement par le dirham, en 1959, apparait a posteriori avec une certaine évidence. Au vu de la durée laissée à la « fuite de capitaux », et l'absence de mise en place au moins d'un contrôle des transferts réclamés d'ailleurs par une partie du mouvement national à l'instar de la Tunisie, laisse planer quelques doutes sur les simples raisons techniques invoquées par les décideurs d'une opération de souveraineté non sans risques[1]. Elle a été certainement contrecarrée par des milieux d'affaires tant français que marocains alors influents. Le premier test économico-financier sérieux de l'appareil administratif du Maroc indépendant s'était soldé par un décrochage monétaire coûteux, et une dévaluation d'un cinquième accomplie par les techniciens français encore en poste, au profit de spéculateurs français et marocains. D'importantes fortunes se seraient ainsi faites dans cette conjoncture non maîtrisée par les responsables, entrainant une fuite historique de capitaux ayant bénéficié à des spéculateurs tant français que marocains, dont certains étaient proches des centres de décision. La faiblesse structurelle de l'épargne nationale et du volume du capital local datent de cette gestion controversée et onéreuse du décrochage monétaire, les sorties de

---

certaines plus heureuses que d'autres, depuis le premier voyage officiel du Roi Hassan II aux Etats-Unis en 1963. Les bases américaines restèrent encore implantées au Maroc jusqu'aux complots des années 1971 et de 1972 contre le Roi.

[1] Les diverses études effectuées sur cette période ont curieusement occulté les erreurs de gestion des dirigeants gouvernementaux, constituant la future opposition, ayant supervisé cette mesure de souveraineté et la compétence technique encore limitée de l'administration des finances d'alors, au vu des conséquences financières qui furent graves pour le Maroc.

capitaux ayant pu représenter des montants estimés à l'équivalent de quelques années de revenu national (A.Tiano, 1963, p.90 ; R.Landau, pp.82-83 ; I.Dalle, 2004)[1].

La réelle absence de cadres techniciens fiables et proches du mouvement national, en nombre et en qualifications, qui était un fait avéré, n'avait certes pas facilité l'élaboration appropriée de certaines décisions économiques opportunes du nouvel État indépendant, mais l'appareil administratif n'en a pas moins cultivé depuis l'habitude de recourir aux avis et études élaborés en particulier par des spécialistes appartenant à des organismes internationaux ou collaborant avec des gouvernements occidentaux alliés[2]. La formation technique encore limitée de responsables n'a pas concerné les seuls centres de décision, mais affectait alors divers pans de l'économie et de la société marocaines de la fin des années 1950 (A.Tiano, 1963)[3]. Néanmoins une telle ligne de conduite privilégiant l'expertise étrangère, et suivie depuis, n'est point un simple détail, car elle s'expliquait par une défiance à caractère politique d'une haute administration à l'égard d'une expertise nationale non fiable selon ses critères, et désireuse surtout de garder l'exclusivité de l'orientation générale et de la prise des principales décisions. La solution provisoire pour surmonter un handicap a été ainsi érigée en un principe de politique générale.

L'efficacité semble avoir également avoir été également mise à rude épreuve dans le maintien prolongé d'une politique d'irrigation

---

[1] Tiano rapporte que la fuite des capitaux pour le seul 1er trimestre 1959 a été de 80 milliards de francs, alors que celle-ci s'est prolongée au-delà du troisième. L'équipe entourant Abderrahim Bouabid, en charge du ministère de l'économie, ne comportait pas de financiers, ni de spécialistes des questions bancaires et monétaires, si ce n'est quelques assistants français.
- Ignace Dalle cite le point de vue critique d'Abraham Serfaty, ancien prisonnier poitique et membre de l'équipe-Bouabid, d'avoir maintenu la libre convertibilité entre le nouveau dirham et le franc français.

[2] Le recours à l'expertise étrangère a concerné la plupart des secteurs y compris ceux de la politique, ou de la diplomatie.

[3] L'auteur indique que le Journal du Syndicat-UMT, « L'Avant-garde » du 18 mars 1963, a publié une lettre de la Section-Route envoyé au ministre des Travaux Publics lui demandant « d'écarter les machines étrangères qui concurrencent le travail national et mettre fin à la mécanisation abusive et illégale du travail ».

en rendant l'eau disponible à des prix bas et en vue d'une utilisation disproportionnée d'une ressource aussi rare pour produire des biens presque exclusivement destinés au marché international. Celle-ci s'est inscrite dans la continuité en pratique de la politique du Protectorat qui sous-tendait une rationalité excluant les agriculteurs non français. Le niveau de tarification de l'eau qui a été retenu a davantage bénéficié aux entreprises d'exportation, en défiant les règles d'une simple allocation des ressources adaptée aux conditions socio-économiques du pays. La compétitivité des produits exportés s'en est trouvée ainsi artificiellement améliorée, en raison de coûts symboliques de l'eau et dans une région connaissant des sécheresses répétitives. La disponibilité relative de la ressource a exigé d'importants investissements publics en barrages et en travaux divers, financés sur moyens publics, l'ensemble ayant une relation éloignée avec la satisfaction des besoins sociaux prioritaires de la grande masse de la population vivant en milieu rural notamment.

Dans un ordre d'idées similaire, ensuite, le maintien de politiques économiques ou sectorielles pour de longues périodes, justifiées davantage par des intérêts commerciaux et financiers de groupes dominant le cercle des décisions, semble faire état de priorités adoptées avec une considération limitée là encore de quelques simples règles d'efficacité économique. La protection du marché local et du maintien du système des rentes en général, à travers des droits de douane et des taxes élevées, qui se sont poursuivies tout au long de trois à quatre décennies après l'indépendance, étaient fondés sur les niveaux de profits jugés appropriés par les entreprises qui en négociaient périodiquement les termes et les formes avec l'administration.

Cependant, un tel constant soutien administratif peut être difficilement justifié par exemple par des contraintes ou des besoins d'innovation, invoqué dans des expériences industrielles autrement audacieuses comme en Corée du Sud ou en Chine. L'administration de ces deux pays avait favorisé de façon constante un cadre monopolistique permettant des rentes contribuant aux coûts nécessaires à l'apparition des innovations, puis à leur diffusion. Sous cet angle, la durée et la permanence des divers monopoles ou des situations de rentes protégées au Maroc n'ont favorisé que peu d'avancées techniques notables chez les entreprises concernées, celles-ci impliquées essentiellement dans des biens courants de consommation et techniquement simples à confectionner. Les moyens de production et équipements requis ont suivi avec retard le rythme de la demande locale, maintenant ici ou là quelques pénuries profitables concernant l'huile, le sucre ou le lait, par exemple, le propre d'un monopole. Le nombre de brevets d'invention déposés, un des critères de dynamisme d'une entreprise, n'a enregistré à cet égard aucune évolution significative pour les unités et secteurs protégés.

Sur un plan plus général, les mécanismes et les caractéristiques de cette protection publique s'intégraient rarement dans une stratégie industrielle globale, les motivations purement financières l'emportant sur les contraintes d'un développement sectoriel (M.Berrada, 1986, p.258).

À cet égard, la substitution des importations par des productions locales, comme l'encouragement des exportations de produits industriels a continué de bénéficier d'avantages douaniers et fiscaux, même durant les étapes ultérieures d'ajustement structurel puis de libéralisation de l'économie. Par ailleurs, certaines mesures bien que tardives de restructuration industrielle ont rencontré des difficultés quant à leur mise en œuvre, les oppositions entrepreneuriales au changement de politique demeuraient encore manifestes jusqu'au milieu des années 1990. Dans la pratique, une telle gouvernance bienveillante se rapprochait plus de l'attitude déjà entretenue auparavant par des pays d'Amérique du Sud par exemple, prenant la forme d'un laisser-faire sélectif, subventionné par les consommateurs et ne comportant que de rares évaluations périodiques en contrepartie.

Dans un autre cas, la défaillance a trouvé son origine dans des raisons de politique extérieure ou de diplomatie régionale qui ont encouragé par exemple une surpêche maritime dans les eaux territoriales du sud du pays notamment, avec des effets emploi et croissance économique relativement limités, tant le secteur était devenu extraverti et contrôlé surtout par de nombreuses entreprises internationales de pêche appartenant à divers pays notamment parties prenantes dans la discussion du dossier saharien aux Nations Unies[1]. Les conditions d'allure plus politique qu'économique, d'octroi des licences de pêche ont rendu difficile la gestion rationnelle d'une ressource disponible en quantités limitées. En dernier ressort, les bénéficiaires de l'intense exploitation de ce secteur ont été les propriétaires mixtes de bateaux de pêche, les chantiers navals étrangers, le système bancaire et les sociétés internationales assurant la commercialisation des différentes catégories de poissons. Certaines zones de pêche ont été relativement concédées aux flottes internationales, en échange de redevances qui ont apparenté le secteur à celui des mines, usant de techniques similaires d'écrémage suivies d'extinction de filons. Ce fut le cas par exemple de la disparition de la sardine au large de Safi à la fin des années 1970, puis des céphalopodes au sud de Tan-Tan vingt ans après.

Paragraphe 2 : Une flexibilité tardive

Une adaptation des dispositifs juridiques à certaines évolutions internationales ou à des conjonctures locales, sans devenir une règle systématique, a été adoptée comme une démarche empreinte de pragmatisme, attestant d'un début de réactivité de l'État aux nécessités de l'évolution économique en particulier. Quelques transformations significatives de politiques symboliques en témoignent à cet égard.

D'abord, le recul de l'option de la politique de « marocanisation » de certaines activités économiques, et qui avait bénéficié de façon dominante aux groupes privés organisés et bénéficiant du soutien régulier des institutions financières publiques notamment[2]. L'abrogation officielle des décrets qui interdisaient l'accès des étrangers à certaines sphères de production de biens et de services au Maroc a éliminé une importante limite au principe de non-discrimination, remettant en question une stratégie nationale devenue caduque et désormais en contradiction avec l'ouverture recherchée à l'extérieur. La « Charte d'investissement », une loi-cadre, en vigueur depuis 1995, ne fait plus de différence entre investissement national et

[1] Les pays de l'Union Européenne, la Chine, l'URSS ont tous bénéficié de conventions de pêche pour de longues périodes dans les eaux atlantiques du Maroc, depuis le déclenchement du « conflit du Sahara » en 1975.

[2] Comme la Banque Nationale de Développement Économique, le Crédit Immobilier et Hôtelier ou la Caisse Nationale de Crédit Agricole.

étranger au niveau de l'octroi des avantages. Plus pragmatique encore, la politique monétaire avait déjà éliminé la discrimination touchant les opérations de change et de transfert de fonds des étrangers opérant au Maroc. La liberté des transferts des bénéfices et des capitaux, pour les personnes réalisant des investissements en devises au Maroc, a constitué un indicateur relativement plus pertinent de l'extraversion économique en cours[1].

Le même souci d'insertion dans l'économie mondiale a requis l'engagement de diverses réformes spécifiques dans le cadre d'un processus de révision des règles de fonctionnement et des méthodes d'intervention organisant d'importants secteurs d'activité ou de professions. De nouvelles réglementations ont été ainsi adoptées et mises en œuvre, dans le sillage des ajustements structurels effectués. Elles ont essayé de mettre à niveau les institutions existantes comme dans le cas des banques, des sociétés d'assurance, de la Bourse, ou dans celui des télécommunications, en s'inspirant surtout des expériences européennes. D'autres mesures ont été plutôt une actualisation du droit économique, en raison de l'évolution de l'environnement international et du développement de la globalisation. Elles ont pris la forme d'un élargissement de la sphère d'un État de droit dans les transactions commerciales, dans le droit des sociétés, dans celui de la propriété industrielle et intellectuelle, ou du droit douanier ou celui des relations de travail.

La loi sur la liberté des prix et de la concurrence, en vigueur depuis 2001, devait s'appliquer en principe à tous les secteurs d'activités, les branches réglementées mises à part. Cependant, tant la politique administrative que le Conseil de la Concurrence créé n'ont guère réduit le poids des sphères contrôlées par des ententes sur les prix existant depuis longtemps ainsi que les situations de monopoles suffisamment établies. Des instances consultatives du genre exercent habituellement dans des univers démocratiques une certaine dissuasion sur les structures existantes et sur les pouvoirs économiques établis en favorisant le renforcement d'un environnement respectueux des lois et réglementations en vigueur. Cependant, l'expérience des défaillances réelles du système judiciaire marocain constamment décriée réduit à son tour la fonction de ce type d'institutions à des entités purement

---

[1] Voir texte de la charte de l'Investissement publiée au Bulletin Officiel.

symboliques sans grand effet sur le fonctionnement habituel des cartels de prix et des ententes de production au Maroc.

L'organisation du secteur des télécommunications offre un autre exemple d'une flexibilité formelle bénéficiant davantage à certains groupes. La pression des divers partenaires internationaux a encouragé une mise en conformité du dispositif juridique et institutionnel des télécommunications marocaines, prenant modèle sur l'exemple européen du début des années mille neuf cent quatre-vingt-dix. La structure en duopole du marché de la téléphonie mobile qui en a résulté a créé des conditions adaptées à une entente favorable et tacite entre l'opérateur historique et l'entreprise bénéficiant de la nouvelle licence (M.Mezouag, 2000-2001, p.72). Elle s'est traduite par une application jugée « formelle » des textes au secteur, permettant augmentation régulière des tarifs, une arrivée de Vivendi facilitée chez l'opérateur historique Maroc Telecom, et une fermeture calculée du marché devant un troisième opérateur. En raison de son contrôle étroit par l'État et des contraintes sécuritaires auxquelles elle est soumise, l'Agence Nationale de la Réglementation des Télécommunications (ANRT) n'a disposé que de pouvoirs de sanction réduits. Les éventuelles transgressions relevées n'ont fait l'objet que de simples rappels à l'ordre le plus souvent, les sanctions financières demeurant de la seule responsabilité du gouvernement, contrairement aux exemples européens. Une mise en conformité partielle qui a ainsi débouché sur un pouvoir réglementaire plutôt formel et sans prise effective sur les réalités[1].

Dans d'autres situations, la relative flexibilité des politiques mises en place au cours des dernières décennies apparait encore de façon plus nette, comme dans le cas de l'introduction du mécanisme de la concession, pour contourner le régime du monopole public, au lendemain des premiers délestages d'électricité. Si quelques ressources et activités continuent encore d'être régies dans le cadre du monopole public, comme les phosphates, le transport ferroviaire, les aéroports ou l'épargne gérée par la poste, d'autres relèvent du

---

[1] Assistant et conseillant diverses structures du genre dans divers pays, la Banque Mondiale y dépêche aussi ses consultants. Et le satisfecit délivré à l'ANRT par cet organisme pour la « transparence de l'attribution de la licence à un 2ème opérateur », Meditel, parait relever d'un simple formalisme professionnel entre organismes qui coopèrent.

monopole de collectivités territoriales à l'instar de la distribution d'eau, d'électricité, la distribution de fruits et légumes, les abattoirs ou les halles de poissons. En rompant avec le principe de secteurs sociaux sensibles devant rester sous la responsabilité directe de l'État ou de ses émanations, les pouvoirs publics ont cependant fait preuve d'un pragmatisme audacieux quant à leur ouverture au secteur privé étranger. À la fin du XXe siècle, une concession de trente ans a été confiée au consortium américano helvético suédois ABB-CMS qui a pu ainsi assurer près de la moitié de la production d'électricité marocaine par l'implantation d'une centrale thermique à Jorf Lasfar au sud d'El-Jadida[1].

Les secteurs de distribution de l'eau et de l'électricité, ainsi que le ramassage des déchets ou l'assainissement des eaux usées ont fait l'objet à leur tour d'une concession similaire, en forme de gestion déléguée, qui a permis la participation d'opérateurs privés surtout français et espagnols, selon une procédure plus proche du gré à gré d'allure politique. Se faisant surtout par des régies municipales, la distribution de l'eau et de l'électricité à l'intérieur des villes est depuis 1996 du ressort de quelques concessionnaires internationaux comme la filiale de Lyonnaise des Eaux à Casablanca, la société espagnole Redal à Rabat et le groupe français Veolia Environnement à Tétouan[2]. Un autre monopole public, celui des tabacs, est devenu privé au profit du groupe franco-espagnol Altadis pour des considérations financières de privatisation. Pour ceux des secteurs jugés toujours sensibles, comme le transport et la pêche maritimes, les pouvoirs publics y ont limité la participation étrangère. L'accès à la propriété des terres agricoles collectives est, quant à lui, encore fermé, mais dans la pratique une terre peut être concédée dans le cadre de baux ruraux de quatre-vingt-dix-neuf ans. Un nombre significatif d'investisseurs étrangers et locaux présents dans le secteur, en remplacement des entreprises publiques qui géraient des terres et domaines publics, en ont déjà bénéficié au cours des deux dernières décennies. Ce n'est pas

---

[1] En 2002, le groupe ABB surendetté devait céder sa participation à l'américain CMS-Energy, puis la totalité de la concession a été acquise par Abou Dhabi National Energy en 2008, avec extension par l'adjonction d'une deuxième unité de production.

[2] Cette politique des concessions d'entreprises, encouragée par la Banque mondiale, et supervisée notamment par l'Etat qui confirmait les choix effectués en recevant officiellement les patrons des groupes internationaux concernés.

sans rappeler la similitude des techniques de baux ruraux à long terme qui avaient permis la création des « périmètres de colonisation », utilisés abondamment bien avant le Traité du Protectorat, qui donnaient accès à terme à la propriété en évitant les prix élevés des transactions en bonne et due forme (J.et S.Lacouture, 1958, pp.184-185)[1].

Paragraphe 3 : Un autoritarisme en recul

Les pouvoirs publics ont essayé d'ériger un système basé sur des négociations, des conventions et accords avec les divers partenaires sociaux et politiques en une procédure privilégiée de gestion des problèmes conflictuels de la société marocaine, annonçant ainsi un autoritarisme atténué et plus discret, au lendemain de la chute du Mur de Berlin. Cette gouvernance de substitution a pu être mise en place progressivement en préparant le terrain à de nouveaux comportements et rapports de pouvoir. Ce consensualisme s'est développé aussi comme une réponse aux formes autoritaires de moins en moins acceptables dans les nouvelles sociétés. La conversion qui s'est produite a été une forme de reconnaissance de l'échec de méthodes de pouvoir désormais refusées par la partie influente de la communauté internationale.

Elle s'est cependant effectuée non sans difficulté, comme en témoigne l'épisode de la « campagne d'assainissement » et les rapports de subordination de plusieurs chefs d'entreprises à l'État. À cet égard, la place de partenaire social privilégié accordé à l'organisation patronale, la Confédération Générale des Entreprises du Maroc (CGEM), dans le dénouement de la campagne mal maitrisée, confirme le choix en faveur d'une solution consensuelle. Cette organisation n'a toujours été en fait qu'une simple courroie d'exécution des souhaits de l'État dans le secteur économique, en raison du soutien multiforme que les pouvoirs publics lui ont constamment accordé[2]. Il en a été de même dans les rapports avec les

---

[1] En 2011, la presse marocaine faisait état encore de protestations régionales de foules d'héritiers de certaines de ces terres collectives dénonçant l'opacité de leur gestion et de cession.

[2] La Confédération Générale des Entreprises du Maroc a fréquemment été dirigée par d'anciens ministres ayant une expérience des affaires, mais surtout des personnes proches du pouvoir.

syndicats de travailleurs, par exemple à travers des sessions de négociations débouchant sur des accords, au cours des dernières années du règne d'Hassan II[1].

La recherche du consensus prendra forme petit à petit dans ce contexte de ce qui a été convenu de désigner de « dialogue social » depuis, devenu nécessaire pour éviter des mouvements sociaux aux conséquences imprévisibles. La création de diverses instances de conseil, réunissant divers partenaires de la société civile et de l'économie, émettant des avis, même avec des effets limités sur les violences possibles, n'en a pas moins consacré cependant cette forme de gouvernance[2]. Dédoublant des structures ministérielles et administratives, de telles institutions ont répondu le plus souvent à des motivations davantage politiques du pouvoir désireux d'associer notamment certaines franges de la société civile dont il a souhaité la participation et éventuellement de tester son insertion éventuelle dans le cercle de la décision. Un tel mécanisme, remplissant également une fonction d'une sorte de vivier officieux pour le ralliement d'individualités proches de l'opposition, a été utilisé par l'État. Relevant directement des services relevant de la souveraineté, les charges de telles structures sont toutes couvertes par les deniers publics. La plupart des anciens conseils du type du « Dialogue Social », des « Droits de l'Homme », de la « Jeunesse et de l'Avenir », ou ceux nouveaux en charge des questions de la « Concurrence » ou de « l'Émigration » ont constitué autant d'exemples du recours à une formule de gestion de problématiques économiques et sociales complexes, et aux prérogatives se confondant souvent avec celles des départements administratifs existantes[3].

---

[1] Ce dialogue social a préparé et précédé le processus d'alternance gouvernementale par l'accord du 1er août 1996 entre le gouvernement et les syndicats en particulier de la Confédération Démocratique du Travail proches des socialistes et de l'Union Générale du Travail du Maroc relevant de l'Istiqlal.

[2] Les présidents et hauts responsables des divers conseils ainsi créés bénéficient souvent de traitements confortables ; leurs collaborateurs et autres membres, affiliés à des partis, reçoivent des indemnités mensuelles alignées sur les salaires de la haute fonction publique.

[3] Les premiers Conseils, comme ceux du plan, de la fonction publique ou de l'enseignement n'avaient pas la permanence de ceux créés au cours du début du XXIe siècle qui sont devenus plutôt des équivalents de départements administratifs relativement autonomes et ne rendant aucun compte.

Ainsi, dans le cas de la création et de la mise en place d'une structure comme celle du « Conseil de la Jeunesse et de l'Avenir », à l'instar d'autres organismes similaires, ont relevé dans les faits de l'Administration, en vue de l'assister à se repositionner face aux problèmes de la génération des jeunes inoccupés et des chômeurs citadins diplômés. Des études nombreuses, des analyses et des séminaires organisés par cette instance, associant systématiquement des cadres proches de partis et de syndicats de l'opposition n'ont finalement que peu contribué techniquement à trouver quelques solutions réelles au préoccupant chômage de jeunes diplômés notamment. Les Conseils en charge des « Émigrés », ou de « l'Enseignement », de la « Régionalisation » ou celui devant organiser la lutte contre la « Corruption », s'inscrivent dans une perspective similaire, utilisant des structures para étatique en associant des individualités politiques qui avaient contesté par le passé certaines méthodes du pouvoir, en vue de donner des avis sur des questions naguère considérées comme taboues.

Poussé à son extrême, cet esprit consensuel a donné lieu à une alternance gouvernementale de coalitions de partis politiques, sans dénominateur politique évident et surtout en l'absence de scrutins démocratiques. Il a surtout démontré les réelles limites d'une solution consensuelle devenue dans la pratique une formule contrôlée de partage du pouvoir.

La politique privilégiant des consensus a certes permis le déploiement de quelques orientations générales ou d'atténuer quelques conflits, mais elle est cependant demeurée de peu d'effets par exemple sur l'accélération éventuelle des rythmes de la croissance économique ou de ceux du développement en général.

Paragraphe 4 : Une alternance politique « à la marocaine »

La participation des partis constituant l'opposition parlementaire à un gouvernement dirigé par l'un des leurs, bien que minoritaire, a été initiée parle Roi Hassan II qui en a dicté le rythme et les conditions dans ce même esprit consensuel. Elle a été préparée sous sa supervision par de nombreuses rencontres formelles et de longues discussions, s'étalant sur près de quatre années, abordant également les aspects économiques[1]. Une sorte de deuxième cohabitation avec la gauche, la première s'étant déroulée de façon brève en début d'indépendance[2]. La déclaration du gouvernement de cette forme d'alternance du « fait du Prince » s'est engagée à poursuivre notamment la politique économique menée jusque-là par les gouvernements précédents[3].

La plupart des textes et mesures à caractère ou à orientation économique, comme les lois de finances ou les projets plus spécifiques qui ont été adoptés, avaient déjà été en chantier dans les services administratifs et longtemps en discussion dans les commissions techniques souvent bien avant la nomination de la nouvelle équipe. La continuité de la politique économique l'a emporté sur le changement et la paix sociale sera payée en grande partie sur les ressources publiques. Les aspects intéressant par exemple l'évasion fiscale ou les prix des articles longtemps subventionnés et constituant une charge conséquente pour les finances publiques, ou le préoccupant problème du sous emploi des jeunes n'ont pu enregistrer aucun début de solution nouvelle par rapport à celles déjà testées et mises en œuvre par le passé.

Le budget de l'État et la fonction publique ont continué de « créer l'emploi », en dépit d'engagements contraires avec une considération limitée pour l'efficacité économique à long terme. La dette interne, moins remarquée, se substituant progressivement à l'endettement externe, comme politique budgétaire alternative. La mise à niveau de quelques textes de lois régissant l'organisation des douanes, des assurances ou de la Bourse des Valeurs, et l'actualisation de textes règlementant diverses activités économiques s'est poursuivie selon le calendrier arrêté par le passé en accord avec la Banque mondiale, le FMI ou l'Union Européenne notamment.

---

[1] Une première cohabitation de la monarchie avec l'opposition date de la période 1958-1960.Voir supra les développements sur l'évolution politique des dernières décennies.

[2] Ce fut l'expérience du gouvernement dirigée par Abdadallah Ibrahim entre 1959-1960.

[3] Déclaration gouvernementale au Parlement par Abderrahmane Youssoufi, premier ministre, faite le 17 avril 1998.Texte intégral traduit en français dans Annuaire de l'Afrique du Nord de 1998, pp.287-299.

Par ailleurs, le système de planification économique et sociale, aussi indicatif soit-il, est demeuré marginal, et n'a enregistré guère de réhabilitation particulière de la part d'une équipe ayant défendu un programme électoral centré sur la satisfaction progressive des besoins essentiels des masses de la population. Enfin, l'accélération paradoxale du programme des privatisations parait davantage avoir été mue par des nécessités financières de fonctionnement de l'État plutôt que par une approche nouvelle de la place et du rôle du secteur public pouvant dynamiser les principaux secteurs économiques et favoriser une résorption progressive du chômage des jeunes (J.N.Ferrié, 1998, p.298)[1]. Comparée à la première cohabitation de la fin des années 1950 avec le roi Mohammed V, la deuxième en date, décidée et mise en place par son successeur, semble s'être plutôt insérée dans la continuité des politiques antérieures et aura eu dans l'ensemble peu d'impact différencié sur l'économie et la société marocaines. Avec le départ du premier ministre Abderrahmane Youssefi, personnalité emblématique d'une longue et rude opposition au régime, celle-ci se voit désormais réinsérée dans les confrontations électorales, du jeu parlementaire et à la conclusion de compromis avec les autres forces politiques en présence, pour se maintenir au gouvernement.

Section 3 : Problématiques économiques et sociales

Depuis la fin du Protectorat, le Maroc a enregistré quelques évolutions économiques et sociales significatives, cependant encore bien en deçà des importants besoins nécessaires à satisfaire d'une population en voie de stabilisation et de plus en plus jeune, comme semblent le traduire bien que partiellement quelques indicateurs retenus. Ainsi, les niveaux de pauvreté ou de développement humain en particulier, longtemps peu ou mal appréhendés, tendent désormais à traduire grossièrement certaines des faibles transformations accomplies au cours du siècle passé, et à indiquer surtout les écarts restant à combler. De rurale à près des trois quarts à l'indépendance, la population ne l'était plus qu'à moitié, à l'issue des deux premières décennies du XXIe siècle. À dominante jeune, elle est confrontée à des

[1] Certains observateurs politiques ont perçu dans cette expérience de l'opposition parlementaire au gouvernement une sorte de « stratégie de l'inaction sociale » traduisant un « excès de prudence » combiné à un « défaut d'expertise », conduisant à un « désenchantement », selon cet auteur.

problèmes d'éducation et d'emploi. L'émigration durable affecte plus d'une famille marocaine sur dix. La femme tend à acquérir une certaine visibilité avec l'apparition des nouveaux médias et en dépit de la place nouvelle du religieux.

Paragraphe 1 : Une population en voie de stabilisation

Une population en voie d'auto régulation, une urbanisation accélérée, un chômage structurel, une émigration élevée, une visibilité féminine, un retour du religieux, et une prolifération des médias sont quelques-unes des caractéristiques de la société marocaine postérieure au Protectorat.

Elle est passée de onze millions six cent mille habitants en 1960, date du premier recensement officiel de l'histoire du pays réunifié et indépendant, à près de vingt-six millions trois décennies plus tard. Elle a été de près de trente millions d'habitants, selon le décompte officiel effectué en 2004[1].Rappelons qu'elle était estimée à quelque cinq millions d'habitants au début du vingtième siècle, pour passer à environ neuf millions en 1952, en y incluant les communautés française et israélite alors encore fort représentées (R.Escalier[2].1984). Les taux d'accroissement annuels moyens de la population ont fortement évolué à la hausse, avant d'emprunter une tendance baissière depuis la dernière décennie du XXe siècle[3].

Données générales.

Ce rythme d'évolution démographique à la baisse a été encore plus marqué dans le milieu urbain. En effet, suite à une progression relativement élevée qui a duré pratiquement trois décennies après l'indépendance, la population marocaine totale allait enfin enregistrer un premier début de stabilisation, annonçant l'amorce d'un comportement démographique nouveau. Un tel changement est le résultat de diverses évolutions positives intervenues entretemps, à

---

[1] 29,9 millions d'habitants selon le recensement de 2004.

[2] Recensement Général de la population de 2004.

[3] Voir tableau reconstitué par les services statistiques sur la période 1900-2004, dans « Rapport sur 50 ans de développement humain au Maroc, Section/démographie », p.14. De 0,6 % en moyenne annuelle au cours des quatre premières décennies du XXe siècle, le taux d'accroissement est passé à 3,3 % dans les années 1960, pour baisser successivement à 2,6 % vingt ans après, et atteindre 1,4 % au cours des années 2000-2004.

savoir un taux de procréation à la baisse, une réduction du taux de mortalité infantile, ainsi qu'une amélioration relative des conditions de vie des populations. En dernier ressort, et en l'espace d'un demi-siècle, la population totale a connu un croît de quelque dix-huit millions de personnes, dénotant d'une progression encore élevée, eu égard aux niveaux limités de ressources et de développement du pays.

La baisse relative de la mortalité de la population marocaine était déjà devenue une réalité remarquée au lendemain de l'achèvement de la « politique de pacification » du pays, entamée par l'armée française. Cependant le véritable « tournant médico-social » daterait surtout de l'après-Deuxième Guerre, car c'est à partir de cette période que les autorités du Protectorat ont commencé réellement à se préoccuper de la santé des « populations indigènes » (D.Rivet, p.288)[1]. Jusqu'à cette date, les famines, disettes et épidémies demeuraient relativement fréquentes, et certaines régions, comme celle du Sous par exemple, étaient encore plus exposées avec une mortalité fort élevée. Encore à la veille de l'indépendance, près d'un marocain sur quatre décédait par an en moyenne, même si les famines et les épidémies devenaient moins fréquentes et surtout moins meurtrières que celles d'avant-guerre. D'une certaine manière, la baisse sensible qui sera enregistrée dans la mortalité augure en elle-même l'amorce d'une phase nouvelle et une modification fondamentale dans le développement humain ultérieur du pays. Ces premiers reculs relatifs du taux de mortalité ont constitué un important indicateur de rupture de l'évolution démographique avec ses rythmes antérieurs.

Cependant, le taux de croissance naturel de la population a continué d'enregistrer des niveaux moyens oscillant autour de 3% jusqu'au milieu des années 1970, rapprochant le Maroc de la catégorie des pays en voie de développement à faibles revenus.

La difficile politique démographique.

En dépit de sa forte contestation, une politique démographique à proprement parler a figuré explicitement dans les premiers plans économiques et sociaux de l'indépendance, à l'inverse de l'indifférence

[1] L'expression retenue est empruntée à l'historien français.

officieuse des autorités du Protectorat. Elle a visé, par exemple, à réduire timidement un taux de natalité jugé plus qu'élevé[1]. Sur un plan pratique, et en accord avec les avis de la Banque Mondiale et de certaines agences de l'Organisation des Nations Unies consultées, l'attitude des pouvoirs publics s'est cantonnée à recommander la nécessité de maîtriser le rythme d'évolution de la population, mais en laissant en dernière instance la décision de procréer à l'attitude et au « comportement responsable » de chaque individu.

Les « plans de développement » élaborés par l'État marocain ont consacré de nombreuses analyses aux interférences entre augmentation de la population et croissance économique, tant la question pesait sur la plupart des décisions des pouvoirs publics. Les autorités ont mis en place des structures, relevant du ministère de la Santé publique, destinées au conseil, à l'information des femmes sur les moyens de contraception en vue d'une organisation de la famille appelée alors « planning familial », un euphémisme désignant implicitement un contrôle des naissances laissant cependant une grande part de liberté aux personnes[2]. La planification familiale a été lancée officiellement en 1967 et portée à la connaissance d'un large public par les journaux et la radio surtout. La question faisait l'objet de débats également au plan international au cours de cette période, et la conférence mondiale sur la population de Bucarest a permis de sensibiliser en particulier l'opinion publique des pays en développement quant aux risques d'une population croissante sur le niveau de développement économique[3].

À cette époque, des pays à fortes populations, comme l'Inde ou la Chine notamment, confrontés à d'importantes difficultés économiques et sociales avaient choisi des mesures coercitives de limitation des naissances allant jusqu'à user de la force contre les familles. Dans le

---

[1] Selon le Plan Triennal 1965-67, le Plan Quinquennal 1968-72 et le Plan 1973-1977, Ministère du Plan. Cela consistait théoriquement à ramener ce taux de 5 % à 4,3 %.

[2] L'expression de planning familial trouve son origine durant les années 1930 lorsqu'elle fut introduite par « British National Birth Control Association ». L'association prit le nom par la suite de « Family planning », forme jugée plus positive pour communiquer avec les populations concernées.

[3] En 1974, se tenait la conférence mondiale de la population à Bucarest en Roumanie.

cas de la Chine, par exemple, pays encore alors sous-développé à l'instar du Maroc, qui avait longtemps défendu la thèse que la puissance d'une nation résidait dans l'importance du nombre de sa population, l'interdiction de plus d'un seul enfant par ménage a constitué en fait une révision profonde et un désaveu de la doctrine nataliste du président Mao Tsé-toung, alors dominante dans diverses régions du Tiers- Monde[1]. Les organisations politiques et syndicales marocaines, plutôt marquées à gauche et formant alors l'opposition au régime, avaient refusé d'adhérer à la politique de contrôle des naissances prônée par le gouvernement la jugeant surtout orientée contre les populations pauvres et démunies de la société et la qualifiant alors de ce fait de « politique de classe ». Ils rejoignaient ainsi paradoxalement la position nataliste de diverses strates du conservatisme marocain, aux motifs divers, et qui se recrutaient notamment parmi les théologiens musulmans, oulémas, et dans les rangs du Parti de l'Istiqlal représenté dans les gouvernements successifs (M.Rousset, 1978, p.19).

Invoquant surtout les difficultés économiques prévisibles au cas où le nombre des naissances ne serait pas bien maitrisé, les technocrates et responsables administratifs intervenaient davantage sur les aspects économiques du développement du pays, s'impliquant peu dans le débat à caractère idéologique ou religieux. D'autant que le contexte était alors caractérisé par une opposition systématique à la politique officielle jugée autoritaire depuis la proclamation de « l'État dit d'exception » et en arrêtant l'expérience parlementaire. Les difficultés économiques et sociales étant essentiellement imputées au mode de pouvoir personnel en place, l'opposition à cette politique anti-nataliste en particulier a duré officiellement au moins jusqu'au lendemain de « La Marche Verte » scellant une nouvelle ère entre la monarchie et les oppositions officielles. Il convient de noter par ailleurs, bien que pénalement interdit, l'avortement était néanmoins pratiqué, en particulier dans le secteur privé de la médecine et à des tarifs souvent prohibitifs pour les couches à bas revenus.

---

[1] Depuis la proclamation de la République Populaire de Chine jusqu'aux années 1970, les écrits et discours de Mao Tsé-Toung et les thèses du Parti Communiste Chinois étaient pro-natalistes, selon lesquels « il n'est de puissance que d'hommes », comme le proclamait un penseur « mercantiliste » français Jean Bodin, au XVIe siècle. Le « maoïsme » est employé ici en référence aux idées de Mao-Tsé-Toung, premier président de la République Populaire de Chine.

L'amorce de la « transition démographique »

Une modification notable interviendra dans l'évolution de la population et s'accomplira quelque deux décennies après l'Indépendance, en prenant la forme d'une baisse continue et réelle de l'indice synthétique de fécondité. D'environ sept enfants par jeune Marocaine durant sa période de fécondité à la fin du Protectorat, cet indicateur est passé lentement à une moyenne de quatre enfants deux décennies plus tard, puis entre deux à trois enfants au début du XXIe siècle, soit une réduction des deux tiers en deux générations. C'était là une des difficiles problématiques léguées par la période du Protectorat, et qui n'avait pas reçu de traitement approprié et rapide de la part des nouvelles autorités marocaines prenant la relève au niveau de l'État indépendant.

La rupture progressive avec le rythme élevé d'évolution antérieur a été le résultat de plusieurs facteurs, autant d'une scolarisation élargie, d'une certaine diminution de l'analphabétisme que d'une relative amélioration des conditions d'hygiène, d'une couverture sanitaire, de campagnes de vaccination, que d'une baisse de la mortalité infantile et d'une alimentation un peu plus régulière. La fécondité a commencé à baisser après moins de vingt ans d'indépendance, annonçant les prémisses de la deuxième phase de ce que divers spécialistes avaient identifié comme l'amorce d'une « transition démographique », rappelant les évolutions observées par le passé dans d'autres régions de pays économiquement avancés. Celle-ci pourrait être définie comme le passage d'un état traditionnel d'équilibre démographique, avec des taux de fécondité et de mortalité élevés, à un nouveau régime caractérisé par une fécondité et une mortalité en baisse (J.C.Chesnais, 1986).

Ce changement avait légèrement fait une première apparition suite à la sensible réduction relative de la mortalité notée au lendemain de la Deuxième Guerre. La modification, qui est devenue ainsi réelle, a été aussi le résultat ensuite de la combinaison de facteurs sociaux, allant du relèvement de l'âge du mariage des filles dans la pratique, à leur relative plus grande scolarisation ensuite, ainsi qu'à leur insertion partielle dans la vie active. Cette double rupture de la fécondité et de la mortalité avec le modèle traditionnel d'évolution de la population peut être considérée comme un moment particulier dans l'histoire démographique du Maroc, et de nature à réduire quelque peu certains des handicaps à sa croissance économique. Le maintien d'une telle tendance au cours des dernières décennies du XXe siècle a été de nature à déboucher sur une stabilisation de la population, bien qu'à un niveau encore relativement élevé par rapport aux capacités limitées du pays. Désormais, une nouvelle naissance dans un ménage moyen sera vécue comme une «charge supplémentaire » à laquelle il doit faire face pour nourrir, élever, éduquer et former un enfant jusqu'à l'âge adulte. En somme, une évolution vers un comportement « procréateur raisonné et moins laxiste» que par le passé [1]. Le facteur qui a été le plus déterminant selon certains démographes, et à qui on doit attribuer l'essentiel de la baisse de la fécondité, fut l'apparition du développement du phénomène de « l'individu » et son corollaire de la « famille nucléaire » (Ajbilou, 1991)[2].

En parallèle, le statut de la femme a enregistré également depuis l'indépendance et dans les faits une sensible amélioration, à travers un léger progrès de la scolarisation des filles et une plus grande participation à la vie active hors du foyer (J.Caldwell, 1979 ; P.Pascon, 1980). La famille marocaine est en effet passée de celle de type patriarcal et large à une famille réduite aux époux et leurs enfants, annonçant de nouveaux rapports en son sein eu égard à la procréation notamment. Un nouveau Code de la Famille, adopté et mis en vigueur en 2005, a remplacé l'ancien texte formant le statut personnel musulman constituant la « Moudawana », et a introduit par exemple le principe d'une égalité hommes-femmes, ce qui est en soi est une petite révolution presque silencieuse dans un pays musulman[3].

Le caractère jeune de la population était devenu une constante déjà sous le Protectorat, renforcé par les vaccinations, l'hygiène élémentaire

---

[1] CERED, « Perception par les parents des coûts et des bénéfices des enfants », dans « Famille au Maroc », Rabat, Maroc, 1996.

[2] CERED, « déterminants proches de la fécondité au Maroc », in variables socio démographiques au Maroc : les interdépendances, Rabat, 1989. L'âge du mariage était auparavant aux alentours de 16-18 ans pour les femmes, et 18-20 pour les hommes.

[3] Le premier code de la famille, « Moudawana », un texte de statut personnel conservateur, avait été confectionné par un groupe dirigé par Allal Fassi, ancien leader du parti de l'Istiqlal, et aussi plusieurs fois ministre. Sa refonte avait démarré à l'initiative de Hassan II et sera confiée par son successeur à un ancien Secrétaire général du même parti, et aussi plusieurs fois ministre, M'hammed Boucetta.

et tendait à être considéré comme un réel avantage[1]. En effet, il convient de rappeler que cette catégorie d'âge a représenté, en moyenne, plus des deux cinquièmes du total de la population à la veille de l'indépendance. Du fait de la rapide croissance antérieure de la population, la catégorie de jeunes de moins de quinze ans est demeurée prédominante avec l'indépendance comme classe d'âge, représentant un peu moins du tiers de la population totale, au début de la première décennie du XXIe siècle, et induisant à court et à moyen terme des besoins spécifiques de formation avec leurs contraintes financières. Comme résultat positif de la réduction de la fécondité et de la natalité, la proportion des enfants âgés de six à onze ans est entrée en décroissance, atténuant ainsi la pression future sur la scolarisation dans le primaire en particulier.

Par ailleurs, au début du XXIe, l'espérance de vie du Marocain à la naissance a gagné vingt-quatre ans, passant à soixante et onze ans en moyenne contre à peine quarante sept ans moins d'un demi-siècle auparavant. La population d'âge supérieur à soixante ans est demeurée dans l'ensemble dans une proportion inchangée, par rapport à celle déjà observée au début de l'indépendance, soit une personne sur douze, en moyenne.

Une urbanisation incontrôlée

Résultat d'un exode rural relativement plus dense encore lors des diverses périodes de sécheresse qui se sont succédé tout au long des cinq à six décennies faisant suite à la fin du Protectorat, la société marocaine enregistre une urbanisation relativement accélérée. Plusieurs villes moyennes se sont ainsi élargies en nombre, l'absence d'infrastructures et de services publics de base dans les campagnes ayant encouragé d'autant le phénomène.La réduction des dépenses sociales, à partir du dernier quart du XXe siècle, a amplifié encore l'exode à son tour, en raison de l'austérité qu'elle avait mise en place. La réalisation des programmes d'installation d'eau potable et d'électrification rurale a été de ce fait ralentie. En dépit d'une baisse en pourcentage du nombre d'habitants à la campagne, la société marocaine peut être qualifiée encore de semi-rurale, en comparaison avec celle de la Tunisie, ou de la Turquie, ou encore à l'exemple de

---

[1] Résultats des recensements et projections du CERED, tableau de la population par classe d'âge depuis 1960, et dans « Rapport du Cinquantenaire, Section/démographie », p.72.
- R.Montagne, signalait déjà le phénomène dans « Révolution au Maroc ».

celle de la Corée du Sud des années mille neuf cent soixante. Cette caractéristique sociale et économique du Maroc, qui est demeurée la sienne, peut être attribuée à une sous- industrialisation du pays dont elle est le reflet. La réalité est sûrement plus complexe, en ce sens que même la faible productivité du secteur agricole a dû décourager un plus fort exode rural.

Depuis cette même période, la population urbaine a été multipliée par cinq, correspondant à un effectif de seize millions et demi d'habitants en 2004, soit une urbanisation concernant un marocain sur deux[1], contre un sur dix qui résidait en ville, attestant du caractère surtout rural de la société au début du Protectorat, et de l'urbanisation accélérée accomplie en une période relativement courte. Cependant, en comparaison avec les pays de la région, comme l'Algérie ou la Tunisie, la population rurale marocaine continuerait de progresser, passant de huit millions à la fin du Protectorat à près de treize millions quatre cent mille habitants un demi-siècle plus tard, certes avec des périodes de hausse et de recul plus ou moins prononcées[2]. En rapport avec les cycles de l'exode rural vers les villes s'aggravant durant les périodes de sécheresse, elle a enregistré une baisse, juste après une hausse lors de la décennie de mauvais cycles agricoles[3]. La forte urbanisation observée s'explique par quatre importants facteurs, à savoir le mouvement migratoire interne d'abord, l'accroissement naturel, l'expansion des villes et une relative promotion des bourgs ruraux depuis le Protectorat.

L'espace social urbain marocain devient marqué par de grandes villes de plus de cent mille habitants, en dépit de la création de multiples bourgs petits et moyens, dans le sillage du phénomène migratoire et de la progression naturelle de la population. Au début du XXIe siècle, huit citadins sur dix habitaient dans huit régions, un sur trois dans celle du Grand Casablanca et celle de Rabat-Salé, et c'est la région Souss-Massa-Draâ, qui fut naguère fuie par des cohortes migrant vers le nord du pays, qui a enregistré la plus forte urbanisation enregistrée, de l'ordre du cinquième en moins d'une génération. À

---

[1] Banque Mondiale, « Promouvoir le développement.. », Vol.1, op.cit., p.75. Au cours des années 1950, ce taux était de 29%.

[2] Voir résultats des recensements de 1960 et de 2004, Direction des Statistiques, Rabat.

[3] Les années 1980 tout particulièrement.

l'inverse, celles des sept autres régions, comme le Tadla-Azilal, d'Al Hoceima ou des Doukkala-Abda, sont demeurées faible en moyenne[1]. Le développement du mode de vie urbain a renforcé à son tour les nouveaux comportements démographiques de réduction de dimension de la famille en particulier. Si à la veille du Protectorat, seule la ville de Fès comptait plus de cent mille habitants, depuis le pays a enregistré quelque cent douze villes et bourgs au début de l'indépendance et près du triple au tournant du XXIe siècle, dont vingt-six grandes et moyennes villes, concentrant près des deux tiers du total des citadins du pays. L'agglomération de Casablanca représenterait à elle seule désormais près du cinquième de la population urbaine marocaine[2].

Paragraphe 2 : Le chômage et l'émigration des jeunes

Le phénomène du chômage massif et touchant davantage les jeunes générations est devenu lancinant au lendemain des politiques d'ajustement structurel. À son tour, l'émigration officielle s'est trouvée limitée en raison des politiques européennes restrictives et a entrainé le développement d'une émigration illégale et difficilement contrôlable.

Les premières générations de « chômeurs diplômés »

La jeunesse vivant dans les zones urbaines est une autre donnée qui ressort au terme de l'évolution sociale observée depuis l'indépendance. Les difficultés de son éducation, de sa formation, de ses possibilités d'emploi et de logement exercent de fortes pressions sur les équilibres sociaux des principales villes. Le recul de l'âge du mariage pour les hommes comme pour les femmes et la disparition progressive de familles élargies ont accru et aggravé les problèmes d'insertion économique et sociale des jeunes générations.

Ensuite, réel fléau affectant une famille citadine sur quatre, le chômage actuel concerne surtout les jeunes, particulièrement certaines classes d'âges, le plus souvent ayant été scolarisés et à la recherche de leur premier emploi[3]. Depuis le milieu de la troisième décennie

---

[1] Evoluant entre 0,4 % et 4,7 %, selon le recensement de 2004.

[2] Rapport du Cinquantenaire; section - démographie, op.cit., pp.39-40. En 2008, on dénombrait 352 villes et centres urbains.

[3] Entre 15 et 34 ans.

postérieure à l'indépendance, une catégorie sociale de type nouveau, sous l'appellation de « diplômés chômeurs » à forte connotation, a fait son apparition se signalant par des « sit-in», des occupations des rues ou par des manifestations à diverses occasions dans les principales cités du pays. Plusieurs associations les regroupant se sont ainsi constituées au fil des ans, réclamant surtout des emplois dans le secteur public, le chômage devenant de longue durée[1].

La part prise par les détenteurs de diplômes de l'enseignement supérieur, représentant près d'un tiers des chômeurs enregistrés, par exemple au cours de la première décennie du XXIe siècle, tend à devenir un problème socio politique relativement aigu et insoluble selon les méthodes utilisées jusqu'ici par les pouvoirs publics[2]. Un tel sous-emploi affectant la jeunesse traduit la panne de l'ascenseur social que l'éducation et la formation devaient plutôt activer. De socio économique, l'ampleur du chômage représente désormais l'échec de politiques de plusieurs équipes gouvernementales successives et un secteur d'entreprises privées faiblement innovateur. La participation particulière des jeunes aux manifestations de ce qui a été désigné par les médias de « Printemps arabe » atteste d'une politisation du phénomène, dans la mesure où les jeunes chômeurs organisés assiègent en permanence un des centres du pouvoir, en l'occurrence une Chambre des Députés victime de la surenchère politique (M.B.Emperador, 2007, p.297).

Dans un tel contexte, la véritable promotion sociale est désormais associée à une embauche dans la fonction publique par les organisations en présence. D'autant plus qu'en vue de préserver une paix sociale de plus en plus fragile dans les villes, et quel qu'en soit le coût, sous la pression d'événements ou d'une classe politique désorientée, des recrutements périodiques sont effectués dans le secteur public et dans celui des collectivités locales comme par le passé au temps de l'ancien règne. En l'absence d'allocations de chômage ou d'indemnités de recherche d'emplois, les mécanismes de solidarité familiale continuent d'être mis à rude épreuve, vu que près

[1] La classe politique allait être confrontée à des situations parfois insolites. Ainsi, par exemple, on peut-être diplômé au chômage et en même temps élu président d'une commune, comme cela fut le cas de la cite minière de Jerada dans l'Oriental dans le début des années 1990.

[2] Source : Direction de la Statistique, « Activité, emploi et chômage ».

d'une famille sur six assume la charge d'un jeune adulte sans emploi et pour une durée devenue indéterminée. Le faible taux d'embauche des sans-emploi par les entreprises privées, au motif de qualifications et compétences inadaptées à leurs besoins, tend à faire du secteur public le dernier recours, augmentant d'autant la catégorie des fonctionnaires tendant à devenir numériquement dominante. Diverses catégories de candidats à l'emploi, comme les médecins, les ingénieurs ou les techniciens de diverses disciplines nouvellement sortis des facultés et écoles marocaines, se sont à leur tour constitués en autant d'associations pour exercer une pression en vue d'un recrutement dans le seul secteur public, menant des actions de rue en permanence pour arriver à leurs fins[1].

Par ailleurs, au cours des deux dernières décennies du XXe siècle, la société marocaine a découvert progressivement le phénomène de plus en plus répandu de l'émigration sans visa des jeunes de toutes conditions vers l'Europe, au cours de cette même période critique, tentée dans des conditions périlleuses en confiant leurs vies à des filières organisées de passeurs sur des barques de fortune, manifestation d'un réel désespoir. Dans la quête d'une « vie nouvelle », une partie de la jeunesse n'exclut plus paradoxalement de perdre la vie tout court en cas d'échec.

Conséquence de l'accroissement de la population en âge de travailler et antérieur au retournement démographique, le chômage des jeunes est devenu un problème économique, social et politique central, demeuré masqué durant le Protectorat et les premières années de l'indépendance. La société et l'économie marocaines de la fin du XXe siècle s'y trouvent confrontées depuis de façon aiguë. Ne pourvoyant en moyenne qu'aux deux tiers des demandes annuelles, les possibilités d'emplois offertes au rythme courant ne permettent pas de résorber les strates de chômeurs antérieurement accumulées. La combinaison entre un essai de généralisation de la scolarisation et un accroissement non maitrisé de la population, devait donner lieu à l'apparition du phénomène nouveau de cohortes de jeunes disposant de diplômes souvent de l'enseignement supérieur sans pouvoir se faire employer même après une longue période d'attente.

---

[1] Dans certaines situations, les candidats ont refusé de se soumettre à un quelconque contrôle des connaissances pour être recrutés.

Au même recensement de 2004, la population active marocaine a été estimée à environ onze millions trois cent mille travailleurs, en progression certes, mais à des rythmes de plus en plus faibles. En effet, de tels effectifs ont progressé, conséquence de la transition démographique accomplie depuis quelques décennies[1]. L'exode rural vers les villes a entrainé une augmentation de la main-d'œuvre citadine disponible. La structure d'âge de la population active s'est modifiée au cours des décennies postérieures à la fin du Protectorat, et les effectifs entre vingt-cinq et quarante-quatre ans en constituent en moyenne les six dixièmes. Au cours des deux dernières décennies du XXe siècle, la population citadine active a presque doublé, passant de trois millions deux cent onze mille actifs à près de cinq millions huit cent soixante mille, pour une population rurale de quelque cinq millions et demie et demeurant stable dans l'ensemble. La population active totale serait appelée à augmenter encore de près d'un tiers par rapport au dernier recensement, avant de se stabiliser.

En dépit d'une certaine progression de l'emploi, les métiers des « services » occuperaient désormais quatre personnes actives sur dix, contre trois précédemment, contribuant en moyenne à la production d'un peu plus de la moitié de la richesse annuelle du pays. Cette participation est demeurée stable, reflétant une faible création de valeur ajoutée en raison d'un niveau de qualification limité dans l'ensemble[2]. En effet, l'essentiel des nouvelles possibilités d'emplois en ville et hors du secteur industriel, au cours des premières années du XXIe siècle, a surtout concerné la construction, le commerce, la pêche et les services personnels et ménagers. Le mouvement de privatisation de plusieurs entreprises publiques, et le programme de mise à la retraite anticipée d'une partie des fonctionnaires, en vue de faire baisser la charge salariale du budget de l'État, n'ont réduit l'emploi dans le secteur public que faiblement. Car, malgré les engagements officiels pris, le personnel de la fonction publique s'est élargi, et sous le gouvernement dit d'« alternance », les effectifs de fonctionnaires ont progressé de l'ordre du dixième en un laps de temps relativement court de façon peu justifiée[3].

---

[1] Au taux de 2,1 % contre 3,4 %.

[2] « Promouvoir la croissance… », op.cit, Vol.2, op.cit. pp.140-141.Tableau V.3.

[3] Loi de finances de 2003. La période concernée par l'alternance est entre 1998 et 2003, avec le départ d'A. Youssoufi.

Depuis 1971, la structure de l'emploi avait enregistré une modification lente, mais réelle au profit d'un large secteur des services en forme de « fourre-tout », allant des activités bancaires, au tourisme en passant par l'administration publique. À cet égard, un certain effritement de la relation salariale, observé sur quelque trois décennies après l'indépendance, a été à l'origine d'une progression du travail précaire et informel. C'est là une tendance corroborée par l'importance singulière et excessive des catégories dites de « travailleurs indépendants ou à domicile », allant jusqu'à représenter, par exemple au début du XXIe siècle, plus de la moitié de la population active[1]. Si la décennie 1970 fut marquée par un relatif accroissement de la proportion des salariés dans la population active, celle-ci a reculé en passant de sept salariés sur dix personnes employées à la fin des années 1980, et à près de cinq vingt ans plus tard. Le nombre des travailleurs indépendants aurait augmenté de moitié, et celui des travailleurs familiaux non rémunérés de près du tiers, au cours de la même période[2].

Par ailleurs, environ la moitié de la population active totale se trouvait encore dans l'agriculture, cinq décennies après l'indépendance, proportion certes en baisse par rapport à celle de trois cinquièmes enregistrée à la fin du Protectorat, demeurant cependant élevée en comparaison avec celle des autres pays de la région[3]. Ainsi, quatre à cinq Marocains sur dix d'âge actif relevaient encore du secteur rural au début du XXIe siècle.

Hors de l'agriculture, diverses hypothèses font état surtout d'une « économie informelle » relativement importante et qui occuperait un peu moins de la moitié de la population active non agricole générant annuellement en moyenne l'équivalent plus du tiers du PIB, soit une

---

[1] Direction de la Statistique, Rabat. Résultats des enquêtes nationales sur la population active. Près de 56 % de la population active urbaine déclaraient être des travailleurs indépendants ou à domicile.

[2] Enquête du Ministère de l'Industrie et Direction des Statistiques, citée dans « promouvoir… », op.cit, p.142.

[3] Environ 48 %, selon l'enquête du Ministère de l'emploi.

proportion pouvant être considérée comme une des plus élevées dans la région des pays de l'Afrique du Nord et du Moyen-Orient[1].
Le chômage officiel concernerait un peu plus du sixième de la population contre environ un dixième une décennie auparavant[2]. Il s'agit de taux relativement préoccupants, car ils intéressent une population essentiellement jeune, urbaine et dont une bonne partie est passée par l'école, le lycée ou l'université. Les neuf dixièmes des effectifs chômeurs résideraient en ville, contre près de la moitié à la fin du Protectorat, et le sous-emploi rural affectait une personne active sur deux (A.Tiano, p.10).
Le chômage a pratiquement plus que doublé, au cours des deux dernières décennies, dépassant le million de candidats à la recherche d'un travail en ville, cependant à un rythme relativement faible par rapport au passé. Le taux de chômage urbain qui est relativement plus significatif s'est fortement accru, avec une proportion de la population active à la recherche d'un travail qui a pratiquement doublé au cours des deux dernières décennies du XXe siècle, représentant près de deux dixièmes des effectifs[3].

Si les jeunes ayant eu un parcours scolaire sont les catégories qui en sont le plus victimes, on observe aussi une proportion en progression de jeunes filles éprouvant des difficultés à trouver un emploi. Si les taux de chômage des jeunes en ville qui s'établissaient à un sur dix pour les hommes et pour les femmes en 1976, ils sont passés à près de deux hommes sur dix, et de trois femmes sur dix trente ans après[4]. Ainsi, bien que ne représentant que le dixième de la population des étudiants du supérieur, l'élément féminin à la recherche d'un emploi représenterait cependant le cinquième de la population totale sans emploi.

Certes, une forte présence féminine est notée dans les secteurs des textiles, de l'habillement et des cuirs certes subissant fortement les fluctuations surtout à la baisse des ventes à l'extérieur (R.Mejjati,

[1] Idem, op.cit., vol.2, .p.149. Il s'agit de proportions résultant de recoupements et d'hypothèses. Près de 45 % de la population étaient concernés et produisaient l'équivalent de près de 36 % du PIB en 2004 .Au recensement de cette même année, près de 11,6 % de la population totale en âge de travailler étaient au chômage.
[2] Direction de la Statistique, Rabat, 2005.
[3] Près de 19,8 %, selon les sources officielles.
[4] 17 % pour les hommes et 28 % pour les femmes, au milieu des années 2000.

2004, p.290). Par ailleurs, quatre femmes employées sur dix en moyenne l'ont été dans le secteur tertiaire et ne disposent que d'un niveau élémentaire d'éducation. Elles représentaient un cinquième de la population active en 1982 et près des trois dixièmes à la fin de la décennie, avec des fluctuations depuis, dénotant une relative féminisation des effectifs ainsi que d'une certaine précarisation des conditions d'emploi et de travail.
En devenant structurel, le phénomène du sous-emploi des jeunes va ainsi occuper une place centrale au nombre des difficiles problèmes économiques et politiques du pays après le Protectorat. La génération des « diplômés chômeurs » a donné lieu à la naissance d'une sorte de nouvelle catégorie sociale identifiable aisément[1].

D'abord, ce sont les groupes d'âge des quinze à trente-quatre ans qui représentent les populations principalement concernées, dont la moitié était à leur première recherche d'emploi en cette même période[2]. La faible croissance des divers secteurs de l'économie tend à expliquer le processus limité de possibilités de travail. À son tour, la mise en œuvre de différents programmes d'ajustement sectoriels avait théoriquement réduit les capacités générales d'embauche du secteur public, dans la fonction publique, en particulier depuis la crise d'endettement du pays. L'arrivée ensuite de candidats à un emploi avec un niveau d'éducation relativement un peu plus élevé que celui de la moyenne de la population active en général, et jugé cependant inadapté aux besoins des entreprises privées, a aggravé le phénomène dudit chômage. Le taux d'inactivité a été de l'ordre du tiers pour les diplômés du secondaire ainsi que pour ceux qui ont suivi des études universitaires. L'inadéquation des qualifications s'est trouvée également posée, réclamant le plus souvent des reconversions et des formations additionnelles.

Enfin, ce chômage est de plus en plus de longue durée, d'ordre structurel, dépassant les douze mois, intéressant les trois quarts de l'effectif au début du XXIe siècle, contre moins de la moitié deux décennies auparavant[3].

---

[1] Voir « diplômé chômeur, un phénomène qui se pérennise », dans Annuaire de l'Afrique du Nord 2007, p.297.
[2] Enquête sur la population active, Ministère de l'emploi, 2004.
[3] Direction de la Statistique, Rabat

Accroissement de la « diaspora » marocaine

L'émigration traditionnelle au XXe siècle vers des pays étrangers, puis vers les pays d'Europe en particulier, n'a pu offrir que peu d'opportunités à des candidats de plus en plus nombreux. Celle-ci n'était devenue significative qu'au lendemain de la Deuxième Guerre, mais les effectifs ont progressé surtout après la fin du Protectorat, contribuant ainsi à réduire d'autant la pression exercée sur le marché de l'emploi en devenant ainsi une véritable soupape de sécurité.
Si après dix ans d'indépendance, la population émigrée en Europe était à peine de l'ordre de quatre-vingt-cinq mille personnes, quarante ans plus tard, celle enregistrée officiellement auprès des services consulaires était de plus de deux millions de personnes[1]. Des estimations officieuses avançaient, la présence de quelque deux millions et demi de Marocains expatriés, soit supérieures aux données de l'OCDE à la même date.

Au cours des trois premières décennies suivant la fin du Protectorat, les destinations principales des flux migratoires ont été surtout européennes et représentées par la France, l'Espagne, l'Italie, la Hollande et la Belgique, rassemblant l'équivalent des neuf dixièmes des émigrés marocains. Les premiers migrants furent embauchés dans l'industrie lourde, les travaux publics, la construction et l'agriculture en France principalement. Les pays du Moyen-Orient, quelques pays scandinaves et ceux d'Amérique du Nord sont à leur tour devenus de nouvelles destinations pour près d'un dixième des candidats. Il s'agit de plus en plus d'une émigration familiale avec un niveau moyen d'éducation relativement plus élevé qu'auparavant. La population féminine représenterait près de la moitié du total des migrants marocains en Europe occidentale, témoignant d'une importante mutation qui s'est développée avec le regroupement de familles[2].

La nouvelle vague d'émigration, qui est apparue depuis la fin du XXe siècle, tendrait à concerner de plus en plus des travailleurs relativement qualifiés, détenant souvent un diplôme du secondaire, pré universitaire ou universitaire, et dont les effectifs ont été multipliés

---

[1] Mohamed khachani, « l'émigration marocaine, un enjeu majeur dans les relations entre le Maroc et l'Union Européenne », Note de l'AEREM p.6. La fiabilité des chiffres au niveau de ce type de données est loin d'être incontestable. A prendre comme de simples ordres de grandeurs.

[2] Environ 47 %.

par exemple par cinq en Belgique, par plus de trois en Espagne et aux Pays-Bas, en Amérique du Nord, voire en Australie[1]. Les envois de fonds de cette diaspora, devenus essentiels pour l'économie et la société marocaines, ont été multipliés, soit cent fois plus en moins de quatre décennies, à l'instar des envois d'émigrés de pays comme le Bangladesh, le Mexique, le Pakistan ou la Jordanie recevant des transferts représentant en moyenne près du dixième de leurs Produits Intérieurs Bruts respectifs[2].

Entre temps, une émigration illégale en provenance du Maroc, notamment à travers le détroit de Gibraltar, s'était fortement développée, en réaction au système sélectif de visas d'entrée instauré par les pays européens. Les rapatriements et expulsions d'illégaux par la seule Espagne auraient été de l'ordre de quelque vingt mille personnes par an en moyenne, à la fin du XXe siècle, donnant une certaine idée de l'ampleur d'un phénomène devenu international. Le nombre de « pateras », embarcations de fortune, interceptées par les services espagnols, a été multiplié par deux cents[3]. Le flux potentiel d'illégaux aurait ainsi été de l'ordre de près de deux cent mille personnes au cours de la décennie concernée. Le phénomène n'a pas cessé depuis, et la pression des jeunes vers l'émigration, quelle qu'en soit la forme demeurait tout aussi forte qu'auparavant (P.Vermeren, 2001).

Paragraphe 3 : L'instruction et la santé des populations

Si la généralisation de l'enseignement constitue une priorité officielle déclarée, sans faire unanimité pour autant parmi les décideurs dans la pratique, les gouvernements successifs du Maroc indépendant n'ont réalisé que tardivement la complexité de sa mise en œuvre. Il en fut de même concernant l'objectif assigné au secteur de la santé publique, bien qu'il n'ait consisté en dernier ressort qu'à la simple extension des soins primaires avec une infrastructure à la fois

[1] « Promouvoir la croissance et l'emploi.. », Banque Mondiale, Vol. 2, op.cit p.80.
[2] Source statistique : Rapport annuel sur le développement dans le Monde, ONU, 2005. Au Maroc, par exemple, de $ 40 millions en 1968, ces envois sont passés à près de $ 4,8 milliards en 2004.
[3] Ce nombre était passé de 4 en 1991 à 780 en l'année 2000, soit près de 77 chaloupes chaque année.

ambulatoire et hospitalière tout en développant la formation du personnel médical et paramédical.

L'enseignement et la formation dominés par l'État

L'éducation était sensée aider à accélérer la croissance économique et améliorer le niveau de vie de la population à long terme. D'importants efforts notamment financiers ont été déployés depuis au profit du secteur par le nouvel État, et la proportion du PNB requise par la dépense publique au titre des divers types d'enseignements confondus, a doublé au cours des six décennies d'indépendance[1]. La construction d'une société et d'une économie nationales, proclamée par les responsables de l'État et reprise dans les Plans qui se sont succédé, exigeait une généralisation de l'enseignement intéressant toutes les populations en âge de scolarisation et l'élimination de l'analphabétisme des adultes. L'évolution tant quantitative que qualitative fait état de résultats fort en deçà d'objectifs planifiés souvent ambitieux, reflétant des succès, quelques reculs, des hésitations et surtout de profondes divergences de décision au sein de la classe politique quant aux programmes et méthodes d'enseignement entrainant un recours répété à des commissions nationales, au cours de cette période postérieure au Protectorat.

Les réalisations de l'enseignement furent jugées dans l'ensemble suffisamment décevantes pour être à l'origine de la désignation en 1997 d'une autre Commission Spéciale de l'Education et de la Formation (COSEF) par le Roi Hassan II, associant partis et syndicats. Les travaux de celle-ci ont débouché sur une « charte nationale d'éducation et de formation », et elle a assuré depuis le suivi des tâches devant être entreprises pour corriger les graves lacunes relevées dans le système existant. La charte a ainsi insisté sur un renforcement de la langue arabe avec la possibilité d'intégrer deux langues étrangères, la mise en place d'une orientation des élèves, un début de décentralisation du système et des établissements d'enseignement, l'utilisation du berbère-tamazight au primaire dans les zones à dominante berbérophone, et un soutien à l'enseignement privé, rappelant parfois quelques essais déjà effectués durant le Protectorat.

---

[1] Passant de 3,2 % à 6,4 % du PIB.

En dépit d'une décennie d'efforts de correction, les performances accomplies ont été évaluées comme demeurant encore en deçà des buts fixés. Ainsi, ni la généralisation de l'enseignement ni l'éradication de l'analphabétisme n'ont pu enregistrer une modification notable [1]. La scolarisation au niveau du primaire, par exemple, ne concernait encore que les trois cinquièmes des enfants, et le décrochage n'a pu être endigué puisque près de deux cent quarante mille collégiens et lycéens avaient arrêté prématurément leur scolarité en cette période. Certes, près de neuf garçons sur dix, âgés six à onze ans, étaient scolarisés, contre à peine un sur dix cinquante ans auparavant, et la proportion de filles de cette même classe d'âge fréquentant l'école primaire était de quatre sur dix en moyenne. En milieu rural, plus de huit enfants en moyenne étaient en principe à l'école au cours de la première décennie du XXIe siècle.

Néanmoins, d'après certaines estimations, le taux net de scolarisation dans le cycle secondaire a été de l'ordre de 36 % seulement, pour la même période[2].On peut noter, par ailleurs, que la place du préscolaire demeure encore marginale, car non obligatoire, et explique en partie les limites rencontrées dans le cycle de base. Il en est de même du nombre des étudiants qui est passé à près de trois cent mille après cinquante ans d'indépendance, mais à peine le dixième de la classe d'âge concernée et de moitié inférieure par exemple à celle enregistrée en moyenne à la même période dans les pays de la zone Moyen-Orient-Afrique du Nord[3]. En l'absence d'une orientation adaptée, l'enseignement supérieur rentrera à son tour dans une ère de massification qui risque en se poursuivant de reproduire la prépondérance surtout des filières non scientifiques.

Outre ces caractéristiques particulières, le système global d'enseignement souffre d'une insuffisante capacité d'accueil et d'encadrement, une répartition géographique nettement déséquilibrée et un taux de décrochage élevé, à l'origine des déficits accumulés dans les régions enclavées du monde rural et des difficultés caractérisant les

---

[1]D'après des sources de l'UNESCO, le Maroc ne pourrait atteindre les objectifs d'un enseignement pour tous en 2015.

[2] « Rapport du Cinquantenaire, système d'éducation », p.67, 2005. D'après les estimations de l'Institut de Statistique de l'UNESCO. Le taux est égal à la population scolarisée au secondaire rapportée au total des jeunes de la classe d'âge.

[3] MENA: Middle East and North Africa.

zones périurbaines défavorisées. Plutôt que de certifier des connaissances acquises, le mécanisme des examens existant sert davantage à réguler l'accès aux cycles suivants. Ainsi, le baccalauréat en particulier, permet l'accès à l'enseignement supérieur sans pouvoir être considéré comme un diplôme qualifiant de fin d'études secondaires.

Par ailleurs, un personnel totalement marocain a certes été atteint dans l'ensemble, mais en sacrifiant de plus en plus aux exigences du professionnalisme requis[1]. En outre, en raison d'un manque d'enseignants au primaire, au secondaire ainsi qu'au niveau du supérieur, estimé à quelque quatre mille neuf cents éducateurs qualifiés, les améliorations quantitatives recherchées à court et à moyen terme deviennent de simples conjectures. L'objectif d'une éducation en langue arabe a été revu de façon pragmatique dans le cadre d'une formule bilingue, après une expérience peu concluante de deux décennies d'enseignement intégralement arabisée dans les divers cycles.

Depuis la fin du Protectorat, le système éducatif a ainsi fait l'objet de tentatives de réformes successives générales ou spécifiques, plus ou moins abouties sinon reportées, et dont certaines ont été des réponses à des mouvements sociaux quand elles n'ont pas été plutôt à leur origine[2]. L'articulation entre la formation professionnelle et l'enseignement en général, un objectif normal d'une politique globale, n'a guère pu être réalisée de manière cohérente. Au début de la deuxième décennie du nouveau siècle, le secteur de l'enseignement se présentait de façon moins favorable que celui par exemple du voisin tunisien[3]. Les dysfonctionnements semblent s'y exacerber et sont devenus difficilement maitrisables. Ceux-ci se sont manifestés notamment au niveau de la confection des cartes scolaires,

[1] Il y est ainsi reproché au gouvernement de l'alternance et aux syndicats des recrutements d'enseignants effectués sans formation adéquate préalable. Voir Rapport sur 50 ans de développement, section Education, op.cit. p. 32.

[2] Les événements de Mars 1965 firent suite à une circulaire ministérielle interdisant l'inscription d'élèves au-delà d'un certain âge. Le colloque d'Ifrane a été convoqué en 1970 par le Roi, pour dénouer les grèves de lycées et d'universités.

[3] « L'enseignement supérieur tunisien, enjeux et avenir », collection les rapports économiques de la Banque Mondiale », Washington, D.C, 1998, pp. viii - ix. En 1998, par exemple, en Tunisie, le taux de scolarisation brut dans le primaire était déjà de 100 %, de 43 % au niveau du secondaire et de 13 % au supérieur.

universitaires, de formation, comme à celui de l'élaboration de critères d'orientation et des passerelles à établir entre les divers cycles.
À son tour, la question de la gratuité de l'enseignement public continue de faire l'objet de réflexions encore discrètes, prenant la forme détournée consistant à renforcer le développement du système privé bien représenté dans la commission créée par le roi. La Banque Mondiale a été encore sollicitée pour repenser en particulier le mode de financement existant, sans qu'aucune suite pratique n'y ait été donnée, la question de faire participer élèves et étudiants aux charges d'éducation demeurant encore politiquement sensible[1].

Enfin, malgré les diverses campagnes qui on été menées au cours de la même période, l'analphabétisme affectait encore près de la moitié des adultes de plus de quinze ans, la population féminine étant concernée pour plus des trois cinquièmes. L'objectif de ramener ce taux d'analphabétisme à un cinquième de la population, fixé pour l'année 2010, et son éradication cinq ans plus tard, paraissait difficilement réalisable, au rythme des progrès accomplis au cours de la période. Une population moyenne de quelques centaines de milliers de personnes à alphabétiser chaque année, alors que les meilleurs résultats annuels enregistrés en la matière par un passé récent n'ont pas dépassé le tiers de cet effectif (Ajbilou et Bijaâd. p.55)[2]. L'alphabétisation des adultes aux divers cycles a enregistré une réelle stagnation, et les mêmes écarts hommes femmes, villes-campagnes se sont maintenus (O.Akalay, 1996, p.38)[3].

Dès lors, un tel statu quo institutionnel, pédagogique et financier risque d'entraver l'expansion de l'enseignement dispensé et de devenir une source de problèmes sociaux variés, alors qu'un renforcement et une mutation pourraient générer de nouvelles opportunités d'amélioration de l'ensemble. Le rapprochement des pays de l'Union Européenne et une plus grande ouverture à l'économie mondiale exigeront un important investissement en capital

---

[1] Note de stratégie, un partenariat pour la réforme du système éducatif. Banque Mondiale, Septembre 2000, Washington.
[2] Consulter aussi tableaux statistiques donnant l'évolution de la population marocaine analphabète entre 1960 et 2002. La population à alphabétiser était de 656 000 en cette année, à titre d'exemple.
[3] O. Akalay, avance par exemple l'idée d'une résistance à l'enseignement qui résulterait entres autres d'une déception de la partie pauvre de la population.

humain et un besoin d'améliorer sa qualité. Le maintien du monopole du secteur public d'enseignement ne pourra continuer à se justifier encore que si son efficacité est prouvée sur le terrain.

Une santé publique en recul.

Le modèle ainsi mis en place au lendemain de l'indépendance, non éloigné de celui qui avait prévalu sous le Protectorat, comportait une structure hospitalière urbaine et une autre rurale axée surtout sur une vaccination de masse, en portant l'effort sur l'hygiène du milieu qui est du ressort d'équipes mobiles.

Au cours de la dernière décennie du XXe siècle, les services primaires de santé et les zones rurales sont déclarés prioritaires, en raison des insuffisances constatées. Bien qu'elle ait enregistré une baisse réelle, la mortalité infantile de la population de moins d'un an, depuis la fin du Protectorat, n'en demeure pas moins encore dix fois plus élevée, en comparaison par exemple avec un pays voisin comme l'Espagne des premières années du début du XXIe siècle[1]. Il en est de même pour la mortalité des enfants de moins de cinq ans, dont le taux a été de quarante-sept décès pour mille enfants pour le Maroc contre neuf seulement pour l'Espagne, montrant ainsi les efforts devant être encore déployés au profit de la mère et de l'enfant. La mortalité des mères a enregistré un taux encore fort élevé, de l'ordre de deux cent soixante-sept pour cent mille naissances, contre cent soixante-dix en Tunisie, et inférieur à vingt dans les pays européens développés.

Les campagnes de vaccination ont permis d'atténuer la virulence de la tuberculose, des infections respiratoires aiguës et des méningites cérébrospinales entre autres. Malgré l'extension de la capacité hospitalière publique et le développement accéléré de la médecine privée, concentrée surtout dans les villes, la couverture sanitaire de la population est encore insuffisante, consistant en l'équivalent d'un lit d'hôpital pour neuf cents personnes, contre cinq cents dans le cas de la Tunisie en comparaison. Cette proportion est le résultat de la compression des dépenses imposées entre autres par les politiques de

---

[1] Voir série « Rapport sur le développement dans le monde, les indicateurs de développement », publications de la Banque Mondiale, années 2001 à 2010. La mortalité infantile est passée de 118 à 40 décès pour mille naissances vivantes.

stabilisation et d'ajustements structurels devenus nécessaires pour éviter les dérapages.

Parallèlement, le Maroc enregistrait une forte extension du secteur médical privé, essentiellement en milieu urbain. Au milieu de la dernière décennie, on dénombrait, en moyenne, un cabinet médical privé pour cinq mille citadins. Le milieu rural et pauvre a été délaissé à un secteur public de la santé démuni de ressources, en personnel qualifié et en moyens techniques, les difficultés de soins sur place ont constitué une des causes de l'exode des ruraux vers les villes.
Enfin, une performance remarquable concerne l'espérance de vie moyenne qui a enregistré une amélioration de moitié au cours depuis la fin du Protectorat, due en bonne partie à un environnement plus hygiénique que par le passé et aux efforts des divers services public et privé de santé. La progression relative même modeste enregistrée des conditions de vie et du niveau d'instruction ont contribué pour le reste.

Paragraphe 4 : Une nouvelle société en gestation

La société marocaine a enregistré divers changements notables depuis la fin du Protectorat sous les effets d'une urbanisation accélérée et des acquis du progrès des techniques de communication et d'information. Cependant, le dernier cri cohabite avec les us de temps reculés de l'histoire du pays, à tel point que certains studios internationaux de cinéma se contentent du décor local tel qu'il est pour leurs diverses productions cinématographiques d'œuvres historiques ou de paysages types du Tiers Monde[1]. Une cohabitation de moins en moins aisée avec la montée des inégalités socio-économiques

Communication et information de masse

L'arrivée des médias internationaux, des moyens de communication et de l'internet a profondément modifié la société marocaine. Un grand nombre et une diversité des chaines satellitaires appartenant

[1] Plusieurs œuvres cinématographiques américaines notamment utilisent le décor naturel des villes, des quartiers délabrés et des campagnes du Maroc tels quels, narrant des récits bibliques, ou des fictions de plus en plus liées à la politique internationale contre le terrorisme musulman, montrant ainsi un pays de forts contrastes.

notamment aux pays du pourtour de la méditerranée ont pénétré la vie des ménages et des familles, marginalisant de plus en plus les chaines et autres médias locaux boudés à la fois pour leur médiocre qualité et leur assujettissement aux directives administratives. Les chaines arabes, françaises, espagnoles et italiennes sont ainsi recherchées et suivies depuis la dernière décennie du XXe siècle, à la fois pour leurs programmes que pour leurs journaux d'information[1]. Instantanée la nouvelle, celle qui exigeait des mois avant le Protectorat, quelques jours durant ce dernier requiert des décideurs et gouvernants des attitudes plus en phase avec les mœurs démocratiques des puissances occidentales. Plusieurs chaines thématiques, notamment religieuses, mettant l'accent sur les prêches, la lecture du coran et l'explication de l'Islam, avec des contenus et des orientations inégales, occupent une audience conséquente au niveau de diverses couches sociales, davantage encore durant les périodes du ramadan et des fêtes religieuses.

Il en est de même de la dizaine de radios privées locales, autorisées à émettre dans un certain nombre de villes, depuis le milieu de la première décennie du XXIe siècle, dont certaines sont intégrées à des groupes économiques, de presse ou de publicité, agréées sur la base de leur adhésion aux grandes lignes éditoriales prescrites par l'État. Elles ont enregistré un certain succès auprès des auditeurs, en exploitant la nouveauté des forums de discussion abordant des questions de société et en associant les auditeurs grâce au développement du téléphone des dernières années. Dans l'ensemble, elles sont généralistes et ciblant davantage la distraction.

La large circulation souvent illégale des disques compacts et DVD, prenant le relais des cassettes, à des prix défrayant la chronique, a répandu la culture musicale et cinématographique internationale aux dépens des droits d'une propriété intellectuelle des créateurs et producteurs même locaux encore niés par la majorité. Un artisanat spécialisé dans les techniques de gravure s'est ainsi développé dans le cadre d'une niche bénéficiant d'une sorte de tolérance collective. Les graveurs de « Derb Ghallaf » à Casablanca, ou ceux d'autres villes par exemple ont longtemps pourvu aux besoins de la demande locale.

---

[1] L'autoritarisme privé ou public y trouve ses limites.

Les publications d'ouvrages et de livres ont concerné essentiellement le livre scolaire, suivi de contes, historiettes et petits opuscules de théologie musulmane en langue arabe, au cours des dernières décennies. Les seules publications à succès en langue française, à la fin du XXe siècle, ont été surtout des récits autobiographiques d'anciens prisonniers du bagne de Tazmamart et autres lieux de détention, témoignages émouvants sur la dureté d'une phase politique de l'histoire du pays. Ainsi, et paradoxalement, presque tous les membres de la famille du Général Oufkir, un ancien censeur en chef de tout ce qui s'écrivait au Maroc et «liquidé » après l'échec de son coup de force contre le Roi en 1972, longtemps injustement incarcérés sans aucun procès, ont décrit avec leurs mots le récit d'une incarcération injuste et dans des conditions inhumaines, grâce au concours de maisons d'édition françaises[1]. D'anciens militaires, qui avaient pris part aux coups d'État militaires, réincarcérés dans un bagne, bien qu'ayant purgé leurs peines, ont été les premiers à raconter pendant des mois de façon minutieuse dans la presse locale en forme de bonnes feuilles leurs dures vies de bagnards, avant leur publication en forme de livres, après leur libération du vivant d'Hassan II[2].

Cette littérature développée particulièrement par des prisonniers et des victimes d'une politique inique a fortement ému le lectorat marocain et a sensibilisé une partie de la société marocaine à la question longtemps taboue du respect des droits de l'homme, et qui a vu plusieurs organisations et structures les inscrire depuis constamment à l'ordre du jour des réformes nécessaires à réaliser.

Enfin, et surtout, le phénomène Internet et celui des réseaux sociaux, suite à l'élargissement du nombre d'individus et ménages connectés de diverses manières, en pleine expansion, ont marqué à son tour la transformation de la société l'insérant encore dans le mouvement de la mondialisation, les jeunes générations en particulier[3]. L'apparition

---

[1] Signalons entre autres parmi les plus médiatisés vivant tous hors du Maroc.
Malika Oufkir et Michelle Fitoussi, « la prisonnière », éditions Grasset, Paris, 1999.
Fatima Oufkir, « les jardins du roi », éditions Laffont, Paris, 2000.
Raouf Oufkir, « les invités », éditions Flammarion, Paris, 2003.

[2] Ahmed Marzouki, « Tazmamart, cellule 10 », Editions Paris-Méditerranée Tarik, 2000.

[3] Le nombre d'abonnés à une connexion Internet avait dépassé le million en 2010.

de réseaux sociaux, de sites et de forums de discussion, de possibilités de connaissance et de formation sur la Toile sont une avancée pour une société encore à moitié analphabète et peu au fait de technologies nouvelles d'information qui sont en train de bouleverser l'économie et la société de la plupart des régions de la planète. Exclue du secteur sophistiqué de production contribuant à leur apparition, la nouvelle société marocaine est devenue un client attaché aux biens et services des multinationales du téléphone et des fournisseurs du Net en particulier.

La place nouvelle du religieux.

L'arrivée a la tête du gouvernement central, pour la première fois de l'aile islamiste dite modérée, est significative aussi de l'évolution de la société depuis le dernier quart du XXe siècle, et de la place nouvelle de la religion en particulier dans l'administration politique du pays. Au Maroc, l'Islam est la religion dominante et fonde une bonne part de l'identité du pays, même si le principe de la liberté de croyance avait été abordé officiellement pour la première fois lors de la préparation du projet de nouvelle constitution sans avoir été retenu[1]. Dans l'histoire marocaine, la religion a été de façon constante instrumentalisée, et dernier en date par les nationalistes durant leur lutte contre le Protectorat. Si le pays compte également une communauté israélite, aux origines anciennes, qui pratique sa propre religion, elle est désormais fortement réduite suite à la création de l'État d'Israël en particulier et aux départs massifs avant, pendant et après la fin de l'occupation française. Par ailleurs, bien que l'Église romaine ait été présente avant l'arrivée de l'Islam au Maroc, puis durant la présence des Français et des Espagnols, pour être reconnue après l'indépendance par un concordat liant l'État marocain à celui du Vatican, il n'y aurait officiellement aucun chrétien indigène, contrairement au judaïsme.

Si l'Islam marocain est fondamentalement sunnite et de rite malékite, résultat d'une longue tradition historique, cela ne préjuge pas pour autant de l'exercice dans l'ensemble toléré d'autres rites et pratiques (cultes des saints, confréries, mysticisme, soufisme..). Pour

[1] Selon la déclaration de Mohamed Tozy, un membre de la commission préparant le projet de Constitution de 2011. Interview à l'hebdomadaire français L'Express/série Maroc.

l'essentiel, il s'agit d'un Islam fondamentaliste par référence au prophète Mohammad et d'allure plutôt conservatrice, qui continue d'imprégner la vie quotidienne des Marocains. Près des trois quarts de la population prieraient de manière régulière et les autres se partageraient entre irréguliers et non pratiquants[1]. Si deux étudiants sur trois s'y adonnaient à la fin du XXe siècle dernier contre moins d'un sur douze dix ans auparavant (R.Bourquia, 2005).

Sans préjuger du caractère irréversible de ce retour du religieux, il est un fait observable que le phénomène a été croissant depuis la période de la guerre du Kippour. De plus en plus de jeunes faisant partie des générations postérieures au Protectorat semblent être tentés de placer leur quête de justice sociale et de changement dans une approche religieuse moins conforme au modèle officiel de modernisme qui a prévalu depuis l'indépendance. Certaines formes de prosélytisme plus ou moins bruyantes dans les médinas (vêtements et pratiques visibles du culte) devaient ainsi faire leur apparition progressivement, cohabitant avec une religiosité relativement ostentatoire et affichée par diverses composantes urbaines ayant réussi dans leurs affaires (professions libérales, petits et moyens entrepreneurs) accomplissant de grands et petits pèlerinages répétés à la Mecque à diverses périodes de l'année musulmane[2].

Sans être exclusif des seules populations rurales, d'ailleurs non accepté par le mouvement national durant la période du Protectorat, le culte des saints semble avoir enregistré une plus grande tolérance de la part des autorités administratives et politiques depuis l'indépendance. On en dénombrait quelques milliers de saints à travers le pays au début du XXe siècle, les plus importants d'entre eux allant jusqu'à bénéficier de dons officiels et réguliers du souverain, avec toute la symbolique accompagnant un tel soutien. C'est le cas de Moulay Idriss de Zerhoun, premier chef de l'État musulman, de Moulay Idriss de Fès, son fils, fondateur de la ville de Fès devenue capitale

---

[1] Selon une enquête sur les pratiques religieuses des dernières décennies.

[2] Au grand profit des nombreuses agences de voyages spécialisées dans l'événementiel lucratif de l'Islam et du tourisme en pays musulmans, surtout en des périodes de rétention de visas pour les pays européens notamment. Vu l'engouement, le grand pèlerinage fait désormais l'objet de tirages au sort en limitant à un voyage tous les cinq ans au maximum. Un pèlerinage à la Mecque coûtait en 2010 quelque $ 3000 à 5000, selon le niveau de confort recherché.

spirituelle, et Abdeslam Ben MChiche près de Ksar elkbir qui font l'objet de cette attention particulière. Le mausolée du premier a abrité une cérémonie religieuse solennelle présidée par exemple par le souverain marocain, juste quelque temps après son intronisation, indiquant une certaine continuité.

L'organisation du culte concernant les « saints », les mosquées, les sermons du vendredi, le pèlerinage à la Mecque, les rencontres-causeries du ramadan, par exemple, sont autant d'activités du ressort de la seule administration des affaires religieuses, responsables des Habous, et dont le responsable relève du seul chef d'État. Les théologiens et docteurs de la loi, oulémas, regroupés en conseils régionaux, depuis les années 1980, sont devenus des auxiliaires fonctionnaires assistant le ministère, et payés par le budget de l'État. Ils ont été progressivement confinés, dans le cadre d'une approche encore politique de la chose religieuse, à une mission surtout d'éducation consistant à prévenir et à combattre toute agression culturelle jugée étrangère ou hétérodoxe dans l'enceinte des mosquées. La prédication comme la communication ont été ouvertes également à des femmes religieuses.

Les attentats du 11 septembre 2001 aux É-U., puis ceux de Madrid et de Casablanca les années suivantes, attribués au terrorisme islamiste, devaient marquer en pratique l'avènement d'une nouvelle phase de gestion du religieux. Désormais le politique cèdera davantage le pas que par le passé au sécuritaire déjà bien en place, depuis l'attaque perpétrée contre un grand hôtel de Marrakech la décennie précédente par un groupe islamiste de jeunes franco-marocains. Jusque-là les autorités politiques essayaient de s'adapter bien difficilement au phénomène nouveau d'apparition et de diversification des mouvements et des modes d'expression religieux à travers le pays. En raison de la présence avérée de jeunes Marocains dans plusieurs de ces actions, les pouvoirs publics ont été ainsi amenés à lever les ambigüités éventuelles, en insistant sur leur « attachement au malékisme », se démarquant ainsi nettement du wahhabisme et du rite hanbalite, pratiqué en particulier en Arabie Saoudite et servant de référence idéologique au terrorisme islamiste [1].

[1] Discours de Mohammed VI à la fête du Trône de 2003.

L'apparition d'un Islam radical, voire de terreur et de violence dans certains cas, tendrait à refléter vraisemblablement l'exacerbation d'une crise d'identité majeure au niveau d'une partie de la jeunesse en se combinant avec une promotion économique et sociale de plus en plus difficile. Deux associations en particulier, à cheval sur les champs religieux et politique, avaient émergé dès la deuxième décennie suivant la fin du Protectorat et occupé l'espace de la controverse en diffusant la parole contestataire sous couvert d'actions socio religieuse. Elles se sont, l'une et l'autre, assurées une présence visible sur le terrain, jusqu'à entrer en compétition à armes inégales avec les organisations politiques existantes et qui y ont vu un exemple de concurrence peu loyale en usant de façon constante de la religion pour des motifs essentiellement politiques.

L'association « Al Islah wa attawhid » (Réforme et unicité) qui s'est mue en organisation politique à l'origine du Parti de la Justice et Développement, dirigeant un gouvernement marocain, trouve ses origines dans une structure de jeunes islamistes travaillant autour des thèmes de piété et de retour à Dieu dont certains des leurs ont perpétré quelque deux décennies auparavant l'assassinat d'un important dirigeant de l'opposition marocaine[1]. Devenant ainsi un parti avec un statut politique normalisé, négociant les alliances nécessaires, et disposant de députés actifs militants dans l'enceinte du Parlement en particulier, ainsi que des élus locaux presque dans la plupart des communes urbaines ayant dirigé même une grande ville comme Meknès.

Également présente depuis plusieurs décennies sur le terrain de la contestation des politiques officielles par des arguments religieux, l'autre association, appelée « Adl wa Al Ihsane » (Justice et Don de soi), demeure toujours illégale. Créée en 1985, influente dans les villes, et en milieu étudiant, cette organisation est parvenue à banaliser le discours et surtout l'habit islamistes, en s'intéressant aux nécessiteux et en provoquant des manifestations d'allure pacifique sur des comportements jugés non conformes avec un Islam conservateur, comme la mixité hommes femmes qui doit être bannie. Abdeslam Yacine, son leader disparu, était un ancien cadre de l'Education Nationale devenu mystique soufi, en a été le fondateur, le chef et

[1] Omar Bengelloun, dirigeant de l'USFP assassiné en 1975.

l'idéologue incontesté depuis l'apparition de cette organisation. Il avait interpellé Hassan II dans une épître en prose en langue arabe dans les années 1970, à la mode de l'ancienne morale musulmane, lui conseillant d'avoir un comportement en accord avec les préceptes de l'Islam. Il a adressé un mémorandum à son successeur, suite à son intronisation, lui demandant notamment d'utiliser sa fortune au service de la nation et des pauvres. Il avait développé dans ses écrits une sorte de synthèse des enseignements de la pensée soufie et les idées politico-religieuses des fondateurs du mouvement des frères musulmans en Égypte dans les années 1920 par Hassan el Banna et Sayed Kotb idéologues d'un Islam égyptien révolutionnaire et contestataire.

Sans être une nouveauté dans l'histoire du Maroc, cette intrusion de l'islam dans la politique demeurait de façon implicite le privilège du seul commandeur des croyants et en même temps chef de l'État pour prévenir les querelles religieuses et la dernière Constitution l'a consacré dans un tel rôle d'arbitre et de recours.

L'implication répétée de jeunes Marocains dans divers attentats imputés au terrorisme de nature religieuse, et ceux perpétrés au Maroc même, ont mis fin à une prétendue « exception marocaine ». Cette terreur a remis en question les éléments d'un certain équilibre politico-religieux jusque là géré par la seule monarchie. Celle-ci, sans avoir été jusqu'ici directement menacée, a été cependant contrainte d'orienter des campagnes d'« assainissement » des services des armées et de sécurité en particulier[1].

Fortes inégalités et faiblesse du "développement humain"

D'importantes inégalités économiques et sociales ont toujours prévalu au Maroc, avant comme durant le Protectorat, mais n'étaient que rarement abordées, si ce n'est dans quelques travaux politiques ou publications non officiels et à tirage limité. La question de la pauvreté et des grosses fortunes a longtemps fait partie du domaine tabou depuis cette période, un sujet qui ne pouvait être analysé qu'en forme d'euphémismes dans les documents officiels, sinon développé de manière idéologique dans les analyses et programmes des organisations

---

[1] La presse quotidienne et hebdomadaire a relaté diverses affaires dans ce sens.

politiques et syndicales relevant de l'opposition socialiste et marxiste au lendemain de l'indépendance[1].

Les famines, les épidémies étaient nombreuses et cycliques, les conditions d'esclavage et de servage d'une partie la population, ainsi que le commerce des êtres humains étaient encore courants jusqu'à la veille de la signature des traités des protectorats français et espagnol (R.Le Tourneau, p.34). Des disettes et des épidémies, causant la mort de milliers de personnes, étaient signalées encore durant la Deuxième Guerre mondiale et l'apparition d'une nouvelle vague de fortunes bâties cette fois-ci sur le rationnement alors imposé. Ce mouvement d'enrichissement se renfoncera avec l'indépendance[2]. La petite et la grande corruption ont accentué à leur tour le fragile déséquilibre entre les niveaux des revenus et des fortunes dans le pays.

La pauvreté

Les résultats de la première enquête officielle relative à la consommation et les dépenses des ménages, effectuée trois ans après l'indépendance, avaient apporté d'importantes indications statistiques sur un phénomène dont les origines se trouvent dans l'histoire du sous-développement de l'économie et de la société marocaines. En effet, à l'issue de ce premier travail d'enquête rigoureux réalisé par les services statistiques, il a été établi qu'un ménage marocain sur deux en moyenne pouvait être considéré comme pauvre[3]. D'un point de vue méthodologique, un ménage était dit pauvre quand sa dépense de consommation annuelle ne dépassait pas une fois et demie le seuil de pauvreté calculé.

---

[1] Les programmes et publications du Parti communiste marocain interdit puis celles du Parti du Progrès et du Socialisme, par exemple, ont consacré toute une section aux « paysans pauvres », ainsi que les journaux Al kifah al watani et Al Bayane dans les années 1960 et 1970. Il en a été de même du journal Libération de l'UNFP d'abord, de l'USFP ensuite dans les années 1970.

[2] Spéculant sur tous les produits locaux et importés alimentaires notamment en plus des terres, cette catégorie de fortunes se renforcera avec l'indépendance. La premiere génération de fortunes s'était réalisée avant et au début du Protectorat.

[3] Enquête sur la consommation et les dépenses de ménages marocains en 1959-1960, Direction de la Statistique, Rabat, Maroc. Le taux de pauvreté relative avait été estimé à 55 %, celui de la pauvreté absolue à 44,2 % et la pauvreté alimentaire à 22 %.

Dans les campagnes et en milieu rural, six ménages marocains sur dix répondaient à la définition arrêtée de la pauvreté, et en ville, plus de quatre ménages sur dix étaient considérés comme tels. Quelque quatre décennies plus tard, des améliorations ont certes été enregistrées par le niveau et les conditions de vie de la population, mais la pauvreté concernait encore un marocain sur cinq, soit une population de l'ordre de cinq à six millions de personnes. Exprimée en monnaie, cette pauvreté se combine au sous-emploi, à l'analphabétisme, entrainant un certain nombre d'handicaps, comme un habitat urbain précaire, un accès limité aux soins de santé et l'occupation d'un emploi souvent informel. Le seuil de pauvreté calculé en 2001 était de l'ordre de mille sept cent un dirhams en moyenne, pour un ménage urbain de cinq à six membres[1]. Certains organismes internationaux, comme les Agences des Nations Unies et la Banque Mondiale ont exercé une action certaine et même une pression positive en attirant l'attention périodique des responsables politiques dans leurs divers rapports sur l'importance des populations exclues de la croissance économique en comparaison avec celles du Reste du monde[2].

D'autant plus que l'approche puis la définition de la pauvreté avaient enregistré une avancée remarquable par rapport à la période dite de la Guerre froide. Par le passé, le dénominateur commun des réflexions et analyses courantes de la pauvreté avait été d'en privilégier l'étude et l'examen à travers la norme du seul « facteur-revenu ». Une mutation théorique s'est opérée au cours des dernières décennies du XXe siècle en vue d'appréhender le phénomène surtout sous l'angle des «privations de capacités» une approche tendant à éviter la confusion courante entre les moyens et les fins. Elle semble

[1] Soit 2551 dirhams, l'équivalent d'un seuil de $ 311 dollars en 2001 contre $ 216 dollars en 1959-60. Le revenu moyen par habitant était de $ 2100 en 2001. Était défini comme pauvre, le ménage citadin dont la dépense ne dépassait pas une fois et demie le seuil calculé.

[2] Au début des années 1990, les classements opérés par les rapports annuels sur le développement dans le monde, par l'ONU, étaient contestés par l'administration marocaine, au prétexte qu'ils ne reflétaient pas les réalités du pays. Le ministère chargé de la planification de l'époque jugeait un tel classement inapproprié et comme une offense faite au Maroc, chercha vainement de façon zélée à l'attribuer à de pseudo différences d'enregistrement et d'ajustement comptables, sans apporter de preuves pertinentes et convaincantes. Cette fausse controverse « comptable » sera vite dépassée.

permettre une plus grande proximité des exigences d'une certaine justice sociale que l'approche courante en termes de revenus ne facilitait qu'insuffisamment. Ce n'est pas un hasard si les réformes économiques efficaces sont celles qui étaient accompagnées d'une préparation sociale effective, et cette étroite corrélation a été démontrée par exemple dans la plupart des économies asiatiques ayant réussi, comme le Japon d'abord, la Corée du Sud, Taiwan, Singapour, Hong Kong ensuite et dernièrement la Chine et la Thaïlande.

Ce n'est que vers le milieu de la dernière décennie du XXe siècle que les pouvoirs publics marocains ont enfin accepté le diagnostic de la pauvreté prévalant au pays, relevé tant par la Banque Mondiale que par le Programme des Nations Unies pour le Développement (PNUD), et partant le classement international l'accompagnant, naguère dénigré, et sur la base d'une définition désormais agréée par la plupart des pays membres[1]. La politique de stabilisation et d'ajustement structurel, rendue nécessaire par l'état limité des ressources et du degré élevé de l'endettement international du pays, en supprimant certaines subventions, en libéralisant les prix, en réduisant les dépenses sociales publiques, avait fortement fait diminuer le pouvoir d'achat de plusieurs couches de la population marocaine. La faible croissance économique, variable et globalement mal répartie, a aggravé à son tour le chômage. L'administration adoptera petit à petit certaines des mesures économiques et sociales préconisées par les organismes internationaux pour réduire quelques poches de pauvreté au Maroc.

Depuis, des rapports nationaux sur la lutte contre la pauvreté sont régulièrement élaborés et sur cette base, plusieurs actions ont été menées en vue de l'élargissement de l'accès à l'eau potable, d'une extension de l'électrification rurale, de la construction de routes rurales additionnelles, et la lutte contre la sécheresse[2]. Des programmes sociaux de lutte contre l'analphabétisme, de construction de logements

[1] Prenant en considération enfin les conclusions du rapport d'un organisme international qui ne lui était pas hostile, en l'occurrence la Banque mondiale, dans un discours officiel devenu célèbre depuis par son degré d'autocritique en 1994, le Roi Hassan II avait comparé les données alarmantes dudit rapport aux signes précurseurs d'un arrêt cardiaque, si des mesures et des réformes n'étaient pas mises en œuvre rapidement.
[2] PAGER et PERG.

sociaux, et de micro crédit ont été lancés à leur tour pour aider à l'intégration de certaines populations pauvres dans quelques activités économiques et sociales. Les stratégies de lutte contre la pauvreté cherchent de plus en plus à comporter soit des projets économiques induisant des revenus, soit ceux qui sont surtout sociaux, soit enfin d'autres centrés sur l'infrastructure.

La création de l'Agence de Développement Social, sous le « gouvernement de l'alternance », a permis à plusieurs associations locales et régionales de prendre des initiatives hors du cadre administratif habituel. Diverses associations et fondations œuvrant dans le secteur social ont fait leur apparition pour contribuer à contenir la pauvreté. Une campagne de communication officielle a essayé d'insérer les pouvoirs publics dans ce qui a été appelé depuis une « lutte », faisant même du monarque « le roi des pauvres » pour la diriger, en vue de contrecarrer une critique politique surtout « islamiste »[1]. Depuis la soupe-repas et denrées alimentaires distribués durant le mois du ramadan, jusqu'à la construction de foyers pour étudiants, en passant par d'autres projets locaux, la Fondation Mohammed V, créée déjà du vivant de Hassan II et présidée par son futur héritier, tente de centraliser la sphère des œuvres sociales. À ce titre, elle a bénéficié d'une prééminence de fait, en raison de la présence à son conseil des grandes institutions financières relevant des pouvoirs publics[2].

Diverses autres associations et fondations de second ordre, sans parler de celles à forte orientation religieuse dépendant de groupes et de tendances présents sur la scène sociale, déjà impliquées dans la bienfaisance et la philanthropie, sont actives le plus souvent sur des bases régionales ou locales. Une sorte de division officieuse et territoriale des tâches sociales semble s'être ainsi effectuée entre les divers intervenants dans ce champ social, la contribution à la réduction de la pauvreté n'échappant pas à son tour à des motivations

---

[1] Le cheikh Yassine de l'organisation Adl wa Ilhssane avait fait date en envoyant une « lettre ouverte » en l'an 2000 au successeur d'Hassan II, lui demandant de mettre sa fortune au service du peuple.

[2] Il s'agit de la Caisse de Dépôt et de Gestion, de la Banque Populaire, entre autres, dont les responsables sont nommés par le roi.

individuelles plutôt politiques qu'humanitaires, le niveau national demeurant une prérogative de la souveraineté[1].

Le développement humain

En rupture avec les indicateurs classiques de revenu ou de consommation utilisés depuis la période du Protectorat, le critère du niveau de « développement humain » au Maroc enregistrait encore un recul, en dépit des efforts déployés pour contrecarrer la tendance[2]. Le Maroc affichait des résultats relativement encore insuffisants au niveau des composantes de l'« Indice de Développement Humain » tel que défini par les services de la même organisation internationale, le PNUD. À titre d'illustration, le taux d'alphabétisation des adultes n'était que de 52 % et la scolarisation des jeunes populations en âge de l'être de l'ordre de 58 %, en moyenne, pour tous les cycles d'enseignements confondus, plaçant le pays derrière l'Ouganda, le Kenya ou Madagascar[3]. En considérant le seul secteur de l'enseignement, les carences en infrastructures et en ressources humaines semblent plutôt s'élargir, en particulier en milieu rural.

À cet égard, les résultats peu précis, publiés par l'Observatoire officiel pour suivre l'évolution des principales composantes de cet indicateur-référence, le confirmaient. Bien que le pays ait déjà inscrit ses projets de développement social dans le cadre normatif préconisé par les Nations Unies et par la Banque Mondiale notamment, il a enregistré cependant des reculs constants en la matière, rendant la publication du contenu des rapports annuels un moment politiquement délicat et éprouvant lors de l'évaluation des efforts des autorités marocaines et de leurs méthodes de gouvernance[4]. Les données statistiques, les résultats d'enquêtes et de recensements périodiques

---

[1] Il y a le cas de certains politiciens et autres « dirigeants » de structures non gouvernementales dites de la société civile, au service du régime, et également impliqués dans le micro crédit, tout en s'impliquant dans le conseil des opérations électorales et l'alphabétisation, avec le soutien des milieux financiers.

[2] Le Maroc avait été classé au 126e rang sur les 177 pays appréhendés par les services du PNUD, se trouvant recalé ainsi de dix places en 2007. Il était classé à la 116e place en 1990. Il est à rappeler que la définition du développement humain s'inspire de l'approche du professeur Amartya Sen. La population pauvre marocaine était estimée à quelque cinq millions d'habitants officiellement.

[3] Voir texte de l'interview M.AD.Melkert, ancien ministre hollandais, SG adjoint de l'administrateur du PNUD, en date du 9 mars 2007.

[4] Observatoire créé en 2005.

ont ainsi permis d'identifier de larges fractions de la population et de nombreuses zones comme celles du sud-est et de la région du Tafilalet en particulier, qui vivaient dans des « conditions de pauvreté et même de marginalisation »[1]. De même, plusieurs quartiers urbains, bidonvilles périurbains, et des communes rurales pour la plupart ne disposaient pas des équipements et services sociaux élémentaires, devenant des zones de fort taux d'analphabétisme, de chômage et de déscolarisation.

« L'Initiative nationale de développement humain », une nouvelle structure créée et placée sous l'autorité du Cabinet du Roi pour assurer le suivi d'indicateurs jugés sensibles et de coordonner avec les organismes internationaux. Elle a même été chargée de mettre en œuvre quelques « programmes sociaux relativement pratiques, cohérents et intégrés, en visant notamment la généralisation de la scolarisation et de l'alphabétisation, une ouverture économique en vue d'augmenter les opportunités de revenus et une contribution à la mise en place du système universel d'assurance maladie. Certes, bien que décidé par le gouvernement, le système relevait dans la pratique encore de l'ordre des objectifs à atteindre, et la nouvelle loi l'organisant est intervenue pour créer une Agence nationale de l'assurance maladie concernant surtout les personnes ayant un revenu, en y intégrant les résistants et les étudiants[2]. Enfin, l'examen d'autres éléments composant un tel indicateur, comme l'égalité entre les sexes, l'autonomisation des femmes, la réduction des disparités régionales ou la consolidation du cadre démocratique, faisait encore état d'un important écart entre les nécessités et les réalités, soit un vaste chantier futur à réaliser[3].

Parallèlement aux moyens de l'Administration, une société civile diversifiée a fait progressivement son apparition avec la multiplication des associations aux objectifs sociaux divers, au cours des deux dernières décennies, assistant et contrôlant un État ne pouvant tout faire, face aux nombreuses et diverses revendications. Dans ce même ordre d'idées des transformations intervenues sous la pression de la société et des événements, le Roi Hassan II avait réalisé la nécessité

[1] Conclusions tirées du discours du roi Mohamed VI, lors du lancement officiel de « l'Initiative de développement humain », le 18 mai 2005.

[2] Le premier responsable désigné à la tête de cette nouvelle structure hors gouvernement fut un ancien ministre de l'Education Nationale.

[3] A, D. Melk, déjà cité.

de prendre une part active à la promotion sociale femme marocaine, en lui facilitant l'accès à des postes publics de responsabilité, tout en initiant les travaux de refonte du Code de Statut Personnel, la « Moudawana ». Des femmes ont pu depuis accéder par exemple à de nouveaux postes de responsabilités impensables dans le civil, la sécurité et dans l'armée ou comme pilotes d'avion de transport, magistrates, députées et de ministres permettant d'ouvrir une possible mutation pacifique de la société, et partant une plus grande participation que par le passé de cette importante composante de la société aux diverses activités du pays.

Une corruption structurelle

Les méthodes de concussion de hauts fonctionnaires et détenteurs divers de décision, comme la corruption pure et simple est un des phénomènes aussi vieux que l'histoire des formes de pouvoir et d'administration et surtout de type autoritaire dans les régions du monde arabe et musulman en particulier (D.Hay, D.Bensoussan, R.Le Tourneau)[1].

La corruption a fortement déstabilisé le pays bien avant l'établissement du Protectorat, comme culture dominante de l'ancien Makhzen et de ses réseaux de pouvoirs de caïds, cadis, pachas, percepteurs d'impôts, des intermédiaires de commerce ou intervenants en douane. Les charges et responsabilités administratives, comme toute concession accordée faisaient souvent l'objet de contreparties dont les formes et l'importance évoluaient selon les époques et les partenaires concernés. C'est en connaissance du caractère structurel et de l'étendue du mal au sein de la fonction du Makhzen que les puissances intervenaient dans le pays à travers leurs protégés respectifs qui maitrisaient la connaissance des rouages et les modalités locales de négociation. Les termes mêmes du traité du Protectorat ainsi que l'abdication du sultan Hafid auraient fait l'objet d'âpres négociations et de généreuses

[1] En 1865, John Drummond Hay, ambassadeur de l'Angleterre, qui connaissait le pays et maitrisait l'arabe, notait diplomatiquement qu'en dehors du Sultan et du chambellan, tout le reste était corrompu.
- Selon R. Le Tourneau, dès le 19e siècle, les familles fassies associées au pouvoir avaient pour règle d'en profiter financièrement et de s'enrichir. Elles prêtaient au Sultan et s'accaparaient les postes lucratifs du Makhzen.

compensations[1]. Les nouvelles lois, règles et autorités judiciaires établies par l'Administration du Protectorat devaient réduire l'opacité et le caractère despotique des mesures et décisions du régime remplacé, la corruption a continué cependant de sévir dans les structures des caïds, pachas, mohtassibs, cadis relevant du Makhzen restauré.

Depuis l'indépendance, divers actes de corruption par leur gravité ont failli affecter la stabilité même du régime en place, sans omettre celle relevant des partis et du personnel politique et syndical. Leur caractère officiel et public a déteint négativement sur l'image de l'État et ses détenteurs, des membres du gouvernement et des proches du pouvoir ont été directement impliqués. Des ministres, de hauts fonctionnaires, des intermédiaires ont été ainsi poursuivis, jugés officiellement et emprisonnés pour fait de corruption à l'occasion de procédures concernant divers marchés publics sans que cela mette fin au mal endémique[2]. Les deux attentats militaires manqués contre le roi Hassan II, entre 1971 et 1972, avaient notamment des causes liées à des faits précis et à des agissements mettant en cause l'intégrité de responsables officiels marocains négociant des contrats notamment avec une compagnie aérienne nord-américaine[3].

Endémique à divers niveaux de l'administration ou du secteur privé, la corruption n'en est pas moins demeurée un sujet politiquement tabou et officiellement évacué durant les phases autoritaires de gouvernement. L'engagement d'ouvrir davantage le pays sur l'extérieur a rendu nécessaire un nouvel état de droit des affaires pour parvenir à s'intégrer aux diverses zones de libre-échange auxquelles il a décidé d'adhérer successivement. Des ajustements étaient devenus essentiels pour mettre à niveau diverses institutions et structures, surtout que des départements sensibles, par exemple

---

[1] Télégrammes envoyés par Lyautey aux Affaires Etrangères, au sujet de ses négociations avec le Sultan Moulay Hafid concernant son abdication. Benghabrit a confirmé ce marchandage également par messages au même Quai d'Orsay.

[2] Le procès a été couvert par la presse du début des années 1970. Les ministres concernés alors étaient Tahri (finances), Jaïdi (industrie), Chefchaouni (mines) et Imani (plan), qui ont passé plus de temps à la clinique de l'hôpital qu'en prison.

[3] Des « pots de vin » ont été réclamés à la compagnie Pan American Airlines pour l'acquisition d'un terrain domanial occupé par une caserne au centre de Casablanca en 1970, révélés par l'aide du camp du Roi assan II, le général Medbouh, à la presse internationale au retour d'un voyage aux USA.

comme la Douane, la Justice ou le Fisc parmi d'autres ont été particulièrement plus que controversés.

En vue d'accélérer l'insertion du pays dans l'économie mondiale au cours de la dernière période, la tentative effectuée par l'Administration, sous forme d'une campagne dite d'« assainissement », a suscité plus de problèmes qu'elle n'a pu en résoudre, à défaut d'une stratégie cohérente, globale de mise à niveau et de réduction de l'importance de l'économie hors réglementation. Elle a constitué une des dernières manifestations d'un autoritarisme en perte de vitesse, l'action violente menée par le régime tendant plutôt à rappeler un passé antérieur au Protectorat, à l'image d'une menée royale ou «harka du Makhzen » contre celles tribus rebelles et ceux qui ne payaient pas leurs impôts en cette époque[1]. Les sévères remarques faites notamment par la Banque mondiale sur les divers dysfonctionnements économiques, sur le recul de la croissance, sur l'état problématique de l'enseignement et de l'administration ont pris les dirigeants de l'État de court[2].

Relativement hâtive et prônant un toilettage de plusieurs pans de l'économie formelle et informelle, soit la partie de l'économie du pays peu respectueuse des textes en vigueur, une telle action a été ordonnée par l'État, et a associé les départements des finances, de la Justice, de l'Industrie et de l'Intérieur. Les résultats enregistrés ont été mitigés dans l'ensemble, car elle avait visé plusieurs objectifs simultanément souvent confus, comme certaines formes de contrebande, de fausses opérations de commerce extérieur, le trafic de drogue, la gestion locale des villes et la corruption tout court en poursuivant quelques hauts fonctionnaires et élus, donnant l'impression d'une sorte de règlement de comptes entre le pouvoir et un patronat enrichi et en rébellion.

En mettant l'accent sur les pratiques frauduleuses, l'évasion fiscale, le non-respect des règlements, les défauts de facturation des entreprises, fort connus et répandus, l'État avait mis en cause la responsabilité

---

[1] Jusqu'au début du XXe siècle, les Sultans du Maroc avaient pris l'habitude d'organiser des opérations punitives contre les tribus récalcitrantes dirigées par le souverain régnant.

[2] Mémorandum de la Banque Mondiale de 1995, publié par la Vie Économique, mars1995.

directe de certains chefs d'entreprises pour l'exemple. Les procès judiciaires médiatisés intentés à quelques entrepreneurs, à des responsables de l'administration des douanes et quelques élus pour divers faits reprochés, avaient créé une véritable psychose dans les milieux d'affaires, voire une crainte diffuse au niveau de la société dans son ensemble. À cet égard, la plupart des dispositions pénales initialement prévues dans les textes de loi formant Code de Commerce en particulier qui avaient reçu leur approbation lors des débats parlementaires, comme celles organisant par exemple les sociétés anonymes, ont été remises en question par les représentants d'un patronat frileux, pour illustrer le climat d'une insécurité judiciaire devenue réelle. Plusieurs sociétés anonymes se sont ainsi reconverties en entités à responsabilité limitée pour offrir ainsi moins de prise au pouvoir administratif et judiciaire, conseillés en cela souvent par des hommes de loi et des experts juridiques et comptables qui avaient travaillé comme consultants du gouvernement pour les mêmes textes.

En fait, les conditions politiques et économiques draconiennes imposées par la nécessaire ouverture internationale de l'économie marocaine requéraient diverses « mises à niveau », institutionnelles et techniques, qui demeuraient inachevées, insuffisamment accomplies ou tout simplement refusées même par les chefs d'entreprises concernés soucieux de sauvegarder leurs marges de profits habituelles. L'expérience a démontré ainsi le réel décalage entre l'application des réformes décidées en général et les mœurs professionnelles que celles des administrations concernées en premier, louvoyant jusqu'au bout pour limiter les adaptations nécessaires au fonctionnement d'une économie mal préparée à la mondialisation.

Dans certains cas, les diverses sortes de contrebandes ou de trafics illicites, en enregistrant des gains croissants et durables, à l'origine de fortunes rapides, tendaient à constituer une menace réelle pour l'économie et les institutions. La situation prévalant dans quelques régions de l'Amérique du Sud en lutte contre de puissants cartels de drogues, depuis les années 1980, et impliquant divers milieux dirigeant l'Administration, ont montré les limites de certaines actions dites « coups de poing » sans lendemain. La facilité relative et la rapidité d'enrichissement des trafiquants qui s'y adonnent dans les diverses régions du pays exercent un effet d'incitation et d'appel sur des cohortes de commerçants et d'entrepreneurs vers des activités

illégales menées en réseaux internationaux organisés et surtout plus lucratives. Les résultats de travaux d'enquête effectués au Maroc, au début des années Deux mille, ont fait état d'une corruption relativement large au sein d'un département aussi névralgique que celui de la Justice, impliquant une bonne partie de la magistrature[1].
Par ailleurs, une note officielle dressant le bilan des actions du ministère de la Justice au cours de la première décennie du XXIe siècle, a pu conclure qu'il était difficile de parler d'une justice pouvant être qualifiée d'indépendante (A.Ghazali, 2005)[2]. En favorisant un climat d'impunité, divers proches et collaborateurs du monarque pratiqueraient ouvertement le passe-droit et se partageraient les opportunités de gros gains de façon ouverte. Aucun département administratif, au niveau central ou régional, ne semble avoir été à l'abri de cette corruption dite « rampante ».
À titre d'exemple, dans la classification indicative d'une organisation comme « Transparency », le niveau de la corruption au Maroc, enregistré au début du nouveau siècle était à la limite de cette échelle et qui reste un simple indicateur d'ordre de gravité. Dans ce processus en évolution, rares sont les structures et départements qui ne sont pas affectés[3]. De ce fait, un certain discrédit et une relative défiance ont affecté l'administration, accentués à leur tour par le soutien direct et privilégié de l'Union Européenne ou de la Banque Mondiale, apporté par exemple à quelques associations de la société civile marocaine, sans passer par les structures de l'État, mais requérant son accord.

Face à cette corruption courante, la mise en place d'un système de Cour des Comptes peut être considérée comme une avancée même modeste, rappelant la prééminence de la règle de droit contre les manifestations de mauvaise gestion des ressources publiques ou d'actes de corruption intéressant du personnel relevant de l'État. Cependant, une médiatisation orientée de certaines conclusions ou de

---

[1] Enquête d'opinion sur la gouvernance auprès de 111 experts, juin 2003, dans CAFRAD/OMAP/CEA, évolution système de gouvernance au Maroc, 2004, p.140, cité in Rapport du Cinquantenaire. Trois magistrats sur quatre seraient concernés par le « mauvais fonctionnement » de la justice.

[2] L'auteur est un ancien Secrétaire Général du Ministère en question.

[3] Transparency International est une organisation créée par d'anciens de la mouvance de l'extrême gauche européenne. Ses rapports et conclusions sont des données parmi d'autres. La section marocaine a été créée par Sion Assidon, un ancien membre du groupe marxiste « Il Amam ». La presse quotidienne marocaine a relaté plusieurs affaires.

quelques affaires développées de façon particulière dans certains rapports annuels de cette Institution, par exemple, ne semble pas être de nature à corroborer souvent le principe d'une instance au service des seules règles de droit[1]. Par ailleurs, la corruption ne concerne pas les seuls services publics et administratifs, mais également les dysfonctionnements des entreprises privées et des institutions financières ainsi que la régulation de l'ensemble des auxiliaires de justice. Phénomène généralisé, problème social endémique, l'éradication même progressive de la corruption relève d'une correction profonde du fonctionnement des institutions et exige des gouvernants modèles. Gouverner par l'exemple d'abord, le contrôle par des voies démocratiques s'appuyant sur une justice assainie et la prévention ensuite, car il n'y a pas de recettes toutes faites.

---

[1] A l'issue de chaque rapport annuel de la Cour des Comptes transmis au Roi, certains dossiers ou détails particuliers relativement orientés sont livrés aux organes de presse pour publication. Il est à rappeler que les nouveaux présidents furent successivement d'anciens ministres de l'Intérieur.

Conclusion générale

Le Protectorat établi par la France au Maroc a été le résultat de décennies de « travail » diplomatique, d'entente avec d'autres puissances intéressées et d'approche effectuée sur le terrain par des missions civiles et militaires. Une fois mis en place, un tel statut a cultivé au moins trois paradoxes.

Il a permis en premier un processus d'unification d'un vaste pays, qui a touché des régions comme des tribus naguère difficiles d'accès ou vivant en marge pour des raisons diverses d'un pouvoir central qui ne parvenait que difficilement et rarement à le réaliser. Le processus d'occupation militaire française, qui a duré trois décennies, parachèvera paradoxalement l'unification de régions et de tribus d'un pays défait au XIXe siècle successivement par l'armée française sur la frontière algérienne, puis par l'armée espagnole près de Tétouan. Certaines parties du pays avaient entretenu avec le Makhzen central parfois des liens moins étroits et suivis que d'autres, en raison notamment de l'intervention de puissances étrangères. Cette opération d'assemblage territorial et de stabilisation politique du Maroc, connue sous l'expression militaire de « pacification » a été, planifiée et supervisée pour l'essentiel par le général Lyautey. Même en devenant le premier Résident général nommé par le gouvernement français pour diriger le nouveau Protectorat en Afrique du Nord quelques décennies après celui de Tunisie, ce dernier poursuivra la tâche assignée, tout en en lançant parallèlement et progressivement des programmes civils et d'infrastructures de nature à faciliter un établissement sur le terrain longtemps et minutieusement préparé.

Par son installation, son occupation militaire du terrain notamment, le Protectorat a favorisé l'émergence d'un nationalisme progressivement visible et militant s'inspirant de certaines expériences de l'Orient et de l'Occident dans son apprentissage de la culture de l'État nation. Si Lyautey l'avait envisagé et essayait de s'en prémunir à sa manière, il n'en demeure pas moins que l'apparition du « nationalisme colonial » aura été un produit direct d'une mise en tutelle par une puissance étrangère, à l'instar d'autres nationalismes similaires sur d'autres latitudes en Asie ou en Afrique bien avant ou durant cette même période (A.Fassi, 1954 ; M.H.Ouazzani, 1937)[1]. Il ne s'était pas manifesté auparavant au lendemain de défaites cuisantes subies au XIXe siècle.

Divergeant fortement sur le maintien et la place de la monarchie dans la future construction institutionnelle, les dirigeants français qui avaient conçu et préparé le traité du Protectorat ne cherchaient en dernière instance à n'en faire au mieux qu'un simple instrument devant faciliter l'implantation et le bon fonctionnement du régime qui a été établi. En faire un Etat et une économie de type moderne ne constituait pas l'objectif prioritaire du Protectorat établi mis en place, il le devint sous une persévérante impulsion encore du premier Résident général. En effet doté d'une longue expérience et d'une vaste culture humaniste, et sans avoir été demandeur du poste, ce dernier a pris une place active et centrale dans la construction d'un Protectorat fort exécré au départ par les populations et dans un contexte international encore confus. Le chef militaire aguerri se maintiendra en dépit des moyens limités et des difficultés de la Grande Guerre en y poursuivant la réalisation du projet qu'il avait conçu pour un pays encore neuf, surtout en évitant certaines des graves erreurs commises dans d'autres parties d'un empire français étendu et à la réussite duquel il semblait consacrer cette phase de sa vie. Les institutions, le gouvernement des hommes, l'administration économique allaient être bâtis sur la loi et l'ordre conçus par un esprit sélectif gardant diverses attaches aristocratiques avec ses origines. L'érection du premier Etat moderne, le renouvellement et la régénération d'une monarchie qui était alors contestée, et sans changement de dynastie, auront été en grande partie ses choix souvent en divergence avec les vues de la métropole[2]. Il assistera avec une grande lucidité à l'apparition des premières manifestations du nationalisme naissant en opposition à la longue pacification du pays qu'il menait avec ses équipes de généraux et futurs successeurs pour quelques-uns d'entre eux (A.Le Révérend)[3].

---

[1] L'expression de nationalisme « colonial » serait due à Mehdi Benbarka, selon Hallstead déjà cité.

[2] Mohamed Ben Youssef, futur Mohamed V, puis Hassan II l'ont reconnu officiellement avec gratitude.

[3] Lucide, Lyautey considérait que la parenthèse protectorat serait de l'ordre de trois décennies environ.

Au centre et animateur de divers réseaux, politiques et culturels notamment, Lyautey était aussi et d'abord un chargé de mission au service des grands groupes et ententes d'industriels, de financiers français à l'origine du projet d'occupation du pays.

Longtemps avant l'établissement de la tutelle française, les rares initiatives d'amélioration de son administration adoptées par le Makhzen ainsi que les méthodes d'instruction de son armée, s'inspiraient souvent et avec retard de ce qui avait cours du côté de « la Grande Porte » à travers le voisin algérien occupé par les Ottomans et au retour des périodiques pèlerinages en Orient. Quelques convertis, quelques juifs en rapport avec la diaspora, certains anciens esclaves d'origine européenne assuraient une sorte de conseil technique officieux du souverain régnant selon besoin.

En initiant d'importantes réformes devenues impérieuses, comme celles relatives à la Justice, à l'immatriculation des terres, au patrimoine de l'État, à la fiscalité ou à la douane notamment, longtemps en discussion entre un Makhzen peu convaincu de leur nécessité avec les puissances étrangères, le Protectorat, quant à lui, créera un cadre au fonctionnement à de nouveaux mécanismes empruntés cette fois-ci intégralement à l'Occident. Le lancement de grands chantiers routiers, portuaires, ferroviaires, hydrauliques et électriques favorisera l'émergence d'un secteur économique industriel et agricole moderne à dominante européenne.

Le processus d'une industrialisation, caractérisant le Protectorat, se poursuivra et se diversifiera après l'indépendance, bien que de façon lente et avec des unités de petite taille. Même s'il s'était agi d'un premier pas dans l'industrie moderne, qui a pris naissance d'ailleurs dans la transformation des produits de la terre, du sous-sol et de la mer, le Maroc est demeuré cependant un pays à dominante agricole et de services. En dehors des industries légères qui virent une expansion remarquable surtout depuis la Deuxième Guerre, quelques grands projets d'unités métallurgiques et chimiques ont pu exceptionnellement voir le jour. La fabrication sur place d'engrais phosphatés, des superphosphates, initiée par un groupe industriel français, a donné lieu à des résultats concrets qui seront poursuivis ultérieurement par l'OCP. Quelques industries relevant de la chimie devaient voir leur élargissement s'accentuer au fur et à mesure de l'élévation des conditions de vie et d'hygiène des populations locales. Si les gisements de la pyrite de fer, utilisables dans la fabrication de l'acide sulfurique nécessaire pour la production de superphosphates, s'avéreront insuffisants, de nombreuses activités chimiques légères secondaires répondant aux besoins des consommateurs allaient faire leur apparition.

Les grands conflits militaires qui ont jalonné la période du Protectorat, deux guerres mondiales, celles de Corée puis d'Indochine avaient favorisé des évolutions humaines, économiques, techniques et politiques au niveau du Maroc. Des soldats et des travailleurs seront transférés en métropole pour aider à l'effort de guerre ou de reconstruction, des capitaux européens en quête d'investissement choisiront le pays sous tutelle, les notions de liberté et de démocratie seront véhiculées par les armées ayant débarqué en Afrique du Nord en vue de préparer la libération de l'Europe.

Le Monde des lendemains de la Deuxième Guerre favorisera le développement d'une « révolution intra capitaliste » qui durera quelque trois décennies et impliquant l'Amérique du Nord, l'Europe et le Japon notamment, entrainant un redémarrage accéléré d'un capitalisme qui a été freiné dans son expansion par la Grande Crise, et de son élan par la Guerre (M.Rocard, 2010, p.236)[1]. Cela suscitera également une progression du capitalisme industriel dans le pays protégé puis indépendant qui bénéficiera des politiques publiques dirigistes favorables à une initiative privée se développant dans le sillage des grands établissements publics. Cette phase postérieure à la Guerre qui durera jusqu'au premier choc pétrolier, soit quelque trois décennies, a été une période de croissance continue, de plein emploi et de progrès technique concernant surtout la plupart des pays de l'OCDE (J.Fourastié, 1979)[2].

La déréglementation, prônée et encouragée un peu partout, par les organismes financiers internationaux n'épargnera pas le Maroc non plus, en proie à un lourd endettement et à un grave déficit du budget, a permis le retour des rapports de forces inégaux sur le marché,

---

[1] L'ancien premier ministre de la France y rappelle les « Trente glorieuses » de 1945 à 1975, qui ont enregisté une croissance au taux de 5 % en moyenne par an.

[2] Jean Fourastié, « Les Trente glorieuses ou la révolution invisible, de 1945 à 1975 », Editions Fayard, Paris, 1979.

entraînant une aggravation des inégalités internes observées ici ou là. Si le niveau de vie d'un Européen était de cinq à six fois supérieur à celui du marocain avant le Protectorat, il lui a été vingt fois supérieur au début du nouveau siècle, avec la résurgence de la pauvreté de plusieurs catégories sociales associée à la montée de la précarisation du travail. Si le chômage ébranle plusieurs sociétés depuis quelques décennies, au Maroc il affecte encore plus la catégorie de jeunes, en particulier ceux ayant poursuivi des études et obtenu des diplômes ne débouchant sur aucune expérience professionnelle et encore moins sur un emploi rémunéré. À cet égard, la perspective d'un « plein emploi » de type classique est devenue tout simplement lointaine sinon irréaliste désormais, en raison des nouveaux équipements et instruments introduits par la révolution touchant le monde des techniques de l'information par exemple, en particulier le remplacement des fonctions logiques et déductives.

L'économie informelle, qui parait faire vivre en moyenne six Africains au sud du Sahara sur dix, sans être de la même ampleur dans le cas du Maroc, n'en demeure pas moins importante et réelle. Même certaines activités fortement lucratives, comme le commerce des drogues ou la croissante contrebande touchant la plupart des produits distribués, s'y abritent sans que cela soit le fait d'une population inoccupée ou en chômage. De telles activités relevant davantage des catégories de l'économie parallèle et criminelle gérée par de vastes réseaux de plus en plus internationaux et organisés.

Encore relativement limitée au cours du Protectorat, l'émigration touchait un marocain sur huit est devenue très tôt la seule et principale soupape de sureté, en moins de deux décennies d'indépendance, encouragée également en cela par des besoins réels de main-d'œuvre des pays européens. Le retournement de conjonctures et les crises cycliques successives du dernier quart du XXe siècle mirent progressivement fin aux flux légaux de circulation de demandeurs d'emploi, avec l'entrée de visas restrictifs et de généralisation de mesures coercitives. Un processus de surenchères politique verra ainsi le jour, constituant un nouveau paradoxe, celui consistant à voir l'Europe politique tout entière partager, faisant que « Droite et Gauche » parlementaire obéissent aux injonctions xénophobes des organisations de l'extrême Droite par la répression et une politique inhospitalière des étrangers, ceci au prétexte de limiter l'influence de celle-ci[1]. Autrement dit, cette précieuse soupape de l'émigration permettant de transférer le trop-plein de demandeurs d'emploi ne reprendra pas de sitôt, et celle de type ethnique vers les pays arabes du Golfe notamment connaitra ses limites.

Le faible et lent développement économique enregistré depuis l'indépendance n'a suscité qu'une création insuffisante d'emplois tertiaires de nature à réduire les causes d'inégalités et d'instabilité potentielle. Sans stabilité de revenus et sans soutien public approprié, le précaire équilibre économique sera de plus en plus fragilisé par les difficultés structurelles des régimes de protection et de prévoyance sociales du pays.

La recherche de solutions consensuelles érigées en système de gouvernement, ces dernières décennies, aux dépens de règles démocratiques de fonctionnement et de décision, expliquerait le caractère inachevé et inefficace de diverses réformes et mises à niveau fondamentales impérieuses. Au nombre de celles-ci, celle de la justice est préoccupante depuis l'indépendance et remet en question la modernité d'un État non pourvu d'une institution rendant les jugements transparents à même de protéger les droits des hommes, leurs biens ainsi que de préserver les institutions fondamentales du pays.

Les nombreux Conseils spécialisés ou thématiques créés ont favorisé plutôt une dispersion du pouvoir de décision et justifié divers retards au profit de structures peu représentatives, rendant peu de comptes. L'instauration de règles de contrôle démocratique et d'un gouvernement responsable issu d'élections, qui avaient fait défaut du temps du Protectorat et longtemps promis depuis le début de l'indépendance, pourrait favoriser également un cadre concurrentiel efficace aux entreprises et une protection aux consommateurs. Un respect effectif des droits élémentaires du citoyen et une égalité des chances créeraient des conditions pour surmonter les inévitables futures crises économiques et sociales.

---

[1] Homme intègre, l'ancien premier ministre de François Mitterand a toujours favorisé le « parler-vrai ».

Les secteurs de l'enseignement ou de la santé publics ne sont pas parvenus à s'approcher des objectifs mêmes modestes de généralisation quantitative et de couverture de qualité souhaités au lendemain de la déclaration d'indépendance, en raison d'une succession de réformes accordant le primat d'abord à une méthodologie technocratique puis essentiellement politicienne.

Car sans réduction des graves inégalités de ressources dans un cadre institutionnel avec un réel pouvoir de contrôle, la société marocaine ne saurait aller de l'avant à son tour, comme l'avait par exemple déjà prédit le philosophe et économiste écossais Adam Smith,en d'autres circonstances, à la veille de la révolution industrielle anglaise et des traités de « libre-échange » qui seront signés par la Grande-Bretagne avec le Reste du monde, dont le Maroc qui lui assurait un modeste poste de garde sur la rive africaine en veillant à la bonne circulation des marchandises entre le centre de cet ancien grand empire et ses lointaines dépendances orientales (A.Smith, 2003).

Lexique de quelques termes arabes utilisés

Aâdil	:	Notaire spécialisé de droit musulman et auxiliaire du cadi, et Adouls au pluriel.
Cadi	:	Juge spécialisé dans le droit musulman.
Caïd	:	Autorité administrative supervisant une région ou une tribu.
Chioukhs	:	Pluriel de cheikh, supervisant en zone rurale un village ou une fraction de tribu, dans la fonction publique territoriale marocaine en particulier.
Guich	:	Armée
Imam	:	La personne qui dirige la prière.
Istiqlal	:	Indépendance
Khalifa	:	Un adjoint.
Mohtassib	:	Chargé du contrôle du commerce, des prix et des Taxes dans une ville marocaine, un équivalent de prévôt spécialisé du moyen âge chrétien.
Mokaddem	:	Agent du Makhzen sous l'autorité du pacha supervisant un quartier dans une ville.
Oulémas	:	Pluriel d'Aâlem désignant un savant en sciences religieuses dans l'Islam marocain.
Pacha	:	Autorité administrative supervisant une ville.
Rekkas	:	Un envoyé, un messager ou un chargé du courrier.
Samsar	:	L'expression a une connotation désignant en général un intermédiaire vénal « à tout faire » ou presque.
Torjmane	:	Interprète ou traducteur.

Annexe 1

Maroc

Traité pour l'organisation du protectorat français dans l'empire chérifien.

Le Gouvernement de la République française et le Gouvernement de Sa Majesté Chérifienne, soucieux d'établir au Maroc un régime régulier, fondé sur l'ordre intérieur et la sécurité générale, qui permettra l'introduction des réformes et assurera le développement économique du pays, sont convenus des dispositions suivantes :

Article 1.
Le Gouvernement de la République française et Sa Majesté le sultan sont d'accord pour instituer au Maroc un nouveau régime comportant les réformes administratives, judiciaires, scolaires, économiques, financières et militaires que le Gouvernement français jugera utile d'introduire sur le territoire marocain.
Ce régime sauvegardera la situation religieuse, le respect et le prestige traditionnel du Sultan, l'exercice de la religion musulmane et des institutions religieuses, notamment de celles des habous. Il comportera l'organisation d'un Maghzen chérifien réformé.
Le Gouvernement de la République se concertera avec le Gouvernement espagnol au sujet des intérêts que ce gouvernement tient de sa position géographique et de ses possessions territoriales sur la côte marocaine.
De même, la ville de Tanger gardera le caractère spécial qui lui a été reconnu et qui déterminera son organisation municipale.

Article 2.
Sa Majesté le sultan admet dès maintenant que le Gouvernement français procède, après avoir prévenu le Maghzen, aux occupations militaires du territoire marocain qu'il jugerait nécessaires au maintien de l'ordre et de la sécurité des transactions commerciales et à ce qu'il exerce toute action de police sur terre et dans les eaux marocaines.

Article 3.
Le Gouvernement de la République prend l'engagement de prêter un constant appui à Sa Majesté Chérifienne contre tout danger qui menacerait sa personne ou sou trône ou qui compromettrait la tranquillité de ses États. Le même appui sera prêté à l'héritier du trône et à ses successeurs.

Article 4.
Les mesures que nécessitera le nouveau régime de protectorat seront édictées, sur la proposition du Gouvernement français, par Sa Majesté Chérifienne ou par les autorités auxquelles elle en aura délégué le pouvoir. Il en sera de même des règlements nouveaux et des modifications aux règlements existants.

Article 5.
Le Gouvernement français sera représenté auprès de Sa Majesté Chérifienne par un Commissaire résident général, dépositaire de tous les pouvoirs de la République au Maroc, qui veillera à l'exécution du présent accord. Le Commissaire résident général sera le seul intermédiaire du Sultan auprès des représentants étrangers et dans les rapports que ces représentants entretiennent avec le Gouvernement marocain. Il sera, notamment, chargé de toutes de toutes les questions intéressant les étrangers dans l'empire chérifien.
Il aura le pouvoir d'approuver et de promulguer, au nom du Gouvernement français, tous les décrets rendus par Sa Majesté Chérifienne.

Article 6.
Les agents diplomatiques et consulaires de la France seront chargés de la représentation et de la protection des sujets et des intérêts marocains à l'étranger.
Sa Majesté le Sultan s'engage à ne conclure aucun acte ayant un caractère international sans l'assentiment préalable du Gouvernement de la République française.

Article 7.
Le Gouvernement de la République française et le Gouvernement de Sa Majesté Chérifienne se réservent de fixer d'un commun accord les bases d'une réorganisation financière qui, en respectant les droits conférés aux porteurs des titres des emprunts publics marocains,

permette de garantir les engagements du trésor chérifien et de percevoir régulièrement les revenus de l'Empire.

Article 8.
Sa Majesté Chérifienne s'interdit de contracter à l'avenir, directement ou indirectement, aucun emprunt public ou privé et d'accorder, sous une forme quelconque, aucune concession sans l'autorisation du Gouvernement français.

Article 9.
La présente convention sera soumise à la ratification du Gouvernement de la République française et l'instrument de ladite ratification sera remis à S. M. le sultan dans le plus bref délai possible.

En foi de quoi, les soussignés ont dressé le présent acte et l'ont revêtu de leurs cachets.

Fait à Fez, le 30 mars 1912.

REGNAULT.

MOULAY ABD EL HAFID.

Annexe 2

Le Plan des réformes marocaines

a) Le Plan de Réformes est rédigé en arabe et imprimé en cette langue au Caire en septembre 1934. L'édition française n'en sera achevée que fin novembre, sous forme d'une brochure de 134 pages, comprenant un préambule et une liste de revendications relatives à la politique générale, d'une part, l'abolition de la politique dite des "grands caïds", la création des municipalités élues communes aux musulmans et aux israélites marocains, la création d'un conseil national élu compétent pour toute création d'impôts, discuterait et voterait le budget, la création de chambres économiques régionales élues au scrutin de liste à deux degrés, représentant les agriculteurs, les commerçants, les industriels et les propriétaires ; et, d'autre part, les libertés publiques, car seul l'octroi des libertés publiques permettra aux jeunes Marocains de se faire entendre et de poursuivre la réalisation de leur programme.

Au premier rang de ces libertés, il y a la liberté d'expression des idées par tous les moyens légaux, la suppression de l'arbitraire judiciaire, la reconnaissance de l'inviolabilité du domicile et de la correspondance, enfin la liberté de réunion, d'association sous toutes ses formes, même syndicale et la liberté d'aller et de venir par la suppression des passeports à l'intérieur du Maroc.
Le Plan de Réformes fut présenté le 1er décembre 1934 à Paris par les députés des partis de Gauche qui soutenaient le Comité d'Action Marocaine ; et au Maroc, il fut remis le même jour au Résident Général Ponsot, et c'était la première démarche officielle du CAM qui a marqué l'entrée en scène du premier parti politique marocain.

b) Composition du Comité d'Action Marocaine(CAM)

Le CAM n'est pas né de la volonté de créer un parti politique, mais du rapprochement de dix nationalistes apposant leur signature au bas d'une liste de revendications à la rédaction de laquelle tous n'avaient même pas contribué. Il avait le caractère d'un parti ou d'un groupement d'individus professant les même idées ou du moins s'étant mis d'accord sur un programme moyen de réformes politiques, et qui unissaient leurs efforts pour obtenir la réalisation dudit programme, sans aucun but journalistique.

Le CAM était composé de dix membres :

Omar Abdeljalil, Ahmed Charkaoui, Mohamed Ghazi, Mohamed Lyazidi, Allal El Fassi, Abdelaziz Bendriss, Mohamed Diouri, Boubker Kadiri, Mohamed Mekki Naciri et Hassan El Ouazani.

Sommaire du Plan des Réformes Marocaines (année 1934)

Annexe 3

Texte du Dahir sultanien du 16 mai 1930, nommé « Dahir berbère »

Louange à Dieu, Que l'on sache par la présente, que notre Majesté Chérifienne,
Considérant que le dahir de notre Auguste père, S.M. le Sultan Moulay Youssef, en date du 11 septembre 1914 a prescrit dans l'intérêt du bien de nos sujets et de la tranquillité de l'État de respecter le statut coutumier des tribus berbères pacifiées..., qu'il devient opportun de préciser aujourd'hui les conditions particulières dans lesquelles la justice sera rendue dans les mêmes tribus.
À décrété ce qui suit :

Art. 1 - Dans les tribus de Notre Empire reconnues comme étant de coutume berbère, la répression des infractions commises par les sujets marocains qui serait de la compétence des Caïds dans les autres parties de l'Empire, est de la compétence des chefs de tribus. Pour les autres infractions, la compétence et la répression sont réglées par les articles 4 et 6 du présent dahir.

Art. 2 - Sous réserve des règles de compétence qui régissent les tribunaux français de Notre Empire, les actions civiles ou commerciales, mobilières ou immobilières sont jugées, en premier ou dernier ressort, suivant le taux qui sera fixé par arrêté viziriel, par les juridictions spéciales appelées tribunaux coutumiers. Ces tribunaux sont également compétents en toute matière de statut personnel ou successoral. Ils appliquent, dans les cas, la coutume locale.

Art. 3 - L'appel des jugements rendus par les tribunaux coutumiers, dans les cas où il serait recevable, est porté devant les juridictions appelées tribunaux d'appel coutumiers.

Art. 4 - En matière pénale, ces tribunaux d'appel sont également compétents, en premier et dernier ressort, pour la répression des infractions prévues à l'alinéa 2 de l'article premier ci-dessus, et en outre de toutes les infractions commises par des membres des tribunaux coutumiers dont la compétence normale est attribuée au chef de la tribu.

Art. 5 - Auprès de chaque tribunal coutumier de première instance ou d'appel est placé un commissaire du Gouvernement, délégué par l'autorité régionale de contrôle de laquelle il dépend. Prés de chacune de ces juridictions est également placé un secrétaire-greffier, lequel remplit en outre les fonctions de notaire.

Art. 6 - Les juridictions françaises statuant en matière pénale suivant les règles qui leur sont propres, sont compétentes pour la répression des crimes commis en pays berbère quelle que soit la condition de l'auteur du crime. Dans ces cas est applicable le dahir du 12 août 1913 (9 ramadan 1331) sur la procédure criminelle.

Art.7 - Les actions immobilières auxquelles seraient parties, soit comme demandeur, soit comme défendeur, des ressortissants des juridictions françaises, sont de la compétence de ces juridictions.

Art. 8 - Toutes les règles d'organisations, de composition et de fonctionnement des tribunaux coutumiers seront fixés par arrêtés viziriels successifs, selon les cas et suivant les besoins.

Fait à Rabat, le 17 Hijja 1348 (16 mai 1930) vu pour promulgation et mise à exécution.
Rabat, le 23 mai 1930.
Le Commissaire - Résident général, LUCIEN SAINT.

Annexe 4

Texte du manifeste de l'Indépendance présenté par le Parti de l'Istiqlal le 11 Janvier 1944

Le Parti de l'Istiqlal (Parti de l'Indépendance) qui englobe les membres de l'ex-Parti National et des personnalités indépendantes :

1 - Considérant que le Maroc a toujours constitué un État libre et souverain, et qu'il a conservé son indépendance pendant treize siècles jusqu'au moment où, dans les circonstances particulières, un régime de protectorat lui a été imposé ;

2 - Considérant que ce régime avait pour fin et pour raison d'être de doter le Maroc d'un ensemble de réformes administratives, financières et militaires, sans toucher à la souveraineté traditionnelle du peuple marocain sous l'égide de son Roi ;

3 - Considérant qu'à ce régime, les autorités du Protectorat ont substitué un régime d'administration directe et d'arbitre au profit de la colonie française, dont un fonctionnariat pléthorique et en grande partie superflu, et qu'elles n'ont pas tenté de concilier les divers intérêts en présence ;

4 - Considérant que c'est grâce à ce système que la colonie française a pu accaparer tous les pouvoirs et se rendre maîtresse des ressources vives du pays au détriment des autochtones ;

5 - Considérant que le régime ainsi établi a tenté de briser, par les moyens divers, l'unité du peuple marocain, a empêché les Marocains de participer de façon effective au gouvernement de leur pays et les a privés de toutes les libertés publiques individuelles ;

6 - Considérant que le monde traverse actuellement des circonstances autres que celles dans lesquelles le protectorat a été institué ;

7 - Considérant que le Maroc a participé de façon effective aux guerres mondiales aux côtés des alliés, que ses troupes viennent d'accomplir des exploits qui ont suscité l'admiration de tous, aussi bien en France, qu'en Tunisie, en Corse, en Sicile et en Italie, et qu'on attend d'elles une participation plus étendue sur d'autres champs de bataille ;

8 - Considérant que les alliés qui versent leur sang pour la cause de la liberté, ont reconnu dans la Charte de l'Atlantique le droit des peuples à disposer d'eux-mêmes et qu'ils ont récemment, à la Conférence de Téhéran, proclamé leur réprobation de la doctrine qui prétend que le fort doit dominer le faible ;

9 - Considérant que les alliés ont manifesté à différentes reprises leur sympathie à l'égard des peuples musulmans et qu'ils ont accordé l'indépendance à des peuples dont le patrimoine historique est moins riche que le nôtre, et dont le degré de civilisation est d'un niveau inférieur à celui du Maroc ;

10 - Considérant enfin que le Maroc constitue une unité homogène, qui, sous la Haute direction de son Souverain, prend conscience de ses droits et de ses devoirs, tant dans le domaine interne que dans le domaine international et sait apprécier les bienfaits des libertés démocratiques qui sont conformes aux principes de notre religion, et qui ont servi de fondement à la Constitution de tous les pays musulmans.

Décide :

A- En ce qui concerne la politique générale :

1. De demander l'indépendance du Maroc dans son intégrité territoriale sous l'égide de Sa Majesté Sidi Mohammed Ben Youssef, que Dieu le glorifie ;

2. De solliciter de Sa Majesté d'entreprendre avec les nations intéressées des négociations ayant pour objet la reconnaissance et la

garantie de cette indépendance, ainsi que la détermination dans le cadre de la souveraineté nationale des intérêts légitimes des étrangers au Maroc ;

3. De demander l'adhésion du Maroc à la Charte de l'Atlantique et sa participation à la Conférence de la paix.

B- En ce qui concerne la politique intérieure :

4. De solliciter de Sa Majesté de prendre sous Sa Haute direction le Mouvement de réformes qui s'impose pour assurer la bonne marche du pays, de laisser à Sa Majesté le soin d'établir un régime démocratique comparable au régime de gouvernement adopté par les pays musulmans d'Orient, garantissant les droits de tous les éléments et de toutes les classes de la société marocaine et définissant les devoirs de chacun.

Fait à Rabat, le 14 moharem 1363 (11 janvier 1944)

Bibliographie générale

1 - Ouvrages

- Adam, André, « *Casablanca, essai de transformation de la société marocaine au contact de l'occident* », éditions du CNRS, 1969, 2 volumes.

- Aubin, Eugène, « Le *Maroc d'aujourd'hui* », Paris 1908.

- Ayache, Albert, « Le *Maroc, bilan d'une colonisation* », Editions Sociales, 1956, Paris.

- Barennes, Yves, « la *modernisation rurale au Maroc* », Institut des Hautes Études Marocaines, Collection des Centres d'Études Juridiques, XXVI (Paris, 1948).

- Belal, Abdelaziz, « *L'investissement au Maroc entre 1912 et 1964 et ses enseignements en matière de développement économique* », Éditions Mouton, 1968, Paris.

- Benhaddou, Ali, « *l'empire des sultans* », éditions riveneuve, 2010, Paris.

- Bensoussan, David, « *Il était une fois le Maroc, témoignages du passé judéo marocain* », éditions du Lys, Montréal, 2010.

- Bergère, Marie-Claire, « *L'âge d'or de la bourgeoisie chinoise 1911-1937* », édit. Flammarion, Paris, 1986.

- Bernard, Augustin, « *les confins algéro-marocains* », Larose, 1911.

- Bernis, G.D, Bouabid, Abderrahim, Belal, Abdelaziz, et d'autres auteurs, « *Industrialisation du Maghreb* », travaux du colloque tenu à Alger en 1964, éditions Maspéro, Paris.

- Bertrand, Stéphane, « *Le conflit franco-marocain* », 2 tomes, Institut de Sociologie Libre de Bruxelles, 1963.

- Carleton, S.Coon, « *Caravan: the story of the Middle East* », New York, 1951.

- Chesnais, Jean Claude, « *La transition démographique, formes et implications économiques* », Presses Universitaires de France, Paris, 1968.

- Gérard, Catroux, « *Lyautey le Marocain* », Editions, Hachette, Paris, 1952.

- Célerier Jean, « *Les conditions géographiques du développement de Casablanca* », Revue de Géographie Marocaine, XVIII, Mai 1939.

- Célier, Charles, « *L'industrialisation de l'Afrique du Nord* », Editions Colin, Paris, 1952.

- Cheddadi, Abdeslam, « *Ibn Khaldûn* », Editions Gallimard, Paris, 2006.

- Chesnais, Jean Claude, « *La transition démographique, étapes, formes et implications économiques* », PUF, Paris, 1986.

- Chevrillon, A, « *Marrakech dans les palmes* », Editions Calman Levy, 1919, Paris.

- Chouraqui, André, « *Les Juifs d'Afrique du Nord* », Paris, 1952.

- Couleau, Julien, « *La paysannerie marocaine* », Centre de Recherche sur l'Afrique Méditeraneenne, Editions du CNRS, Paris, 1968.

- Dalle, Ignace, « *les trois rois* », Editions Flammarion, Paris, 2004.

- De Chateaubriand, René François, « *Vie de Napoléon* », Editions Fallois, 1999, Paris.

- De la Borie de la Batut, Gérard, « *L'industrie de la sardine à Safi* », Mémoire soutenu à L'Ecole Nationale d'Administration, France, 1951.

- De Gaulle, Charles, « *Mémoires de guerre* », T.1, Editions Plon, 1954.

- Delorme, J.C, « *Casablanca, de H. Prost à M. Écochard* », AMC, juin 1977.

- Despois, Jean, « *L'Afrique du Nord* », Paris, 1958.

- Domenech, Jean Luc, « *La Chine, du 19e Siècle à nos jours* », Editions Autrement, collection Junior, série histoire.

- Dorgelès, Roland, « *Le dernier Moussem* », in Les villes impériales, collection Omnibus, Paris, avril 1996.

- Famchon, Yves, « *le Maroc, d'Algésiras à la souveraineté économique* », Editions des relations internationales, 1957, Paris.

- Fassi, Allal, « *les mouvements arabes d'indépendance de l'Afrique du Nord* », en anglais et en arabe, Washington, 1954.

- Fazy, Henry, « *Agriculture marocaine et protectorat* », Paris, 1948.

- Félix, Lucien, « *Le statut international du Maroc d'après les traités* », Pedone éditeur, 1928.

- Fourrier, Charles, « *Œuvres complètes* », 12 volumes, Editions Anthropos, Paris, 1966-68.

- Freyssinet, Jacques, « *le concept de sous-développement* », Editions Mouton, 1966.

- Gallissot René, « *Economie de l'Afrique du Nord* », collection Que Sais-je ? PUF, Paris, 1964.

- Ganiage, Jean, « *Histoire contemporaine du Maghreb de 1830 à nos jours* », Editions Fayard, Paris, 1994.

- Germouni, Mohammed, « Essai *sur les problèmes de l'engineering au Maroc* », publications de la Faculté de Droit de Rabat, 1978.

- Godefroy-Demombynes, Roger, *« L'œuvre française en matière d'enseignement au Maroc »*, Geuthner, Paris, 1928.

- Goulven, Joseph, *« La France au Maroc, vingt-cinq ans du protectorat »*, Paris, 1937.

- Guillaume, Augustin, *« Les Berbères marocains et la pacification de l'Atlas central »*, Editions Julliard, Paris, 1946.

- Guillen, P, « *Les milieux d'affaires français et le Maroc à l'aube du XX*[e] *siècle* », Revue Histoire, avril 1963.

- Gunder, Franck André, *« Développement du sous-développement »*, Editions Maspero, 1966, Paris.

- Halperin, V, *« Structure et perspectives de la population juive en Afrique du Nord »*, Politique Étrangère, mars 1952.

- Halstead, John P, *« Rebirth of a nation, the origins and rise of Moroccan nationalism (1912-1944) »,* Harvard Eastern Monographs XVIII, Center for Middle Eastern studies of Harvard, Harvard University Press, Cambridge, Massachussettts, 1967.

- Hatton, Georges, *« Les enjeux économiques et financiers du protectorat marocain »*, Editions Société française d'histoire d'Outre mer, 2009.

- Hilferding, Rudolph, *« Le capital financier »*, Editions de Minuit, Paris, 1970.

- Hoffherr, René, *« L'économie marocaine »*, Collections des Centres d'Études Juridiques, III, Paris, 1932.

- Lyautey, Hubert, *« Du rôle colonial de l'armée »*, Editions Colin, Paris, 1920.

- Ibn Khaldoun, *« Prolégomènes »*, traduction de W.Mac Guking de Slane, Paul Geuthner, Paris, 1934-38.

- Ibn Khaldoun, *« Histoire des Berbères et des dynasties musulmanes de l'Afrique septentrionnale »*, traduction par de W.M.De Slane, Alger, 1852.

- Jobert, Michel, *« La rivière aux grenades »*, Editions Albin Michel, Paris, 1982.

- Julien, Charles-André, *« L'Afrique du Nord en marche »*, Paris, 1952.

- Julien, Charles-André, *« Le Maroc face aux impérialismes »*, Editions Jeune Afrique, 1978.Paris.

- Keynes, John Maynard, *« Théorie générale de l'emploi, de l'intérêt et de la monnaie »*, Edition Payot, 1966, Paris.

- Khachani, Mohamed, *« l'émigration marocaine, un enjeu majeur dans les relations entre le Maroc et l'Union Européenne »*.

- Lacouture, Jean et Simone, *« Le Maroc à l'épreuve »*, Éditions du Seuil, Paris, 1958.

- Lacouture, Jean, *« Cinq hommes et la France »*, éditions du Seuil, 1961, Paris.

- Lahbabi, Mohamed, « Le gouvernement marocain à l'aube du XXe siècle », Editions techniques nord africaines, Rabat, 1957.

- Lahbabi, Mohamed, *« les années 80 de notre jeunesse »*, éditions Maghrébines, Casablanca, 1967.

- Laroui, Abdallah, *« Les origines culturelles du nationalisme marocain 1830 -1912 »*, Thèse publiée chez Maspero, 1978.

- Le Coz, Jacques, *« Le Gharb, fellahs et colons »*, Rabat, CURS, 1964.

- Le Réverend, André, *« Lyautey »*, éditions Fayard, Paris, 1983.

- Leclerc, Charles René, *« le commerce et l'industrie à Fès »*, Bulletin de l'Afrique Française, 1905.

- Lénine, Vladimir, *« L'Impérialisme stade suprême du capitalisme »*, publié en 1917.

- Letourneau Roger, *« la vie quotidienne à Fès »*, Hachette, 1965, Paris.

- Lewis, Bernard, *« Islam »*, Quarto Gallimard, Paris, 2005.

- Loti, Pierre, *« Au Maroc »*, 1889, Editions Omnibus, Paris, 1996.

- Lucas, Georges, *« Fès dans le Maroc moderne »*, Paris, 1937.

- Marty, Paul, *« Le Maroc de demain »*, Paris, 1925.

- Mazel Jean, *« Énigmes du Maroc »*, Éditions Robert Laffont, 1971, Paris.

- Miège, Jean Louis, *« Le Maroc et l'Europe, 1830-1894 »*, 2 volumes, PUF, Paris, 1961-1963.

- Montagne, Robert, *« Naissance du prolétariat marocain »*, Editions Peyronnet, Paris, 1952.

- Montagne, Robert, *« La vie sociale et politique des Berbères »*, inedit, Regards sur le Maroc, Publications du CHEAM, Paris, 1986.

- Montagne, Robert, *« Révolution au Maroc »*, Editions France-Empire, 1953, Paris.

- Morrison, Christian, *« Ajustement et équité au Maroc »*, OCDE, Paris, 1991.

- Mothes, Jean, *« Considérations sur les divers aspects du problème de l'artisant marocain »*, Bulletin Economique et Social du Maroc (BESM), VII, Juillet 1945.

- Nataf, Félix, *« Jean Epinat, Un homme d'aventure au Maroc »*, Editions Souffles, 1987.

- Nekrouf, Younès, *« la bataille des trois rois »*, Editions Albin Michel, Paris, 1984.

- Orieux, Jean, *« Des figues de Berbérie »*, Éditions Grasset et Fasquelle, Paris, 1981.

- Oufkir, Faitma, *« les jardins du roi »*, Editions Laffont, Paris, 2000.

- Oufkir, Malika et Fitoussi Michelle, *« la prisonnière »*, Editions Grasset, Paris, 1999.

- Oufkir, Raouf, *« les invités »*, Editions Flammarion, Paris, 2003.

- Palmero, Sandra et Roux Nathalie, *« modèles d'ancrage à l'Union Européenne »*, Annuaire de l'Afrique du Nord, année 2004, Éditions du CNRS, Paris.

- Pascon, Paul, *« la formation de la société marocaine »*, éditions SMER, 1980, Rabat.

- Pascon, Paul, *« Le Haouz de Marrakech »*, 2 tomes, Editions marocaines et internationales, Tanger 1983.

- Passeron, René-Eugène, *« Les grandes sociétés et la colonisation de l'Afrique du Nord »*, Alger, 1925.

- Pendar Kenneth, *« Le dilemme France-USA »*, Édition Beauchemin, Montréal, 1946.

- Rezette, Robert, *« Les Partis politiques marocains »*, Paris, 1955.

- Rivet, Daniel, *« De Lyautey à Mohamed V, le double visage du protectorat »*, éditions Denoël, Paris, 1999.

- Rivet, Daniel, *« De Lyautey et l'institution du protectorat français au Maroc, 1912-1925 »*, Editions L'Harmattan, Paris, 1988, 3 tomes.

- Robichon, Jacques, *« Jour J en Afrique (8 Novembre 1942) »*, Editions Robert Laffont, Paris, 1964.

- Rocard, Michel, *« Si ça vous amuse, chronique de mes faits et méfaits »*, Editions Flammarion, Paris, 2010.

- Roosevelt, Elliot, *« Mon père m'a dit »*, Flammarion, Paris, 1947.

- Rostow, Walter Wassily, *« Les étapes de la croissance économique »*, Editions du Seuil, Paris, 1962.

- Rousset, Michel, *« Le Royaume du Maroc »*, Editions Berger Levraut, Paris, 1978.

- Schaefer, René, *« Drame et chance de l'Afrique du Nord »*, Paris, 1953.

- Sid Ahmed, Abdelkader, *« Le Maghreb, rencontre avec le 3e millénaire »*, Annuaire de l'Afrique du Nord, éditions du CNRS, 1996.

- Spillman, Georges, *« Les ressources énergétiques et minières de l'Afrique du Nord »*, in Célier Charles, et « l'industrialisation de l'Afrique du Nord ».

- Tangeaoui, Saïd, *« les entrepreneurs marocains »*, éditions Kartala, Paris, 1993.

- Terrasse, Henri, *« Histoire du Maroc, des origines à l'établissement du protectorat »*, 2 volumes, Editions Atlantides, Casablanca, 1949-1950.

- Tharaud, Jérome et Jean, *« Fez ou les bourgeois de l'Islam »*, Editions Plon, Paris, 1930, et Editions Omnibus, 1996.

- Tharaud, Jérome et Jean, *« Les seigneurs de l'Atlas »*, Editions Omnibus, 1996, Paris.

- Tiano, André, *« la politique économique et financière du Maroc indépendant »*, PUF, études, 1963, Paris.

- Vallaud, Pierre, *« La guerre d'Algérie, de la conquête à l'indépendance, 1830-1962 »*, Editions Acropole, Paris, 2006.

- Vermeren, Pierre, *« Le Maroc en transition »*, Editions de la Découverte, Paris, 2001.

- Waterburry, John, *« Le commandeur des croyants, la monarchie marocaine et son élite »*, PUF, Paris, 1975.

- Wolf, Jean, *« Les secrets du Maroc Espagnol, l'épopée d'Abdelkhaleq Torres, 1910-1970 »*, Balland-Eddif.

2 - Ouvrages et publicatios anglo-saxons

- Aflalo Moussa, *« The thruth about Morocco »*, John Lane, The Bodley Head, London-New York, 1904.

- Archives of the American Legation at Tangier, Despach Books 1869-1874.

- Churchill Winston, *« The gathering storm »*, Houghton Mifflin Company, 1949.

- Cowan, L.Gray, *« The economic Development of Morocco »*, Santa Monica, 1958.

- Flournoy, F.R, « *Political Relations of Great Britain with Morocco from 1830 to 1841* », Political Science Quaterly, XLVII (March, 1932).

- Hall Luella J, *« The USA and Morocco »*, the Scarecrow Press, Inc. Metuchen, N. J, 1971.

- Hay,Drummond J , *« A memoir of Sir John Drummond Hay »*, with preface by Sir Francis W.De Winnton KCMG,London, John Murray Albermarle Street,1896.

- Hoisington, Jr William A, « *The Casablanca connection French colonial policy,1936-43* », University of North Carolina Press, Chapel Hill and London, 1984.

- Horton, Brendan, « *Morocco, analysis and reform of economic policy* », Economic Development Institute of the World Bank, Washington, D.C, 1990, Case number 4.

- Knight M.M., « *Morocco as a French economic venture: A study of open door imperialism* », New York, 1937.

- Landau, Rom, « *Moroccan drama 1900-1955* », San Francisco, 1956.

- Landau, Rom, « *Morocco independent under Mohammed the fifth* », London, George Allen &Unwin Ltd, 1961.

- Murphy Robert, « *Diplomat among warriors* », Doubleday & Company Inc., Garden City, New York, 1964.

- Reports, Case Concerning the Rights of Nationals of The United States of America in Morocco, Judgment of August 27, 1952.

- Roberts, Stephen H. « *The history of French colonial policy, 1870-1925* », 2nd edition, Hamden, Conn., 1963.

- Root, Waverly, « *Secret history of the war* », 2 tomes, New York, Charles Scribner's Sons, 1945.

- Scham, Alan. « *Lyautey in Morocco: Protectorate Administration* », University of California Press, 1971.

- Seddon, David, Introduction de l'édition anglaise, de Robert Montagne, « *The Berbers, their social and political organization* », Franck Cass and Company Limited, London, 1972.

- Smith, Adam, « *Wealth of nations* », collection Bantam classics, 2003, New York, introduced by Alan B, Krueger of Princeton University.

- Staley, Eugène, *« The Mannesman Mining Interests and the Franco-German Conflict over Morocco »*, Journal of Polical Economy, XL, February 1932.

- Stewart, Charles F, *« The economy of Morocco (1912-1962) »*, Harvard Middle Eastern Monograph Series XII, Harvard University Press, Cambridge, Massachusetts, 1964.

- Stuart, Graham H., *« The international city of Tangier »*, Stanford University Press, California, second edition, 1955.

- Waterston, Albert, *« Planning in Morocco »*, Baltimore, 1961.

3 - Rapports et articles

- Akalay Omar, « Les consensus négatifs du Maghreb », *Annuaire de l'Afrique du Nord*, tome XXXIII, 1996, Editions CNRS.

- Archives de l'Administration française au Maroc sous le régime du Protectorat, 1912-1956. (Services centraux et territoriaux). Ministère des Affaires étrangères.

- Banque Mondiale, « Promouvoir la croissance et l'emploi dans le Royaume du Maroc », 2 volumes, 2006, Washington.

- Banque Mondiale, « L'enseignement supérieur tunisien, enjeux et avenir », *Collection les rapports économiques de la Banque*, Washington, D.C, 1998, pp. VIII-IX.

- Banque Mondiale, « Note de stratégie, un partenariat pour la réforme du système éducatif » Septembre 2000, Washington.

- Benabdeljalil Omar, « Bilan et parallèle », dans *« la Volonté du Peuple »*, 2 févr. 1934.

- Benabdeljalil Omar, « Les biens Habous », *Maghreb*, Paris, 1934.

- Berrada Abdelkader, « la marocanisation de 1973, éclairage rétrospectif », *Revue Juridique, Politique, Économique du Maroc, Rabat*, numéro 20.

- Berrada, Mohamed, « l'administration économique marocaine », Vedel, Rousset, Basri. in *Édification d'un État moderne*, Albin Michel, Paris, 1986.

- Bijaâd, Mohamed, Ajbilou, Aziz, « Démographie marocaine, tendances passées et perspectives d'avenir », Rabat, Maroc.

- Bijaâd, Mohamed, Ajbilou Aziz, « La transition de la fécondité : une analyse comparative entre les trois pays du Maghreb», 1991, *Revue marocaine de droit et d'économie de développement de la faculté de droit de Casablanca*, numéro 36,1995.

- Bondis A., La colonisation au Maroc : l'action des autorités de contrôle.

- Bourquia Rahma, Bencherifa et Tozy « Rapport de synthèse de l'enquête nationale sur les valeurs» par, *publications de l'Économiste.*

- Bousser Marcel, « Note sur les coûts des transports au Maroc », *Bulletin Economique et Social*, Janv.1934.

- Breil Jacques, « Quelques aspects de la situation démographique au Maroc », *Bulletin Economique et Social du Maroc*, IX, octobre 1947.

- Caldwell J., « La scolarisation à grande échelle en tant que facteur principal déterminant d'un recul durable de la fécondité », in *Dynamique de la population : fécondité et mortalité en Afrique, CEA-ONU, 1979.*

- CERED, « Les déterminants proches de la fécondité au Maroc », in variables socio démographiques au Maroc : les interdépendances, Rabat, 1989.

- CERED, « Perception par les parents des coûts et des bénéfices des enfants », dans « Famille au Maroc », Rabat, Maroc, 1996.

- Chevalier, Louis, « Le problème démographique nord-africain », Institut National d'Etudes Demographiques, *Travaux et Documents*, numéro 6, Paris, 1947.

- Desrue, Thierry, *Annuaire de l'Afrique du Nord*, 2004.

- Dumont René, « Étude des modalités d'action du paysannat », *Cahiers de la Modernisation Rurale*, numéro 3, Rabat, 1948.

- Dumont René, « Évolution récente et perspectives de l'Agriculture nord-africaine », in *l'Observation Economique*, numéro spécial 3, Mai 1949.

- Dumont, René, « Projet de rapport à M. le Commissaire Général au Plan, Jean Monnet, sur l'accroissement de la production en Afrique du Nord »,1949.

- Emperador, Badimon Montserrat, « Diplômés chômeurs au Maroc : dynamique de pérennisation d'une action collective plurielle », *Annuaire de l'Afrique du Nord 2007.*

- Escalier, Robert, « Citadins et espaces urbains au Maroc », 1984, *fascicule de recherche*, numéro 8, tomes 1 et 2.

- Ferrié, Jean Noel, *Annuaire de l'Afrique du Nord*, 1998, Editions du CNRS, Paris.

- Germouni, Mohammed, « la notion de pauvreté », in *Journal L'Économiste*, Casablanca, Août 2005.

- Germouni, Mohammed, chroniques relatives au Cap Spartel et à Ceuta, *Journal l'Economiste*, Casablanca, Année 2012.

- Ghazali, A., « Processus de réformes et de mise à niveau de la justice », *Rapport HDR50*, 2005, Rabat.

- Hardy G., « Note de principe sur l'enseignement indigène »,15 Avril 1921, et « L'éducation française au Maroc », in *Revue de Paris*, 30 Avril 1921.

- Joly Fernand, « Casablanca, éléments pour une étude de géographie urbaine », *Les Cahiers d'Outre Mer*, Avril-Juin 1948.

- Langer William L., « The European Powers and the French Occupation of Tunis », *American Historical Review*, XXXI (October, 1925).

- Lyazidi Mohammed, « Propos d'un jeune », *L'Action du Peuple*, du 4 mai 1934.

- Marquez G., « Les épiciers Chleuhs et leur diffusion dans les villes du Maroc », *BESM*, II, Juillet 1935.

- Mejjati Alami Rajaâ, « Femmes et marché du travail au Maroc », in *Annuaire de l'Afrique du Nord* 2004, éditions du CNRS.

- Mezouag Mihoub, « Libéralisation des télécommunications dans les pays du Maghreb », *Annuaire de l'Afrique du Nord* 2000-2001, éditions du CNRS, Paris.

- Mikessel Marvin.W, « The role of tribal markets in Morocco », *the geographical Review*, Oct. 1938.

- OCDE, « examens des politiques de l'investissement au Maroc en 2010 ».

- ONUDC, Maroc : enquête sur le cannabis 2003, décembre 2003.

- Ouezzani, Mohamed Hassan, « Le Protectorat », Maghreb, Paris, Août 1933.

- Page, André, « Regards sur l'économie marocaine », *Revue d'Économie Politique*, Mars-Avril, 1954.

- Rapport annuel sur le développement dans le Monde, ONU, 2005.

- Ricard Prosper, « Les corporations d'artisans au Maroc », *Bulletin du Travail*, Maroc, 1929.

- « Maroc compétitif », Rapport de DRI-FOCS et Creargie Maroc, Comité du secteur privé, vol.1, septembre 1995.

- « Rapport sur le développement dans le monde, les indicateurs de développement », *publications de la Banque Mondiale*, années 2001 à 2010.

Table des matières

Le Maroc
aux éditions L'Harmattan

Dernières parutions

HABITAT DE LA BOURGEOISIE MAROCAINE
M'Hammedi Mouna
Il existe au Maroc une classe qui possède de multiples richesses et surplombe la société. La villa, objet architectural qui caractérise la bourgeoisie marocaine, est un élément de composition de la grande ville marocaine parmi d'autres. L'analyse consiste ici à faire des incursions dans l'espace domestique de ce groupe, à l'évaluer dans son mode d'habiter, à regarder les rapports établis entre la maison bourgeoise, son quartier et la ville en général.
(Coll. Questions contemporaines, 30.00 euros, 290 p.)
ISBN : 978-2-296-99843-8, ISBN EBOOK : 978-2-296-53180-2

UNE FEMME MAGHRÉBINE EN QUÊTE DE LIBERTÉ
Amir Laïla
«Ces pages contiennent des moments que j'ai vécus, des histoires que l'on m'a racontées, des souvenirs revisités. L'histoire de Malika n'est pas mon histoire : c'est une trajectoire migratoire comme il y en a eu des milliers, une manière d'être faite de rêves de liberté, de courage, d'audace, de résilience et de volonté d'émancipation.» (Laïla Amir)
(Coll. Histoire de vie et formation, 16.50 euros, 158 p.)
ISBN : 978-2-296-99776-9, ISBN EBOOK : 978-2-296-53092-8

UN SAINT MAROCAIN DU XIXe SIÈCLE
La sainteté en Islam et dans le soufisme
Zekri Mostafa
Le Shaykh Sîdî al-Hâjj 'Alî al-Ilghî al-Darqâwî représente l'une de ces nombreuses petites figures du soufisme dont la réputation reste locale. Pourtant, l'étude de sa vie et de sa doctrine s'avère enrichissante et indispensable à l'élaboration d'une théorie globale et exhaustive sur l'aspect ésotérique de l'islam et son impact sur les sociétés musulmanes. Le pouvoir politique marocain a ainsi choisi la perspective soufie pour réussir une réforme du champ religieux dans un contexte dominé par une compréhension littéraliste de l'islam, qui verse dans le radicalisme.
(21.00 euros, 214 p.)
ISBN : 978-2-336-29273-1, ISBN EBOOK : 978-2-296-51638-0

MON PÈRE AU COEUR DU JUDAÏSME MAROCAIN
Ohana Paul
A travers le témoignage/hommage de l'auteur pour l'action de son père, l'ouvrage apporte un éclairage nouveau sur la vie de la Communauté Juive au Maroc à un tournant critique de son histoire. Comment, en effet, une communauté implantée au Maroc depuis des siècles a-t-elle pu disparaître de la carte en quelques années ? Qui ont été les acteurs de cette disparition ? Quels ont été les rôles du Maroc, de la France, d'Israël dans cet exode ?
(Coll. Intelligence stratégique et géostratégique, 9.50 euros, 56 p.)
ISBN : 978-2-336-00181-4, ISBN EBOOK : 978-2-296-51001-2

L'HARMATTAN ITALIA
Via Degli Artisti 15; 10124 Torino

L'HARMATTAN HONGRIE
Könyvesbolt ; Kossuth L. u. 14-16
1053 Budapest

L'HARMATTAN KINSHASA
185, avenue Nyangwe
Commune de Lingwala
Kinshasa, R.D. Congo
(00243) 998697603 ou (00243) 999229662

L'HARMATTAN CONGO
67, av. E. P. Lumumba
Bât. – Congo Pharmacie (Bib. Nat.)
BP2874 Brazzaville
harmattan.congo@yahoo.fr

L'HARMATTAN GUINÉE
Almamya Rue KA 028, en face
du restaurant Le Cèdre
OKB agency BP 3470 Conakry
(00224) 657 20 85 08 / 664 28 91 96
harmattanguinee@yahoo.fr

L'HARMATTAN MALI
Rue 73, Porte 536, Niamakoro,
Cité Unicef, Bamako
Tél. 00 (223) 20205724 / +(223) 76378082
poudiougopaul@yahoo.fr
pp.harmattan@gmail.com

L'HARMATTAN CAMEROUN
BP 11486
Face à la SNI, immeuble Don Bosco
Yaoundé
(00237) 99 76 61 66
harmattancam@yahoo.fr

L'HARMATTAN CÔTE D'IVOIRE
Résidence Karl / cité des arts
Abidjan-Cocody 03 BP 1588 Abidjan 03
(00225) 05 77 87 31
etien_nda@yahoo.fr

L'HARMATTAN BURKINA
Penou Achille Some
Ouagadougou
(+226) 70 26 88 27

L'HARMATTAN SÉNÉGAL
10 VDN en face Mermoz, après le pont de Fann
BP 45034 Dakar Fann
33 825 98 58 / 33 860 9858
senharmattan@gmail.com / senlibraire@gmail.com
www.harmattansenegal.com

L'HARMATTAN BÉNIN
ISOR-BENIN
01 BP 359 COTONOU-RP
Quartier Gbèdjromèdé,
Rue Agbélenco, Lot 1247 I
Tél : 00 229 21 32 53 79
christian_dablaka123@yahoo.fr

653867 - Mai 2016
Achevé d'imprimer par

1livre.com
du rêve à la réalité !

www.ingramcontent.com/pod-product-compliance
Lightning Source LLC
LaVergne TN
LVHW010017081026
849535LV00016B/247
* 9 7 8 2 3 4 3 0 7 2 2 3 4 *